KB268705

로마서 II

결코 정죄함이 없나니

로마서 5-8장

이상원성경강해
BIBLE EXPOSITION 07

로마서 Ⅱ
결코 정죄함이 없나니, 로마서 5-8장

지은이   이상원
펴낸이   조혜경
디자인   김이연
발행처   지혜의언덕
초판발행   2025년 9월 1일
출판등록   제2022-000024호 (2022.03.11)
주소   성남시 분당구 운중로 242 리버스토리 407호
문의   전화 070-7655-7739   팩스 0504-264-7739
　　　　이메일 hkcho7739@naver.com

ISBN 979-11-991045-3-2 (04230)
　　　　979-11-979845-4-9 (세트)

이상원성경강해 **07**
BIBLE EXPOSITION

로마서 Ⅱ

결코 정죄함이 없나니

로마서 5-8장

이상원 지음

지혜의언덕

　　1974년에 교회에 출석하기 시작하여 신앙을 고백하고 세례를 받은 후 십 년이 넘는 기간 동안 필자가 반복해 온 일이 하나 있습니다. 그것은 평균 2-3개월 간격으로 예수님을 새롭게 구주로 영접하는 것이었습니다. 처음 세례를 받고 2-3개월 지난 후 마음과 생활이 죄로 얼룩져서 엉망이 된 나 자신의 모습을 발견했습니다. 그때 내가 과연 구원받은 하나님의 백성인가 하는 불안감이 엄습했습니다. 이 불안감을 해소하기 위해 "이번에는 정말로, 진심으로 예수님을 영접하는 거다!"라고 결심한 다음 회개하고 예수님을 영접하는 기도를 다시 정성스럽게 드렸습니다. 그러나 이후 2-3개월 지나고 나면 다시 마음과 생활이 죄로 얼룩져 엉망이 되는 것을 발견하고 또 진심으로 예수님을 영접하는 기도를 드리고… 이 일이 십 년이 넘는 긴 기간 동안 수없이 반복되었습니다.

　　필자가 영접 기도를 새롭게 드리는 일을 중단하게 된 것은 교회에서 교역자로 봉사할 때 청년부원들과 로마서를 공부하기 시작한 뒤부터였습니다. 당시 필자는 미숙하나마 로이드 존스D. M. Lloyd-Jones의 로마서 강해를 읽고 정리하여 청년들에게 가르쳐주었습니다. 이 공부를 통해서 예수님을 믿는다는 신앙을 고백한 최초의 순간에 값없이 하나님의 은혜로 나의 구원이 확정되었다는 놀라운 진리를 깨닫게 되었습니다. 예수님을 믿으면 죄를 용서받고 구원받는다는 우리의 고백이 비록 소박하고 매우 연

약할지라도 말입니다. 그 이후에는 하나님 앞에서 많은 죄를 범한다 해도 철저하게 회개하여 용서를 구하는 기도는 드리되 예수님을 다시 영접하는 기도는 드리지 않게 되었습니다.

　　아담과 하와에게 암시적으로 제시되기 시작한 구원의 길은 구약의 역사와 중간기, 그리고 예수님과 사도들의 사역이라는 긴 기간을 거치면서 점진적으로 더 밝게 드러나다가 마지막 사도인 바울이 쓴 로마서에 이르러서 가려졌던 막을 완전하게 벗어 버리고 가장 밝고 명료하게 계시되었습니다. 전적으로 타락하고 부패하여 의로움이란 전혀 없는 죄인이 예수 그리스도께서 십자가 위에서 이루신 의에만 근거하여, 예수 그리스도에 대한 믿음을 통하여, 완전한 의인으로 여김을 받는다는 이신칭의의 복음은 루터와 칼빈과 같은 개혁신학자나 일부 교단의 신학 사상에 그치는 것이 아니라 성경이 가르치는 복음의 영원한 핵심교리이며, 이 교리에서 조금이라도 이탈하면 복음이 아니며, 구원받을 수 없습니다. 따라서 신학 교수들과 설교하는 목사들은 이신칭의의 복음을 함부로 비판하거나 흔들어서는 안 되며, 이신칭의의 복음에 확고하게 뿌리를 내리고 신학을 전개하고 설교해야 합니다. 그 길만이 영혼을 구원하고 교회를 살릴 수 있습니다.

로마서 강해는 네 권으로 출간할 예정입니다. 1권은 이신칭의의 복음을 다루는 로마서 1-4장, 2권은 구원의 확신을 다루는 로마서 5-8장, 3권은 복음과 이스라엘의 관계를 다루는 로마서 9-11장, 4권은 구원받은 자의 구별된 삶을 다루는 로마서 12-16장을 강해할 예정입니다.

필자는 이번 로마서 연구를 진행할 때 상당한 수의 주석서와 강해서를 참고했습니다. 토마스 쉬라이너Thomas R. Schreiner의 〈로마서〉*Romans*, 존 머리John Murray의 〈로마서〉*The Epistle of the Romans*, 찰스 핫지Charles Hodge의 〈로마서〉*Romans* , 존 칼빈John Calvin의 〈로마서박문재 역〉, 더글러스 무Douglas J. Moo의 〈로마서〉*The Epistle of the Romans*는 바른 개혁주의적 관점을 충실히 반영한 훌륭한 주석으로 많은 도움을 주었습니다. 이외에도 에이춰 바링크H. Baarlink의 〈로마서: 실천적인 성경해설 I〉*Romeinen I: een praktische bijbelverklaring*과 〈로마서: 실천적인 성경해설 II〉*Romeinen II: een praktische bijbelverklaring*, 마르틴 루터Martin Luther의 〈로마서주석박문재 역〉, 에프 에프 브루스F. F. Bruce의 〈로마서〉*Romans*, 존 스토트J. R. W. Stott의 〈새로워진 인간〉*Men Made New* 등이 참고가 되었습니다.

로이드 존스의 14권으로 된 〈로마서 강해서문강 역〉 시리즈는 설교문임에도 불구하고 탄탄하고 방대한 해설을 제공하여 많은 도움이 되었습니다. 그러나 예수님을 영접하는 것과 성령세례를 차별화하고 성령세

례를 성령충만과 동일시한 로이드 존스의 관점은 예수님을 영접하는 것과 성령세례를 동일시하고 성령세례와 성령충만을 구별하는 필자의 관점과 달라서 받아들이지 않았습니다. 로이드 존스는 그의 잘못된 성령론 때문에 로마서 7장 해석에서 혼란에 빠진 것으로 판단됩니다. 이 부분을 제외하면 로이드 존스의 강해는 매우 훌륭합니다. 로이드 존스의 강해서는 번역본으로 읽었는데 번역상 작은 실수들과 오타들이 상당히 많이 발견되었으나 저자의 의도를 이해하는 데는 어려움이 없었습니다. 존 파이퍼John Piper의 6권으로 된 로마서 강해는 야고보서와 갈라디아서를 비교한 관점이 명확하지 않고 침례교의 독특한 교리적 입장이 그대로 반영되는 등의 문제가 있으나 훌륭한 참고가 되었습니다.

세 권의 주석서는 세계적으로 명망이 있는 필자들에 의하여 서술되었으나 필자와 입장 차이가 너무 커서 받아들이지 않았고 비판적인 관점에서 다루었습니다. 칼 바르트Karl Barth의 〈로마서〉 *The Epistle of the Romans* 는 가장 나쁜 유형의 주석입니다. 바르트는 성경 본문이 의미하는 바를 충실하게 주석하지 않고 자신의 질적 변증법과 실존주의라는 철학적 사유의 틀을 증명하기 위해 로마서 전체를 이용하는 태도로 초지일관 서술을 이어갔으며, 보편구원론을 주장하기 위해 자명한 본문의 의미를 곡해하는 잘못을 범하고 있습니다. 바르트에 대한 비판은 필자의 강해서 1권에 제시되어 있습니다.

　바르트보다 더 중대한 오류를 범하고 있는 주석서는 이른바 "새관점"의 입장에서 서술한 제임스 던James D.G. Dunn의 두 권으로 구성된 〈로마서 주석 1-8〉 Romans 1-8, 〈로마서 주석 9-16〉 Romans 9-16과 리차드 론제네커Richard N. Longenecker의 〈로마서〉 The Epistle of the Romans입니다. 이 두 주석가는 언약적 신율주의라는 이름으로 포장된 유대교의 이중칭의론 형태의 행위구원론을 주장하기 위해 로마서의 자명한 표준적 해석을 뒤틀어 왜곡하고 있습니다. 이 내용에 대한 비판은 1권의 강해 내용 중에 제시했습니다. 론제네커의 주석은 방대하고 세밀하긴 하나 유감스럽게도 편집비평을 수용하면서 그리스-로마의 문헌과 존재 여부가 확인되지 않은 가상의 "초대교회의 신앙고백문서들"로부터 바울 사상의 근거를 도출해내려는 무리하고 잘못된 시도를 하고 있습니다.

　챨스 피니Charles G. Finney의 로마서 설교집인 〈승리의 원리양낙홍 역〉는 알미니안주의의 관점이 명확히 반영된 설교집으로서 비판적으로 참고했습니다. 제프리 그린맨Jeffrey P. Greenman과 디모디 라슨Timothy Larsen이 편집한 〈여러 세기에 걸친 로마서 읽기: 초대교회부터 칼 바르트까지〉 Reading Romans through the Centuries: From the Early Church to Karl Barth도 참고가 되었습니다.

필자에게 로마서 강해와 특강의 소중한 기회를 주신 새소망교회 김종원 목사님, 구성중앙교회 이기봉 목사님, 새로남교회 오정호 목사님께 깊은 감사를 드리며, 꼼꼼한 교정과 편집에 힘써 주신 김종원, 이희순, 지형주 편집 위원들과 책의 디자인에 힘써 주신 김이연 디자이너에게 고마운 마음을 표합니다. 항상 변함없는 기도와 사랑으로 지원하는 사랑하는 아내 혜경과 소중한 세 딸 진희, 윤희, 현희와 출간의 기쁨을 함께하고자 합니다.

〈로마서 강해 I〉에 이어서 〈로마서 강해 II〉를 출간할 수 있도록 인도하신 하나님께 감사드립니다. 이 책에서 바울은 풍부하고 탄탄한 신학적 근거들을 제시하면서 신자의 구원은 영원히 그리고 확실하게 보장되며, 신자에게는 결코 정죄함이 없다는 진리를 강력하게 논증합니다. 구원의 확신을 가진 신자는 현세 안에 사는 동안 하나님의 백성의 신분에 합당한 삶을 흔쾌히 살아낼 수 있으며, 고난의 때도 넉넉하게 이겨낼 수 있습니다.

2025년 8월
판교 연구실에서
이 상 원

서문

제 I 부 신자에게 보장되는 궁극적 구원

1 칭의 받은 자에게 주어지는 세 가지 복 (롬 5:1-2)

2 구원의 확신을 보장하는 환난 (롬 5:3-4)

3 성령의 밀어붙이심 (롬 5:5)

제 III 부　**율법폐기론**

15　두 방향의 삶의 길 1 (롬 7:1-4)

제 IV 부 결코 정죄함이 없나니

Romans

I

신자에게 보장되는 궁극적 구원

로마서 5장

5:1 그러므로 우리가 믿음으로 의롭다 하심을 받았으니 우리 주 예수 그리스
     도로 말미암아 하나님과 화평을 누리자
5:2 또한 그로 말미암아 우리가 믿음으로 서 있는 이 은혜에 들어감을 얻었
     으며 하나님의 영광을 바라고 즐거워하느니라

로마서 1-8장의 개관

로마서 전체 구도에서 로마서 5장은 새로운 전환점이 됩니다.
로마서는 크게 네 부분으로 나눌 수 있습니다. 첫째 부분은 1-4장이
며, 둘째 부분은 5-8장, 셋째 부분은 9-11장, 넷째 부분은 12-16장입
니다.

첫째 부분인 1-4장은 칭의의 복음을 다룹니다. 둘째 부분인 5-8
장은 의롭다 칭함을 받은 자들에게는 구원의 복이 확실하게 보장된
다는 것을 말합니다. 9-11장은 구원의 복음을 유대인들을 위하여 재
서술합니다. 12-16장은 구원의 복을 받은 하나님의 백성들이 살아
내야 할 삶은 어떤 것인가를 서술합니다.

지금까지 우리가 공부한 1-4장의 내용은 이렇게 요약할 수 있습

니다. "모든 인간은 하나님의 심판대 앞에 설 때 죄인이라는 선고를 받는다. 그러나 우리 죄를 대신 지시고 십자가 위에서 죽으신 예수님을 구주로 영접하면 성부 하나님이 예수님의 의로움을 우리의 의로움으로 여겨 주시고, 그 결과 우리의 불의함을 전혀 보지 않으시고, 우리를 의롭다고 선언해 주신다."

5-8장은 의롭다 칭함을 받은 신자들에게 구원의 확실성이 보장된다는 진리를 자세하게 설명합니다. 5-8장은 다시 네 개의 문단으로 나눌 수 있습니다.

5:1-11은 의롭다 칭함을 받은 신자들에게는 궁극적인 구원이 보장된다는 것을 말합니다. 우리의 구원은 세 단계를 거쳐서 이루어집니다. 첫 번째 단계는 예수님을 구주로 영접할 때 우리의 속사람이 거듭나는 것입니다. 이때 우리 영혼의 겉 사람과 몸은 아직 구원받지 못합니다. 두 번째 단계는 우리가 육체적 죽음을 죽을 때 우리 영혼의 겉 사람의 측면이 완전히 구원받는 것입니다. 그러나 몸은 아직 구원받지 못합니다. 셋째 단계는 주님이 재림하실 때 우리의 몸이 썩지 않는 신령한 새 몸으로 부활하여 우리의 전인이 구원받는 것입니다. 이것을 신학에서는 영화라고 합니다.

우리가 예수님을 구주로 영접하여 영혼의 속사람이 거듭나는 순간, 둘째 단계인 영혼의 겉 사람의 완전한 구원과 셋째 단계인 몸의 부활을 포함한 전인의 구원이 절대적으로 보장됩니다. 하나님 앞에서 칭의를 받은 후에 이 세상을 떠날 때까지 얼마나 거룩하고 바른 삶을 살았는가를 보고 둘째 단계와 셋째 단계의 구원을 받을 수 있는가의 여부가 새롭게 결정되는 것이 아닙니다. 칭의 다음에 성화를 거쳐서 영화에 이르는 것이 아니라 칭의 다음에 바로 영화가 연결됩니다. 5:1-2이 이 점을 암시하고 있습니다. 5:1 앞부분에 있는 "믿음으로 의롭다 하심을 받았으니"라는 말은 칭의를 말하는 것입니다. 5:2 끝부분에 보면 "하나님의 영광"이 나오는데 하나님의 영광은 영화를 뜻합니다. 이 가운데 성화가 없습니다. 칭의를 받은 자에게 다른 어떤 조건도 없이 바로 영화가 보장됩니다.

5:12-21에서는 칭의의 복음을 전가론의 관점에서 재서술하고, 6-7장은 "율법을 준수하는 성화의 삶이 궁극적인 구원을 받을 때 아무런 역할도 하지 않는 것이라고 가르치면 율법을 준수하는 생활을 소홀히 하게 되는 것이 아니냐"라는 비판에 대하여 그런 주장은 오해임을 밝히고, 오히려 값없이 은혜로 구원받는다는 진리는 성도들에게 의로운 삶을 살도록 동기를 부여한다고 말합니다. 동시에 바울은 율법의 기능은 죄가 무엇인가를 가르쳐 주는 것이지, 사람을 구원하는 것이 아님을 밝힙니다. 8장에서는 그리스도가 중보자로서 신자들을 위하여 일하시고 성령께서 또 보혜사로서 신자들을 위하여 일하시기 때문에, 의롭다는 칭함을 받은 신자들의 구원은 확실하게 보장된다는 점을 강조합니다.

5-8장의 가르침의 핵심은 8:30에 잘 요약되어 있고 31-39절 말씀이 확실하게 뒷받침하고 있습니다. 8:30에 보면 "또 미리 정하신 그들을 또한 부르시고 부르신 그들을 또한 의롭다 하시고 의롭다 하

신 그들을 또한 영화롭게 하셨느니라"라고 되어 있습니다. 이 본문에서도 '의롭다 하심' 뒤에 '성화'가 나오지 않고 바로 '영화롭게 하심'이 연결됩니다. 이와 같은 연결은 칭의를 받으면 바로 궁극적인 구원인 영화가 보장된다는 것을 뜻합니다. 궁극적인 구원은 성화의 정도를 근거로 주어지는 것이 아닙니다. 그리스도께서 중보자로 도우시고 성령이 보혜사로 도우시며, 성화가 조건이 되지 않기 때문에, 그 어떤 것도 신자들을 우리 주 그리스도 예수 안에 있는 하나님의 사랑으로부터 끊을 수 없습니다31-39절.

복 1: 하나님과의 화평

5:1-2은 하나님으로부터 의롭다 칭함을 받은 자들에게 주어지는 세 가지 복을 소개하고 있습니다. 첫 번째 복은 1절이 말하고 있는 하나님과의 화평입니다. 두 번째 복은 2절이 말하고 있는 은혜에 들어감입니다. 세 번째 복은 영광에 대한 소망입니다.

의롭다 칭함을 받은 자에게 주어지는 첫 번째 복은 "하나님과의 화평"입니다. 1절을 보겠습니다. "그러므로 우리가 믿음으로 의롭다 하심을 받았으니 우리 주 예수 그리스도로 말미암아 하나님과 화평을 누리자." "그러므로"는 "1-4장에서 말한 내용을 전제할 때 내릴 수 있는 결론은"이라는 뜻입니다. 그러나 바울은 "그러므로"라는 접속사로만 끝나지 않고 친절하게 "그러므로"의 구체적인 내용, 곧 1-4장

에서 말한 내용을 한 구절로 요약해 줍니다. '우리가 믿음으로 의롭다 하심을 받았으니, 그러므로.'

"그러나"가 아닌 "그러므로"

신자는 "그러므로"라는 접속사를 잘 활용해야 바른 삶을 영위할 수 있습니다. 우리가 하나님으로부터 진리의 말씀을 듣거나 어떤 명령을 들을 때 두 가지 반응을 보일 수 있습니다. 하나의 반응은 이것입니다. "하나님이 말씀하셨으므로 그러므로." 무슨 말인가요? 하나님이 말씀하셨기 때문에 이제는 이의를 달지 않고 그 말씀을 진리로 온전히 받아들이고 그 말씀을 적용하는 데 힘쓰겠다는 뜻입니다. 그러면 신자들의 신앙생활이 풍성한 열매를 맺는 방향으로 전개됩니다. 그런데 이렇게 반응하는 사람들이 있습니다. "하나님의 말씀은 좋은 말씀이군요. 그런데, 혹은 그러나." 이 반응은 하나님의 말씀에 딴지를 거는 태도입니다. 하나님의 말씀이나 명령을 완전히 거부하지는 않지만 100% 받아들이는 것은 좀 부담스럽다는 태도입니다. "하나님의 말씀이 옳긴 한데, 나의 현실에는 글쎄…." 하와가 이런 마음가짐을 가지고 하나님의 말씀을 대하다가 시험에 빠졌습니다. "그런데, 그러나"를 덧붙이는 순간 하나님의 말씀의 권위는 크게 약화되고, 우리는 미끄러지는 길에 들어서기 시작합니다. 하나님의 말씀이나 명령에 대한 우리의 태도는 "그러므로"가 되어야 합니다. "네, 하나님. 당신의 말씀을 전적으로 받아들이고, 이제는 나의 삶 속에 적용하겠습니다."

취소될 수 없는 칭의

"의롭다 함을 받았으므로"라고 할 때 사용된 동사는 헬라어 시제로 부정과거형입니다. 우리가 의롭다 칭함을 받는 것은 긴 시간을 두고 일어나는 일이 아니라 예수님을 구주로 영접하는 순간에 번개가 치듯이 순간적으로, 단번에 일어나는 사건이며, 단번에 100% 끝나는 사건이며, 다시는 취소되지 않는 사건입니다. 한 방에 끝나는 칭의 사건은 영원히 그 효력이 지속됩니다. 로마 가톨릭교에서는 칭의를 한 방에 끝나는 사건으로 보지 않고 한 번에 1%, 2% 찔끔찔끔 이루어지다가 평생 점진적으로 계속되고, 평생에도 완성되기가 어렵기 때문에 연옥에서까지 수천 년, 수만 년 계속되는 것으로 말합니다. 이와 같은 점진적 칭의론은 사제들의 권위를 세워주는 결과를 초래합니다. 칭의가 안 끝나야 평신도들이 불안해서 사제들이나 성직자들에게 의지하고 성직자들이 평신도들을 자기 손안에 둘 수 있습니다. 로마 가톨릭교의 신자들은 구원의 문제에 대하여 끊임없이 사제들의 눈치를 봐야 합니다. 그 증거들 가운데 하나가 고해성사입니다. 고해성사는 사제들에게 죄를 고백하고 사제들이 죄 용서함을 선언해 주는 것입니다. 그러나 개신교에서는 칭의의 과정에 어떤 인간도 개입할 수 없으며, 한 번 칭의 받으면 구원은 확실하게 보장되기 때문에 구원문제에 있어서 어떤 교역자에게도 의지할 필요가 없습니다.

화가 나신 분은 하나님

우리가 의롭다 함을 받으면 어떤 축복이 찾아올까요? "하나님과의 화평"이 주어집니다. 이 화평은 예수 그리스도를 통하여 주어집니다. 유의할 점은 이 화평은 일차적으로 내가 마음속에서 누리는 주관적인 평화로운 마음 상태를 뜻하는 것이 아니라는 것입니다. 화평은 나의 주관적인 마음 상태와는 상관없이 나와 하나님과의 객관적인 관계에서 일어난 변화입니다.

하나님과 나 사이에 화평이 찾아왔다는 것은 화평이 찾아오기 전에 불화가 있었다는 뜻입니다. 불화가 있었다는 말은 나와 하나님 사이에서 어느 편인가가 단단히 화가 나 있었다는 뜻입니다. 그러면 하나님과 나의 관계에서 누가 화가 나 있었을까요? 내가 화가 나 있었을까요? 하나님이 화가 나 있었을까요? 아니면 나와 하나님 둘 다 화가 나 있었을까요?

나와 하나님의 관계에서 단단히 화가 나 있었던 당사자는 내가 아니라 하나님이십니다. 여러분이 하나님을 믿기 전의 상태를 한 번 생각해 보십시오. 여러분이 하나님과의 관계에서 화가 나 있었던 적이 있습니까? 전혀 없습니다. 저도 예수님을 믿지 않을 때 하나님에 대하여 화가 나 있던 기억이 전혀 없습니다. 우리는 아예 관심 자체가 없었습니다. 인간이 죄를 범하고 하나님을 믿지 않을 때 단단히 화가 난 당사자는 하나님이셨습니다. 하나님은 공의의 하나님이시기 때문에 하나님이 만드신 피조물인 인간이 죄를 범할 때 필연적으로 분노하시고 화를 품으실 수밖에 없습니다. 하나님이 화가 단단히 나셨기 때문에 우리와의 사이가 깨진 것인데, 우리는 하나님이 화가 나셨는지, 하나님과의 관계가 깨졌는지조차도 아예 모르고 있었고 관심조차 없었습니다. 우리가 예수 그리스도를 구주로 영접하는 순간에 화를 푸신 것은 하나님 자신이셨고, 하나님 자신이 화를 푸셨기 때문에 하나님과의 관계가 불화의 관계로부터 평화로운 관계로 회복이 된 것입니다. 하나님의 화를 풀기 위해 우리가 할 수 있는 일은 없습니다. 우리의 어떤 노력으로도 하나님의 화를 풀 수는 없습니다. 우리가 할 수 있는 일은 예수 그리스도를 우리의 구주로 영접함으로써 예수 그리스도의 대속의 죽으심이 "나를 향한" 성부 하나님의 화를 풀어 드리도록 하는 것뿐입니다.

하나님과의 화평은 객관적인 사실

이 본문에서 우리가 주목해야 할 점이 또 한 가지 있습니다. 우리 말 번역에 "하나님과 화평을 누리자"라고 되어 있는데, 개역개정판을 잘 보시면 1절 중간 부분에 2라는 각주 번호가 붙어 있고, 각주를 읽어 보시면 "화평을 누리며"라고 다르게 번역된 것을 볼 수 있습니다. 이와 같은 차이가 나는 이유는 사본의 기록상의 차이 때문입니다. 일부 사본에는 이 동사가 가정법으로 되어 있고, 가정법으로 되어 있는 동사를 번역하면 "누리자"로 번역할 수 있습니다. 그런데 학자들에 따르면 더 많은 사본에는 이 동사가 직설법으로 되어 있고 직설법으로 되어 있는 경우에 "누리고"로 번역될 수 있습니다. 학자들의 중론은 직설법이 원본이라고 보는 것입니다.

그런데 "누리자"라는 번역과 "누리고"라는 번역이 모두 본문의 의도를 정확하게 반영하지 못합니다. 본문이 말하고자 한 것은 "하나님과 화평이 이루어진 상태에 있다"라는 것입니다. 우리가 일단 의롭다 칭함을 받으면 하나님이 나에 대한 화를 푸셨기 때문에 나와 하나님 사이에 불화 관계가 해소되고 평화로운 관계가 된 것이 객관적인 사실이 되어 있다는 것입니다. 이것은 나의 감정이나 기분의 문제가 아닙니다. 우리는 성경말씀을 많이 읽고 예배도 잘 드리고 기도도 많이 하고 바르게 살려고 애를 쓰고 나면 영적으로 기분이 아주 좋아지고 하나님과의 관계가 평화롭게 되었다고 생각합니다. 물론 우리가 이런 생활을 할 때 실존적으로 하나님과의 관계가 편안해지는 것은 사실입니다. 그러나 이 본문이 말하는 하나님과의 평화는 이와 같은 실존적인 평화를 말하는 것이 아닙니다. 내가 신앙생활을 잘하는 것을 가지고 본문이 말하는 하나님과의 평화를 만들어낼 수 있는 것이 아닙니다. 반대로 우리는 성경말씀을 읽지 않고, 기도하지 않고, 예배를 거르면 기분이 우울해지고 하나님과의 관계도 틀어졌다고 생각합니다. 물론 이런 생활을 할 때 실존적으로 하나님과의 관계가 잠시 틀어지는 것은 사실입니다. 그러나 내가 생활을 잘못했다고 해서 본문이 말하는 하나님과의 화평이 영향을 받는 것이 아닙니다. 본문이 말하는 하나님과의 화평, 곧 하나님이 화를 푸시는 것은 우리가 신앙생활을 잘하는 것이나 못하는 것, 우리의 감정이 고조되거나 우울해지는 것과는 관계가 없습니다. 본문이 말하는 화평은 우리가 예수님을 구주로 영접하는 순간, 그리스도의 구속사역에 의하여 나의 감정 여부나 나의 신앙생활 여부와 상관없이 하나님이 화를 푸셔서 나와 하나님 사이에 찾아온 평화이며, 한 번 찾아온 이 평화는 영원히 변하지 않고 객관적인 실재實在로 유지되는 것입니다. 우리가 한 번 의롭다 하심을 받으면 영원히 의인의 신분을 유지하는 것처럼, 하나님이 한 번 화를 푸셔서 이루어진 나와 하나님 사이의 평화는 영원히 유지됩니다. 한 번 의롭다 함을 받으면 다시 취소되는 일이 있을 수 없는 것처럼, 한 번 푸신 화는 취소되는 일이 없습니다. 이 사실을 알고 나면 비로소 이차적으로 나의 마음에 주관적인 평화가 찾아옵니다.

복 2: 이 은혜에 들어감

우리가 의롭다 함을 받을 때 찾아오는 또 다른 두 개의 복이 2절에 소개되어 있습니다. "또한 그로 말미암아 우리가 믿음으로 서 있는 이 은혜에 들어감을 얻었으며 하나님의 영광을 바라고 즐거워하느니라." 두 번째 복은 "이 은혜에 들어감"입니다. 이 은혜는 문맥상으로 볼 때 바로 앞에서 말한 하나님과의 화평을 가리킵니다. 이 구절은 1절이 말한 "하나님과의 화평을 가지고 있다"라는 표현을 보다 강화한 것입니다.

하나님이 나에 대한 화를 푸시는 아주 놀라운 변화가 일어났다면, 이제 그 하나님 앞에 나아가야 합니다. 하나님이 화를 푸셨는데도 여전히 두려움에 사로잡혀 멀찍이 떨어진 채 감히 접근하지도 못하는 어리석음을 범해서는 안 됩니다. 분노하지 않으시고 사랑으로 안아 주시는 하나님께 나아가야 합니다.

"들어감"이라는 표현에는 "소개함"이라는 뜻도 들어 있습니다. 누군가가 우리를 데리고 들어가서 소개한다는 것입니다. 누가 우리는 소개합니까? 예수 그리스도입니다. 우리가 예수 그리스도를 믿을 때 "우리가 믿음으로" 예수 그리스도께서 "또한 그로 말미암아" 우리로 하여금 이 은혜 "하나님과의 화평"에 들어가게 해 주셨다는 것이 본문의 뜻입니다.

우리가 대통령을 만나는 광경을 그려보면 이 상황을 이해하는 데 도움이 될 것입니다. 우리가 다짜고짜 대통령을 만나겠다고 혼자 대통령실에 들어가면 언제든지 대통령을 만날 수 있을까요? 그것은 불가능합니다. 반드시 비서의 도움을 받아야 합니다. 마찬가지로 성부 하나님을 만나려면 반드시 중재하는 분이 계셔야 하는데, 이 중재자가 바로 예수 그리스도입니다. 그런데 예수 그리스도의 중재로 성부 하나님을 만나는 상황은 우리가 대통령을 만나기 원할 때마다 새롭게 비서에게 연락하여 새롭게 약속을 잡아야 하는 그런 상황은 아닙니다. 이 상황은 대통령의 비서가 자신이 서명 날인한 영구 출입증을 발급해 주어서 시민이 원하면 언제든지 대통령실에 들어올 수 있도록 조치를 취해 놓은 상황에 비유할 수 있습니다. 의롭다 칭함을 받은 우리는 예수 그리스도의 이름이라는 영구 출입증만 제시하면 언제든지 성부 하나님 앞에 나아갈 수 있는 위치에 있게 되었습니다. 이 놀라운 특권을 최대한 누리는 자가 지혜로운 자입니다.

복 3: 하나님의 영광을 바라고 즐거워함

의롭다 함을 받은 신자들에게 주어지는 세 번째 복은 "하나님의 영광을 바라고 즐거워하는 것"입니다. '즐거워한다'라는 것은 자랑한다는 뜻입니다. 신자들은 무엇을 자랑합니까? 신자들은 "바라는 어떤 것"을 자랑합니다. "바라는"으로 번역된 헬라어 엘피스는 명사입니다. 엘피스ἐλπίς는 소망이라고 번역할 수 있습니다. 우리는 통상적으로 소망이라는 말을 들으면 이루어지기를 바라지만 실제로 이루어질지는 불확실한 경우를 연상합니다. 그런데 성경이 말하는 소망은 그렇게 애매모호한 뜻으로 사용되지 않았습니다. 성경이 말하는 소망은 100% 실현이 분명한 것을 가리킵니다. 소망은 정확히 번역하면 "확실히 이루어짐"으로 번역할 수 있습니다. 의롭다 칭함을 받고 화를 푸신 하나님 앞에 있는 신자들에게는 확실히 이루어질 어떤 일이 있습니다. 그 어떤 일이 무엇인가? "하나님의 영광"입니다. "하나님의 영광"이라는 말은 "하나님으로부터 오는 영광"이라는 뜻입니다. 본문이 말하는 영광은 주님이 재림하시는 날 우리에게 찾아올 축복인 영화를 가리킵니다. 다시 말하자면 우리의 영혼이 완전히 거룩해질 뿐만 아니라 우리의 몸까지도 신령한 새 몸으로 부활하여 전인이 완전히 구원받고, 하나님이 준비하신 새 하늘과 새 땅, 새 예루살렘에 들어가 영원히 거주하며, 살아계신 영화로우신 하나님을 자유롭게 뵙고 교제하는 것이 바로 본문이 말하는 영광이 뜻하는 것입니다. 이 엄청난 축복이 의롭다 칭함을 받은 모든 신자에게 100% 확실하게 약속되어 있습니다.

영광스러운 신분을 알고 적극적으로 누리라

신자의 신앙생활의 가장 중요한 요소는 우리가 얼마나 영광스럽고 축복된 신분에 있는가를 정확하게 아는 것입니다. 은행에 100억 원을 예치해 놓고도 그 사실을 잘 몰라 구걸을 하면서 노숙생활을 하는 걸인에게 우선적으로 필요한 것은 자기 자신이 100억 원이라는 부를 소유한 부자라는 사실을 정확하게 아는 것입니다. 100억 원이라는 엄청난 부를 소유하고도 노숙생활을 하는 것은 청승맞은 일입니다. 자신이 100억 원의 갑부라는 사실을 정확히 알고 그 신분에 맞게 처신해야 합니다. 좋은 집도 사고, 좋은 자동차도 사고, 식사도 좋은 음식을 먹고, 취미생활도 즐기고, 행복하고 편안하게 살아야 합니다. 이처럼 신자들은 자신이 하나님 앞에서 완전한 의인이라는 객관적이고 영원히 변할 수 없는 사실을 정확히 알아야 합니다. 성부 하나님이 자신들을 향한 화를 영원히 거두셨다는 객관적이고 영원히 변할 수 없는 사실을 정확히 알아야 합니다. 예수님이 자신들을 하나님의 왕궁 안에 들여놓았다는 사실, 하나님의 왕궁의 모든 것을 자유롭게 이용할 수 있도록 해 주셨다는 객관적이고 영원히 변할 수 없는 사실을 알아야 합니다. 그리고 그 신분에 맞게 처신해야 합니다. 의인이 되었는데도 죄인이 아닌가 하는 불안에 떠는 일이 없어야 하고, 하나님이 화를 완전히 푸시고 사랑의 하나님으로 만나 주시는데도 하나님이 화가 나 계신다고 생각하고 슬금슬금 피해가지 않아야 하고, 영화가 100% 보장되었는데도 혹시 지옥에 떨어지지 않을까 하는 두려움에 사로잡히지 않아야 합니다.

오늘날 전도가 잘 안된다는 말을 많이 합니다. 우리 사회가 상당히 좌경화되어 가고 있고, 좌경화되어 간다는 말은 초월의 세계를 인정하지 않는 유물론의 지배를 받는다는 뜻이기 때문에 전도가 더 힘들어지는 면도 있습니다. 많은 교회가 사람들을 교회로 끌어들이기 위하여 큰 노력을 기울이고 있습니다. 그런데 여러분, 사람들이 교회에 나오지 않는 가장 큰 이유는 세상 사람들이 신자들에게서 하나님이 주신 구원의 즐거움을 누리는 모습을 보지 못하기 때문입니다. 세상 사람들이 교회에 관심을 가지는 것은 어려움 속에서도 평화롭게 살 수 있는 길을 알고 싶어서입니다. 그런데 불신자들이 신자들을 볼 때 어려운 일을 당하면 우울한 마음을 벗어나지 못하고 반대로 일이 좀 잘 되면 물질을 즐기는 일에 푹 빠져서 생활하는 모습을 보면 교회에 가봤자 별 볼 일 없다고 생각하고 교회에 나오려는 생각을 접게 되는 것입니다. 그러나 신자들이 하나님이 약속하신 구원의 즐거움이 자연스럽게 흘러나오는 생활을 하면 오지 말라고 해도 세상 사람들이 교회로 찾아올 것입니다. "아니, 저 친구는 이렇게 어려운 현실 속에서도 도대체 뭐가 좋아서 저렇게 찬양을 흥얼거리면서 즐겁고 기쁘게 다른 사람들을 돕고 배려하면서 사는 거야? 도대체 비결이 뭐야?" 이런 궁금증 때문에 교회에 관심을 갖게 될 것이고, 교회 안에 들어와서 그 비결을 발견하고 나면 교회를 떠나지 않게 될 것입니다.

마귀는 우리로부터 구원의 즐거움을 빼앗아 가려는 집요한 시도를 멈추지 않습니다. 이때 신자들은 마귀의 장난에 대담하게 대항하여 싸워야 합니다. 우리가 예수님을 영접하고 나서 하나님의 뜻대로 살지 못하면 마귀가 그것을 이용하여 우리에게 속삭일 것입니다. "네가 그렇게 형편없이 살면서 감히 하나님과 사람 앞에서 자신이 하나님의 자녀라고 자신 있게 말할 수 있어? 솔직하게 네 양심에 손을 얹고 생각해 봐라. 그게 말이 돼? 그러니까 값없이 은혜로 구원을 받는다는 허황된 원리를 버리고, 너의 행위를 바르게 하고 바르게 행한 업적을 가지고 하나님 앞에 서라고 말하는 행위구원론을 받아들여야 하는 거야. 그게 양심적인 거야." 이렇게 여러분에게 속삭입니다. 이 속삭임은 아주 교활하고 사악한 마귀의 전술이라는 사실을 잊어서는 안 됩니다. 이럴 때 여러분은 담대하게 외쳐야 합니다. "무슨 소리야? 성자 하나님이 나의 죄를 대신 지시고 십자가 위에서 죽으심으로써 나를 해방하셨는데, 성자 하나님이 나의 죄 하나 정도도 해결하지 못하실 만큼 무능하시다는 말이야? 하나님이 구원을 약속해 놓으시고 나의 작은 실수를 보시고 화가 나서 자신이 한 약속을 취소해 버리는 변덕쟁이라고? 그런 신성모독적인 말을 어디서 함부로 내뱉는 거야! 나는 값없이 은혜로 영원히 의인이 되었어! 하나님은 완전히 화를 푸셨어! 미안하지만 나는 이미 하나님과 함께 왕궁에 있어!" 여러분은 이렇게 소리쳐야 합니다.

우리의 믿음은 나침판의 바늘과 같습니다. 나침판의 바늘이 항상 북극성을 가리키고 있는 것처럼 믿음의 나침판의 바늘은 하나님의 확실한 구원을 항상 가리키고 있습니다. 그런데 나침판에 자석이 붙으면 바늘이 자석 쪽으로 움직입니다. 그러다가 자석을 떼어내면 바늘은 다시 북극성으로 향합니다. 나침판이 제대로 작동하도록 하려면 자석을 떼어내 버려야 합니다. 이처럼 나침판에 마귀라는 자석이 붙으면 바늘을 하나님의 완전한 구원으로부터 행위구원론으로 이동시킵니다. 이때 우리는 어떻게 해야 합니까? 마귀라는 자석을 단호하게 떼어내 버려야 합니다. 그러면 다시 믿음의 바늘은 하나님의 확실한 구원으로 원위치할 것입니다.

5:3 다만 이뿐 아니라 우리가 환난 중에도 즐거워하나니 이는 환난은 인내를,
5:4 인내는 연단을, 연단은 소망을 이루는 줄 앎이로다

큰 문단인 로마서 5:1-11의 주제는 의롭다 칭함을 받은 신자들에게는 궁극적인 구원이 확실하게 보장된다는 것입니다. 5:1-2에서는 의롭다 칭함을 받은 신자에게는 세 가지 구원이 보장된다고 말합니다. 하나는 우리의 죄 때문에 화가 나신 하나님이 화를 푸심으로써 하나님과 화평이 이루어진 것입니다. 다른 하나는 성부 하나님 앞에 담대하게 나아갈 수 있게 된 것입니다. 또 다른 하나는 하나님의 영광 곧, 영화의 축복이 보장된다는 것입니다.

신자가 범죄함으로 잃는 것은 구원이 아닌 구원의 즐거움

신자들은 의롭다 함을 받은 이후에도 범죄할 수 있습니다. 신자들이 범죄했다고 해서 칭의 혹은 구원이 취소되는 일은 없습니다. 그러면 신자들이 범죄할 때 어떤 결과가 찾아올까요? 시편 51편은 다

윗이 충신이었던 우리아의 아내 밧세바를 빼앗으려는 목적으로 우리아를 전쟁터의 최전선에 배치하여 전사하게 하는 범죄를 저지른 후에 자신이 지은 죄를 회개하면서 서술한 시입니다. 다윗은 "주의 구원의 즐거움을 내게 회복시켜 달라"고 간청합니다. 사람을 죽이는 심각한 죄를 범한 후에도 다윗이 안타까워하는 것은 자신의 죄 때문에 "구원을 상실했다"는 것이 아니라 "구원의 즐거움"을 상실했다는 사실입니다. 신자는 구원받았다는 사실을 생각할 때 아주 큰 기쁨과 즐거움을 누릴 수 있습니다. 그런데 신자가 죄를 범하면 구원을 받았음에도 불구하고 즐겁지가 않습니다. 다윗은 그 점이 안타까웠던 것입니다. 신자가 범죄 하면 구원을 상실하는 것이 아니라 구원의 즐거움을 상실하는 것입니다.

환난은 최종 구원인 영화를 보장하는 장치

로마서 5:3-4에서 바울은 의롭다 칭함을 받은 자 곧, 신자에게 구원의 확신을 주는 또 하나의 강력한 장치를 소개합니다. "다만 이뿐 아니라 우리가 환난 중에도 즐거워하나니 이는 환난은 인내를, 인내는 연단을, 연단은 소망을 이루는 줄 앎이로다." "다만 이뿐 아니라." 이 말의 의미는 1-2절에 소개한 내용 이외에도 구원의 확신을 주는 또 하나의 장치가 있다는 것입니다. 그 장치는 환난입니다. 본문의 기본구도는 "3절 앞부분에 있는 환난이 4절 마지막 구절에 있는 소망을 이룬다"라는 것입니다.

5:2에 "하나님의 영광을 바라고 즐거워하느니라"라고 했을 때 "바라고"라는 말이 우리말로는 동사로 되어 있으나 헬라어 원어로는 엘피스ἐλπίς라는 명사라는 사실은 앞 장에서 말씀드린 바 있습니다. 5:4에도 엘피스가 등장하는데 우리말로 소망이라는 명사로 번역되어 있습니다. 그러므로 2절이 말하는 "하나님의 영광을 바라고"라는 표현과 4절이 말하는 "소망"이라는 단어는 같은 내용입니다. 2절이 말하는 "하나님의 영광"은 마지막 날에 신자에게 주어지는 최종적인 구원을 뜻합니다. 신자의 몸이 신령한 새 몸을 입고 부활하여 새 예루살렘이 있는 새 하늘과 새 땅에서 영원히 사는 것이 "하나님의 영광"의 내용입니다. 따라서 5:3-4은 환난이 신자에게 최종적인 구원에 대한 확신을 가질 수 있도록 해준다고 말합니다.

본문에 환난으로 번역된 헬라어 들립시스θλῖψις는 외부로부터 인간에게 주어지는 어려움을 뜻합니다. 환난은 구원과는 가장 거리가 멀 뿐만 아니라 구원과는 정반대되는 상황입니다. 누구든지 환난으로부터 빨리 벗어나고 싶어 하고 환난으로부터 구원받고 싶어 합니다. 그런데 본문은 "환난 중에도 즐거워한다"라고 되어 있습니다. 환난은 피해야 할 일이 아니라 오히려 "즐거워해야 할" 일이라고 바울은 말합니다. 바울은 환난이 하나님이 주시는 최종적인 완전한 구원에 대한 확신을 주는 강력한 장치라고 말하고 있습니다. 환난이 하나님의 구원과는 관계없고, 하나님의 구원이 나타나지 않는 시간이고, 하나님을 만날 수 없는 시간이라면, 우리는 당연히 환난을 만났을 때 깊은 슬픔에 빠져 있어야 할 것입니다. 그러나 환난이 하나님의 최종적인 구원에 대한 확신을 더 강화해 주는 시간이라면 우리는 마땅히 즐거워할 수 있습니다. 환난을 만났을 때 우리 신자들의 태도는 세 가지 유형으로 나타날 수 있습니다.

환난을 맞이하는 태도 1: 싫어하고 슬퍼함

가장 바람직하지 않은 태도는 환난을 만나는 것을 싫어하고 슬퍼하는 것입니다. 대부분의 성도들은 모든 일이 잘될 때는 교회생활도 잘하고 동료 성도들과 만나서 스스럼없이 교제도 잘합니다. 그런데 환난이 찾아오면 시험에 들어 교회생활도 흐트러지고 성도들과의 교제도 멀리합니다. 환난의 시간이 아주 싫고 하나님이 원망스럽고, 그러다 보니 교인들 보기도 싫어집니다. "내가 하나님도 잘 믿고 교회봉사도 열심히 해 왔는데, 나에게 축복을 주셔야지 왜 어려움을 주시는 거야? 하나님이 살아계시는 것이 맞아? 기분 나쁘고 불쾌해서 신앙생활을 할 수가 없어. 교회에 나가기도 민망하잖아. 자존심도 상하고." 예수님은 이런 성도들에 대하여 씨 뿌리는 비유를 통하여 잘 말씀하셨습니다. "또 이와 같이 돌밭에 뿌려졌다는 것은 이들을 가리킴이니 곧 말씀을 들을 때에 즉시 기쁨으로 받으나 그 속에 뿌리가 없어 잠깐 견디다가 말씀을 인하여 환난이나 박해가 일어나는 때에는 곧 넘어지는 자요 또 어떤 이는 가시떨기에 뿌려진 자니 이들은 말씀을 듣기는 하되 세상의 염려와 재물의 유혹과 기타 욕심이 들어와 말씀을 막아 결실하지 못하게 되는 자요"막 4:16-20. 병원에 근무하는 간호사들이 공통으로 하는 말들 가운데 하나는 목사, 장로, 권사와 같은 교회 중직자가 중병에 걸려서 고생하다가 병원에서 세상을 떠날 때, "내가 평생 교회를 위하여 헌신적으로 사역하고 섬겼는데, 왜 나에게 이런 환난이 찾아왔는가? 왜 하나님이 살아계신다고 하면서 나에게 이런 시련을 주시는가?"라고 하나님을 원망하면서 생애를 마감한다는 것입니다.

환난을 맞이하는 태도 2: 즐거움을 잃지 않기 위해 힘씀

환난을 싫어하고 슬퍼하는 태도보다 훨씬 나은 태도는 환난이 찾아왔음에도 불구하고 즐거움을 잃지 않기 위하여 힘쓰는 것입니다. 환난 자체는 너무나 싫습니다. 빨리 벗어나고 싶습니다. 그러나 인내하는 가운데 기도하면서 주님께서 주시는 은혜를 받아서 환난의 시간을 이겨내기 위하여 노력합니다. 환난을 만나 어려움이 있지만 교회생활을 소홀히 하지 않으려고 애를 쓰고 교회 성도들과의 교제도 유지하려고 많은 노력을 합니다. 이것이 성도들이 환난을 만났을 때 통상적으로 환난을 대하는 태도이고 이런 태도를 잘 유지하는 것만으로도 성도들은 환난에 훌륭하게 잘 대응하고 있는 것입니다.

환난을 맞이하는 태도 3: 즐거워함

바울은 성도들에게 여기서 한 걸음 더 나아갈 것을 요청하고 있고 그렇게 할 만한 충분한 이유를 제시합니다. 바울은 "환난에도 불구하고" 즐거워하라고 말하는 것이 아니라 오히려 "환난을 즐거워하라"라고 명령합니다. 왜냐하면 환난이 구원의 확신을 가질 수 있도록 하는 너무나 좋은 시간이기 때문입니다.

바울이 환난을 말할 때는 두 가지 그림을 머릿속에 그리고 있습니다. 하나는 인내와 관련된 그림으로서 두 손으로 무거운 짐을 떠받치고 있는 사람의 그림입니다. 역도선수가 100킬로그램, 150킬로그램이나 되는 역기를 두 손으로 들어 올리고 있는 모습을 생각하면 도움이 됩니다. 그러나 역도선수가 무거운 짐을 10초 정도 들고 있다가 바로 내려놓는 것과는 달리 바울이 머릿속에 그리는 사람은 언제 내려놓을 수 있을지 기약도 없는 긴 기간 동안 역기와 같은 무거운 짐을 들고 있어야 하는 사람입니다. 다른 하나는 연단과 관련이 있는 그림으로서 펄펄 끓는 용광로의 그림입니다. 이 두 그림을 생각해 보면 바울이 말하는 환난은 매우 강력한 시련임을 알 수 있습니다. 이런 강력한 시련이 찾아오면 인간의 힘으로 이 시련을 제거하거나 이 시련으로부터 빠져나오는 것은 거의 불가능합니다.

욥에게 시련이 찾아오기 시작했을 때 욥은 이 시련의 소나기를 그저 온몸으로 맞을 수밖에 없었습니다. 어느 날 느닷없이 스바 사람이 달려들어 풀을 뜯던 소를 모두 죽여 버렸고, 조금 있다가 하늘에서 불이 내려와 양과 종들을 불살라 버렸고, 조금 있다가 갈대아 사람이 습격하여 낙타를 빼앗고 종들을 죽였고, 조금 있다가 집이 무너져 그 안에 있던 욥의 자녀들이 몰살당했고, 또 조금 있다가는 욥 자신의 몸에 발바닥에서 정수리까지 종기가 나서 온몸이 피범벅이 되도록 긁어야 했습니다. 이런 시련들이 숨 돌릴 틈도 없이 피부을 때 욥은 이 시련을 걷어낼 수도, 피할 수도 없이 그냥 온몸으로 받아야만 했습니다.

사도 바울도 3차 선교여행을 끝내고 예루살렘에 들어갔을 때 외부로부터 돌발적으로 주어진 어려움을 온몸으로 받아야만 했습니다. 바울이 나실인의 서약을 지키기 위하여 머리 깎는 사람들을 도와주기 위해 예루살렘 성전에 들어갔을 때 바울을 알아본 소아시아 출신의 어떤 헬라파 유대인이 바울이 이방인을 성전으로 들여보냈다는 거짓 소문을 퍼뜨려 소동이 일어나기 시작했습니다. 무리는 폭도로 변하여 바울을 죽이려고 달려들었습니다. 급기야는 로마 군병이 출동하여 바울을 체포하여 감옥에 가두었습니다. 이때 시작된 바울의 수감생활은 사도행전 기록이 끝날 때까지 계속되었습니다.

요셉이 어느 날 갑자기 형제들에 의하여 웅덩이에 빠지고, 애굽으로 팔려가고, 보디발의 집에서 오해를 받아 감옥에 갇히는 일이 일어나는 동안, 이 상황에서 벗어나기 위하여 요셉이 할 수 있는 일이 아무것도 없었습니다.

인간의 힘으로 아무것도 할 수 없는 상태에서, 언제 끝날지도 기약할 수 없는 어려움이 계속해서 몰려오는 상황에 처할 때, 하나님이나 하나님의 나라나 내세를 믿지 않고 현세에서 누리는 행복을 삶의 전부로 여기는 불신자는 절망에 빠져 헤어 나오지 못하는 경우가 대부분입니다. 자살로 삶을 마감하기도 하고, 술에 절어서 살다가 폐인이 되기도 합니다. 그러나 신자는 다를 수 있습니다. 신자가 정말로 하나님의 살아계심을 믿고 자신이 이 세상에서의 삶 너머에 영원히 지속되는 하나님 나라의 백성으로서 살아간다는 사실을 믿는다면 대응하는 태도가 완전히 달라질 것입니다.

유명 연예인들이 군대에 입소하여 훈련을 받고 군 내무반 생활을 해보는 TV 예능 프로그램이 있었습니다. 연예인들 가운데 몸이 허약한 여자 연예인들까지도 즐거운 마음으로 군사훈련과 군 내무반 생활을 해냅니다. 그런데 만일 연예인들이 평생 군대에서 생활해야 하는 상황일 때도 그처럼 즐겁게 그 생활을 해낼 수 있을까요? 절대 그렇게 못 합니다. 연예인들이 군대생활을 즐겁게 할 수 있는 이유는 군대생활은 잠깐이면 끝나고 자기들이 평생 해야 할 본업이 따로 있기 때문입니다. 만일 신자들이 영원히 환난 속에서 살아야 할 운명에 있다면 결코 환난의 시간을 견뎌내지 못할 것입니다. 그러나 영원히 계속되는 하나님 나라에서의 행복한 삶이 99%이고, 환난으로 점철된 이 세상에서의 삶이 1%도 채 되지 않고, 그 1% 중에서 아마도 또 1% 정도, 환난의 시간을 보내야 하는 것이라면 "그까짓 것 좀 힘들어도 참아 보지"라고 생각하고 의연하게 대처할 수 있을 것입니다.

환난을 통해 얻는 세 가지 보물: 인내, 연단, 소망

신자에게 찾아온 환난은 겉으로 보기에는 무서운 악마와 같은 모습을 하고 있지만 실제로는 그 안에 너무나도 소중한 보물을 담고 있는 보물 상자입니다. 세 개의 보물이 환난에 숨어 있습니다. 하나의 보물은 3절에 있는 것처럼 환난을 통하여 형성되는 인내입니다.

인내로 번역된 헬라어 휘포모네ὑπομονή는 어떤 무거운 짐을 긴 세월 동안 들고 있는 것을 가능하게 하는 성품입니다. 인내라는 성품은 아주 소중한 보물입니다.

인내라는 열매가 왜 그토록 소중한 보물일까요? 우리는 그리스도인의 삶이 아가페 사랑을 실천하기 위하여 노력하는 삶이라는 사실을 잘 알고 있습니다. 그런데 아가페 사랑의 실천을 위하여 필요한 덕목이 바로 인내입니다. 고린도전서 13:4-7은 아가페 사랑의 특징을 열거하고 있는데, 이 특징들은 오래 참는 것으로부터 시작하여 모든 것을 참으며 모든 것을 견디는 것으로 마무리됩니다. 인내할 줄 모르면 아가페 사랑의 실천을 시작조차 할 수 없고 마무리도 할 수 없습니다. 아가페 사랑의 실천은 기독교인의 삶의 꽃 중의 꽃인데, 이 꽃을 피우려면 인내라는 거름이 꼭 필요합니다. 인내는 보물입니다. 이 인내라는 보물을 환난을 통해서 얻을 수 있습니다. 그러므로 바울은 환난을 즐거워하라고 말하는 것입니다.

인내라는 보물을 얻으면 연이어서 또 하나의 보물을 얻을 수 있는데 그것은 4절이 말하는 것처럼 연단입니다. 연단으로 번역된 헬라어는 도키메δοκιμή입니다. 도키메는 귀금속을 담고 있는 원석을 용광로에 집어넣은 후에 나오는 결과물입니다. 원석 안에 다이아몬드나 금이 들어 있어도 다이아몬드나 금에 불순물이 함께 뒤섞여 있는 한 아무런 가치가 없습니다. 원석이 몇천 도나 되는 뜨거운 용광로에 들어가 녹아 버린 후에 순수한 다이아몬드나 금만 정련되어 나와야 비로소 상품가치가 있는 보석이 됩니다. 이처럼 인내를 꾸준히 실천하다 보면 다이아몬드와도 같고 순금과도 같은 아름답고 고결한 인품이 형성됩니다. 그러므로 바울은 환난을 즐거워하라고 말합니다.

자, 이제 마지막 가장 소중한 보물이 하나 남았습니다. 성도들에게는 이 세상에서 만나는 어떤 환난보다 더 깊고 어려운 환난이 마지막 날 기다리고 있습니다. 우리는 마지막 심판의 날 성부 하나님 앞에 서게 될 때, 우리가 살아온 삶이 정말로 걸레와도 같이 너덜너덜해서 내놓을 것이 하나도 없고, 우리 자신의 힘으로는 성부 하나님의 준엄한 심판을 피할 수 없어서, 우리를 향하여 넓게 그 입을 벌리고 있는 지옥으로 끌려 들어갈 수밖에 없는 결정적인 환난을 만나게 될 것입니다. 그런데 우리에게 어떤 경험이 있습니까? 우리가 이 세상에서 사는 동안 환난을 만날 때 이 환난 속에 인내와 연단이라는 보물을 하나님께 숨겨 놓으신 것을 경험했습니다. 그렇다면 이제 어떤 유추가 가능합니까? 마지막 심판의 날에 하나님이 우리를 지옥에 떨어뜨리지 않고 천국으로 들여보내는 선물을 숨겨 놓으셨다고 기대할 수 있지 않겠습니까? 맞습니다. 하나님은 환난 속에 소망을 숨겨 놓으셨습니다. 소망은 성도에게 있어서 결정적인 환난의 시간인 마지막 심판 날에 지옥에 떨어지지 않고 천국에 들어가는 것을 뜻합니다.

이 때문에 바울은 환난 자체를 즐거워하라고 권고하는 것입니다.

5:5 소망이 우리를 부끄럽게 하지 아니함은 우리에게 주신 성령으로 말미암아
하나님의 사랑이 우리 마음에 부은 바 됨이니

성령을 통해 주어지는 하나님의 사랑

사도 바울은 5절에서 신자들이 구원의 확실한 소망을 가질 수 있도록 해주는 또 하나의 중요한 장치를 소개합니다. "소망이 우리를 부끄럽게 하지 아니함은 우리에게 주신 성령으로 말미암아 하나님의 사랑이 우리 마음에 부은 바 됨이니." 이 장치는 성도들이 이 세상에서 살아가는 동안 성령을 통하여 마음에 부어지는 하나님의 사랑입니다. 그러면 이 문장의 의미를 살펴보겠습니다.

"소망이 우리를 부끄럽게 하지 아니함은." 여기서 말하는 "소망"은 마지막 날에 최종적으로 구원받고 천국에 들어간다는 확신을 뜻합니다. "소망이 우리를 부끄럽게 하지 않는다"라는 말은 구원받고 천국에 들어갈 것이라는 소망이 빈말이 아니라 확실히 그렇게 이루어진다는 뜻입니다. 예전에 오래된 물품을 가지고 나와서 진품인지

가품인지 전문가에게 감정을 받는 TV 프로그램이 있었습니다. 어떤 사람이 몇백 년 전부터 가보로 잘 보관해 온 물건을 비싼 감정가를 받기를 기대하면서 이 프로그램에 가지고 나옵니다. 전문가가 감정해 보고 나서 그 물건은 모조품이라서 가치가 없다는 감정 결과를 내놓으면 물건을 가지고 나온 주인은 부끄러움을 느끼게 됩니다. 그런데 전문가의 감정 결과가 진품이라고 나오면 물건의 주인은 부끄러움을 당하지 않습니다. 바로 이런 뜻이 본문에 함축되어 있습니다. 천국행과 지옥행이 결정되는 마지막 심판의 날에 예수님을 구주로 영접하고 하나님으로부터 의롭다는 선언을 받았다는 문구가 적힌 티켓을 보여 주었는데, 천국행 열차 검표원이 "이 티켓은 효력이 없어!"라고 선언해 버리면 우리는 심히 큰 부끄러움을 느끼게 될 것입니다. 그러나 그런 일은 결코 일어나지 않습니다. 우리가 예수님을 믿을 때 의롭다 함을 받았다는 도장이 찍힌 티켓을 내밀면 열차 검표원이 티켓을 보자마자 어떤 이의 제기도 없이 바로 천국행 열차의 탑승을 허락한다는 것입니다. 그런데 이처럼 신자가 마지막 심판의 날에 천국행 열차를 확실하게 타게 된다는 사실을 분명하게 확신할 수 있도록 해주는 또 하나의 장치가 있는데, 그것은 바로 하나님의 사랑을 우리 마음에 쏟아부어 주시는 성령의 작용입니다.

성부께서 성자를 통해서 보내시는 성령

바울은 5절의 뒷부분에서 하나님의 사랑이 우리 마음 안에 쏟아

부어졌다고 말합니다. 하나님의 사랑은 이슬방울처럼 우리에게 내려오는 것이 아니라 영혼 전체를 휘어 감는 강물처럼 우리의 마음속에 흘러 들어옵니다. 이 넘치는 하나님의 사랑이 우리의 마음속에 강물처럼 흘러 들어오는 통로가 무엇입니까? 바로 성령입니다. "우리에게 주신 성령으로 말미암아." 우리 말 번역에는 "성령으로 말미암아"라고 되어 있는데, 이보다는 "성령을 통하여"라고 번역하면 보다 명료해집니다.

이 성령이 우리에게 주어졌다고 5절은 앞부분에서 말합니다. "우리에게 주신 성령." "우리에게 주신 성령"이라고 했으니까, 누군가가 성령을 우리에게 주신 것이 분명하지 않습니까? 누가 우리에게 성령을 주셨는가? 성령을 우리에게 주신 주체는 성부 하나님과 성자 하나님이십니다. 요한복음 14:26은 성부 하나님이 성령을 보내시는 주체로 제시되어 있습니다. "보혜사 곧 아버지께서 내 이름으로 보내실 성령 그가 너희에게 모든 것을 가르치고 내가 너희에게 말한 모든 것을 생각나게 하리라." 성부 하나님이 성령을 보내시는데, 누구의 이름으로 보내시는가? 성자 하나님이신 예수님의 이름으로 보내십니다. 요한복음 15:26은 성자 하나님이신 예수님이 성령을 보내시는 것으로 되어 있습니다. "내가 아버지께로부터 너희에게 보낼 보혜사 곧, 아버지께로부터 나오시는 진리의 성령이 오실 때에 그가 나를 증언하실 것이요." 성자 하나님이 성령을 보내시되 성부 하나님으로부터 나오시는 성령을 보내신다고 되어 있습니다. 이 두 본문을 종합해 볼 때 성부 하나님이 성자 하나님과 함께 성령을 보내신다는 것을 알 수 있습니다. 서방교회는 성경 본문 말씀에 근거하여 성부 하나님과 성자 하나님이 함께 성령을 보내신다고 주장했고, 동방교회는 성부 하나님 혼자 성령을 보내신다고 주장하여 큰 논쟁이 있었습니다. 서방교회는 589년 톨레도에서 열린 교회회의에서 성령이 성부 하나님뿐만 아니라 성자 하나님으로부터도 나온다는 입장을 분명히 밝혔습니다. 성경 본문이 성부 하나님과 성자 하나님이 함께 성령을 보내신다고 명확하게 증거하고 있기 때문에 서방교회의 입장이 맞는 입장입니다.

예수님을 구주로 영접하는 순간이 성령세례를 받는 순간

이처럼 성부 하나님과 성자 하나님이 성령을 우리에게 주셨다고 했는데 그러면 언제 주시는가? "주셨다"라는 동사는 헬라어로 부정과거 시제로 표현되어 있습니다. 부정과거시제는 일정하게 정해진 한순간을 뜻합니다. 성령이 정해진 어떤 한순간에 우리에게 주어졌는데, 그 어떤 한순간이 언제인가? 우리가 예수 그리스도를 구주로 영접하는 바로 그 순간입니다. 고린도전서 12:3 하반절은 이렇게 말합니다. "또 성령으로 아니하고는 누구든지 예수를 주시라 할 수 없느니라." 우리가 예수님을 나의 주님이라고 고백하는 것 자체가 성령의 작용이라는 것입니다. 우리가 예수님을 나의 주님으로 고백한다는 것은 성령이 나의 마음속에 들어와 계신다는 뜻입니다. 예수님을 나의 주님으로 고백하는 것은 내가 하는 일이지만 그 일을 하게 하시는 분은 성령 하나님이십니다. 고린도전서 12:13은 이 사건을 성령세례라고 말합니다. "우리가 유대인이나 헬라인이나 종이나 자유인이나 다 한 성령으로 세례를 받아 한 몸이 되었고 또 다 한 성령을 마시게 하였느니라." 이 본문은 유대인이든, 헬라인이든 모든 신자는 예수님을 구주로 고백하는 순간에 성령세례를 받고, 그때부터 그리스도의 몸인 교회의 지체가 된다고 말합니다. 우리가 예수 그리스도를 구주로 고백하는 그 순간에 성령께서 나의 마음속에 들어오셔서 나의 속사람을 죄의 세력으로부터 해방하시고 내 안에 들어와 거하시기 시작합니다. 그러므로 모든 신자는 고린도전서 6:19이 말하는 것처럼, "성령의 전" 곧, "성령께서 들어와 거주하시는 집"이 되는 것입니다.

우리가 예수님을 구주로 고백하는 것과 성령께서 들어오셔서 나의 마음 깊은 곳에 세례를 주시고 내 안에 내주하시는 것은 시간적으로 보면 번개가 번쩍하는 것과 같은 찰나적인 순간에 동시적으로 일어납니다. 이때부터 성령을 통하여 하나님의 사랑이 강물처럼 강하게 휘어 감고 들어와 영혼을 풍성하게 적시는 사역이 시작됩니다.

우선 성령의 사역은 신앙고백에서부터 시작됩니다. 예수님을 구주로 고백하는 것은 나의 마음이고 나의 입술이지만, 이 고백을 하도록 나의 마음을 밀어붙이시는 분이 바로 성령이십니다. 이것이 고린도전서 12:3이 말하는 "누구든지 성령으로 말미암지 않고는 예수를 주시라 할 수 없다"라는 말의 뜻입니다. 이 사실이 잘 나타나 있는 것이 바로 베드로의 신앙고백이고, 우리가 처음 예수님을 믿고 신앙을 고백할 때입니다.

성령이 밀어붙인 베드로의 신앙고백

먼저 베드로의 신앙고백을 살펴봅시다. 베드로의 신앙고백은 마태복음 16:13-28, 마가복음 8:27-38, 누가복음 9:18-27에 기록되어 있습니다. 예수님이 제자들과 함께 빌립보 지방의 가이사랴에 이르셨을 때 제자들에게 물으셨습니다. "사람들이 나를 누구라 하더냐?" 제자들은 사람들 사이에 떠도는 평판을 정리하여 말씀드렸습니다. 제자들의 답변의 요지는 어떤 사람들은 죽은 세례 요한이 다시 살아난 것으로 생각하고 있고, 또 어떤 사람들은 엘리야를 비롯한 선지자들 가운데 하나가 다시 살아난 것으로 생각한다는 것이었습니다. 사람들의 평판이 지닌 특징은 어떤 평판도 예수 그리스도를 하나님으로 인정하지 않고 있다는 것입니다. 따라서 사람들의 평판만 가지고는 예수님이 어떤 분이신가가 드러나지 않았습니다.

이제 예수님은 제자들을 향하여 묻습니다. "너희는 나를 누구라 하느냐?" 갑작스러운 질문을 받은 제자들은 어떻게 대답해야 할지 몰라서 당황했습니다. 어쩔 수 없이 수석 사도인 베드로가 나서서 대답합니다. 베드로의 대답은 복음서마다 조금씩 다르게 제시되어 있습니다. 우선 가장 짧게 고백된 마가복음에는 "주는 그리스도시오"라고만 되어 있습니다. 누가복음도 마가복음과 취지는 같지만 그리스도 앞에 한 단어가 첨가되어 있습니다. "하나님의 그리스도시니이다." 하나님의 그리스도라는 말은 성부 하나님께서 보내신 그리스도라는 뜻입니다. 그런데 마태복음에는 아주 중요한 구절이 첨가되어 있습니다. "주는 그리스도시요 살아 계신 하나님의 아들이시니이다." 마가복음과 누가복음에서는 베드로가 예수님을 그리스도라고만 고백한 것으로 되어 있는 반면에 마태복음에는 "하나님의 아들"이라는 고백이 첨가되어 있습니다.

그리스도는 메시아라는 뜻입니다. 분명히 베드로는 "주는 그리스도시오 하나님의 아들"이라고 말했을 것입니다. 그런데 베드로가 그리스도라고 고백할 때는 자기 의지가 분명했던 것 같고 다른 제자들도 동의할 만큼 이의가 없었던 것 같습니다. 그렇다고 해서 이때 제자들이 메시아의 뜻을 바르게 알고 그리스도라고 고백한 것은 아닙니다. 이때에는 제자들도 다른 유대인들처럼 메시아는 정치적이고 군사적인 능력을 가진 출중한 인간 지도자로 믿고 있었습니다. 베드로의 신앙고백이 있기 전까지만 해도 제자들은 예수님이 메시아일 것이라는 기대를 버리지 않고 있었기 때문에 베드로가 예수님을 그리스도라고 고백한 것은 당연히 있을 수 있는 고백으로 생각한 것입니다. 그런데 베드로는 얼떨결에 예수님을 "하나님의 아들"이라고 고백하는 자리에까지 나아갔습니다. 이 고백이 바로 예수님이 원하셨던 바른 고백입니다. 이 고백이 있어야 비로소 하나님 나라의 일이 시작되는 것입니다. 예수님이 하나님의 아들이라는 고백은 예수님이 곧 하나님이라는 뜻입니다. 사람이 자녀를 낳으면 자녀도 사람인 것처럼, 하나님이 아들을 낳으시면 그 아들도 하나님이실 수밖에 없습니다. 아들이라고 해서 예수님이 성부 하나님보다 하나님으로서의 질이 떨어지는 것이 아닙니다. 물론 성부 하나님과 성자 하나님 사이에는 위계질서가 분명히 있지만, 이 위계질서는 본질이 같으신 하나님께서 자발적으로 지키시는 위계질서일 뿐입니다. 여하튼 베드로는 무엇인가에 끌려서, 자기가 하는 말의 의미를 충분히 이해하지도 못한 상태에서 예수님이 원하셨던 고백을 했습니다. 마가나 누가는 베드로의 이런 마음 상태를 감지했던 것 같습니다. 마가와 누가는 베드로의 고백이 베드로가 충분히 이해한 상태에서 한 고백이 아니라 자신도 모르는 사이에 무엇인가에 끌려서 고백하는 것을 눈치챈 것입니다. 마가나 누가를 비롯한 제자들은 이렇게 생각했을 것입니다. "어? 재 지금 뭐라고 말한 거야? 제정신 가지고 말한 것 맞아? 혹시 실수 아니야?" 마가와 누가는 베드로의 이 고백이 의미 있는 진정한 고백이라고 생각하지 않았기 때문에 기록에서 빼버린 것 같습니다.

베드로가 자기 생각으로 고백한 것이 아니라면 누가 이 고백을 하도록 했는가? 베드로의 신앙고백에 대하여 마가복음이나 누가복음에는 없는 예수님의 평가가 마태복음에는 기록되어 있습니다. "예수께서 대답하여 이르시되 바요나 시몬아 네가 복이 있도다 이를 네게 알게 한 이는 혈육이 아니요 하늘에 계신 내 아버지시니라"마 16:17. 무슨 말입니까? 예수님을 하나님의 아들로 고백하는 것은 베드로 자신의 생각이 아니라 하나님이 베드로의 마음을 강하게 밀어붙여서 나온 고백이라는 것입니다. 하나님이 베드로의 마음을 강하게 밀어 붙이시니까 베드로는 그저 어렴풋이 생각했던 진리를 입을 열어 고백해 버린 것입니다. 베드로는 예수님이 어떤 분이신가를 제대로 고백을 하긴 했는데, 자신이 한 고백의 참된 의미를 제대로 깨달았던 것 같지 않습니다. 이때 베드로의 믿음은 꺼져가는 심지와도 같고 상한 갈대와도 같은 아주 연약한 믿음이었습니다. 그런데 바로 이 약한 베드로의 신앙고백을 예수님이 받아 주셨습니다.

　　베드로의 믿음이 얼마나 약한 믿음이었는가는 곧바로 드러납니다. 참된 신앙고백이 나오자 비로소 예수님은 자신이 이 세상에 오셔서 할 일이 무엇인가를 말씀하십니다. "인자가 많은 고난을 받고 장로들과 대제사장들과 서기관들에게 버린 바 되어 죽임을 당하고 제삼일에 살아나야 하리라 하시고"_{눅 9:22}. 예수님이 가장 중요한 하나님 나라의 일을 말씀하시자 베드로는 "아멘"으로 화답한 것이 아니라 이렇게 생각했습니다. "아니, 예수님이 왜 저런 쓸데없는 말씀을 하시지? 지금 메시아가 되시려면 불사의 능력까지도 보여 주면서 강력한 지도력을 발휘하여 사람들을 모으고 군대도 조직하고 해야 하는데, 왜 고난받고 죽는다는 말을 하는 거야? 다 된 밥에 재를 뿌리는 거 아니야? 그러면 사람들이 뿔뿔이 다 흩어져 버릴 텐데! 큰일이네!" 그리고 예수님을 따로 조용히 불러내서 제발 고난받고 죽는다는 말을 하지 말라고 꾸짖듯이 항의했습니다. 이런 행동에 대하여 예수님이 어떻게 평가하셨을까요? "사탄아 내 뒤로 물러가라 너는 나를 넘어지게 하는 자로다 네가 하나님의 일을 생각하지 아니하고 도리어 사람의 일을 생각하는도다"^{마 16:23}. 베드로는 이 고백을 하는 순간에도 예수님이 왜 세상에 오셨는지, 하나님의 일이 무엇인지를 모르고 있었습니다. 베드로의 생각은 사탄의 생각으로 가득 차 있었습니다. 이것이 베드로의 신앙고백의 실상입니다.

성령이 밀어붙인 모든 성도의 신앙고백

자, 그러면, 우리가 예수님을 믿기 시작한 순간으로 돌아와 봅시다. 예수님을 믿기 시작할 당시 우리들이 생각하는 것, 생활하는 것을 보면, 다른 불신자들과 별반 차이가 없었습니다. 성경을 많이 읽은 것도 아니고, 그저 요한복음 3:16 정도를 기억하고 있을 뿐이었고, 신학공부를 한 것도 아니어서 우리가 알고 있는 하나님에 관한 지식은 대부분 이단적인 것들일 경우가 많았습니다. 그런데 "네가 죄인인 것을 믿느냐"고 물었을 때 신통하게도 "그렇다"라고 대답했고, 예수님이 너를 위하여 십자가 위에서 죽으신 것을 믿느냐고 물었을 때 신통하게도 "믿는다"라고 대답했고, 예수님이 하나님이자 하나님의 아들인 것을 믿느냐고 물었을 때 삼위일체에 대하여 모르면서도 놀랍게도 "믿는다"라고 대답했고, 예수님을 믿으면 부활하는 것을 믿느냐고 물었을 때 "믿는다"라고 대답했습니다. 이상하지 않습니까? 그 당시 우리가 깊이 생각하고 연구해 보고 고백을 한 걸까요? 우리가 100% 우리의 이성으로 납득하고 대답했을까요? 절대 그렇지 않습니다. 세상 사람들이 다 "그건 상식적으로 말이 안 되잖아"라고 생각하는데, 이상하게 우리는 다 그렇다고 대답하는 것이 뜻밖이지 않습니까? 누군가가 여러분의 마음을 밀어붙여서 여러분이 그렇게 믿고 대답하도록 했다고밖에 볼 수 없습니다. 그렇습니다. 우리가 처음 예수님을 믿고 신앙고백을 하고 물세례를 받을 때, 여러분 안에 성령께서 들어오셔서 우리의 마음을 밀어붙여서 믿게 하시고 고백하게 하신 것입니다. 성령께서 우리의 마음을 강물처럼 휘감아서 싣고 흘러가시니 같이 따라 흐르면서 믿고 고백하게 되는 것입니다. 이 것이 무엇입니까? 성령을 통하여 부어 주시는 하나님의 사랑입니다. 베드로의 경우는 아직 부활승천하신 예수님이 성령을 보내시기 전 이어서 하나님이 베드로가 신앙고백을 하게 하셨다고 되어 있는데, 우리들의 신앙고백은 부활승천하신 예수님이 성부 하나님으로부터 우리에게 성령을 보내서서 이루어지는 것입니다.

최초의 신앙고백 이후에도 작용하시는 성령

우리가 최초로 신앙을 고백할 때 우리 안에 내주하시면서 우리 로 신앙을 고백하게 하신 성령 하나님의 작용은 여기서 끝나는 것이 아닙니다. 로마서 8:16은 이렇게 말합니다. "성령이 친히 우리의 영 과 더불어 우리가 하나님의 자녀인 것을 증언하시나니." 우리가 현 실 속에서 믿지 않는 자들과 어울려서 생활하다 보면 내가 하나님의 자녀라는 사실이 실감이 나지 않거나 잘 믿어지지 않을 때가 많을 것 입니다. 그런데 어느 순간 갑자기 나도 모르게 불현듯 내가 하나님의 자녀라는 사실이 그냥 믿어지는 때가 있습니다. 왜 마음이 바뀌는지 이유를 설명할 수도 없습니다. 특별한 계기가 있는 것도 아닙니다. 그런데 이상하게도 내가 하나님의 자녀라는 확신이 들고 그런 고백을 하게 됩니다. 이 일이 어떻게 가능할까요? 성령이 은밀하게 우리의 마음을 밀어붙여 주신 것입니다.

또 어떤 성도가 죄 속에 빠져 있습니다. 그런데 갑자기 성경을 읽거나 설교 때 들었던 성경말씀이 떠오르거나 찬송가 구절이 떠오르면서 "아, 하나님이 이 일은 하지 말라고 하신 일이구나"라고 생각하고 자꾸만 양심에 거리끼는 마음이 생깁니다. 그리고 마침내 죄의 자리에서 떠납니다. 누가 그런 생각이 떠오르도록 하셨을까요? 그 성도 안에 계신 성령 하나님이십니다. 우리 성도님들이 예배시간에 대표기도를 하지 않습니까? 대표기도를 하는 내용을 잘 듣다 보면, "어떻게 저 성도에게서 저런 훌륭한 기도가 나올 수가 있지?"라는 생각이 들면서 감탄하는 때가 있습니다. 누가 작용하시는 것일까요? 성령께서 마음을 움직여 주시는 것입니다. "이와 같이 성령도 우리의 연약함을 도우시나니 우리는 마땅히 기도할 바를 알지 못하나 오직 성령이 말할 수 없는 탄식으로 우리를 위하여 친히 간구하시느니라"^{롬 8:26}. 또 성령께서는 우리 마음속에 어떤 좋은 일을 하고 싶어 하는 소원이 슬그머니 자리 잡게도 하십니다. "너희 안에서 행하시는 이는 하나님이시니 자기의 기쁘신 뜻을 위하여 너희에게 소원을 두고 행하게 하시나니"^{빌 2:13}. 우리가 의식하지 못하는 사이에 성령께서 우리가 신앙고백을 하는 때부터 우리를 조용히 휘감아서 우리가 하나님의 자녀임을 믿도록 우리 마음을 밀어붙여 주시고, 성경 말씀이나 찬송가 구절을 생각나게 하여 책망해 주시고, 우리의 길을 바로잡아 주시고, 우리가 해야 할 기도를 생각나게 하시고, 우리 마음속에 선한 소원을 품도록 도와주십니다. 이것이 성령을 통하여 부어지는 하나님의 사랑입니다.

지금까지 말씀드린 것은 우리가 우리 안에 계신 성령을 적극적으로 찾지 않는 순간에도 우리 안에서 역사하시는 성령의 작용이었는데, 이제 우리가 적극적으로 성령의 작용에 관심을 가지고 기도하는 가운데 성령의 충만을 구하면 그때는 성령께서 "때는 이때다! 이제 마음 놓고 이 성도의 마음 안에서 활발하게 활동해 보자!"라고 판단하시고, 우리가 갈라디아 5:22-23이 말하는 성령의 아홉 가지 열매도 맺도록 적극적으로 도와주시고, 또한 우리에게 은사를 주셔서 교회를 적극적으로 돕도록 해 주십니다. 우리는 성령이 은밀하게 그리고 소극적으로 나의 마음을 움직이도록 작용하는 단계에 머물러서는 안 되고, 성령이 적극적으로 나의 마음과 생활 속에서 활동하실 수 있도록 성령의 충만을 간구하는 단계로까지 나아갈 수 있어야 합니다.

이제 바울이 결론적으로 전달하고자 하는 가르침이 무엇입니까? 성령 하나님이 우리가 신앙 고백할 때도 우리 마음을 움직여 주시고, 그 이후에 이 세상에 사는 동안 은밀하게 마음을 움직이셔서 하나님의 자녀라는 확신을 갖게 해주시고, 수시로 성경말씀이나 찬송가 가사를 생각나게 하셔서 우리의 길을 인도해 주시고, 우리가 기도를 잘할 수 있도록 도우신 경험을 생각해 볼 때, 성령 하나님이 마지막 심판의 날에도 우리를 강하게 붙들어서 천국생활에 적합한 사람으로 우리를 완전히 변화시켜 주시고 우리가 천국에 들어갈 수 있도록 도와주실 것이라고 확신할 수 있다는 것입니다.

5:6   우리가 아직 연약할 때에 기약대로 그리스도께서 경건하지 않은 자를
       위하여 죽으셨도다
5:7   의인을 위하여 죽는 자가 쉽지 않고 선인을 위하여 용감히 죽는 자가
       혹 있거니와
5:8   우리가 아직 죄인 되었을 때에 그리스도께서 우리를 위하여 죽으심으
       로 하나님께서 우리에 대한 자기의 사랑을 확증하셨느니라
5:9   그러면 이제 우리가 그의 피로 말미암아 의롭다 하심을 받았으니 더욱
       그로 말미암아 진노하심에서 구원을 받을 것이니
5:10 곧 우리가 원수 되었을 때에 그의 아들의 죽으심으로 말미암아 하나님
       과 화목하게 되었은즉 화목하게 된 자로서는 더욱 그의 살아나심으로
       말미암아 구원을 받을 것이니라
5:11 그뿐 아니라 이제 우리로 화목하게 하신 우리 주 예수 그리스도로 말미
       암아 하나님 안에서 또한 즐거워하느니라

6-11절은 세 가지 주제를 통하여 구원의 확실성을 강조하고 있습니다. 첫째로, 6절에서 바울은 예수 그리스도의 죽음이 있었던 시점을 지적하면서 구원의 확실성을 말하고 있습니다. 둘째로, 7-8절에서는 예수 그리스도의 죽음의 특징을 지적하면서 구원의 확실성을 말하고 있습니다. 셋째로, 9-10절에서는 더 큰 것을 기꺼이 주신 하나님이 더 작은 것을 주신다는 것은 말할 필요조차 없다는 점을 지적하면서 구원의 확실성을 말하고 있습니다.

근거 1: 우리가 연약할 때 죽으신 예수님

먼저 예수 그리스도의 죽음이 있었던 시점을 지적하면서 구원의 확실성을 논증하고 있는 6절의 내용을 살펴보겠습니다. "우리가 아직 연약할 때에 기약대로 그리스도께서 경건하지 않은 자를 위하여 죽으셨도다." 예수님이 인류를 죄와 사망의 권세로부터 구원해내시기 위하여 죽으신 때가 언제인가? 바울은 "우리가 아직 연약할 때에"라고 답변합니다. 연약하다는 말은 선을 행하는 능력이 미약하다는 뜻입니다. "기약대로"는 "정해져 있는 때에"라는 뜻입니다.

때를 정하신 분은 성부 하나님

먼저 "기약대로" 곧, "정해져 있는 때"라는 어구의 의미를 살펴보겠습니다. 이 때는 이미 정해져 있는 때인데, 누가 그리고 언제 이 때를 정했을까요? 이 때를 정하신 분은 하나님이십니다. 이 때를 정하시는 것은 성부, 성자, 성령 삼위일체 하나님이시지만, 이 일을 선도하신 분은 성부 하나님이십니다. 언제 이 때를 정하셨을까요? 창세 전 영원의 때에 정하셨습니다. 인류를 구원하시기 위하여 예수님을 이 세상에 보내시고 십자가 위에서 대속의 죽음을 죽게 하시는 일은 창세 전에 성부, 성자, 성령 하나님이 구원의 계획을 세우실 때 결정하신 것이며, 엄격하게 이 계획에 따라서 진행된 일입니다.

성부 하나님이 예수님을 세상에 보내셔서 십자가 위에서 대속의 죽음을 죽게 하신 때는 사람들이 연약한 때, 곧 자기 힘으로 하나님이 인정하실만한 완전한 선을 행하지 못했음이 아주 분명하게 드러난 때입니다. 이 사실은 개인 차원에서나 역사적인 차원에서 모두 확인됩니다.

개인이 선을 행하지 못한 때

우선 개인 차원에서 볼 때 우리가 예수님을 구주로 영접한 시점이 언제인가를 보면 이 사실을 알 수 있습니다. 우리는 예수님을 구주로 영접하기 전에 우리 자신이 하나님이 인정해 주실 만한 참된 선을 행하지 못하는 상태에 있음을 이미 알고 있었으며, 이와 동시에 예수님이 우리가 범한 죄와 그 죄에 대한 형벌인 사망의 형벌을 받으시고 십자가 위에서 죽으셨다는 사실도 이미 알고 있었습니다.

여기서 한 가지 의문이 생깁니다. 그렇다면 예수님이 십자가에 죽으시기 전에 신앙생활을 한 성도들의 경우에는 신앙생활을 시작한 이후에 곧, 이미 의롭다 함을 받은 이후에 예수님이 죽으셨으니까 "연약할 때에 예수님이 죽으셨다"는 바울의 말이 적용될 수 없는 것이 아니냐 하는 것입니다. 그러나 이 질문은 어렵지 않게 해결할 수 있습니다. 구약시대의 성도들이 자신의 연약성을 깨달은 시점 곧, 자신들이 하나님이 받아 주실 수 있는 선을 행하지 못했고, 또 그럴 능력이 없다는 사실을 깨닫고 눈을 들어 바라보았을 때 이들의 눈에 들어온 것이 무엇이었을까요? 바로 제단이었습니다. 제단에서는 양이나 소, 염소와 같은 희생제물들이 드려지고 있었습니다. 무엇 때문에 이런 동물들이 희생제물로 드려졌을까요? 바로 구약의 성도들이 범한 죄 때문입니다. 구약의 성도들이 연약해 있는 그 시점에 동물 희생제사가 드려지고 있었던 것입니다. 희생제물로 드려진 동물은 누구를 상징할까요? 예수님을 상징합니다. 동물제사는 장차 십자가 위에서 죽으실 예수님의 죽으심을 예표豫表하며, 예수님의 죽으심의 효력을 선취先取하여 적용하는 사건입니다. 그것은 마치 월급날이 되기 전에 월급을 미리 가불하여 쓰는 것과 비슷합니다.

4대 문명이 실패한 때

정해져 있는 때가 인간이 "연약한 때"라는 사실은 역사적으로도 알 수 있습니다. 먼저 세계사적인 관점에서 보겠습니다. 역사적으로 등장한 고대문명에는 네 개가 있습니다. 가장 오래된 문명으로 알려진 것은 메소포타미아 문명입니다. 메소포타미아 문명은 바벨론제국을 마지막으로 멸망하고 다시는 재건되지 못했습니다. 인더스 문명은 주전 1500년경에 일찌감치 멸망하고 재건되지 못했습니다. 황하문명도 주전 1600년경에 멸망하고 재건되지 못했습니다. 이집트 문명은 주님이 오시기 직전 클레오파트라를 마지막으로 멸망한 후에 다시는 재건되지 못했습니다. 웅장하고 찬란했던 4대 문명은 모든 인간이 평화롭게 영원히 살 수 있는 이상세계 건설을 목표로 하고 있었습니다. 예수님이 이 세상에 오셔서 십자가 위에서 죽으신 때는 이 4대 문명이 모두 멸망해 버리고 다시는 재건되지 못한 시점이었습니다. 이 문명들이 멸망했다는 것은 인간의 힘으로 이상세계를 이 땅 위에 건설하는 일에 실패했다는 것을 뜻하며, 문명이 "연약한 상태"에 있었다는 뜻입니다. 바로 이 시점에 예수님께서 이 땅 위에 오셔서 십자가 위에서 죽으셨습니다.

이스라엘이 실패한 때

정해진 때가 "연약한 때"라는 사실은 예수님이 오시기까지의 성경의 역사를 살펴보아도 명확히 확인됩니다. 타락한 이후 인류 역사는 아담과 하와가 에덴동산에서 쫓겨난 때로부터 시작되었습니다. 이때부터 시작된 성경의 역사는 몇 개의 시기로 구분할 수 있습니다.

첫 번째 시기는 아담과 하와가 에덴동산으로부터 쫓겨난 때로부터 노아 때까지입니다. 인류의 최초 역사시기라고 할 수 있는 이 시기의 인류는 노아 한 사람 빼놓고는 모두 다 타락했고, 결국 대홍수로 멸망했습니다.

두 번째 시기는 노아로부터 시작하여 바벨탑을 쌓던 때까지입니다. 당시의 사람들이 바벨탑을 통하여 하늘에 이르려고 했다는 것은 당시에 문명이 고도로 발달했다는 것을 의미합니다. 특별히 건축에 있어서 새로운 기술이 발명되어 사람들이 들떠 있었던 것 같습니다. 고대의 건축물들은 대체로 단단한 돌을 캐내어 세우는 석조건축이었습니다. 그런데 석조건축은 옆으로는 넓게 벌릴 수가 있었지만 돌이 워낙 무거워서 높이 올릴 수가 없었습니다. 이때 두 가지 새로운 건축법이 발견되었습니다. 하나는 벽돌을 굽는 방법을 발명해낸 것입니다. 구운 벽돌은 운반이 쉬워서 얼마든지 높이 들고 가서 작업할 수가 있었습니다. 둘째는 벽돌과 벽돌 사이를 역청으로 바르면 벽돌이 붙는다는 사실을 발견한 것입니다. 중동지역은 원유가 많이 매장되어 있어서 원유가 땅 위로까지 자연적으로 솟아 나와 있는 곳이 많았습니다. 역청이라는 것은 원래 원유를 정제하고 남은 찌꺼기를 말하는 것이지만 원유정제기술이 없었던 당시는 원유를 역청이라고 불렀습니다. 이 시대의 사람들이 역청이 점성이 있어서 물건을 붙여 준다는 사실을 알아낸 것입니다. 현대사회에서 조각난 작은 돌맹이들을 역청으로 버무려서 깔아 놓은 길이 아스팔트 길인데, 아스팔트 길은 역청의 점성이 좋기 때문에 가능한 것입니다. 구워서 단단해진 벽돌에 역청을 발라서 쌓으면 건물을 올릴 수 있다고 생각하고 이런 새로운 건축기술을 찾아낸 당시 사람들이 이 건축기술을 가지고 건물을 지으면 초고층 건물을 짓고 하늘에 이르는 것이 가능하다고 생각했던 것 같습니다.

그러나 당시 사람들은 하나는 알고 둘은 몰랐습니다. 벽돌을 역청으로 붙여서 높이 쌓는 것은 가능했지만, 높이 쌓으면 쌓을수록 올라가는 높이만큼 넓이도 넓어져야 하고, 그러기 위해서는 필요한 벽돌의 숫자가 기하급수적으로 늘어나야 한다는 사실을 미처 몰랐습니다. 넓게 퍼지지 않고 벽돌만 높이 쌓으면 붕괴된다는 사실을 미처 몰랐습니다. 그리고 구운 벽돌은 돌처럼 단단한 것이 아니고 미세한 틈이 많아서 높이 쌓으면 쌓을수록 밑에 있는 벽돌이 하중을 견디지 못한다는 사실도 몰랐습니다. 결국, 인간의 힘으로 바벨탑을 세우고 이 건축물을 중심으로 한 이상적인 도시를 건설하고자 하는 시도는 바벨탑의 붕괴로 끝장이 나고 말았습니다.

세 번째 시기는 바벨탑 이후에 시작되어 아브라함, 이삭, 야곱, 요셉, 모세를 거쳐 가나안 땅에 들어가기까지의 이스라엘 자손의 역사입니다. 이 시기의 역사는 어떻게 결말이 났을까요? 출애굽 한 이스라엘 자손들이 범한 죄가 너무나 많이 누적되어서 여호수아와 갈렙을 제외하고 출애굽 한 이스라엘 백성들은 목표로 했던 가나안땅에 들어가지 못한 채 모두 광야에서 죽는 것으로 비참하게 끝났습니다.

마지막 네 번째 시기는 가나안에 들어간 후부터 시작하여 주전 722년에 북 왕국 이스라엘이 앗수르에게 멸망하고, 주전 586년에 남 왕국 유다는 바벨론에게 멸망하는 것으로 비참하게 끝난 이스라엘 왕조사입니다. 이때 멸망한 이스라엘 왕조는 중간에 마카비 왕조를 통하여 잠깐 어정쩡하게 나라를 되찾는 것 같은 모습을 보여 주긴 했지만, 온전한 회복은 아니었고 그나마도 곧 다시 멸망하고 말았습니다. 그 후 이스라엘 왕조는 다시 회복되지 못했습니다. 이처럼 인간의 힘으로 죄가 없는 이상세계를 건설한다는 것이 불가능하다는 사실이 역사적으로 확실하게 증명된 시점에 예수님이 오셔서 십자가 위에서 죽으신 것입니다. 이 말의 의미는 인간이 이보다 더 나쁠 수는 없는, 가장 절망적인 상황에 처해 있을 때 예수님이 십자가에 죽으심으로써 구원의 손을 내미셨다는 것입니다. 이처럼 최악의 상황에서 구원을 받을 수 있었던 것으로 미루어 볼 때 마지막 심판의 날에 이미 하나님의 자녀가 된 우리가 아무리 연약한 상황에 처하게 되어도 하나님은 같은 방법으로 마지막 구원의 손길을 거두지 않으실 것을 확신할 수 있습니다.

근거 2: 우리가 죄인 되었을 때에 죽으신 예수님

다음으로는 예수님의 죽음의 특성을 지적하면서 구원의 확실성을 말하고 있는 7-8절을 살펴보겠습니다. "의인을 위하여 죽는 자가 쉽지 않고 선인을 위하여 용감히 죽는 자가 혹 있거니와 우리가 아직 죄인 되었을 때에 그리스도께서 우리를 위하여 죽으심으로 하나님께서 우리에 대한 자기의 사랑을 확증하셨느니라." 이 본문에서 바울은 세 가지 유형의 죽음을 비교하고 있습니다.

첫 번째 유형의 죽음은 의인을 위하여 죽는 죽음입니다. 사람들은 모두 이기적인 존재들이라서 그냥 평범한 사람들을 위하여 자기 목숨을 내어놓는 사람들은 없습니다. 의인을 위해서는 "죽는 자가 쉽지 않다"라고 본문은 말합니다. 본문은 "어렵게 죽는다"라고 되어 있습니다. 의인을 위하여 죽는 사람이 있을 수 있긴 한데 그런 사람을 찾는 것이 매우 어렵다는 것입니다.

두 번째 유형의 죽음은 선인을 위하여 죽는 죽음입니다. 의인보다는 선인이 도덕성의 정도에 있어서 한 단계 더 높은 사람입니다. 의인이 무미건조하게 악보에 맞추어서 피아노 건반을 두드리는 사람이라면, 선인은 예술가의 입장에서 피아노를 치는 사람이라고 할 수 있습니다. 의인은 오 리를 같이 가자고 하면 정확히 오 리를 같이 가주는 사람입니다. 선인은 오 리를 같이 가자고 하면 흔쾌하게 십 리를 같이 가주는 사람입니다. 따라서 선인을 위해서 목숨을 내어놓는 사람이 의인을 위하여 목숨을 내어놓는 사람보다 좀 더 있을 수 있습니다. 본문은 선인을 위해서는 "용감히 죽는 자가 혹 있다"라고 바울은 말합니다. 의인을 위하여 죽으려면 죽을까 말까 많이 망설이고 주저하다가 대부분은 죽지 않는 편을 선택하고 말지만, 그래도 의인을 위하여 죽는 사람이 있을 수 있는 가능성을 완전히 차단할 수만은 없다고 바울은 말합니다. 그런데 선인을 위해서 죽는 경우는 조금 나은 편이어서 용감히 죽는 사람이 아마도 있을 수가 있다고 바울은 말합니다.

만일 우리가 선인이고 우리의 운이 억세게 좋으면 용감하게 우리를 위하여 죽어 줄 사람이 있을 수 있습니다. 만일 우리가 선인보다는 못하지만 그래도 의인이라면, 흔쾌히 용감하게 죽어주는 사람은 없지만, 우리의 운이 너무나도 억세게 좋으면 억지로 미적 미적 대다가 자의 반 타의 반 죽어 줄 사람이 나올지도 모르겠습니다. 이처럼 우리가 선인이나 의인이라면 물에 빠진 우리가 붙들 수 있는 한 움큼의 지푸라기라도 있을 수 있습니다. 그러나 우리가 죄인이라면 우리를 위하여 죽을 수 있는 사람은 0%입니다. 이것이 바로 인간들이 사는 세상의 형편입니다.

세 번째 유형의 죽음은 죄인을 위하여 죽는 것인데 바로 예수님의 죽으심입니다. 예수님은 의인이나 선인을 위하여 죽으신 것이 아니라 죄인을 위하여 죽으셨습니다. 이 세상에서는 가능성이 0%인 죽음을 예수님이 죽으신 것입니다. 무엇 때문에? 사랑 때문에. 예수님이 선인만을 위하여 죽으신 분이라면 예수님의 구원을 기대하는 것은 물 건너간 것입니다. 예수님이 선인뿐만 아니라 의인으로 범위를 넓혀도 예수님의 구원을 기대하는 것은 불가능합니다. 그런데 예수님이 죄인을 위하여 죽으셨기 때문에 죄인인 우리의 구원이 확실하다는 것이 바울이 말하려고 하는 것입니다.

근거 3: 큰 것과 함께 작은 것도 당연히 주시는 하나님

마지막 세 번째로, 바울은 훨씬 더 큰 것을 이미 주신 하나님이 이보다 훨씬 작은 것을 주지 않으시리라고 생각하는 것은 말이 안 된다는 논증을 전개합니다. 예를 들어서 어떤 여성이 임신한 후에 아기를 사랑하여 낙태시키지 않고 10개월 동안 고생하고 출산의 고통을 다 겪으면서 아기를 낳았습니다. 생명을 걸고 아이를 낳은 큰일을 한 것입니다. 자, 이렇게 큰일을 해서 낳은 아기가 똥오줌을 쌌을 때 기저귀를 갈아주는 간단한 일을 해주지 않는다고 생각할 수가 있을까요? 그것은 말이 안 됩니다. 10개월 동안 배 아파서 낳은 큰일을 기꺼이 했다면, 기저귀를 갈아주는 일은 당연히 해주지 않겠습니까? 이것이 바로 바울이 말하고자 하는 내용입니다.

먼저 9절을 읽겠습니다. "그러면 이제 우리가 그의 피로 말미암아 의롭다 하심을 받았으니 더욱 그로 말미암아 진노하심에서 구원을 받을 것이니." 이 본문에서는 하나님이 행하시는 두 가지 일이 비교되고 있습니다. 하나는 성자 하나님이신 예수님의 피를 흘리시는 희생을 치르시면서까지 우리를 의롭다고 선언하신 일입니다. 이 일은 우리 모든 신자에게 과거에 이미 일어난 사건입니다. 예수님이 피를 흘리신 행동도 이미 일어난 사건이고 우리를 의롭다고 선언하신 사건도 이미 과거에 일어난 사건입니다. 다른 하나는 진노하심으로부터 구원을 받는 것입니다. 이것은 미래에 일어날 일입니다. 마지막 심판의 날에 최종적으로 구원받는 것을 뜻합니다. 그러면, 성자 하나님의 피를 흘리시면서까지 신자들을 의롭다 하신 사건과 마지막 심판의 날에 신자들을 최종적으로 구원하실 사건 가운데 어느 사건이 더 크고 무겁고 힘든 일일까요? 당연히 성자 하나님을 십자가 위에서 죄와 사망의 형벌을 짊어지고 죽게 하는 것이 비교할 수조차 없이 힘들고 크고 어려운 결단을 요구하는 사건입니다. 마지막 심판 날에 최종적으로 구원해주기 위해서 또 하나님 편에서 희생해야 할 일은 없고, 다만 약속만 지키시면 되는 일입니다. 자기 아들을 희생하는 큰일까지도 마다하지 않으시고 해주신 분이 그렇게 하여 구원한 자에 대한 약속을 지키시는 것 정도는 당연히 해주시지 않겠습니까?

10절도 같은 내용을 용어를 달리하면서 다시 한번 강조하고 있습니다. 9절에서 사용한 "의롭다 함"을 10절에서는 "화목"으로 대체했습니다. "곧 우리가 원수 되었을 때에 그의 아들의 죽으심으로 말미암아 하나님과 화목하게 되었은즉 화목하게 된 자로서는 더욱 그의 살아나심으로 말미암아 구원을 받을 것이니라." 이 본문에서도 두 사건이 비교되고 있습니다. 하나는 과거에 이미 일어난 사건입니다. 우리가 하나님과 원수 관계에 있던 때에 하나님의 아들이 십자가 위에서 죽으셨습니다. 그리고 이 죽으심이라는 엄청난 희생에 근거하여 하나님과의 화목이 이루어졌습니다. 이것은 우리 모든 신자에게 과거에 이미 일어난 사건입니다. 다른 하나의 사건은 미래에 구원을 받을 사건입니다. 미래에 구원을 받는다는 것은 9절이 말하는 것처럼 하나님의 마지막 심판의 날에 최종적으로 구원받고 천국 가는 것을 뜻합니다. 그러면 이 두 가지 사건 가운데 어느 것이 큰 사건일까요? 당연히 예수님이 십자가 위에서 죽으시고 그 죽으심에 근거하여 하나님과 죄인 간의 화목이 이루어진 사건이 더 큰 사건입니다. 이 큰 사건을 행하신 하나님이 이때 약속하신 것을 지키기만 하면 되는 마지막 날 최종적으로 구원해 주시는 일을 해주시지 않는다는 것은 말이 안 됩니다.

바울이 1-10절에서 말하고자 하는 내용은 이렇게 요약할 수 있습니다. 예수 그리스도를 구주로 영접하는 순간 하나님이 우리를 향하여 가지고 계셨던 화를 푸셔서 화평의 관계가 되었고, 우리는 하나님 앞에 의롭다 함을 받았습니다. 이때 우리가 마지막 날 하나님의 심판으로부터 구원받고 천국에 들어가는 것은 확실하게 보장되었고, 이 보장은 절대 변하지 않는다는 것입니다. 요한복음 5:24이 이 진리를 잘 요약하고 있습니다. "믿는 자는 이미 영생을 얻었고, 심판에 이르지 아니하나니 사망에서 생명으로 옮겼느니라." 요한은 예수님을 믿는 자는 그 순간 이미 영생을 얻었다고 단언함과 동시에 믿는 자는 마지막 날에 천국과 지옥을 결정하는 심판에 이르지 않는다고 딱 잘라서 말합니다. 왜냐하면 믿는 자는 사망의 왕국으로부터 생명의 왕국으로 이미 옮겨 버렸고, 한 번 옮긴 후에는 이 왕국으로부터 나오는 일은 없기 때문입니다. 요한복음 10:28은 또 이렇게 말합니다. "내가 그들에게 영생을 주노니 영원히 멸망하지 아니할 것이요 또 그들을 내 손에서 빼앗을 자가 없느니라."

이제 바울은 1-10절에서 논의해 왔던 내용들을 마무리하면서 11절에서 결론을 내립니다. "그뿐 아니라 이제 우리로 화목하게 하신 우리 주 예수 그리스도로 말미암아 하나님 안에서 또한 즐거워하느니라." 바울은 이처럼 예수 그리스도를 구주로 영접하는 순간에 영원한 구원이 확실하게 보장된 놀라운 은혜를 생각하면서 즐거워할 것을 권고합니다. 즐거워한다는 것은 자랑한다는 뜻입니다.

많은 성도들이 이 엄청난 구원의 은혜와 궁극적인 구원의 약속을 받고서도 즐거워하지 못하고 자랑하지 못하고 너무 우울하고 얼굴에 기쁨이 없고 입을 열어서 자랑하지 않습니다. 왜 그럴까요? 우리가 의롭다 여김을 받은 사건이 얼마나 놀랍고 경이로운 사건인가를 충분히 묵상하지 않기 때문입니다. 또한 우리 자신도 모르게 궁극적인 구원의 문제를 생각할 때 내가 쌓은 공로가 얼마나 되는가를 생각해 보는 습관이 있기 때문에 우리가 하나님으로부터 받은 구원을 즐거워하고 자랑하지 못합니다. 우리 자신을 들여다보면서 끊임없이 자기 자신을 반성하고 잘못한 일이 있을 때 회개하고 돌이키는 것은 물론 필요하지만, 내가 행한 악한 일에 대하여 회개하고 난 이후에도 계속하여 그 일에서 벗어나지 못하고 자책에 빠져드는 것은 잘못된 태도입니다. 우리가 비록 죄를 범했다 하더라도 진실한 마음으로 하나님 앞에서 회개하고 용서를 받았으면, 사죄받은 기쁨을 누리면서 감사하고 그 일은 잊어버려야 합니다. 성도들이 지나치게 자책감에서 헤어 나오지 못하는 것도 잘못된 일입니다.

또 우리가 즐거워하지 못하는 또 하나의 이유는 그리스도의 사역의 완전성과 충족성과 전체성을 충분히 공부하지 않고 또 묵상하지 않기 때문입니다. 하나님이 어떤 일을 시작하셨는데, 중간에 그 일을 흐지부지해버리고 마무리하지 않으신 채 방치한다는 것은 있을 수가 없습니다. 그런데 유감스럽게도 많은 성도들이 은연중에 그렇게 생각합니다. 하나님은 시작하신 일을 반드시 계획하신 대로 깔끔하게 마무리 지으시는 분이십니다. 우리를 한 번 구원하기로 결정하셨으면 끝까지 구원을 이루어주시는 것이 하나님의 방식이지, 처음에 구원을 찔끔 주셨다가 나중에 상황을 보고 슬그머니 손을 빼시거나 취소시키신다고 생각하는 것은 하나님의 방식으로는 맞지 않는 것입니다.

우리 모두는 예수님을 구주로 영접하는 바로 그 순간에 우리를 향해 품으셨던 화를 하나님이 영원히 푸셨고, 우리를 영원히 의롭다 하셨고, 영원히 양자로 삼으셨고, 영원히 유지되도록 우리를 거듭나게 하셨으며, 육체적인 죽음을 맞이하는 날에 의심의 여지 없이 우리의 영혼을 완전히 성화시키실 것이며, 마지막 심판의 날에는 우리의 몸까지도 시공간의 제약을 받지 않고 영원히 썩지 않을 몸으로 완전히 변화시키셔서 영원한 천국생활에 합당한 자로 우리를 확실

하게 변화시켜 주시리라는 엄청난 소망을 생각하면서 항상 즐거워

하고 항상 자랑하는 성도들이 되어야 하겠습니다.

5 아담은 오실 자의 모형 (롬 5:12-14)

5:12 그러므로 한 사람으로 말미암아 죄가 세상에 들어오고 죄로 말미암아 사망이 들어왔나니 이와 같이 모든 사람이 죄를 지었으므로 사망이 모든 사람에게 이르렀느니라
5:13 죄가 율법 있기 전에도 세상에 있었으나 율법이 없었을 때에는 죄를 죄로 여기지 아니하였느니라
5:14 그러나 아담으로부터 모세까지 아담의 범죄와 같은 죄를 짓지 아니한 자들까지도 사망이 왕 노릇 하였나니 아담은 오실 자의 모형이라

로마서 5:12-21 개관

로마서 5:12-14은 더 큰 문단인 로마서 5:12-21의 일부로서, 난해한 본문입니다. 이 본문이 난해한 본문임에도 불구하고 우리가 이 본문을 건너뛰어서는 안 되는 이유는 이 본문이 제시하는 관점에서 인류 역사와 사회를 해석해야 비로소 인류 역사와 사회의 비참한 현실이 바르게 해석될 수 있기 때문이며, 동시에 이 비참한 현실 속에 하나님이 경이로운 방법으로 숨겨 놓으신 복음의 씨앗이 있기 때문입니다.

바울은 로마서 5-8장의 긴 본문을 통하여 하나님이 예수 그리스도의 십자가 구속사역에 근거하여 의롭다고 선언한 자에게는 구원

의 확실성이 보장된다는 진리를 강조해 오고 있습니다. 이 점은 로마서 5:12-21도 예외가 아닙니다. 이 본문이 궁극적으로 말하고자 하는 논지도 하나님으로부터 의롭다 칭함을 받은 신자에게는 구원의 확실성이 보장된다는 것입니다.

로마서 5:12-21의 내용이 어떻게 구성되어 있는가를 개관하겠습니다.

본문의 구도를 이해하기 위하여 예를 들어보겠습니다. 어떤 사람이 이렇게 말을 합니다. "엄마가 잠을 잘 잔 것과 같이." 이것은 조건절입니다. 우리는 조건절이 나오면 곧 주절이 나와서 문장을 완성해 줄 것을 기대합니다. "아기도 잠을 잘 잤다." 이렇게 조건절과 주절을 연결해야 완전한 문장이 됩니다. "엄마가 잠을 잘 잔 것과 같이 아기도 잠을 잘 잤다."

원문상으로 보면 12절은 "그러므로"라는 부사 뒤에 호스페르 디 에노스ὥσπερ δι' ἑνὸς라는 문구로 시작합니다. 이 문구는 "A가 한 사람을 통하여 '어떤' 일을 한 것과 같은 방법으로"라는 뜻을 가진 조건절입니다. 말하자면 "엄마가 잠을 잘 잔 것과 같이"라는 조건절로부터 시작한 것입니다. 이 구절과 짝을 이루는 주절은 후토스 카이 디 에노스οὕτως καὶ δι' ἑνὸς라는 문구입니다. 이 문구는 "앞에서 A가 한 것과 같은 방법으로 B도 한 사람을 통하여 '어떤' 일을 했다"라는 뜻입니다. 이 문구가 바로 "아기도 잠을 잘 잤다"에 해당하는 주절입니다. 이 구절이 나와야 문장이 완결됩니다.

그런데 바울은 12절에서 조건절만 말하고 주절은 말하지 않습니다. 그러면 주절은 어디에 나오느냐? 18절에 가서야 나옵니다. 그러니까 13절에서 17절까지의 긴 문장들이 사실은 본론에서 벗어난, 괄호로 묶어야 하는 구절들인 셈입니다. 이런 점들은 번역 성경만을 읽어서는 알 수가 없습니다. 그러면 바울은 왜 빨리 주절을 말하지 않고 뒤로 미루어 두어서 본문을 이해하기 어렵게 만들었는가? 바울이 조건절에서 말을 해 놓고 보니까 조건절에서 말한 내용 그 자체가 독자들이 이해하기가 매우 어려운 내용임을 발견했고, 주절을 말하기 전에 이 내용에 대한 설명을 먼저 할 필요가 있다고 생각했기 때문입니다. 이 설명이 17절까지 계속됩니다. 그런 다음에 다시 12절 전반부에서 말한 조건절에 연결되는 주절을 말하여 문장을 완성한 것입니다. 13-17절에 등장하는 보충설명은 다시 크게 나누어 두 부분으로 구성되어 있는데 그 가운데 하나가 14절까지 서술되어 있고, 다른 하나가 15-17절에 서술되어 있습니다.

12절을 보겠습니다. "그러므로 한 사람으로 말미암아 죄가 세상에 들어오고 죄로 말미암아 사망이 들어 왔나니 이와 같이 모든 사람이 죄를 지었으므로 사망이 모든 사람에게 이르렀느니라." 우리말에는 나타나 있지 않으나 원문의 의미를 살려서 번역하면 이렇게 됩니다. "한 사람으로 말미암아 죄가 세상에 들어오고, 죄로 말미암아 사망이 왔다. 좀 더 자세하게 말한다면, 모든 사람이 죄를 지었기 때문에 사망이 모든 사람에게 이르렀다. 이와 같은 방법으로." 이 조건절에 연결되는 주절은 18절 하반절입니다. 바울은 조건절을 말한 다음에 너무 오래 딴 길로 빠져서 다른 이야기를 한참 했으니까, 앞에서 말한 조건절의 내용이 무엇인지 다시 한번 상기시켜 줄 필요를 느끼고 18절 상반절에서 12절의 조건절의 내용을 요약하여 소개한 후에 비로소 주절을 말합니다. "그런즉 한 범죄로 많은 사람이 정죄에 이른 것 같이 조건절인 12절의 반복 의로운 행위로 말미암아 많은 사람이 의롭다 하심을 받아 생명에 이르렀느니라 주절." 조건절에 나타난 패턴은 "한 사람 - 모든 사람이 죄를 범함 - 모든 사람에게 정죄 곧, 사망이 임함"이라는 형식이고, 주절에 나타난 패턴은 "한 사람 - 모든 사람이 의롭다 함을 받음 - 모든 사람에게 생명이 임함"이라는 형식입니다. 이 두 패턴의 내용은 정반대인데 패턴의 양식은 동일합니다. 이 두 패턴을 설명하는 것이 로마서 5:12-21입니다.

아담을 통하여 들어 온 세력: 죄와 사망

12절을 다시 보겠습니다. "그러므로 한 사람으로 말미암아 죄가 세상에 들어오고 죄로 말미암아 사망이 들어 왔나니 이와 같이 모든 사람이 죄를 지었으므로 사망이 모든 사람에게 이르렀느니라." 바울은 12-14절에서 인류가 처한 상황을 서술하고 있는데, 이 상황은 우리가 경험할 수 있는 모든 상황 가운데 가장 절망적이고 비참한 상황입니다.

"한 사람으로 말미암아." 여기서 말하는 한 사람은 아담을 가리킵니다. "말미암아"라는 전치사는 "통하여"라고 번역할 수 있습니다. "아담 한 사람을 통하여."

　"죄가 세상에 들어오고." 본문이 "죄가 세상에 들어왔다"라고 말할 때 죄는 무엇을 뜻하는가? 이 죄는 우리가 통상적으로 생각하는 죄와는 다른 의미를 가집니다. 우리가 보통 생각하는 죄는 하나님의 명령을 범한 인간의 행동을 가리킵니다. 예를 들어서 하나님이 "살인하지 말라"는 도덕명령을 주셨는데, 인간이 이 명령을 어기고 사람을 죽이는 행동을 할 때 이 행동을 우리는 죄라고 말합니다. 그런데 본문이 말하는 죄는 이런 뜻이 아닙니다. 본문은 죄가 들어온다고 말함으로써 죄를 능동적으로 행동하는 살아 있는 하나의 인격적인 힘과 같은 것으로 의인화시키고 있습니다. 본문이 말하는 죄는 살아 움직이는 하나의 강력한 세력입니다. 이 세력을 의인화한 이유는 타락한 천사인 사탄이라는 인격적인 존재가 배후에서 조종하기 때문입니다.

　창조세계에 죄가 처음 나타난 것은 인격적인 피조물인 천사들에게서였습니다. 베드로후서 2:4의 "범죄한 천사들"이라는 표현이나 유다서 6절에 있는 "자기 지위를 지키지 아니하고 자기 처소를 떠난 천사들"이라는 표현은 천사들이 자기들에게 주어진 피조물의 지위를 지키지 아니하고 그 지위를 떠나서 하나님의 지위를 넘보는 행동을 했을 때 죄가 시작되었음을 알 수 있습니다. 그러면 천사가 타락한 시점이 언제인가? 하나님이 인간 창조를 포함하여 6일 동안 세상을 창조하시고 난 이후에 하나님 스스로 내린 최종적인 평가가

"심히 좋았더라"인 것을 볼 때 6일 창조 기간에는 천사의 타락사건이 일어나지 않았음을 알 수 있습니다. 그런데 아담과 하와가 에덴동산에서 생활하기 시작했을 때 이미 사탄이 존재했고 사탄은 타락한 천사이므로 그 전에 천사가 타락했음을 알 수 있습니다. 그러므로 천사의 타락은 6일 창조가 끝난 이후, 뱀이 하와를 유혹하기 이전 어느 때인가 일어났다는 추정이 가능합니다. 이처럼 죄는 그 출발부터 살아 있는 인격체이자 타락한 천사인 사탄이 주도하는 하나의 세력이라는 성격을 띠고 있었습니다.

그러면 이처럼 사탄이 주도하는 세력으로서의 죄가 언제 인간 세상 안에 들어왔을까요? 뱀으로 위장한 사탄이 하와에게 찾아와서 하나님이 따먹는 것을 금지하신 선악과를 따먹으면 선과 악을 아는 일에 하나님처럼 될 수 있다고 유혹했고, 이 유혹에 마음이 기울어진 하와가 자신의 결단으로 선악과를 따먹는 행위를 했을 때 아담과 하와의 자범죄가 성립되었습니다. 아담과 하와가 선악과를 따먹는 자범죄를 범한 때를 틈타서 사탄이 능동적으로 주도하는 살아 있는 힘이 아담과 하와 안에 들어왔습니다. "들어왔다"라는 표현은 "침입해 들어왔다"라고 표현하는 것이 정확합니다.

그런데 아담과 하와가 선악과를 따먹었을 때 아담과 하와가 죄인이 되었고, 사탄의 조종을 받는 살아 있는 세력이 들어오자 죄에 대한 형벌인 사망이 따라 들어 왔습니다. 성경이 말하는 사망은 세 가지 의미를 지니고 있는데, 하나는 생명의 근원이신 하나님과의 관계가 단절되는 것이고, 다른 하나는 신체적인 죽음이고, 또 다른 하나는 하나님과 영원히 단절되어 지옥에 들어가서 영원히 고통을 받는 것입니다. 본문이 말하는 사망에는 이 세 가지 의미가 모두 들어 있지만, 그중에서도 신체적인 죽음을 주로 말하고 있습니다. 본문이 말하는 사망이 신체적인 죽음을 주로 말하고 있다는 사실은 아담과 하와가 에덴동산에서 쫓겨날 때 아담이 하나님으로부터 "너는 흙이니 흙으로 돌아갈 것이니라"라는 명령을 받은 데서 더 분명해집니다 창 3:19.

아담이 범죄 할 때 모든 사람이 범죄함

바울은 12절 상반절에서 말한 내용을 12절 하반절에서 보완설명을 합니다. 바울이 12절 상반절에서 말한 내용은 두 가지입니다. 첫째로, 한 사람인 아담을 통하여 죄가 인간세상 속에 들어왔다는 것입니다. 둘째로, 이 죄 때문에 사망이 인간세상 속에 들어왔다는 것입니다. 바울은 12절 하반절에서 이 내용을 보완 설명합니다. 우선 첫째로, 한 사람인 아담을 통하여 죄가 인간세상 속에 들어왔는데, 이 죄가 인간세상 속에 있는 누구에게 들어왔느냐 하는 것입니다. 이 질문에 대하여 바울은 "모든 사람"이라고 답변합니다.

그런데 여기서 바울은 12절 상반절에서는 "죄가 인간세상 속에 들어왔다"라고 말해 놓고는 12절 하반절에서는 "모든 사람이 죄를 지었다"라고 다른 말을 하고 있습니다. 이 부분이 아주 난해한 부분입니다. 우선 이 문장은 문법적인 상식으로 볼 때 도저히 납득되지 않는 문장입니다. "죄를 지었다"라는 동사는 헬라어 시제로는 부정과거시제로 되어 있습니다. 부정과거시제는 과거의 어느 한 순간에 행한 단회적인 행동을 가리키는 시제입니다. "모든 사람"은 과거, 현재, 미래의 사람들을 다 포함하여 인류 전체를 뜻하는데, 과거, 현재, 미래의 모든 사람이 과거의 어느 한 순간에 죄를 범하는 것은 시간상으로 볼 때 불가능한 일입니다. 과거 한 순간은 아담이 선악과를 따먹은 그 한 순간을 뜻합니다. 아담이 선악과를 따먹은 그 순간에 모든 인류가 죄를 지었다는 것이 본문이 말하는 것입니다. 그런데 이 말을 문자 그대로 받아들이면 말이 안 됩니다. 어떻게 특정한 순간에 아직 태어나지도 않은 미래의 사람들까지 모든 사람이 동시에 죄를 지을 수가 있습니까?

그런데 한 가지 부정할 수 없는 현실은 모든 사람에게 사망이 이르렀다는 사실입니다. 물론 사망이라고 할 때는 하나님과의 분리를 뜻하는 영적인 사망, 신체적인 죽음, 하나님과의 영원한 분리와 지옥행 등을 모두 뜻하지만, 영적인 사망이나 하나님으로부터의 영원한 분리는 다른 사람들 눈에 보이지 않습니다. 반면에 신체적인 사망은 사람들 눈에 분명히 보입니다. 따라서 본문에서 사망이라고 할 때는 신체적인 죽음에 초점이 맞추어져 있다고 생각하면 됩니다.

모든 사람이 신체적인 죽음을 죽어야 한다는 것은 그 누구도 부인할 수 없는 확실한 역사적 사실입니다. 하나님이 특별하게 살아 있는 상태로 하늘로 불러 데리고 가신 에녹과 엘리야를 제외하고는 이 세상 모든 사람이 신체적인 죽음을 맞이해야 합니다. 모든 사람이 이처럼 신체적인 죽음을 맞이해야 한다는 사실을 볼 때 이 사람들이 죄를 지었음이 분명합니다. 왜냐하면 로마서 6:23이 말하는 것처럼 신체적인 죽음은 죄를 지은 데 대한 형벌로서 찾아온 것이기 때문입니다. 이처럼 12절은 우리에게 매우 어려운 질문을 제기하고 있습니다. 첫째로, 모든 사람이 아담이 범죄한 그 한 순간에 실제로 죄를 짓는 것은 시간상 불가능합니다. 이 말은 모든 사람이 아담이 범죄한 그 순간에 자범죄를 짓는 것은 불가능하다는 뜻입니다. 둘째로, 그러나, 모든 사람이 신체적인 죽음을 죽는 것을 볼 때 모든 사람이 죄를 지은 것도 사실입니다.

자범죄를 범하지 않은 자도 이미 죄인

계속되는 13절 상반절은 이렇게 말합니다. "죄가 율법 있기 이전에도 세상에 있었으나." 이 본문이 말하는 죄는 자범죄를 가리키는 것이 아니라 인격체인 사탄의 조종을 받는 강력한 죄의 세력을 뜻합니다. 본문이 말하는 율법은 모세의 율법과 하나님이 모든 인류의 마음속에 넣어 주신 도덕법를 의미한다고 보아야 합니다. 자범죄는 하나님이 주신 율법을 범할 때 성립됩니다. 그러나 죄의 세력은 인간이 하나님의 율법을 범하는가 범하지 않는가와 상관없이, 아담과 하와가 선악과를 따먹기 이전에 이미 인간 밖에, 그리고 이 세상 안에 이미 존재하기 시작했습니다. "율법 있기 이전에도"라는 표현은 반드시 "시간 안에 율법이 존재하기 이전에"라고 이해할 필요는 없고, "율법과 상관없이"라는 뜻으로 해석해도 됩니다. 죄의 세력은 율법과 무관하게 이 세상에 존재하게 되었습니다. 그러면 이 죄의 세력은 언제 인간 안에 들어오게 되었는가? 아담과 하와가 선악과를 따먹음으로써 자범죄를 행하는 순간에 인간 안으로 밀고 들어와서 아담과 하와 안에서 작동하기 시작했습니다.

바울은 계속하여 이렇게 말합니다. "율법이 없었을 때에는 죄를 죄로 여기지 아니하였느니라." "율법이 없었을 때"는 언제일까요? 하나님이 이스라엘 백성들에게는 모세의 율법을 주셨고, 모든 인류에게는 마음속에 도덕법을 심어 주셔서 유대인이든, 이방인이든 모든 인류에게는 언제나 율법이 있었습니다. 그런데 인류에게 율법이 없었을 때가 있을까요? 네, 있습니다. 예를 들어서 뱃속에 있는 태아의 경우나 아주 어린 유아의 경우입니다. 물론 하나님께서는 모든 인류가 태어나는 순간에 이미 도덕법의 씨앗을 마음속에 심어 주십니다. 아이가 자라면서 인지가 발달하기 시작하고 다양한 교육이 이루어지면서 마음속 깊은 곳에 하나님이 심어 두신 도덕법의 씨앗이 점점 자라나기 시작하여 마침내 옳고 그름에 대한 인식을 갖게 되고 도덕적인 인식이 자라나게 됩니다. 그런데 뱃속에 있는 태아의 경우나 아주 어린 유아의 경우에 도덕법의 씨앗이 마음속에 심겨 있긴 해도 이 도덕법의 씨앗이 아직 발아하지 않아서 사실상 도덕법이 없는 것이나 다름없지 않겠습니까? 뱃속의 태아나 어린 유아에게 도덕적 책임을 물을 수는 없지 않겠습니까? 또 어떤 사람이 치매에 걸린 경우를 생각해 봅시다. 치매 환자의 경우에는 마음속에 있는 도덕법을 인식할 수 있는 능력이 치명적으로 손상되어 도덕적인 책임을 물을 수가 없습니다. 또 어떤 사람이 뇌에 치명적인 손상을 입었거나 정신질환을 앓고 있는 경우에도 도덕법을 인식할 수 있는 능력이 심각하게 손상되어 도덕적 책임을 물을 수가 없습니다. 이런 경우들을 생각하면서 바울은 사람들 사이에 "율법이 없는" 경우가 있다고 말하고 있는 것입니다. 우리는 이런 부류의 사람들이 다른 사람의 물건을 훔치는 행동을 할 때 범죄자로 비판할 수가 없습니다. 왜냐하면 이 사람들은 도덕법을 인식할 수 있는 능력을 상실했기 때문입니다. 그러므로 이 사람들의 경우에는 "죄를 죄로 여기지 않는다"라고 바울은 말합니다. 이 사람들은 죄를 행해도 죄인이라고 비판할 수 없다는 것입니다.

이런 상태에 있는 사람들에 대하여 바울은 14절에서 "그러나 아담으로부터 모세까지 아담의 범죄와 같은 죄를 짓지 아니한 자들"이라고 보다 구체적으로 설명합니다. "아담으로부터 모세까지"라는 말은 "아담 이후부터 모세의 율법이 주어지기까지"라는 뜻입니다. 아담의 경우에는 하나님이 "선악과를 따먹지 말라"는 명령을 구두로 직접 주셨습니다. 이 말은 아담에게는 도덕법이 그 누구도 부인할 수 없을 만큼 명료하게 주어졌다는 뜻입니다. 모세 시대 이후의 이스라엘 백성들의 경우에도 하나님이 십계명을 비롯한 율법의 말씀을 명료하게 주셨고, 이스라엘 백성들도 율법의 말씀을 명료하게 인식했습니다.

"아담으로부터 모세까지"라는 바울의 표현은 반드시 시간적으로 아담 이후 시기부터 모세가 율법을 받기 이전까지로 이해할 필요는 없고, "아담이나 모세처럼 하나님의 율법을 명료하게 인식할 수 있었던 사람들을 제외하고"라는 뜻으로 이해하는 것이 바른 이해입니다. 이처럼 하나님의 명령을 분명히 받은 아담과 모세의 율법을 분명하게 읽을 수 있는 사람들을 제외한 나머지 인간들 가운데는 앞에서 제가 예를 든 사람들의 경우처럼 하나님의 도덕법을 인식할 수 없는 사람들이 있을 수 있습니다. 바울은 이들을 14절에서 "아담의 범죄와 같은 죄를 짓지 아니한 자들"이라고 표현합니다. 이 사람들에 대하여 우리는 "너는 하나님의 율법을 범했다"라고 비판할 수 없습니다. 이 사람들은 죄를 범해도 죄를 죄로 여길 수가 없습니다.

그런데 문제가 무엇입니까? 이 사람들에게도 예외 없이 "사망이 왕 노릇했다"라는 것입니다. 사망은 하나님의 율법을 어기는 죄를 범한 사람에게 형벌로서 찾아오게 되어 있습니다. 그런데 율법을 범하지 않은 자들에게도 사망이 찾아와 이 사람들 위에 왕 노릇하면서 이 사람들을 장악하고 있는 것이 현실입니다. 뱃속에 있는 태아도 죽음을 피할 수 없습니다. 한두 살밖에 안 된 유아도 죽음을 피할 수 없습니다. 치매에 걸린 사람도 죽음을 피할 수 없습니다. 그런데 바울은 이 사람들도 과거 어느 한 순간 곧, 아담이 선악과를 따먹는 순간에 죄를 지었기 때문에 사망을 피할 수 없다고 12절에서 이미 말한 바 있습니다. 이 사람들도 죽어야 하는 것을 볼 때 이 사람들이 자범죄를 행하지 않았지만 자범죄를 행한 자들이라는 것이 바울이 말하고자 하는 것입니다. 이것이 인류가 처해 있는 가장 비참하고 가슴 아픈 현실입니다.

난제 해결의 열쇠: 아담은 오실 자의 모형

이 모순을 어떻게 해결할 것인가? 15절부터 이 모순을 해결하는 방법이 등장하는데, 15절부터 자세하게 설명하게 될 모순해결의 방법이 14절 하반절에 소개되어 있습니다. 그 방법은 "아담은 오실 자의 모형이라"라는 구절입니다. 오실 자는 예수 그리스도를 뜻합니다. 모형이라는 말은 패턴이 같다는 뜻입니다. 예수 그리스도에게 나타난 행동의 패턴과 아담에게서 나타난 행동의 패턴이 같다는 것입니다. 여기서 우리는 역으로 생각할 필요가 있습니다. 우리는 예수 그리스도의 구속사역의 패턴이 어떤 것인가를 어렵지 않게 말할 수 있습니다. 우리는 하나님 앞에 섰을 때 완전히 불의한 죄인입니다. 완전히 불의한 죄인이 하나님의 심판석 앞에 설 때 사망의 형벌을 받아야 합니다. 그런데 우리가 예수 그리스도를 우리의 구주로 영접할 때 우리의 불의가 십자가 위에서 죽으신 예수 그리스도에게 덮어 씌워지고 전가되고, 우리가 받아야 할 형벌인 사망의 형벌이 예수 그리스도에게 덮어 씌워져서 전가되어서 죄가 하나도 없으신 예수 그리스도께서 완전히 불의한 자, 죄를 행한 자로 여김을 받고 사망의 형벌을 받게 되었습니다. 여기서 중요한 것은 예수님이 죄를 행하지 않았음에도 불구하고 죄를 행한 죄인으로 여겨지셨다는 점입니다. 이와 동일한 패턴이 아담과 아담의 후손 사이에도 그대로 일어났습니다. 아담이 선악과를 따먹고 범죄 했을 때 아담과 하와가 선악과를 따먹은 자범죄가 모든 아담과 하와의 후손에게 덮어 씌워져서 전가되어서 아담과 함께 선악과를 따먹는 자범죄를 범한 것으로 여겨지게 되었습니다. 그뿐만이 아닙니다. 바로 그 순간에 아담과 하와에게 들어와 있던 죄의 세력도 따라 들어와서 모든 인류의 영혼 깊은 곳에 자리 잡게 된 것입니다.

아담과 하와의 경우는 본인들이 범한 자범죄 때문에 사망의 형벌을 받게 되었으나, 아담과 하와 이후에 등장하는 모든 인류는 자범죄를 행하기 이전에 이미 아담과 하와의 자범죄가 전가되어 아담과 하와가 범죄한 바로 그 순간에 범죄한 것으로 여겨졌습니다. 아담으로부터 전가된 죄를 원죄라고 합니다. 모든 인류는 원죄때문에 사망의 형벌을 받게 된 것입니다. 하나님은 아담을 인류의 대표로 여기시고 아담이 행한 행동에 대한 연대책임을 모든 인류에게 물으신 것입니다. 이것이 바로 거역할 수 없는 이 세상의 운명이 된 것입니다.

이 세상 모든 사람이 자범죄를 행하기도 전에 이미 자범죄를 행한 자로 여겨지고, 이 때문에 끔찍한 사망의 형벌을 받아야 한다는 사실은 너무나 절망적인 현실임이 분명합니다. 그런데 바울은 이 절망적인 현실 속에서 무엇을 발견해냅니까? 바울은 아담의 범죄가 모든 인류에게 전가되어서 모든 인류가 자범죄를 행하지 않았음에도 불구하고 자범죄를 행한 자로 여겨지고 그 때문에 사망의 형벌을 받게 된 바로 그 패턴을 정반대로 뒤집으면 인류가 하나님이 요구하시는 의를 행하지 않았음에도 불구하고 의로운 자로 여겨 주시고, 구원해주시고 새로운 생명을 주시는 구원의 패턴이 된다는 사실을 발견한 것입니다. 온 인류를 비극으로 몰아넣었던 바로 그 아담이 오실 자 곧 구원의 주님이신 예수 그리스도의 모형이 되어 있다는 것입니다.

5:15 그러나 이 은사는 그 범죄와 같지 아니하니 곧 한 사람의 범죄를 인하여 많은 사람이 죽었은즉 더욱 하나님의 은혜와 또한 한 사람 예수 그리스도의 은혜로 말미암은 선물은 많은 사람에게 넘쳤느니라

5:16 또 이 선물은 범죄한 한 사람으로 말미암은 것과 같지 아니하니 심판은 한 사람으로 말미암아 정죄에 이르렀으나 은사는 많은 범죄로 말미암아 의롭다 하심에 이름이니라

5:17 한 사람의 범죄로 말미암아 사망이 그 한 사람을 통하여 왕 노릇 하였은즉 더욱 은혜와 의의 선물을 넘치게 받는 자들은 한 분 예수 그리스도를 통하여 생명 안에서 왕 노릇 하리로다

5:18 그런즉 한 범죄로 많은 사람이 정죄에 이른 것 같이 한 의로운 행위로 말미암아 많은 사람이 의롭다 하심을 받아 생명에 이르렀느니라

5:19 한 사람이 순종하지 아니함으로 많은 사람이 죄인 된 것 같이 한 사람이 순종하심으로 많은 사람이 의인이 되리라

죄의 전가와 의의 전가의 닮은 점

바울은 아담의 죄와 사망이 아담의 모든 후손에게 전가되는 것과 같은 패턴이 하나님이 인간을 구원하실 때도 그대로 나타난다고, 주절에 해당하는 18절에서 말합니다. "그런즉 한 범죄로 많은 사람이 정죄에 이른 것 같이." 이 구절은 12절에서 조건절만 말하고 곁길로 한참 갔다가 돌아온 바울이 독자들을 위하여 조건절인 12절의 내용을 요약해 준 것입니다. "한 범죄"는 아담이 선악과를 따먹은 범죄를 뜻합니다.

"범죄"로 번역된 헬라어 파라프토마 παράπτωμα는 "길에서 이탈하다," "떨어지다"라는 뜻입니다. 두 의미를 합하면 "길에서 이탈하여 떨어지다"라는 뜻이 됩니다. 등산할 때 능선을 걷는 경우가 있습니다. 칼날같이 좁게 나 있는 능선 길 양옆으로는 천 길 낭떠러지가 있습니다. 이 능선 길에서 이탈하면 천 길 낭떠러지로 추락합니다. 아담이 하나님이 지정해 주신 길, 곧 선악을 알게 하는 나무의 실과를 따먹지 말라는 길에서 이탈하자 천 길 낭떠러지로 떨어졌는데, 이 낭떠러지 아래는 사망의 형벌이 지배하는 끔찍한 계곡입니다.

"많은 사람이 정죄에 이른 것 같이." "많은 사람"은 아담을 포함한 모든 인류를 뜻합니다. "정죄에 이른다"라는 말은 하나님의 재판정에서 죄인으로 판명되어 죄에 대한 형벌인 사망의 형벌을 선고받는다는 뜻입니다. 하나님의 재판정에서 아담이 죄인으로 선고받고 사망의 형벌을 받을 뿐만 아니라 아담이 범한 죄가 아담의 모든 후손에게 전가되어서 곧, 덮어 씌워져서 모든 아담의 후손도 죄인으로 선고받았고, 죄에 대한 형벌인 사망의 형벌을 받았습니다. 그런데 이와 같은 패턴이 구원사역에도 나타납니다. "한 의로운 행위로 말미암아 많은 사람이 의롭다 하심을 받아 생명에 이르렀느니라." "한 의로운 행위"는 예수 그리스도께서 십자가 위에서 우리 죄를 대신 지시고 대속의 죽음을 죽으신 행위를 중심에 둔, 예수 그리스도의 생애 전체를 뜻합니다. 예수 그리스도의 생애 전체가 하나님의 율법을 완전히 성취하는 순종의 삶으로 구성된 "한 의로운 행위"였습니다. 예수님의 "한 의로운 행위"가 "많은 사람"에게 전가되었습니다. 많은 사람이 예수님으로부터 전가 받은 의의 옷을 입고 하나님의 재판정에 설 때, 하나님은 죄로 얼룩져 있는 이 많은 사람의 실체를 보지 않으시고, 이 많은 사람이 입고 있는 그리스도의 의의 옷만을 보시고 "너는 완전하게 의롭다"라고 선언해 주셨고, 그 순간 이 많은 사람은 생명을 얻었습니다.

같은 내용이 약간 표현을 달리하면서 19절에 재차 서술되어 있습니다. "한 사람이 순종하지 아니함으로 많은 사람이 죄인 된 것 같이 한 사람이 순종하심으로 많은 사람이 의인이 되리라." "한 사람"은 아담을 가리킵니다. 18절이 말하는 범죄가 여기서는 순종하지 아니함으로 대체되었습니다. 아담 한 사람의 순종하지 아니함이 모든 아담의 후손들에게 전가되어서 모든 아담의 후손들이 스스로 죄를 범하기 이전에 이미 죄인으로 선고되었습니다. 같은 패턴으로 한 사람, 예수 그리스도의 순종을 통하여 이룬 완전한 의로움이 많은 사람에게 전가되어서 많은 사람이 의를 행하지 못했음에도 불구하고 법정에서 의인으로 선고되었습니다.

죄의 전가보다 월등히 우월한 의의 전가

아담의 죄와 사망이 아담의 모든 후손에게 전가되어 모든 사람이 죄인이 된 패턴과 그리스도의 의가 많은 사람에게 전가되어 많은 사람이 의인이 되었다는 패턴이 같다는 점을 이용하여 보편구원론을 전개하는 신학자들이 있습니다. 모든 인류가 한 사람도 예외 없이 아담 한 사람 때문에 죄인이 되고 사망의 형벌을 받았다면, 그리스도의 의의 전가도 모든 인류에게 전가되어 모든 인류가 - 예수님을 믿든, 믿지 않든 상관없이 - 의롭다 함을 받고 영생을 얻는다고 해야 한다는 것입니다.

바르트는 그의 로마서주석 영문판 182쪽에서 19절을 해석하면서 이렇게 말합니다. "이 순종의 행위의 빛 안에서 그리스도 안에 없는 사람은 아무도 없다. 모든 사람이 새로워졌고 의로 옷을 입었고, 새로운 주체가 되고, 자유를 얻고 하나님의 긍정 안에서 자리 잡는다." 그러나 이 해석은 문맥을 무시한 잘못된 해석입니다. "많은 사람"이나 "모든 사람"의 의미는 문맥 안에서 해석되어야 합니다. 17절에 보면 18절이나 19절이 말하는 많은 사람은 "은혜와 의의 선물을 넘치게 받는 자들" 곧, 신자들로 한정되어 있습니다. 로마서 3:22은 하나님의 의는 "모든 믿는 자"에게만 주어진다는 것을 분명히 했고, 요한복음 3:16도 "믿는 자마다 멸망하지 않고 영생을 얻게 하려 하심이라"라고 분명히 하고 있습니다. 세계적인 신학자로서 성경에 정통하다고 알려진 대신학자가 이처럼 그 뜻이 명확한 본문과 모순되는 주장을 거침없이 한다는 사실이 놀랍기만 합니다.

바울은 아담의 죄와 사망의 전가와 그리스도의 의와 생명의 전가가 같은 패턴을 따른다는 점을 강조합니다. 그러나 바울은 아담의 전가패턴과 그리스도의 전가패턴이 다른 점이 있다는 점을 동시에 강조합니다. 바울은 그리스도께서 의와 생명을 전가하는, 덮어씌우는 패턴이 아담이 죄와 사망을 전가하는, 덮어씌우는 패턴보다 월등히 우월하다는 점을 15-17절에서 설명합니다. 15-17절에는 "더욱"이라는 표현이 15절에 한 번, 17절에 한 번 나옵니다. 이 단어가 바로 15-17절의 내용의 특징을 보여줍니다. 그리스도의 의의 전가는 아담의 죄와 사망의 전가보다 "더욱" 우월하다는 것입니다.

아담이 죄와 사망을 전가해 준 것을 -10이라고 가정해 보겠습니다. 만일 패턴이 같기만 하다면, 그리스도께서 의와 생명을 전가해 준 것은 +10이라야 합니다. 그런데, 그게 아니라는 것입니다. 아담이 죄와 사망을 전가해 준 것이 -10이라면, 그리스도께서 의와 생명을 전가해 준 것은 +10,000에다가 알파가 첨가된 것이라는 말입니다. 이 정도가 되어야만 진정한 구원이 가능합니다. 왜 그럴까요? 여러분, 화재가 발생한 경우를 한번 생각해 봅시다. 어떤 사람이 담뱃불을 풀숲에 휙 던지는 행동은 아주 간단한 행동입니다. 이 간단한 행동이 수십 개의 산 전체를 불바다로 만든 결과를 초래합니다. 수십 개의 산 전체에 번진 불을, 담뱃불 하나를 살짝 던지는 행위를 제지하는 정도의 노력으로 진압할 수 있을까요? 어림도 없습니다. 이 일은 비교 불가능한 어마어마한 노력과 시간과 예산이 들어가는 엄청난 일입니다.

이처럼 아담이 선악과를 따먹은 행위는 아주 간단한 행동입니다. 그러나 그 결과 나타난 후유증은 천문학적입니다. 창세부터 종말의 날까지 모든 인류에게 아담의 죄가 원죄로 전가되어 인류의 숫자만큼 아담의 죄가 증폭되었고, 모든 인류의 본성이 다 죄로 오염되었고, 그 결과 인류는 끔찍한 전쟁, 살인, 타락, 부패로 가득 차게 되었습니다. 가히 천문학적인 규모입니다. 이 천문학적인 규모의 악의 결과물을 거두어내고 원상을 회복하는 일이 얼마나 어려울까요? 그래서 바울은 "더욱"이라고 말하고 있는 것입니다. 그리스도의 의가 모든 신자에게 전가되는 것은 이 엄청난 악의 결과물을 거두어내는 것이므로 아담의 전가보다 "더" 우월한 것일 수밖에 없습니다. 이 우월함에 대한 설명이 15-17절에 서술되어 있습니다.

죄를 압도하는 우월한 은사

15절은 이렇게 말합니다. "그러나 이 은사는 그 범죄와 같지 아니하니." "이 은사"는 하나님이 예수 그리스도의 대속의 죽음을 믿음으로 받아들인 자들에게 값없이 은혜로 주시는 칭의의 선물을 뜻합니다. 칭의의 순간에 중생과 양자됨과 그리스도와의 연합이 동시에 일어나므로 이 모든 것들이 포함되지만, 편의상 칭의라는 단어 하나만 쓴 것입니다. "그 범죄와." "그 범죄"는 아담이 선악과를 따먹은 행위를 가리킵니다. "같지 아니하니." 아담의 행위와 그리스도의 행위가 형식에 있어서는 같아도 농도에 있어서는 같지 않다는 것입니다. 어떻게 같지 않으냐? "곧 한 사람의 범죄를 인하여 많은 사람이 죽었은즉 더욱 하나님의 은혜와 또한 한 사람 예수 그리스도의 은혜로 말미암은 선물은 많은 사람에게 넘쳤느니라." 15절은 죽음과 선물을 대조합니다. 만일 패턴이 같다면 죽음이 아담 자신이 행한 행위에 근거하여 이루어진 것이니까 인간이 칭의를 받는 것도 인간 자신이 행한 행위에 근거하여 주어져야 합니다. 그래야 공정합니다.

그런데 인간이 의롭다 함을 받는 것은 '인간 자신의 의로움에 근거하여 주어진 선고가 아닙니다. 인간 자신에게는 아무런 의로움도 없습니다. 그런데 하나님이 인간이 의롭다고 선언해 주셨습니다. 무엇에 근거하여? 그리스도의 의에 근거하여. 한쪽에는 인간의 불의가 있고, 다른 한쪽에는 인간의 의가 아니라 그리스도의 의가 있습니다. 당연히 그리스도의 의가 월등히 우월합니다. 그리스도의 의에 근거한다는 말은 인간이 행한 의가 조건이 되지 않고 칭의가 값없이 은혜로 무상의 선물로 주어진다는 뜻입니다. 죽음은 정의의 문제이고 선물은 사랑의 문제입니다. 사랑은 정의보다 우월합니다. A는 한 달 동안 공장에서 일한 대가로 월급 200만 원을 받았습니다. 이 월급에는 월급을 주는 자의 따뜻한 배려나 특별한 사랑 같은 것은 없습니다. 한편 B는 자신을 아끼고 사랑하는 사람으로부터 100억 원이라는 돈을 아무런 조건도 없이 증여받았습니다. 이때 A가 받은 월급과 B가 받은 무상증여 중에 어떤 편이 더 우월할까요? 당연히 B가 받은 무상증여가 비교할 수조차 없이 우월합니다. 이처럼 그리스도의 의와 생명의 전가는 아담의 죄와 사망의 전가보다 그 질과 그 정도에 있어서 우월합니다.

죄를 압도하는 우월한 선물

16절은 이렇게 말합니다. "또 이 선물은 범죄한 한 사람으로 말미암은 것과 같지 아니하니." "이 선물"은 당연히 값없이 은혜로 주어지는 칭의의 선물을 뜻합니다. "범죄한 한 사람"은 아담을 가리키고

“말미암은 것”은 죄와 사망이 전가된 것을 뜻합니다. “심판은 한 사람으로 말미암아 정죄에 이르렀으나.” 많은 사람이 ‘불의하다’는 정죄를 받은 것은 한 사람이 범한 죄에 대한 평가였습니다. 아담의 전가는 한 사람의 행위를 처리하는 문제였습니다. “은사는 많은 범죄로 말미암아 의롭다 하심에 이름이니라.” 아담의 죄가 아담의 모든 후손에게 전가되어 모든 사람이 죄인이 되었습니다. 만일 패턴이 같다면 하나님이 아담으로부터 전가된 죄만 처리해 주시면 됩니다. 그러면 양쪽이 공정합니다. 그런데 하나님이 처리해 주시는 죄는 아담으로부터 전가된 죄 하나가 아닙니다. 바울은 하나님이 처리해 주시는 범죄를 “많은 범죄”라고 표현하고 있습니다. 아담의 죄 하나가 원죄의 형태로 모든 후손에게 전가되어 모든 후손의 숫자만큼 아담의 죄가 증폭되었습니다. 이것만 해도 이미 천문학적인 규모입니다. 그것뿐일까요? 아담의 모든 후손이 스스로 범한 죄들이 있습니다. 아담의 모든 후손이 스스로 범한 죄 하나하나가 다 아담으로부터 전가된 선악과를 따먹은 죄와 동급입니다. 이 죄 하나하나도 하나님의 재판정에 설 때 아담의 죄와 동일한 판결을 받습니다. 그런데 한 인간이 이 세상에 사는 동안 몇 건의 자범죄를 범할까요? 행동으로 범한 것도 죄이지만 마음으로 범한 것도 동급의 죄이니까 이 모든 죄를 합하면 한 사람의 죄만 해도 헤아릴 수조차 없는 천문학적인 숫자가 될 것입니다. 게다가 모든 인류의 죄를 합하면 그야말로 무한에 가까운 숫자가 될 것입니다. 따라서 바울은 “많은 범죄”라고 말합니다. 하나님이 처리하는 범죄의 규모는 바로 모든 인류에게 전가된 증폭된 원죄들과 자범죄들이 포함된, 그야말로 천문학적인 규모의 "많은 범죄"입니다. 이 많은 범죄를 처리하실 수 있는 분은 하나님밖에 없습니다. 그러므로 그리스도의 전가는 아담의 전가보다 우월합니다.

사망의 왕 노릇을 압도하는 생명 안에서의 신자의 왕 노릇

17절은 이렇게 말합니다. "한 사람의 범죄로 말미암아 사망이 그 한 사람을 통하여 왕 노릇 하였은즉." 바울은 같은 내용을 반복하면서도 표현을 살짝살짝 바꿉니다. 이와 같은 다양한 표현이 등장하는 이유는 하나님의 구원사역이 어느 한 단어로 다 표현할 수 없을 만큼 풍부한 것이기 때문입니다. 이 구절에서는 '사망의 왕 노릇'이라는 표현이 등장합니다. 아담 한 사람의 죄 때문에 온 인류 위에 사망이 절대 권력을 가진 왕이 되어 통치하게 되었습니다. "더욱 은혜와 의의 선물을 넘치게 받은 자들은 한 분 예수 그리스도를 통하여 생명 안에서 왕 노릇하리로다." 만일 아담의 전가와 그리스도의 전가가 같은 패턴이라면, 한편에서 사망이 왕 노릇하였다면, 다른 편에서는 사망에 대립하는 개념인 생명이 왕 노릇해야 균형이 맞습니다. 아담의 전가로 인하여 사람이 사망이라는 왕의 종이 된 것처럼, 그리스도의 전가로 인하여 생명이 왕이 되고 신자가 왕인 생명의 종이 되어야 합니다. 그런데 잘 보십시오. 한편에서는 사망이 왕 노릇하는 반면, 다른 편에서는 생명이 아니라 사람이 생명 안에서 왕 노릇합니다. '생명 안에서'는 '생명을 도구로 사용하여'라는 뜻이기도 합니다. 사망이라는 왕의 종노릇하는 것보다는 생명의 왕의 종노릇하는 것이 더 나은 것이 분명하지만 사람이 왕이 되어서 생명을 도구로 쓰는 것이 훨씬 더 나은 신분 아니겠습니까? 그렇습니다. 신자들은 생명까지도 도구로 자유자재로 활용하는 왕이 됩니다. 우리가 예수 그리스도를 구주로 영접하고 신자가 되는 순간 하나님은 우리를 왕이신 예수님 옆자리에 앉히셔서 예수님과 함께 왕으로서 통치하는 권한을 주십니다. 에베소서 2:5-6입니다. "허물로 죽은 우리를 그리스도와 함께 살리셨고…또 함께 일으키사 그리스도 예수 안에서 함께 하늘에 앉히시니"_{엡 2:5-6}. 성부 하나님은 하늘에서 그리스도가 차지하고 있는 왕의 자리에 예수님과 함께 신자들을 앉히십니다. 요한계시록 3:21입니다. "이기는 그에게는 내가 내 보좌에 함께 앉게 하여 주기를 내가 이기고 아버지 보좌에 함께 앉은 것과 같이 하리라". 요한계시록 5:10은 성도들이 땅에서 왕 노릇하리라고 말씀하십니다. "그들로 우리 하나님 앞에서 나라와 제사장들을 삼으셨으니 그들이 땅에서 왕 노릇하리로다". 그리스도께서 왕 중의 왕이라고 할 때 왕들의 왕이 그리스도라면 왕들은 누구인가? 바로 신자들입니다. 고린도전서 6:2에 "성도가 세상을 판단한다"고 했는데, 세상을 판단하는 역할이 바로 세상의 왕의 역할입니다. 그리스도인들이 하나님의 말씀에 비추어서 이 세상에서 일어나는 모든 일들을 분석하고 평가하고 판단하는 일이 실상은 그리스도인이 이 세상에서 영적으로 왕 노릇하는 것입니다.

아담의 전가와 그리스도의 전가가 같은 패턴이라면 그리스도의 전가가 아담이 범죄를 통하여 잃어버린 원래의 상태를 회복시켜 주기만 하면 됩니다. 그러나 그리스도가 하시는 일은 인간이 잃어버렸던 원래의 상태를 회복시켜 주는 것에만 머무르는 것이 아닙니다. 아담은 무죄상태였습니다. 무죄상태라는 것은 죄가 없는 상태이지만 무언가 좋은 것으로 꽉 차 있는 상태, 예를 들면 의로움으로 가득 차 있는 적극적인 상태는 아닙니다. 그러나 칭의를 받은 신자들은 그리스도의 완전한 의로움으로 꽉 차 있는 적극적인 상태에 들어갑니다. 아담은 영생에 이를 수도 있고, 죽음에 이를 가능성이 있는 어정쩡한 상태에 있었습니다. 그러나 신자들은 그리스도의 의로 칭의를 받은 이후에는 영생의 왕국에 확실히 들어갑니다. 아담은 외적으로 이상적인 환경인 에덴동산 안에는 있었으나 하나님이 아담 안에 내주하시지는 않았습니다. 그러나 신자가 칭의를 받으면 그리스도와 연합하여 그리스도 안에 있게 됩니다. 그리스도 안에 있기 시작한 후에는 그리스도 밖으로 나갈 수 없습니다. 그리스도 안에 있기 때문에 우리의 구원 그리고 영생은 확고하게 보장되는 것입니다.

7 율법의 기능, 죄의 왕국과 은혜의 왕국 (롬 5:20-21)

5:20 율법이 들어온 것은 범죄를 더하게 하려 함이라 그러나 죄가 더한 곳
에 은혜가 더욱 넘쳤나니
5:21 이는 죄가 사망 안에서 왕 노릇 한 것 같이 은혜도 또한 의로 말미암아
왕 노릇 하여 우리 주 예수 그리스도로 말미암아 영생에 이르게 하려
함이라

로마서 5:12-19에서 바울은 "아담은 오실 자그리스도의 모형"이라
는 패턴으로 인간이 어떻게 죄와 사망에 사로잡히게 되었으며, 또한
어떻게 죄와 사망의 세력으로부터 구원받는가를 설명했습니다. 이
설명을 통하여 바울은 인간을 죄와 사망의 세력에 빠뜨린 주범은 아
담이라는 사실을 강조했습니다. 동시에 인간을 죄와 사망의 세력으
로부터 해방한 주체는 예수 그리스도임을 강조했습니다. 그런데 이
와 같은 설명을 들은 유대인들은 바울의 설명을 받아들일 수가 없었
습니다. 그 이유가 무엇일까요? 유대인들이 가장 중요하게 여겼던
주제인 모세의 율법이 빠져 있었기 때문입니다. 유대인들은 모세의
율법이 죄를 감소시키고 억제할 뿐만 아니라 의로운 삶으로 기울어

지게 하는 아주 중요한 도구라고 생각했습니다. 그런데 바울의 말을 들어보니, 율법이 하는 역할이 아무것도 없었습니다. 사람을 죄와 사망에 빠뜨리는 역할은 아담에게 빼앗겼고, 죄와 사망으로부터 구원해내는 역할은 그리스도에게 빼앗긴 것입니다. 그렇다면 "도대체 율법이 차지하는 역할은 무엇인가"라는 질문이 제기될 수밖에 없습니다. 오늘 우리가 읽은 본문 20-21절에서 바울은 이 질문에 대하여 답변합니다.

죄를 따라 들어온 율법

20절을 읽겠습니다. "율법이 들어온 것은 범죄를 더하게 하려 함이라 그러나 죄가 더한 곳에 은혜가 더욱 넘쳤나니." 바울은 "율법이 들어온 것은"이라고 운을 뗍니다. 율법이 어디에 들어왔다는 말입니까? "이 세상에." 율법이 "들어왔다"는 구절에서 이미 율법의 역할이 무엇인가가 암시되어 있습니다. "들어왔다"로 번역된 헬라어 동사는 파레이세르코마이 παρεισέρχομαι입니다. "파라"라는 접두어는 "옆에서 따라", "에이스"는 "안으로", "에르코마이"는 "들어오다"라는 뜻입니다. 이 단어는 "옆에서 따라 들어오다"라는 뜻입니다. 모세의 율법은 누군가를 따라 들어왔습니다. 누구를 따라 들어왔을까요? "죄"를 따라 들어왔습니다. 율법은 주인공이 아닙니다. 율법은 죄가 이 세상에 들어와서 활개를 치자 부랴부랴 "죄가 대세구나"라고 눈치를 채고 죄를 따라서 들어온 조연입니다. 대통령이 연초에 정부의

각 부처를 연두순시하기 위하여 부처 청사에 들어올 때 옆에 비서가 따라 들어오는 장면을 연상하면 됩니다. 시간적으로도 죄가 이 세상에 먼저 들어오고 모세의 율법이 나중에 들어온 것이 맞습니다. 모세의 율법이 들어오기 전에 아담이 선악과를 따먹는 죄가 있었고, 많은 사람이 자범죄를 행했기 때문입니다. 노아의 홍수 때 사람들이 범한 죄, 바벨탑 사건에서 사람들이 범한 교만의 죄, 동성애를 행했던 소돔과 고모라의 죄는 뚜렷하게 드러나는 자범죄의 극히 작은 일부에 불과합니다.

범죄를 더하게 하는 율법

그러면 이처럼 율법이 죄를 따라 들어와서 한 일이 무엇인가? "범죄를 더하게 하려 함"이라고 바울은 말합니다. 이 지점에서 바울은 유대인들이 도저히 받아들일 수 없는 율법의 역할을 말하기 시작합니다. 율법은 죄를 억제하고 죄를 줄이고 사람들을 의로운 삶으로 기울어지게 하는 역할을 하는 것이 아니라 정반대로 범죄를 풍부하게 하는 역할을 담당하기 위하여 이 세상에 들어왔다고 바울은 말합니다.

'율법이 범죄를 더하게 한다'라는 말이 무슨 뜻일까요? 율법을 읽고 난 이후에 죄를 더 많이 범하여 더 큰 죄인이 된다는 뜻일까요? 물론 이런 일들이 우리의 생활 속에서 일어나는 경우가 있는 것은 사실입니다. "이 일은 나쁜 행동이니까 하면 안 돼!"라고 말하면 오히려 호기심이 생겨서 나쁜 행동을 하고자 하는 유혹을 더 강하게 받게 되는 경우가 있을 수 있습니다. 그러나 본문에서 바울은 그런 뜻으로 말하는 것은 아닙니다. 바울이 하는 말은 모세의 율법을 읽기 전에는 어떤 행동이 죄라는 것을 몰랐거나 죄인지 아닌지 애매모호했는데, 모세의 율법을 읽고 난 후에 그 행동이 죄라는 사실을 명확하게 알게 되었다는 뜻입니다.

예를 들어보겠습니다. 어떤 운전자가 2차선 국도를 시속 100km로 달렸습니다. 이 국도는 속도제한 표시가 없습니다. 속도제한 규정이 없으니까 이 운전자에게는 잘못이 없습니다. 그렇지만 이 운전자에게는 양심이라는 것이 있고, 양심에 따라서 옳고 그름을 판단할 수 있는 능력이 있습니다. 이 운전자는 2차선 국도를 시속 100km로 달리면서 ‘2차선 국도를 이 속도로 달리는 것은 너무 위험하구나. 큰 사고가 날 수가 있겠다’라는 생각을 합니다. 그리고 ‘시속 100km로는 달리지 말자’라고 마음속으로 다짐합니다. 그러나 이것은 어디까지나 마음속의 다짐에 불과합니다. 시속 100km로 달린다고 해서 법적으로 문제 될 것이 없기 때문에 이 속도로 달리는 것이 잘못된 것이라는 뚜렷한 확신이 선 것은 아닙니다. 그런데 어느 날 이 국도에 들어섰는데 도로 옆에 ‘제한 속도 60km’라는 속도제한 표지판이 선명한 빨간 색으로 딱 세워졌습니다. 도로교통 전문가들이 다각도로 연구한 끝에 2차선 국도에서 60km 이상으로 주행하면 위험하니까 금지하기로 하고 표지판을 세운 것입니다. 이 표지판이 세워진 후부터는 시속 100km로 주행하는 것이 범죄행위라는 것이 명확히 드러납니다. 모세의 율법이 하는 일이 바로 이런 일입니다.

　　모세의 율법이 주어지기 전에도 율법이 없었던 것이 아닙니다. 로마서 1:14-15이 말하는 것처럼 하나님이 모든 인류의 마음속에 도덕법을 주셔서 도덕적 판단을 할 수 있게 하셨습니다. 인류가 타락한 이후에 이 도덕법이 많이 손상되어서 도덕적 판단을 하긴 하는데 명료하지 않고 희미할 때가 많았습니다. 따라서 인류는 우상숭배와 같은 행동을 할 때 잘못된 것 같기도 하고 그렇지 않은 것 같기도 해서 확신을 가질 수 없었습니다. 그러나 모세의 율법이 주어지고 난 이후에는 이론의 여지 없이 우상숭배가 심각한 죄라는 사실이 명백하게 드러나게 되었습니다. 이것이 바로 율법이 '범죄를 더하게 한다'라는 말의 의미입니다.

　　이 관점에서 구약성경을 읽어야 바르게 이해할 수 있습니다. 구약성경 가운데 상당 부분은 하나님이 선택한 백성인 이스라엘 자손들의 역사를 서술하고 있습니다. 구약성경에 나타난 이스라엘 백성들의 역사에 관한 기록과 다른 종교의 경전에 나타난 이방인에 관한 기록을 비교해 보면 인간의 타락한 모습이 이방의 경전에서보다 구약성경에 훨씬 더 적나라하게 기록되어 있습니다. 게다가 구약성경에 나타난 이스라엘 자손들의 역사는 비참한 종말로 마무리되었습니다. 북 왕국 이스라엘과 남 왕국 유다가 모두 멸망해 버린 것입니다. 구약성경이 지닌 이런 부정적인 모습 때문에 구약성경을 경전으로 삼고 있는 기독교를 받아들이는 것을 주저하는 사람들이 있습니다. 그러면 하나님이 선택한 자손인 이스라엘 자손이 이방인들보다 더 타락하고 더 많이 범죄 한 것일까요? 결코 그렇지 않습니다. 이스라엘 자손들의 삶과 이방인들의 삶을 비교해 보면 이스라엘 자손들의 삶이 그 도덕적인 수준에 있어서 월등하게 탁월합니다. 북 왕국 이스라엘과 남 왕국 유다가 모두 우상숭배를 끊지 못했다가 멸망했지만, 이방인들의 우상숭배에 비교해 보면 그 정도가 훨씬 약합니다. 주후 70년에 예루살렘을 점령한 로마의 디도장군은 예루살렘 안에 우상이 거의 없는 것을 보고 깜짝 놀랄 정도였습니다. 헤아릴 수 없이 많은 숫자의 신상들로 꽉 차 있는 로마의 도시들과 너무나 대조적이었기 때문입니다.

그런데도 구약성경이 다른 어떤 종교 경전보다도 더 인간의 타락상을 적나라하게 서술하고 있는 이유는 무엇일까요? 이방 경전은 죄가 무엇인가를 흐릿하게밖에는 비추어주지 못하는 마음의 도덕법을 기준으로 하여 인간의 행실을 평가한 반면에, 구약성경은 모세의 율법이라는 명확하고 분명한 기준에 이스라엘 자손의 행실을 비추어 보았기 때문입니다.

예를 들어서 우리가 우리 눈으로 다른 사람의 얼굴을 보면 얼굴이 매끈하고 예쁘게 보입니다. 그러나 고배율의 현미경으로 얼굴을 들여다보면 잔털이 갈대처럼 나 있고, 자글자글한 주름이 밭고랑처럼 온 얼굴 전체에 패여 있고, 끔찍한 괴물 모양을 한 미생물이나 바이러스나 균들이 우글거리는 동물원과 같은 끔찍한 모습을 보게 됩니다.

같은 행위라도 희미한 마음의 도덕법에 비추어 보면 죄의 농도가 10이고 이 행위에 관련된 죄의 종류가 1로 인식되는 반면에, 명료한 모세의 율법에 비추어 보면 죄의 농도가 100이 되고 이 행위에 관런된 죄의 종류가 10으로 늘어나게 됩니다. 이것이 바로 "율법이 들어 온 것은 범죄를 더하게 하려 함이라"라는 말의 의미입니다.

죄가 더한 곳에 더욱 넘치는 은혜

죄의 농도가 10이고 죄의 종류가 1인 행위를 하나님이 용서해 주실 때와 죄의 농도가 100이고 죄의 종류가 10인 행위를 하나님이 용서해 주실 때 어떤 용서가 더 크고 풍성한 것일까요? 죄의 농도가 100이고 죄의 종류가 10인 행위를 용서해 주신 하나님의 용서가 훨씬 더 큰 것일 수밖에 없습니다. 이것이 "그러나 죄가 더한 곳에 은혜가 더욱 넘쳤나니"라는 말의 뜻입니다. 죄를 가볍게 생각하는 사람은 죄를 용서해 주시는 하나님의 은혜도 작은 것으로 생각합니다. 그러나 죄를 무겁게 생각하는 사람은 죄를 용서해 주시는 하나님의 은혜를 큰 것으로 생각합니다. 똑같은 행동에 대하여 그 죄성을 크고 깊고 심각하게 생각하면 할수록 그 죄를 용서해 주시는 하나님의 용서의 은혜를 크고 깊게 느끼게 됩니다.

우리는 범죄를 "더하게" 한다고 말할 때 사용된 동사와 "더욱 넘쳤다"라고 말할 때 사용된 동사의 차이에 주목할 필요가 있습니다. 두 곳에 사용된 동사가 모두 "풍부하다"라는 기본 뜻을 지니고 있습니다. 바울이 '범죄를 더하게 한다'라고 말할 때는 비교를 하지 않는 단순한 동사가 사용되었습니다. 그냥 풍부하다는 뜻을 가진 동사가 사용된 것입니다. 그러나 "더욱 넘쳤다"라고 말할 때는 최상급의 표현을 사용하고 있습니다. 여기 사용된 헬라어는 휘페르페리슈오 ὑπερπερισσεύω라는 동사인데 접두어 휘페르는 영어로 말하자면 슈퍼라는 뜻입니다. 다른 어떤 것과 비교해 볼 때 최고로, 최상으로 풍성하다는 뜻입니다.

그러므로 범죄가 풍성해진 것과 그 범죄를 용서해 주시는 하나님의 은혜는 대칭개념이 아닙니다. 만일 대칭개념이라면 이렇게 되어야 합니다. "자, 지금까지 네가 죄를 범하여 사망의 세력에 사로잡혔었지? 내가 사망의 세력으로부터 풀어내 줄게! 너는 아담과 하와가 범죄 하기 이전 상태로 돌아간 거야. 그리고 이제 네 앞에는 영생을 얻을 수 있는 길과 선악과를 따먹고 멸망할 수 있는 길이 열려 있어. 다시 한번 기회를 주는 거야. 지난번 실패를 거울로 삼아 이번에는 한 번 잘해 봐!" 이렇게 되어야 대칭개념입니다.

그런데 하나님의 은혜는 이렇게 나타나지 않습니다. 하나님은 죄를 용서해 주신 다음에 타락하기 전에 아담과 하와가 출발했던 출발선에 우리를 다시 세우셔서 조마조마한 마음으로 영생으로 들어갈지 멸망으로 빠질지를 새롭게 선택하도록 하시는 것이 아니라 한 번 발을 들여놓으면 다시 빠져나올 수 없는 영원한 생명 안에 우리를 집어넣어 버리는 것입니다. 따라서 하나님의 은혜는 범죄를 더한 것과는 비교가 안 될 만큼 최상으로 풍부한 것입니다.

사망을 무기로 통치하는 죄의 왕국

율법이 들어온 목적이 무엇인가를 설명한 바울은 21절에서 예수님을 믿기 전의 상태와 예수님을 믿은 이후의 상태를 비교하는 것으로 단락을 마무리합니다. "이는 죄가 사망 안에서 왕 노릇 한 것 같이 은혜도 또한 의로 말미암아 왕 노릇 하여 우리 주 예수 그리스도로 말미암아 영생에 이르게 하려 함이라."

바울은 예수님을 믿기 전의 불신자의 상태를 "죄가 사망 안에서 왕 노릇 한 것"으로 묘사합니다. 바울은 지금 하나의 거대한 왕국을 생각하고 있습니다. 이 왕국은 절대적인 왕권을 가진 왕이 강력한 통제력을 가지고 통치하는 왕국입니다. 이 왕국의 최고 통치자는 죄입니다. 바울은 죄를 살아 있는 강력한 왕으로 의인화하고 있습니다. 여기서 말하는 죄는 한 개인이 범한 죄의 행동을 뜻하는 것이 아니라 막강하고 거대하고 우주적인 세력을 가리키는 것으로서 실질적으로는 공중의 권세 잡은 자인 사탄을 가리킵니다. 죄의 세력이 살아 움직이는 이유는 죄의 세력이라는 왕복을 입고 있는 실체가 살아 있는 사탄이기 때문입니다. 사탄이 이 왕국을 통치하고 있는데, 사탄이 사용하는 공포의 통치수단은 사망입니다. 이 왕국 전역에는 사망이라는 공포의 그림자가 짙게 깔려 있습니다. 바울은 이 왕국의 풍경을 에베소서 2:1에서 이렇게 묘사합니다. "허물과 죄로 죽었던 너희." 불신자들은 생명의 근원이신 하나님으로부터 단절되어 영적으로 죽어 있습니다. 에베소서 2:2은 예수님을 믿기 전의 우리들은 영적으로 죽은 상태에서 "공중의 권세 잡은 자"인 사탄의 지배를 받고 있었다고 말합니다.

불신자들은 자신은 자유인들로서 대부분의 시간을 선하게 생각하고 생활하는 자들이라고 생각하는 경향이 있습니다. 이들은 늘 선하게 생활을 하다가 잠시 실수해서 죄에 빠져들기도 하는데, 죄를 범하는 것은 우유를 마시다가 조금 흘려서 옷을 더럽히는 것 정도에 지나지 않는다고 생각합니다. 옷에 묻은 얼룩은 빨래를 통하여 금방 지워 버릴 수 있는 것처럼 실수로 죄에 빠진다 해도 잠깐 뉘우치고 털고 일어나서 다시 자유롭게 선을 행하는 생활로 돌아가면 그만이라고 생각합니다. 그러나 바울은 이것이 사실이 아니라고 말합니다. 바울은 불신자들이 자유인이 아니라 노예라고 말합니다. 불신자들은 죄의 세력이라는 왕복을 입고 강압적인 통치를 하는 사탄의 세력에 노예가 되어 있는 자들입니다. 불신자들의 문제는 이 사실을 모르고 있다는 것입니다. 자신들이 지금 죄의 노예가 되어 있는데, 자유인이라고 착각하고 있습니다.

예수님께서도 믿지 않는 사람들이 모두 죄의 세력의 옷을 입고 있는 사탄의 노예로 묶여 있었기 때문에 요한복음 8:32에서 "진리를 알지니 진리가 너희를 자유케 하리라"고 말씀하셨습니다. 진리가 너희를 자유케 하리라는 말은 '너희'가 죄의 노예가 되어 있음을 전제하는 것입니다. 이 말을 듣고 유대의 청중들이 너무나 기분이 상했습니다. 이들은 자신들이 자유인이라고 생각하고 있는데, 노예라고 예수님이 말씀하셨기 때문입니다. 사람들은 33절에서 불쾌한 감정을 이렇게 표현합니다. "우리가…남의 종이 된 적이 없거늘 어찌하여 우리가 자유롭게 되리라 하느냐?" 그러나 예수님은 한 걸음도 양보하지 않고 34절에서 이렇게 말씀하십니다. "죄를 범하는 자마다 죄의 종이니라."

불신자들이 죄의 노예가 되어 있는 증거는 사람들에게 하나님을 믿으라고 전도를 해보면 바로 드러납니다. 모든 죄 가운데 가장 큰 죄는 하나님이 살아 계시고 살아 계신 하나님이 인간을 창조하셨다는 사실을 받아들이지 않는 것입니다. 그런데 사람들은 자신들의 현실적인 이익에 관련된 권고는 잘 받아들이면서도 하나님을 믿으라는 권고는 어지간해서는 받아들이려고 하지 않습니다. 왜 그럴까요? 불신자들의 생각이 죄의 세력이라는 왕복을 입고 있는 사탄의 노예가 되어 있기 때문입니다.

의로써 통치하는 생명과 은혜의 왕국

죄의 왕국 옆에 또 하나의 왕국이 있는데, 이 왕국은 은혜의 왕국입니다. 은혜도 왕으로 의인화되어 있습니다. 은혜도 하나의 거대한 살아 있는 세력입니다. 은혜는 상대방이 잘못을 범해도 눈감아 주고 용납해 주는 것이니까 힘이 없는 것으로 생각하면 큰 오산입니다. 은혜가 의인화되어 있는 이유는 은혜의 옷을 입고 있는 주체가 살아 계신 하나님이시기 때문입니다.

은혜의 왕국에서 하나님이 통치하시는 수단은 의입니다. 이 의는 누구의 의입니까? 예수 그리스도께서 십자가 위에서 성취하신 의입니다. 하나님의 공의는 결코 무너질 수가 없습니다. 하나님의 공의는 인간이 범한 죄에 대하여 반드시 심판을 내리셔야 합니다. 그래야 힘이 있습니다. 그런데 예수 그리스도께서 우리의 죄를 대신 지시고 우리가 받아야 할 죄에 대한 형벌을 십자가 위에서 대신 받으심으로써 하나님의 공의를 충족시켜 드렸습니다. 하나님은 공의가 완전히 충족되었기 때문에 죄인들에게 강력한 은혜의 힘을 행사하실 수 있게 되었습니다. 예수 그리스도께서 이룩하신 의는 하나님이 죄인들에게 베푸신 은혜의 강력한 골조 역할을 하여 하나님이 은혜를 힘 있게 행사하실 수 있도록 합니다. 하나님이 강력한 능력을 가진 은혜로 통치하시는 이 왕국은 생명으로 가득 차 있는 왕국입니다. 예수 그리스도를 믿음을 통하여 이 왕국에 들어갈 수 있습니다. 예수 그리스도를 구주로 영접하면 하나님이 죄의 왕국 안에 죄의 세력, 곧 사탄의 세력에 노예처럼 따르던 우리를 딱 붙잡아서 은혜의 왕국 안에 집어넣으십니다. 이 왕국에 한 번 들어오면 나갈 수가 없습니다.

우리가 주목해야 할 사실은 은혜와 왕 노릇, 곧 왕의 통치가 결합되어 있다는 점입니다. 따라서 히브리서 4:16은 "은혜의 보좌"라고 말합니다. 보좌는 왕의 강력한 권한이 행사되는 자리입니다. 은혜가 왕의 강력한 능력과 결합되어 있습니다. 하나님의 은혜는 강력한 힘으로 나타납니다. 은혜가 힘이 있어야 신자들을 끝까지 보호할 수 있습니다.

신자들이 예수님을 믿는 시점부터 이 세상을 떠나서 천국에 들어갈 때까지의 여정을 신학에서는 구원의 서정이라고 합니다. 개혁 신학에서는 구원의 서정을 아홉 단계로 서술합니다. 부르심, 중생, 회개, 믿음, 칭의, 양자됨, 성화, 견인, 영화가 그 아홉 단계입니다. 이 아홉 단계의 구원의 서정 전체가 바로 하나님의 은혜의 강력한 힘에 의하여 진행됩니다. 구원의 서정의 단계들이 모두 하나님의 은혜의 힘으로 진행되기 때문에 우리는 이 세상에 사는 동안 때로는 죄 속에 다시 빠지기도 하고 때로는 견디기 어려운 고난의 시간을 만나기도 하지만 이 세상을 떠나는 날 궁극적으로는 안전하게 천국에 들어갈 수 있습니다.

인류 역사는 죄의 왕국과 은혜의 왕국 간의 전장(戰場)

인류 역사는 사탄이 죄의 세력이라는 왕복을 입고 사망을 무기로 하여 다스리는 강력한 왕국과 하나님이 은혜라는 왕복을 입고 그리스도의 의로움을 도구로 하여 다스리는 영원한 생명의 왕국이 치열하게 전투하는 전쟁터입니다. 마지막 날에는 은혜의 왕국이 최종적인 승리를 거두게 되지만 그 이전에는 두 왕국 사이에 치열한 전쟁이 진행됩니다.

종말의 날이 되기 이전에 죄의 왕국이 온 세상을 뒤덮어 버리는 때가 있습니다. 그런 때에도 은혜의 왕국이 역사 안에서 움직이고 있음을 보여 주는 증거들이 나타납니다. 노아 시대에 온 세상이 죄와 악으로 뒤덮여 은혜의 왕국이 없어져 버리는 것 같은 위기가 찾아왔습니다. 그러나 하나님이 물로 세상을 심판하셨고 노아의 여덟 식구를 구원해 주심으로써 은혜의 왕국의 능력을 잠시 공개적으로 드러내셨습니다. 인류가 바벨탑을 세우고 하늘에까지 높아지려고 했을 때 은혜의 왕국이 다시 그 능력을 드러내어 사람들을 흩어 버리고 언어를 혼잡하게 했습니다. 바로왕의 압제로부터 이스라엘 백성들을 구원해 내어 홍해 바다를 건너게 하신 것도 은혜의 왕국의 능력이 공개적으로 나타난 순간입니다.

은혜의 왕국은 하나님의 백성들 안에서 더욱 분명하게 나타났습니다. 마태복음 1장에 기록된 예수님께로 연결되는 족보를 살펴보면 3절에 "유다는 다말에게서 베레스와 세라를 낳고"라고 되어 있습니다. 유다와 성관계를 가진 다말이 누구일까요? 유다의 며느리입니다. 유다가 며느리와 잠자리를 같이 하고 자녀를 낳은 것입니다. 율법에 따르면 이 행위는 근친상간에다가 간음이 겹친 죄로서 거룩한 예수님의 족보에 이름이 올라서는 안 됩니다. 그러나 하나님이 은혜로 족보에 이 자녀의 이름을 올리셨습니다. 6절에 보면 다윗이 우리아의 아내 곧, 밧세바에게서 솔로몬을 낳았습니다. 다윗은 충직한 장군 우리아의 아내를 강탈하였고 그 결과 솔로몬이 태어났습니다. 솔로몬은 불륜의 아들입니다. 그러나 하나님은 다윗의 불륜행위를 은혜로 덮으시고 불륜의 결과로 낳은 아들 솔로몬을 예수님의 족보에 올리셨습니다. 만일 역사상에 등장한 수많은 교회를 인간의 손에만 맡겨 두셨다면 교회는 오래전에 무너지고 남아 있을 수 없었을 것입니다. 그러나 하나님이 은혜로 교회를 붙들어 주셨기 때문에 오늘날까지 교회가 없어지지 않고 존립할 수 있었습니다.

Romans

II

반율법주의

로마서 6장

6:1 그런즉 우리가 무슨 말을 하리요 은혜를 더하게 하려고 죄에 거하겠느냐
6:2 그럴 수 없느니라 죄에 대하여 죽은 우리가 어찌 그 가운데 더 살리요

율법폐기론과 반율법주의

바울은 로마서 5:12-21에서 아담과 그리스도를 비교하면서 인간이 어떻게 죄와 사망의 권세 아래 들어가게 되었으며, 또한 어떻게 죄와 사망의 권세로부터 구원받았는가를 삼중적 전가론을 통하여 제시하고 있습니다. 첫째로, 아담이 범한 죄가 모든 아담의 후손에게 전가되어서 모든 아담의 후손들이 아담이 행한 것과 같은 죄를 행하기 전에 이미 죄인이 되었고, 죄의 삯인 사망의 형벌을 받게 되었습니다. 둘째로, 우리가 예수 그리스도를 믿음으로 받아들인 바로 그 순간에 우리의 모든 죄 - 원죄와 자범죄 - 가 우리가 행한 것과 같은 죄를 짓지 않으신 예수님에게 전가되어서 예수님이 죄인으로 여겨지시고, 사망의 형벌을 받으셨습니다. 셋째로, 우리가 예수

그리스도를 믿음으로 받아들인 바로 그 순간에 우리의 죄를 대신 지시고 우리가 받아야 할 형벌을 대신 받으심으로써 하나님의 공의를 충족시키신 예수 그리스도의 완전한 의로움이 우리에게 전가되어서 우리가 하나님 앞에서 완전한 의인으로 여겨지고 죄와 사망의 권세로부터 해방되었습니다.

삼중적 전가론을 잘 들어보면 유대교인들이 분노를 느끼게 되어 있습니다. 유대교에서는 율법이 차지하는 위치가 절대적입니다. 율법은 사람을 정죄하고 파멸에 빠뜨리기도 하고 사람을 천국으로 인도하기도 하는 것으로 되어 있습니다. 그런데 삼중적 전가론 안에는 율법이 보이지 않습니다. 사람을 정죄에 빠뜨리는 기능은 아담으로부터 전가된 원죄가 담당하고, 사람을 정죄로부터 구해내는 기능은 그리스도로부터 전가된 하나님의 의가 담당합니다. 율법이 차지하는 자리가 없는 것입니다. 삼중적 전가론에 대하여 유대교가 반발하는 것은 당연합니다. 유대교는 이렇게 묻습니다. "아니, 당신이 말하는 복음에는 율법이 차지하는 자리가 없는데, 그러면 율법이 구원에 이르는 과정에서 담당하는 기능은 무엇이란 말이요?" 이 질문에 대하여 바울은 5:20에서 이렇게 답변합니다. "율법이 들어 온 것은 범죄를 더하게 하려 함이라 그러나 죄가 더한 곳에 은혜가 더욱 넘쳤나니." 이 말의 의미는 율법을 읽고 나서 더 많은 죄를 짓게 되었다는 뜻이 아닙니다. 이 말의 의미는 어떤 사람이 어떤 행동을 했을 때 율법을 읽어 보기 전에는 죄인 줄을 몰랐다가 율법을 읽고 나니까 죄인 것을 알게 되었고, 그런 의미에서 내가 지은 죄의 수가 늘어나고 죄에 대한 인식이 깊어졌다는 것입니다. 죄의 수가 늘어나고 죄에 대한 인식이 깊어지니까 당연히 더 많이 그리고 더 깊이 회개를 하게 되고, 죄를 용서해 주시는 하나님의 은혜를 더 깊이 느끼게 되지 않겠습니까?

그런데 바울이 한 이 말의 뜻을 잘 알아듣지 못했거나 아니면 의도적으로 바울이 말하고자 한 본뜻을 외면하고 악의적으로 바울의 말을 왜곡한 논증이 등장합니다. 첫 번째 왜곡은 "율법이 들어 온 것은 범죄를 더하게 하려 함이라"라는 바울의 말의 꼬투리를 잡고 늘어지는 것입니다. 바울 비판가들은 이렇게 항의합니다. "당신이 전한 전가의 복음을 잘 들어보니 율법은 사람을 정죄하지도 못하고, 사람을 구원하지도 못하고, 오히려 범죄를 더 많이 범하게 만드는 고약한 기능을 한다는 말 아니요? 그러면 차라리 율법을 폐기해 버리는 것이 낫지 않겠소?" 이 항의를 율법폐기론이라고 부릅니다. 바울은 7장 전 장을 할애하여 이 문제를 다룹니다. 두 번째 왜곡은 "죄가 더한 곳에 은혜가 더욱 넘쳤다"라는 구절의 꼬투리를 잡고 늘어지는 것입니다. 바울 비판가들은 이렇게 항의합니다. "당신은 지금 죄가 더한 곳에 은혜가 더욱 넘친다고 말하고 있소. 당신은 지금 얼마나 위험한 말을 하고 있는지 아시오? 당신 말대로 하면 하나님의 은혜를 더 많이 받기 위하여 죄를 더 많이 짓자는 뜻이 된다는 것을 지금 알고 있소?" 이 항의를 반율법주의라고 합니다. 바울이 전한 복음을 따르면 율법을 지키지 않고 마음대로 죄를 지으면서 살아도 된다는 결론이 나온다는 것입니다. 바울은 이 질문에 대한 답변을 제시하는 데 6장 전 장을 할애했습니다. 바울은 5장에서 하나님으로부터 칭의를 받은 자에게는 영원한 구원이 보장된다는 구원의 확신문제를 말하다가 이 문제를 서술하는 것을 잠시 멈추고 곁길로 나가서 6장과 7장에서 이 두 가지 중요한 복음에 대한 오해를 해명하고 난다음에 8장에서 다시 원래의 흐름으로 돌아가 구원의 확신문제를 다룹니다.

율법폐기론과 반율법주의라는 오해가 수반되어야 바른 복음

여기서 우리가 유념해야 할 중요한 교훈이 하나 있습니다. 복음을 바르게 전하면 반드시 이런 오해가 뒤따르게 되어 있다는 것입니다. 이런 오해가 따라와서 말꼬리를 잡고 늘어지는 사람이 등장하면 복음을 바르게 전한 것이고, 이런 오해가 뒤따르지 않고 편안하게 가면 복음이 아닌 것을 전하고 있는 것입니다. "당신처럼 말하면 구원받은 자들이 율법을 지키지 않아도 된다, 죄 속에 깊이 빠져서 살아도 된다는 말이 되는 겁니다. 왜 그렇게 위험한 말을 합니까?" 이런 오해를 들을 정도로 은혜, 값없음, 믿음을 강조해야 바른 복음입니다. 어떤 제품이 진품일수록 짝퉁이 등장하게 되어 있듯이 바른 복음에는 왜곡된 주장이 등장하게 되어 있습니다.

참 이상한 일이 한국교회 강단에서 일어나고 있습니다. 성도들로부터 존경받고 인품도 훌륭한 어떤 설교자가 온유하고 진지한 태도로 이렇게 설교합니다. "자, 우리가 그리스도인이 된다는 것은 무엇을 의미할까요? 예수님을 믿고 신앙을 고백한 것만으로 그리스도인이라고 할 수 있을까요? 규칙적으로 끊임없이 선행을 하고 끝까지 선행을 중단하지 않을 때 진정으로 그리스도인이라고 할 수 있는 것이며, 하늘나라에 들어갈 수가 있는 것 아닐까요?" 이렇게 설교하면 아무도 이의를 제기하지 않습니다. 선행을 해야 한다는 데 감히 누가 이의를 제기할 수 있겠습니까? 그러나 이 설교는 복음을 왜곡하는 것이며, 사실상 복음이 아닌 것을 전하는 것입니다.

믿음으로 구원을 얻는다는 교리나 구원이 전적으로 값없이 은혜로 주어진다는 교리는 매우 위험한 교리입니다. 위험하다는 말은 오해될 수 있다는 뜻입니다. "여기 선한 생활을 하지 못하게 하는 사람이 있구먼! 우리의 선행은 아무런 가치가 없다고 말하네. 우리의 모든 의는 넝마조각과 같은 거라고 말하네." 바른 복음을 전하면 이런 오해를 받게 되어 있습니다. 루터가 이런 오해를 받았고, 조지 휘트필드가 이런 오해를 받았고 바울이 이런 오해를 받았습니다. 그러나 바울은 이런 오해에 대한 염려 때문에 오직 믿음을 통하여, 값없이 그리고 은혜로만 구원이 주어진다는 교리를 타협의 대상으로 삼지 않았습니다. 오히려 바울은 갈라디아서 1:6-8에서 단호한 입장을 천명했습니다. "그리스도의 은혜로 너희를 부르신 이를 이같이 속히 떠나 다른 복음을 따르는 것을 내가 이상하게 여기노라 다른 복음은 없나니 다만 어떤 사람들이 너희를 교란하여 그리스도의 복음을 변하게 하려 함이라 그러나 우리나 혹은 하늘로부터 온 천사라도 우리가 너희에게 전한 복음 외에 다른 복음을 전하면 저주를 받을 지어다.”

6장에서 바울은 반율법주의가 바울이 전한 복음에 대한 오해로서 매우 잘못된 사상이라는 점을 논증합니다. 6장은 크게 볼 때 두 개의 주제 문단으로 나눌 수 있습니다. 1-14절에서는 “하나님의 은혜를 더 많이 받기 위하여 죄를 더 많이 짓자”라는 반율법주의가 얼마나 잘못된 주장인가에 대하여 교리적인 차원에서 설명하고 있고, 15-23절에서는 경험적 차원에서 설명하고 있습니다.

은혜를 더하기 위하여 죄를 더해서는 안 된다

바울은 6:1에서 “죄가 더한 곳에 은혜가 더욱 넘쳤나니”라는 구절에 대하여 어떤 오해가 제기되었는가를 말합니다. “그런즉 우리가 무슨 말을 하리요 은혜를 더하게 하려고 죄에 거하겠느냐?” 바울은 연속하여 두 개의 질문을 하고 있는데, 이 질문은 수사학적인 질문으로서 상대방으로부터 부정적인 답변이 나올 것을 확신하고 묻는 말입니다. 바울은 이 질문에서 자신이 전한 전가의 복음을 은혜를 더 많이 받기 위하여 더 많은 죄를 범하자는 뜻으로 받아들이는 것은 중대한 오해임을 강조합니다.

이런 오해를 거침없이 전파하고 돌아다닌 악질적인 역사적 사례가 하나 있습니다. 19-20세기 초반 러시아에 라스푸틴이라는 사이비 구도자가 있었습니다. 이 사람은 예언을 하고 불치병을 고친다고 주장하면서 제정 러시아와 유럽의 각종 수도원 등을 돌아다녔습니다. 이 과정에서 신령한 능력이 있는 사람이라는 명성을 얻었습니다. 세계 전역을 떠돌아다니던 라스푸틴은 상트페테르부르크에 들어온 뒤에 혈우병으로 고통을 겪어 오던 러시아 황제 니콜라이 2세의 아들인 알렉세이 황태자의 마음을 진정시켜 준 공로로 황제와 황후의 총애를 받기 시작한 후 비선실세로서 러시아의 정치에 깊이 관여하고 러시아 황실 안에서 공주들을 비롯한 여자들과 난잡한 성관계를 가져오다가 암살당했습니다. 라스푸틴은 이렇게 주장하고 돌아다닌 것으로 알려져 있습니다. "더 많은 죄를 짓고, 더 많은 회개를 하고, 더 많은 용서를 받음으로써 평범한 신자들보다 더 많은 하나님의 은혜를 받는다."

이 오해에 대하여 바울은 2절에서 이렇게 답변합니다. "그럴 수 없느니라 죄에 대하여 죽은 우리가 어찌 그 가운데 더 살리요." 바울은 아주 단호하게 "그럴 수 없느니라"라고 잘라서 답변함으로써 그런 오해는 결코 자신이 의도한 바가 아님을 밝힌 다음, 은혜를 더하기 위하여 더 많은 죄를 행하는 것이 왜 말이 안 되는 일인가를 2절에서 일반적으로 설명하고 3절 이하에서는 좀 더 구체적으로 설명합니다.

죄에 대하여 죽은 사건은 단번에 일어난 객관적 사건

바울의 답변은 "죄에 대하여 죽은 우리"라는 구절로 시작됩니다. 이 구절을 읽을 때 우리는 먼저 시제에 주목해야 합니다. 이 표현에 사용된 시제는 헬라어의 부정과거시제로서 과거의 어느 한 순간에 일어난 사건을 묘사하는 시제입니다. 이 말은 첫째로 현재의 어떤 심리 상태를 묘사하는 표현이 아닙니다. 우리는 기도도 제대로 못 하고, 마음속에 미움과 짜증이 가득하고, 악한 행동을 하면, 내가 죄에 대하여 살아 있는 느낌이 듭니다. 반면에 기도도 많이 하고, 하나님의 말씀에 따라서 마음도 착하게 가지고, 착한 행동을 하면 죄가 나로부터 멀리 떠나 있고 나는 죄에 대하여 죽어 있는 느낌이 듭니다. "죄에 대하여 죽은 우리"는 이 같은 심리적인 상태를 가리키는 표현이 아닙니다. 둘째로, 이 구절은 미래를 향한 나의 마음의 결의를 묘사하는 구절도 아닙니다. "오늘은 거룩하게 살아보자. 기도도 더 깊이 하고, 마음도 깨끗하고 착하게 가지고, 착하고 바른 행동을 하는 날이 되도록 노력해 보자." 이런 결의가 마음에 가득 차면 내가 죄에 대하여 죽어 있다는 생각이 듭니다. "죄에 대하여 죽은 우리"는 이 같은 마음의 결의를 묘사하는 것도 아닙니다. "죄에 대하여 죽은 우리"는 우리의 주관적인 느낌이나 결의와는 상관없이 "과거의 특정한 어느 한 순간에 우리에게 일어난 객관적인 사건"을 묘사하는 것입니다. 이 사건은 그리스도인이 그리스도인으로서 입문할 때 단 한 번 일어나는 사건, 결코 돌이킬 수도 없고 취소할 수도 없는 하나의 결정적인 사건을 묘사합니다.

그러면 여기서 말하는 죄는 무엇을 뜻하는가? 본문이 말하는 죄는 인간이 행하는 죄의 행위를 뜻하는 것이 아니라 아담이 선악과를 따먹는 행위를 통로로 하여 인류 사회 안에 들어와서 모든 인류를 장악하고 지배하는 거대한 구조적인 악의 힘 또는 권력을 뜻합니다. 이 죄는 막강한 전제적인 권력을 가지고 통치하는 살아 있는 힘입니다. 이 죄가 살아 있는 힘으로 나타나는 이유는 그 배후에 공중의 권세 잡은 자인 사탄이라는 인격적인 실재가 있기 때문입니다. 한마디로 말하면 이 죄는 사탄이 절대적인 최고 권력자로 군림하면서 통치하는 거대하고 강력한 왕국을 가리킵니다. 이 왕국의 최고 권력자인 사탄은 사망을 주 무기로 삼아 통치합니다. 이런 생각이 5:21에 "죄가 사망 안에서 왕 노릇한 것 같이"라는 구절에 잘 나타나 있습니다. "죄가 왕 노릇한다"라는 말은 인격적인 절대군주 사탄이 죄라는 가면을 쓰고 나타나 통치하는 왕국을 묘사하는 표현입니다.

사탄의 왕국에서 그리스도의 은혜의 왕국으로 이동한 신자들

그렇다면 "죽었다"라는 말은 무엇을 의미할까요? 성경의 문맥에서 죽는다는 단어는 존재가 소멸하여 무로 돌아간다는 뜻이 아니라 삶의 영역이 이동하는 것을 뜻합니다. 모든 고대문명은 인간은 영원히 존재한다고 믿었습니다. 어떤 고대문명도 인간의 삶이 현세의 삶으로 끝난다고 생각하지 않았습니다. 인간의 삶은 현세에서의 삶이 전부이며, 이 삶이 끝나면 인간의 몸은 해체되어 버리고 영혼은 소멸하여 없어져 버린다는 생각은 8000년이 넘는 긴 인류 역사의 80분의 1도 안 되는, 20세기 이후 100년 정도의 극히 짧은 기간에 반짝 등장한 현대의 유물론적인 문명뿐입니다. 인간이 누구인가를 이해하는 데는 고대문명이 현대의 피상적이고 천박한 유물론 문명 보다 훨씬 성숙하고 지혜로웠습니다.

성경이 말하는 죽음은 삶의 영역이 이동하는 것을 의미합니다. 육체적 죽음은 사람이 현세라는 영역에서 살다가 내세라는 또 다른 삶의 영역으로 이사 가서 계속하여 살아간다는 것을 의미합니다. "죄에 대하여 죽었다"라는 말은 죄를 앞세운 사탄이 통치하는 왕국으로부터 그리스도의 은혜의 왕국으로 이동해서 더는 사탄의 왕국에서 그 모습이 보이지 않는다는 뜻입니다. 그리스도인이 된다는 것은 사탄의 왕국으로부터 그리스도의 은혜의 왕국으로 이동했음을 뜻합니다. 이 사실이 골로새서 1:13에 잘 나타나 있습니다. "그가 우리를 흑암의 권세에서 건져내사 그의 사랑의 아들의 나라로 옮기셨으니." 나라를 옮겼으니 시민권도 달라지지 않겠습니까? 그래서 빌립보서 3:20은 그리스도인을 가리켜서 "우리의 시민권은 하늘에 있는지라"라고 묘사하고 있는 것입니다. 우리가 예수 그리스도를 구주로 영접한 순간은 사탄의 왕국 시민이었던 우리가 그리스도의 은혜의 왕국 이민국에 영구이민 비자신청을 한 것과 같습니다. 우리가 영구이민 비자를 신청하자 이민 비자 심사관이 우리가 입고 있는 예수 그리스도의 의의 옷을 보고는 단번에 이 왕국의 영구이민 비자를 발급해 준 것입니다.

신자가 사탄의 왕국으로 돌아가는 길은 영구적으로 차단되어 있음

그리스도의 은혜의 왕국이 발행한 영구이민 비자의 특징은 이 비자를 받고 이 왕국에 한 번 들어오면 다시는 이전에 살던 사탄의 왕국으로 돌아갈 수 없다는 것입니다. 얼마 전 한국의 히말라야 원정대가 구르자히말이라는 8000m급 산을 오르기 위하여 원정에 나섰다가 베이스캠프에 나무뿌리가 뽑힐 정도의 강한 돌풍이 불어닥쳐 캠프를 날려 버리는 바람에 원정대원, 카메라맨, 짐꾼 등 9명의 등반팀 전원이 사망한 사고가 있었습니다. 이 산은 아직 정상에 오른 산악인이 없는 산이라고 합니다. 이 산은 3000m에 달하는 절벽을 수직으로 타고 올라야 하는 험준한 산세를 가지고 있을 뿐만 아니라 이 절벽은 한번 등반을 시작하면 같은 길로 돌아오는 길이 없는 산이라고 합니다. 한번 오르면 앞으로 갈 수밖에 없는 산입니다. 이 산에 새로운 루트를 개척하려다가 사고가 일어난 것입니다. 돌아오는 루트가 없는 이 산의 절벽처럼, 그리스도의 은혜의 왕국에 일단 들어서면 사탄의 왕국으로 돌아가는 길은 완전히 차단됩니다. 그러면 사탄의 왕국도 아니고 그리스도의 왕국도 아닌 제삼지대가 있는가? 제삼지대는 없습니다. 그리스도의 왕국을 벗어나면 사탄의 왕국이 전부이고 사탄의 왕국을 벗어나는 길은 그리스도의 왕국 안에 들어오는 것뿐입니다.

이 왕국에 한번 들어오면 영원히 이 왕국 시민으로서 살게 되어 있습니다. 사탄의 왕국이 사망이라는 힘을 가지고 시민들을 내리누르고 있다면, 그리스도의 왕국은 강고한 은혜의 국경선 벽이 높이 세워져 있기 때문에, 이 왕국에 한 번 들어오면 나갈 수가 없습니다.

이런 상황에서 바울은 그리스도의 은혜 왕국 시민이 된 우리에게 이렇게 질문합니다. "죄에 대하여 죽은 우리가 어찌 그 가운데 더 살리요?" 우리 말로는 "우리"라고 단순하게 표현되었지만, 헬라어 원문에는 "우리 중 누구든지 다"라고 강조되어 있습니다. 이 표현이 의미하는 것은 "예수 그리스도를 구주로 고백하는 사람이라면 한 사람도 예외 없이 모두 다"라는 뜻입니다.

어떤 아프가니스탄 국민이 탈레반 정권으로부터 탈출하여 미국에 망명을 신청했는데, 이 신청이 받아들여져서 미국의 시민이 되었다고 가정해 봅시다. 이 사람이 미국시민이 된 후에는 미국법을 지키고 미국의 통치에 자기를 맞추어서 사는 길 하나만 가능한 길로 열려 있습니다. 다른 길은 없습니다. 그런데 어떤 문제가 있습니까? 법적으로 미국시민이 된 순간에 이 사람의 생각이나 생활습관이 자동으로 180도 바뀌어서 완전한 미국시민으로서 살 수 있을까요? 이 사람에게는 탈레반 정권의 법과 권력에 순종하면서 살던 습관이 몸에 배어있고, 이 습관이 쉽게 없어지지 않습니다. 미국시민이 되었지만 자기도 모르게 무의식적으로 그리고 습관적으로 탈레반 통치 아래 있었을 때와 같이 생각하고 행동합니다. 미국에 살면서 탈레반 정권하에서 사는 것처럼 사는 것은 정말로 바보 같은 짓이고 또 가능하지도 않습니다. 이때 이 사람에게 필요한 것이 무엇입니까? 자기 신분이 어떻게 바뀌었는지를 확인하는 것입니다. "아, 내 정신 좀 봐! 내가 지금 탈레반 정권 아래 살고 있는 것이 아니지! 나는 이제 미국 시민이지!" 그렇게 마음속으로 말하면서 정신을 차리고 미국시민으로서 사는 법을 배우고 미국시민으로서 미국시민답게 사는 법을 훈련받는 것입니다. 이 배움과 훈련은 상당히 오랜 시간이 소용

될 것이며, 아마도 죽는 날까지 계속되어야 할 것입니다.

　　바로 같은 원리가 사탄의 왕국으로부터 은혜의 왕국으로 영역이동을 한 그리스도인에게도 적용됩니다. 이 영역이동은 느낌이나 주관적인 생각의 문제가 아닙니다. 객관적인 사실의 문제이고 법적인 신분의 변화문제입니다. 이 이동은 엄청난 사건이지만 느낌이나 주관적인 생각으로 느낄 수 있는 사안이 아닙니다. 예수 그리스도를 구주로 영접하는 순간 단번에, 우리의 느낌이나 생각이나 감각과는 무관하게 객관적으로 일어난 사건입니다. 이 엄청난 영역이동이 있었다고 해서 나의 느낌이나 주관적인 생각이나 감각이 즉각 바뀌는 것이 아니며, 나의 습관적인 행동에는 여전히 사탄의 왕국에서 몸에 익숙했던 것들이 그대로 남아 있습니다. 영역이동을 했다는 사실을 깜빡 잊어버릴 때 사탄의 왕국 시절에 익숙했던 버릇이 나올 수 있습니다. 그러나 그리스도의 은혜의 왕국 시민이 되어 놓고도 마치 사탄의 왕국의 시민인 것처럼 습관적으로 죄를 행하는 것은 정말로 어울리지 않고 가능하지도 않습니다. 그렇게 행동하면 주위에 있는 모든 동료가 이렇게 수군거립니다. "쟤, 왜 저래? 왜 저런 짓을 하고 있어? 쟤 좀 이상하지 않아?"

　　그러므로 그리스도인으로서 발걸음을 떼어 놓기 시작한 사람에게 반드시 필요한 것은 자신의 객관적이고 법적인 신분이 어떻게 변화되었는가를 의식적으로 반복해서 생각해 보는 것입니다. "아 참! 나는 사탄의 왕국 시민이 아니라 은혜의 왕국 시민이 되었지." 그런 다음에 이어지는 논리의 길은 딱 하나뿐입니다. 은혜의 왕국의 법에 따라서 행동하고 은혜의 왕국 통치에 순종해야 한다는 것입니다. 그러나 외길인 이 논리의 길은 자동으로 형성되는 것이 아니라 의도적으로 반복해서 자신을 향해 주지시켜야 합니다. "내가 은혜의 왕국 시민이 되었으니까 이 왕국의 법에 따라서 행동하고 은혜의 왕국의 지도에 순종해야 돼." 그런데 아직 은혜의 왕국의 법도 잘 모르고 습관이 잘 안 들어 있어서 잘되지 않습니다. "그래. 은혜의 왕국의 법이 무엇인지 공부해야 돼. 그리고 그 법에 순종하는 법을 배우고 훈련해야 해." 그리고는 은혜의 왕국의 생활원리를 배우는 일에 집중하고 그 생활원리에 따라서 행동하는 훈련을 의도적으로 해야 합니다. 언제까지? 이런 배움과 훈련을 통하여 은혜의 왕국에 부합하게 행동하는 것이 몸에 밸 때까지. 이 배움과 훈련은 때로는 매우 힘들고 때로는 좁은 길일 수도 있기에 이 길이 너무 힘들어서 다 그만두고 옛 왕국으로 돌아가면 편할 것 같은 생각이 들기도 합니다. 그러나 유감스럽게도 뒤돌아보니 그 길은 완벽하게 차단되어 있습니다. 돌아본 길에는 천 길 수직 낭떠러지만 보이고, 손에 있는 로프는 몇십 미터밖에 안 되어서 도저히 하강할 수가 없습니다. 길은 하나뿐입니다. 앞으로 기어 올라가는 길밖에!

이스라엘 백성들이 홍해를 건너 가나안 땅을 행군할 때 사막생활이 힘드니까 여러 차례 애굽으로 돌아가고 싶어 했습니다. 그런데 돌아가려고 해도 하나님이 철저하게 막아 버려서 길이 전혀 없었습니다. 돌아서면 만나는 것은 죽음뿐이었습니다. 돌아가려는 미련을 끝내 버리지 못한 이스라엘 백성들은 하나님으로부터 얻어맞고 모

두 광야에서 죽음을 맞이했습니다. 이스라엘 백성들에게는 앞으로
가는 길만 열려 있었습니다. 어차피 돌아갈 길이 차단되어 있다면
돌아간다는 생각은 아예 접어 버리고 혼신의 힘을 다해 앞으로 가는
것만이 최선입니다.

9 세례와 연합 (롬 6:3-4)

6:3 무릇 그리스도 예수와 합하여 세례를 받은 우리는 그의 죽으심과 합하여 세례를 받은 줄을 알지 못하느냐

6:4 그러므로 우리가 그의 죽으심과 합하여 세례를 받음으로 그와 함께 장사되었나니 이는 아버지의 영광으로 말미암아 그리스도를 죽은 자 가운데서 살리심과 같이 우리로 또한 새 생명 가운데서 행하게 하려 함이라

6:1-2에서 영역이동이라는 개념을 통하여 하나님의 은혜를 더 많이 받기 위하여 죄를 더 많이 행하자고 주장하는 반율법주의가 성도의 생활원리로서 얼마나 신분에 맞지 않는 태도인가를 밝힌 바울은 3-4절에서는 세례를 통한 그리스도와의 연합이라는 개념을 이용하여 반율법주의는 성도가 취해서는 안 될 생활원리라는 점을 논증합니다.

3절을 보겠습니다. "무릇 그리스도 예수와 합하여 세례를 받은 우리는 그의 죽으심과 합하여 세례를 받은 줄을 알지 못하느냐?" 우리말 성경에는 "알지 못하느냐"가 문장 맨 뒤에 나와 있으나 헬라어 원문에는 문장 맨 앞에 나와 있습니다. 바울은 단번에 "알지 못하느냐"라고 강하게 책망합니다. 바울은 모든 로마의 성도들에게 이미

일어난 어마어마하게 중요한 사건 하나를 다시 생각해 볼 것을 요구합니다. 이 사건 하나만 잠깐 묵상해도 은혜를 더 받기 위하여 죄를 더 많이 행한다는 생각이 얼마나 성도의 신분에 맞지 않는 어리석은 생각인가가 바로 드러난다는 것입니다.

예수님을 구주로 고백하는 모든 자는 성령세례를 받은 자

"무릇 그리스도 예수와 합하여 세례를 받은 우리는." 이 문장도 헬라어 원문의 순서에 따라서 뒷부분부터 살펴볼 필요가 있습니다. 헬라어 원문에는 "우리 모두는"이라는 말이 맨 앞에 딱 나옵니다. 바울은 로마의 성도들에게 편지를 쓰고 있지만 로마의 성도들만이 아니라 유대인 출신 신자인 바울 자신을 포함하여 이 세상의 모든 성도를 염두에 두고 있습니다. 이 모든 성도 안에는 목사도 포함되고 장로도 포함되고 초신자도 포함되고, 신앙생활을 열심히 잘하는 성도들도 포함되고 신앙생활을 게을리하는 성도들도 다 포함됩니다. 바울이 곧 소개하게 될 사건은 영적으로 엄청난 사건인데, 이 엄청난 사건이 이 모든 성도에게 똑같이 일어났다는 것입니다. 이 사건이 엄청난 사건인 이유는 천국에 가느냐, 지옥에 가느냐를 결정하는 문제이기 때문입니다.

이 문제가 너무나 중요하기 때문에 종교지도자들은 이 중요한 문제를 결정하는 과정을 복잡하고 어렵게 또 화려하게 만들려는 유혹을 받습니다. 가능한 한 평범한 사람들은 감히 엄두도 낼 수 없는 특별한 조건을 부여하려고 합니다. 기독교 안팎에서 나타나는 고행주의가 대표적인 예입니다. 티베트불교의 어떤 종단에서는 방탕한 삶을 살아온 청년들에게 서울에서 부산까지 거리의 5배가 되는 2,000km를 오체투지의 방법으로 가는 고행을 구원의 길로 제시합니다. 오체투지는 두세 걸음 걷고 온몸을 땅에 엎어 절을 하는 방법을 뜻합니다. 이런 방법으로 2,000km를 걷는 고행을 하라는 것입니다. 이런 고행을 성공적으로 끝내야 구원받을 수 있다는 것입니다. 인도의 어떤 종교에서는 이와 비슷한 거리를 누워서 옆으로 굴러가는 방법을 구원의 길로 제시합니다. 평범한 사람들은 감히 넘보지조차 못할 만큼 높은 수준의 구도의 길을 제시하여 사람들을 압도하고자 합니다. 이와 유사한 고행주의가 로마 가톨릭교회에도 있었는데 그것이 바로 독신으로 수도원에서 평생 금욕적인 생활을 하는 것입니다. 로마 가톨릭교회에서는 이런 수도생활을 한 자들이나 순교자들이나 사제들만 천국에 직행할 수 있다고 주장합니다. 개신교단에서는 율법주의 혹은 행위구원론의 형태로 나타납니다. 오순절 계통의 교단에서는 신유의 은사나 방언의 은사를 특정한 조건으로 내걸기도 합니다. 신유의 은사나 방언의 은사를 받지 못한 사람들은 위축되고 공동체로부터 소외될 수밖에 없습니다. 그러나 바울은 천국행과 지옥행을 결정하는 사안에 대하여 이런 어려운 조건들을 내걸지 않았습니다. 바울이 요구한 조건은 딱 하나, "자신이 죄인임을 고백하고 예수님을 구주로 영접하는 것"입니다. 예수님도 결코 이와 같은 무겁고 현란한 짐을 구원의 조건으로 요구하지 않으셨습니다.

"수고하고 무거운 짐진 자들아 다 내게로 오라 내가 너희를 쉬게 하리라…내 멍에는 쉽고 내 짐은 가벼움이라 하시니라."마 11:28,30

"우리 모두는" 다음에 등장하는 말은 "세례를 받았다"라는 것입니다. 여기서 사용된 시제는 헬라어의 부정과거시제로서 과거의 어느 한 순간에 일어난 사건을 뜻합니다. 바울이 여기서 말하는 세례는 성령세례를 뜻합니다. 예수님을 구주로 영접한 신자들은 모두 성령세례를 받은 자들입니다. 신자들을 성령세례를 받은 자들과 성령세례를 받지 못한 자들로 나누는 것은 비성경적입니다. 고린도전서 12:3은 이렇게 말합니다. "성령으로 아니하고는 누구든지 예수를 주시라 할 수 없느니라." 이 본문은 성령을 받지 않고는 누구라도 예수를 주로 고백할 수 없다고 분명히 말합니다. 바울이 "누구든지"를 강조하고 있음에 주목해야 합니다. 예수님을 구주로 고백하는 모든 사람은 다 예외 없이 성령을 받은 자입니다. 이 내용을 좀 더 자세하게 표현한 구절이 고린도전서 12:13입니다. "우리가 유대인이나 헬라인이나 종이나 자유인이나 다 고린도전서 12:3의 "누구든지" 한 성령으로 세례를 받아 고린도전서 12:3의 "성령으로 아니하고는" 한 몸이 되었고 고린도전서 12:3의 "예수를 주시라 할 수 없느니라"." 이 두 본문을 종합하면 '성령세례를 받은 자들이 예수님을 주로 고백할 수 있다'라는 결론을 얻을 수 있습니다. 예수님을 주로 고백하는 것이 성령세례를 받은 증거입니다. 예수님을 주님으로 처음 고백하는 순간에 성령으로 세례를 받는 것이며, 성령으로 세례를 받는 순간에 예수님을 주님으로 고백할 수 있습니다. 예수님을 주로 고백했으나 방언의 은사를 받지 않았다든지,

신유의 은사를 받지 않았다든지, 귀신을 쫓아내는 은사를 받지 않은 성도에 대하여 성령세례를 받지 않았다고 말하는 것은 비성경적입니다. 그것은 말씀 전하는 은사 곧 설교의 은사를 받지 않았다고 해서 성령세례를 받은 자가 아니라고 말하는 것과도 같습니다. 이미 성령세례를 받은 자가 성령 충만을 받으면 말씀의 은사도 받을 수 있고, 방언의 은사도 받을 수 있고, 신유의 은사도 받을 수 있고, 축사의 은사도 받을 수 있습니다. 그러나 이런 은사들을 받지 않았다고 해서 성령세례를 받지 않았다고 말하는 것은 전혀 성경적인 근거가 없으며, 더욱이 구원을 받지 않았다고 주장하는 것은 더더욱 성경적인 근거가 없습니다.

그리스도와의 연합이 수반되는 성령세례

모든 신자가 성령세례를 받는 그 순간에 어떤 일이 일어나는가? 오늘 우리가 읽은 본문은 성령세례를 받는 순간에 일어나는 다섯 단계의 사건들을 서술하고 있습니다. 헬라어 원문은 "우리 모두가 세례를 받았다. 그리스도 예수 안으로"라고 되어 있습니다. 이 말을 연결하면 이런 뜻이 됩니다. "우리 모두가 세례를 받고 그리스도 예수 안으로 들어갔다." 우리가 주 예수 그리스도를 우리의 주로 고백하고 성령으로 세례를 받는 바로 그 순간에 그리스도 예수 안으로 들어가서 그리스도와 연합하는 일이 일어납니다. 신앙고백, 성령세례, 그리스도와의 연합, 이 세 가지 사건이 동시에, 번개가 번쩍하는 것처럼 일어납니다. 본문은 성령세례를 받는 순간에 일어나는 첫 번째 사건으로 그리스도와의 연합을 제시하고 있습니다. 신학에서는 예수님을 영접하는 순간부터 이 세상을 떠나는 그날까지 성령이 주도하여 진행하시는 구원사역을 구원의 서정이라고 부르고, 아홉 가지 구원의 서정의 단계들을 제시하고 있는데, 이 아홉 단계 구원의 서정의 단계들이 모두 그리스도와의 연합 안에서 전개됩니다. 일찍이 예수님은 신자들이 예수님 자신과 연합할 것을 예고하신바 있습니다. 요한복음 14:20입니다. "그 날에는 내가 아버지 안에, 너희가 내 안에, 내가 너희 안에 있는 것을 너희가 알리라." 우리가 그리스도 안에 있고, 그리스도가 내 안에 있다는 것이 얼마나 영광스러운 일입니까? 삼위일체의 제 2위이신 성자 하나님과 하나의 몸으로 연합한다는 것, 여러분 상상이 됩니까? 성자 하나님과 하나로 연합하면 자동으로 삼위일체 하나님 전체와 연합됩니다.

우리가 그리스도 안에 있기 때문에 우리의 구원이 확실합니다. 여러분, 그리스도와 연합은 이런 특성이 있습니다. "입구는 있어도 출구는 없다!" 이 공간은 한 번 들어가면 영원히 나올 수 없는 공간입니다. 영원히 나올 수 없는 공간 안에 들어간 사람 중에서 이렇게 생각하는 사람이 가장 어리석은 사람입니다. "이렇게 힘든 고난이 뒤따를 줄 알았다면 들어오지 말 것을! 그리스도 밖에 있는 사람들은 정말 자유롭고 편하고 재미있어 보이네!" 만일 돌아갈 길이 있다면 이렇게 생각해 보는 것도 하나의 선택이 될 수 있습니다. 그러나 유감스럽게도 그 길은 없습니다. 그러면 어떻게 해야 할까요? 영원히 불가능한 길은 아예 머릿속에서 삭제해 버리는 것이 최선입니다. 그리고 이 공간 안에서 가장 재미있게 잘 사는 법을 철저하게 배워서 그 법대로 살아가는 일에 집중하는 것이 가장 현명한 선택입니다. 이렇게 마음을 전환하여 적극적으로 달려들면 너무나 재미있고 흥미진진한 일들로 가득한 시온의 대로가 환하게 열립니다.

그리스도와 함께 죽음

바울은 계속하여 세례를 통하여 그리스도와 연합된다는 말의 의미, 다시 말해서 그리스도와 연합될 때 일어나는 사건들을 순차적으로 소개합니다. '그의 죽으심 안으로 우리가 세례를 받았다.' 이 말은 이렇게 풀어 쓸 수 있습니다. '우리가 세례를 받는 순간 그의 죽음 안으로 들어갔다.' 그렇습니다. 우리가 세례를 받는 순간 우리는 그리스도의 죽으심과 연합합니다. 우리가 세례를 받는 순간 그리스도와 연합되었고, 그때 우리는 그리스도와 함께 죽었습니다. 이것이 성령으로 세례를 받은 성도에게 일어나는 두 번째 단계로 본문이 묘사하는 것입니다. 이 사건도 과거의 어느 한 순간에 단번에 일어난 사건입니다.

이 본문을 이해할 때 매우 주의할 것이 있습니다. 많은 독자들이 이 본문을 그리스도와 함께 죽어야 한다는 명령형으로 오해하여 받아들입니다. 이들은 자기의 성품이나 행실을 볼 때 자기 욕심이 여전히 죽지 않고 살아서 움직이는 모습을 보고 주님 앞에 죄송스러운 마음을 가지게 되고, "아, 나는 이 욕심을 죽여야겠구나"라고 생각합니다. 이런 자기반성 자체는 우리의 신앙생활에서 꼭 필요한 좋은 태도입니다. 이런 뜻으로 적용해야 할 본문들이 있습니다. 그러나 이 본문을 이렇게 적용하는 것은 본문의 뜻을 왜곡하는 것입니다. 본문은 독자의 주관적인 감정이나 상태와는 무관하게 과거 어느 한 순간에 모든 신자에게 실질적이고 객관적으로 일어난 사건을 묘사하고 있습니다. 모든 신자는, 현재 자기의 욕심이 살아 있는지 그렇지 않은지와는 상관없이, 그리스도와 연합되었고, 연합되었기 때문에 그리스도와 함께 이미 죽었다는 것입니다.

바울은 그리스도께서 육체적인 죽음을 죽으실 때 일어난 일이 모든 신자에게도 이미 일어났다고 말합니다. 그리스도께서 십자가 위에서 모든 인류가 받아야 할 죄에 대한 형벌을 대신 받으심으로써 죄의 세력과 사망의 세력과의 관계를 완전히 끊어 버리셨는데, 바로 이 일이 모든 신자에게도 똑같이 일어났다는 것입니다. 어떤 사람을 죄인이라고 정죄하는 것은 그 사람이 살아 있을 때 적용됩니다. 정죄는 죽은 사람에 대해서는 힘을 발휘하지 못합니다. 어떤 사람이 아무리 크고 심각한 죄를 범했어도 그 사람이 죽으면 처벌하지 않습니다. 그런 의미에서 죽음은 죄의 세력과의 관계를 완전히 끊어 버리는 계기가 됩니다. 형벌은 일단 받고 나면 소멸해 버리고 맙니다. 죽음이라는 형벌을 이미 받은 사람은 더 이상 형벌로서의 죽음이 의미가 없습니다. 왜냐하면 형벌은 한 번 받는 것으로 끝나는 것이지 반복해서 받는 것이 아니기 때문입니다.

예수 그리스도를 구주로 영접하는 순간, 성령세례가 임했고, 그리스도와의 연합이 일어났고, 동시에 죄와의 관계, 그리고 사망과의 관계가 딱 끊어져 버렸습니다. 죄가 사망을 수단으로 통치하는 나라의 시민권이 정지되어 버린 것입니다. 이것은 나의 느낌이나 주관적인 상태의 문제가 아니라 예수 그리스도를 구주로 영접할 때 객관적으로 일어난 사건입니다. 지금 바울은 "은혜를 더하기 위하여 죄를 더 많이 짓자"라고 생각하는 성도들에게 과거에 자신들에게 일어난 사건을 생각해 보라고 권고하고 있는 것입니다. 예수 그리스도를 구주로 영접한 순간에 단번에 성령으로 세례를 받았고, 단번에 그리스도와 연합되었고, 또 단번에 죄와 사망의 세력과의 관계가 완전히 끊어져 버렸습니다. 단번에 죄가 사망을 도구로 통치하는 나라로부터 벗어나 버린 것입니다. 이 사건을 한 번만 생각해 보면 은혜를 더 많이 받기 위해 죄를 더 많이 행한다는 것이 얼마나 새로운 신분에 어울리지 않는 행동인가가 바로 명확해집니다.

그리스도와 함께 장사됨

세례 받을 때 일어나는 일들에 대한 묘사는 4절에서 계속됩니다. "그러므로 우리가 그의 죽으심과 합하여 세례를 받음으로 그와 함께 장사되었나니 이는 아버지의 영광으로 말미암아 그리스도를 죽은 자 가운데서 살리심과 같이 우리로 또한 새 생명 가운데서 행하게 하려 함이라." 4절 상반절은 성령의 세례를 받는 그 순간에 일어난 세 번째 사건을 소개하고 있습니다. "그러므로 우리가 그의 죽으심과 합하여 세례를 받음으로." 이 문장을 다시 번역하면 "그러므로 우리가 세례를 받음을 통하여 그의 죽으심과 연합했다 그러므로." 이 말은 3절을 반복한 것입니다. "그와 함께 장사되었나니." 그리스도가 장사지냄을 받으실 때 신자들도 그리스도의 장사지냄과 함께 연합하는 사건이 일어났습니다. 이 사건도 역시 우리의 주관적인 경험의 문제가 아닙니다. 이 사건도 우리의 주관적인 경험과는 상관없이 과거의 어느 한 순간에 객관적으로 일어난 사건입니다. 장사된다는 말은 무덤 안에 들어간다는 뜻입니다. 예수님 당시의 팔레스타인 사회에서는 당국의 허가가 있어야 시신을 무덤에 들여놓을 수 있었는데 무덤에 들어갈 수 있다는 허가증은 죽은 것이 의학적으로 확실함을 공적으로 증명하는 확인문서였습니다. 팔레스타인의 무덤은 매장이 아니라 산에 파 놓은 동굴 무덤 안에 들여다 놓고 무덤 문을 닫는 방식이었습니다. 팔레스타인 지역에서는 날씨가 건조해서 방부처리를 하여 동굴 무덤 안에 넣어 놓으면 시신이 상당히 오래 썩지 않고 보존되었습니다. 죽으심과 연합되었다는 3절의 서술만으로 충분하지만 바울이 예수님의 시신이 장사된 사건 곧, 무덤 속에 들어간 사건을 재차 말한 이유는 예수님의 죽음이 빼도 박도 못할 만큼 확실하다는 점을 강조하기 위한 것입니다. 예수님의 부활이 확실한 사건이 되려면 예수님이 죽으신 사건이 의학적으로나 역사적으로 의문의 여지가 없는 확실한 사건이라야 합니다.

사도신경은 하나님이 행하신 방대하고 장엄한 구원사건을 줄이고 줄이고 또 줄여서 최고의 엑기스만 남긴 문서입니다. 이런 문서에서 "죽으시고"라고만 말해도 충분한데 구태여 "장사된 지"를 첨가한 이유는 예수님의 죽음이 의학적으로나 역사적으로 의문의 여지없이 확실한 죽음임을 확인하는 것이 그만큼 중요했기 때문입니다. 예수님의 죽으심이 확실해야 예수님의 부활이 하나님의 전능하신 능력이 행한 확실한 역사적 사건이 될 수 있기 때문입니다. 장사 지냄까지 첨가되면 죄와 죽음의 세력과의 관계가 끊어진 것도 더 명확해집니다. 바울은 신자들이 성령으로 세례를 받음으로써 그리스도와 연합할 때 그리스도의 죽음에도 연합할 뿐만 아니라 심지어 그리스도와 함께 의학적으로나 역사적으로 공식으로 확인받고 무덤에 갇히는 사건에도 연합했음을 강조합니다. 이처럼 중층적으로 죄와 사망의 세력으로부터 완전하게 단절된 사건을 잠깐 생각해 보기만 해도 "은혜를 더하기 위하여 죄를 더 많이 행하자"라는 반율법주의가 얼마나 기괴하고 신분에 맞지 않고 어리석은 일인가 하는 것이 자명해지지 않느냐고 묻는 것입니다.

그리스도와 함께 죽은 자 가운데 누움

그런데 예수님을 구주로 영접한 이후에 일어나는 사건은 여기서 멈추지 않습니다. 네 번째 단계가 있습니다. "죽은 자 가운데서." 죽으시고, 장사되신 예수님은 죽으신 후에 시신이 된 인간들과 같은 상태로 누우셨습니다. 성육신하실 때 힘없고 약한 뱃속의 아기가 되신 예수님은 죽으신 이후에도 모든 기능을 상실한 다른 인간들의 시신과 다를 것이 없는 시신이 되어 죽은 자들과 함께 누우셨습니다. 예수님은 사람들의 시신과 같이 되심으로써 완전한 하나님이시면서도 완전한 인성을 입으신 신인神人임을 증명하셨습니다. 성령세례를 받을 때 신자는 죽은 자들과 함께 누우신 예수님과 함께 눕게 됩니다.

새로운 생명 안에서 행하기 시작함

그러나 예수님이 죄에 대한 형벌을 사람들의 시신과 함께 누우실 만큼 조금도 흠이 없이 완전하게 받아내시고 하나님의 공의의 요구를 완전히 충족시켜 드리자 성부 하나님이 이에 대한 보상으로 영광을 드러내기 시작하셨습니다. 성령세례와 동시에 시작되는 다섯 번째 사건이 기다리고 있습니다. 영광으로 번역된 헬라어 독사라는 말은 찬란하게 빛난다는 뜻입니다. 찬란하게 빛난다면 빛나는 어떤 실체가 있지 않겠습니까? 그것이 무엇이냐? 바로 성부 하나님의 전능한 능력입니다. 이 능력이 행하신 일이 무엇인가? 육체적 죽음을 통하여 시신이 되어 다른 시신들과 함께 무덤 속에 누워계신 성자 하나님의 몸을 일으켜 세우신 것 곧, 부활시키신 것입니다. 성부 하나님은 성자 하나님이 살아 계실 때의 형태를 그대로 완벽하게 보존하시면서도 그 성분을 새롭게 창조하신 새로운 물질로 구성한 새 몸을 선물로 주셨습니다. 이 몸은 공간의 제약을 받지 않고 자유롭게 공간이동을 할 수 있는 몸입니다. 아무리 두꺼운 벽도 자유롭게 넘나들 수 있는 몸이며, 아무리 멀리 떨어져 있어도 원하는 대로 이동할 수 있는 몸입니다. 또한 이 몸은 모든 질병과 사고로부터 완벽하게 보호받는 몸입니다.

성도가 성령세례를 받았다는 것은 그리스도와 연합했다는 뜻이고, 그리스도의 죽음과도 연합했다는 뜻이고, 그리스도의 장사지냄과도 연합했다는 뜻이고, 시신으로부터 일으켜 세우신 사건과도 연합한다는 뜻인데, 이제 하나가 더 첨가됩니다. 성부 하나님이 그리스도를 죽은 자 가운데서 살리신 사건과 같은 사건이 믿는 자들에게도 일어나서 믿는 자들이 "생명의 새로움" 곧, '새로운 생명' 안에서 행하게 됩니다.

행한다는 동사에서 우리는 두 가지 점에 주목해야 하겠습니다.

첫째로, 이 단어는 '사방팔방으로 자유롭게 돌아다닌다'라는 뜻입니다. 어디에서 자유롭게 사방팔방으로 돌아다닐까요? 그리스도께서 은혜의 권능으로 통치하시는 생명의 나라 영토 안에서. 이 나라가 넓으니까 이 나라 안에서 살기 위해서는 사방팔방으로 돌아다녀야 하지 않겠습니까? 북한 땅에서 살다가 자유로운 대한민국으로 넘어와 대한민국 국민이 되고 나면 대한민국이라는 영토 안을 자유롭게 사방팔방으로 돌아다니면서 여행해 보고 싶지 않겠습니까? 또이 영토 안에서 자유롭게 돌아다니면서 살게 되지 않겠습니까?

둘째로, 세례를 받고, 그리스도와 연합하고, 그리스도의 죽음과 연합하고, 그리스도의 장사지냄과 연합하는 일은 모두 과거의 어느 한 순간에 일어난 사건을 묘사합니다. 그러나 그리스도의 살리심과 연합하는 것 곧, 그리스도께서 은혜로 통치하시는 생명의 나라 영토 안에서 사방팔방으로 자유롭게 돌아다니면서 사는 것은 미래시제로 되어 있습니다. 그리스도와 연합한 그 시점부터 시작하여 다가오는 미래에 이런 삶을 살게 된다는 것입니다. 미래에 이런 삶을 살게 된다는 것도 신자의 주관적인 마음 상태를 가리키는 것이 아니라 객관적으로 나에게 주어진 환경을 묘사한 것입니다. 내가 싫다고 해서 피할 수 있는 것이 아니고, 내가 좋다고 해서 선택할 수 있는 것이 아닙니다. 우리는 좋든 싫든 이 새로운 삶의 환경을 피할 수 없고, 피할 방법도 없습니다. 행복하게도 이것은 우리의 운명입니다. 여기서도 바울은 이제부터 성도들이 살아가야 할 환경, 이 환경 안에서 살아가야 할 유일하고 피할 수 없는 생활방식을 상기시키는 것입니다. 바울은 로마의 성도들에게 이렇게 묻고 있습니다. "너희는 그리스도께서 은혜로 통치하시는 생명의 나라 안에서 자유롭게 돌아다니면서, 이 나라의 법도에 따라서 살아야 할 행복한 운명 속에 있는 사람들인데, 너희가 은혜를 더 많이 받는다는 구실로 이 나라의 법도에는 전혀 맞지 않는 이전 나라의 생활방식인 죄를 더 많이 짓는 삶을 산다는 것이 얼마나 어리석고 기괴한 일인가?"

10 그리스도의 죽음에 연합함 (롬 6:5-7)

6:5 만일 우리가 그의 죽으심과 같은 모양으로 연합한 자가 되었으면 또한 그의 부활과 같은 모양으로 연합한 자도 되리라

6:6 우리가 알거니와 우리의 옛 사람이 예수와 함께 십자가에 못 박힌 것은 죄의 몸이 죽어 다시는 우리가 죄에게 종 노릇 하지 아니하려 함이니

6:7 이는 죽은 자가 죄에서 벗어나 의롭다 하심을 얻었음이라

로마서 6:1-14은 교리적인 관점에서 반율법주의가 잘못된 것임을 다루고 있고, 6:15-23은 신자들의 경험의 관점에서 반율법주의가 잘못된 것임을 다루고 있습니다.

6:5-14은 6:5을 기본틀로 하여 분해할 수 있습니다. "만일 우리가 그의 죽으심과 같은 모양으로 연합한 자가 되었으면 또한 그의 부활과 같은 모양으로 연합한 자도 되리라." 이 절의 상반절은 그그리스도의 죽으심과 같은 모양으로 연합한 자가 되었다고 되어 있지요? 이 구절을 반복하면서 더 자세하게 설명하며 이 구절이 주는 의미를 말한 내용이 6절과 7절입니다. 이 장에서 다룰 본문의 범위는 5절 상반절과 이 절을 더 자세하게 설명하고 있는 6절, 7절입니다.

5절 하반절은 그그리스도의 부활과 같은 모양으로 연합한 자가 된

다고 되어 있지요? 이 구절을 반복하여 보다 자세하게 설명하면서 이 구절이 주는 의미에 대하여 설명한 것이 8-11절입니다. 12-14절은 이 원리를 성도들의 삶에 어떻게 적용해야 하는가를 말합니다.

신자는 그리스도의 죽음의 "모양"으로 연합한 자

이제 본론으로 들어가서 5절을 살펴보겠습니다. 5절은 이렇게 되어 있습니다. "만일 우리가 그의 죽으심과 같은 모양으로 연합한 자가 되었으면 또한 그의 부활과 같은 모양으로 연합한 자도 되리라."

5절 상반절은 우리가 그의 죽으심과 같은 모양으로 연합한 자가 되었다고 말합니다. 우리는 모든 신자를 뜻합니다. 그는 예수 그리스도를 뜻합니다. 신자들은 그리스도의 죽으심과 같은 모양으로 연합한 자들입니다.

먼저 연합했다는 단어부터 살펴보겠습니다. 연합하다는 말은 헬라어 숨프토이 게고나멘 *σύμφυτοι γεγόναμεν*을 번역한 것입니다. 숨프토이라는 말은 "함께 자라난"이라는 형용사이고 게고나멘은 "되다"라는 동사의 완료형입니다.

"함께 자라난"이라는 단어는 칼에 베인 상처 부위가 아물거나 부러진 뼈가 붙는 모습을 묘사한 것입니다. 우리 살이 칼에 베이면 베인 자리가 양쪽으로 갈라집니다. 그러나 약을 바르고 잘 치료하면 새 살이 자라나면서 갈라진 양쪽 피부가 붙기 시작합니다. 한참 시간이 지나 상처가 아물면 원래의 피부로 합해집니다. 또 뼈가 부러져서 두 동강이 난 경우라 할지라도 잘 치료하면 한참 시간이 지난 후에 하나의 뼈로 붙습니다.

그런데 우리가 유의할 점은 "연합한"이라는 표현은 완료형으로 되어 있기 때문에 살이 아물어 가는 과정이나 뼈가 붙어가는 과정을 묘사한 것이 아니라 살이 다 아물고 난 뒤의 상태 또는 뼈가 완전히 붙고 난 뒤의 상태를 묘사하는 표현이라는 것입니다.

신자들은 그리스도께서 십자가 위에서 죽으실 때 '그리스도의 죽음의 모양'과 연합되었습니다. 이 사건이 일어난 시점은 헬라어 부정과거시제로 표현되어 있습니다. 부정과거시제는 과거의 어느 한순간에 단회적으로 일어난 사건을 뜻합니다. 칼에 베인 상처가 아물어서 하나의 피부로 합해진 것과도 같이, 혹은 부러진 뼈가 붙어서 하나의 뼈로 합해진 것과도 같이, 과거 어느 한순간에 그리스도의 죽음의 모양과 같은 모양으로 신자도 죽어서 그리스도의 죽음과 하나로 연합했습니다. 이 일이 일어난 순간은 신자들이 예수 그리스도를 구주로 영접하는 순간입니다.

그런데 우리 성도들 가운데 영적으로 매우 예민한 분들이 계십니다. 이분들은 하나님의 뜻대로 살지 못하는 자신의 모습이 항상 불만이어서 늘 자책하면서 사는 분들입니다. 이분들이 "만일 우리가 그의 죽으심과 같은 모양으로 연합한 자가 되었으면"이라는 말씀을 듣는 순간 양심에 찔림을 받습니다. "아, 나는 아직 내 안에 욕심이 죽지 않고 살아 있는데, 어쩌지? 안 되겠다! 빨리 회개하고 내 안에 있는 욕심을 죽이는 삶을 회복해야 해.”하고는 하나님 앞에 회개하는 기도를 드립니다. 그리고 이렇게 생각합니다. “하나님의 말씀은 이렇게 진지하게 받아들여야 하는 거야!” 이 성도들은 이 말씀을 읽으면서 지레 겁을 먹고 이 말씀을 “그리스도와 함께 너의 욕심을 죽여라!”라는 명령으로 받아들인 것입니다.

여러분, 이 성도들이 본문을 바르게 읽고 바르게 적용한 것일까요? 자신 안에 욕심이 살아 있음을 발견하고 회개하는 태도 자체는 좋은 태도입니다. 그러나 하나님은 이 말씀을 통해 이 태도를 요구하신 것이 아닙니다. 이 태도를 요구하는 본문은 따로 있습니다. 우리는 경건생활을 더 잘하려는 의도라 할지라도 하나님의 말씀이 요구하지 않은 것을 추가해서는 안 됩니다. 우리는 성경말씀을 정확하게 있는 그대로 받아들여야 합니다. 이 본문은 우리의 영적인 상태와는 상관없이 우리가 예수님에 대한 신앙을 고백할 때 객관적으로 우리에게 일어난 사건을 말하는 본문입니다. 여러분이 예수님을 구주로 영접할 때 여러분 모두가 그리스도가 죽으신 모양대로 죽었습니다.

그러면 왜 바울은 그리스도의 죽으심에 우리가 연합했다고 말하지 않고 그리스도의 죽음의 모양에 연합했다고 말하는 것일까요? 그 이유는 그리스도의 죽음과 신자의 죽음이 비슷한 부분은 있어도 본질이 달라서 동일한 죽음으로 볼 수 없기 때문입니다.

첫째로, 그리스도께서는 실제로 육체적인 죽음을 죽으셨습니다. 그러나 신자가 예수 그리스도에 대한 신앙을 고백할 때 그리스도와 똑같이 육체적 죽음을 죽은 것이 아닙니다. 엄밀하게 말하면 그리스도께서 죽으신 죽음이 신자에게 전가된 것을 보시고 성부 하나님이 신자가 죄에 대한 형벌을 받고 죽은 것으로 여겨 주신 것입니다.

둘째로, 그리스도의 죽으심은 자신의 죄에 대한 형벌로 죽은 죽으심이 아니라 다른 사람의 죄를 대신 짊어지고 죽으시는 대속의 죽으심입니다. 인간은 어떤 경우에도 다른 사람의 죄의 짐을 짊어지고 대신 죽을 수 없습니다. 하나님이 그리스도의 죽으심을 신자의 죽음으로 여겨 주실 때 신자도 그리스도와 똑같이 대속의 죽음을 죽은 것으로 여겨 주신 것이 아닙니다. 그리스도는 대속의 죽음을 죽으셨지만 신자의 죽음은 신자 자신의 죄에 대한 형벌로서 죽는 것입니다. 따라서 성부 하나님은 그리스도의 대속의 죽으심을 신자가 대속의 죽음을 죽은 것으로 여겨 주신 것이 아니라 신자가 자기 죄에 대하여 정당하게 받아야 할 죽음으로 여겨 주신 것입니다. 이처럼 그리스도의 죽으심과 신자의 죽음 사이에 질적인 차이가 있기 때문에 바울은 성도가 그리스도의 죽음에 연합되었다고 하지 않고 그리스도의 죽음의 모양에 연합되었다고 말하는 것입니다. 모든 신자는 신앙을 고백하는 순간, 단번에 그리스도의 죽음의 모양에 연합된 자들입니다. 이 사건은 신자가 신앙생활을 시작할 때 딱 한 번 일어나며, 일단 일어나면 그 효력과 결과는 영원히 유지됩니다.

십자가에 못 박힌 신자의 옛사람

지금까지 설명한 5절 상반절을 보다 구체적으로 설명한 본문이 6절과 7절이므로 5절 하반절을 살펴보기 전에 6절과 7절을 먼저 살펴보도록 하겠습니다. 6절은 이렇게 말합니다. "우리가 알거니와 우리의 옛 사람이 예수와 함께 십자가에 못 박힌 것은 죄의 몸이 죽어 다시는 우리가 죄에게 종 노릇하지 아니하려 함이니."

본문은 "우리의 옛 사람이 예수와 함께 십자가에 못 박힌 것은"이라는 구절로 시작합니다. 이 본문에서 십자가에 못 박혔다는 동사도 역시 부정과거시제로 표현되었기 때문에 과거의 어느 한 순간에 단회적으로 일어난 사건이며, 그 효력이 영원히 유지됩니다. 본문이 말하는 옛사람은 옛날 사람이라는 뜻입니다. 옛날은 어느 시기를 의미합니까? 옛날은 사탄이 배후에서 활동하는 무서운 세력인 죄가 사망이라는 무기를 휘두르면서 통치하는 영적인 독재국가의 시민으로 살아가고 있던 때를 가리킵니다. 예수님을 구주로 영접하는 순간 옛날의 "나"가 죽었습니다. 6절에서는 죽음이 '십자가에 못 박혀 죽는 것'으로 묘사되었습니다. 예수님이 십자가에 못 박히신 것은 예수님에게 전가된 인류의 죄에 대한 형벌로서 죽으신 것입니다. 예수님이 십자가 위에서 죽으실 때 옛사람인 "나"가 함께 죽었다는 것은, 예수님의 십자가상의 죽으심이 나의 죽음으로 전가된 것을 내가 범한 죄에 대하여 내가 사망의 형벌을 받은 것으로 성부 하나님께서 간주해 주셨다는 뜻입니다. 그 결과 죄와 사망의 형벌로부터 "나"가 해방되었습니다. 이 일이 모든 신자에게 일어났습니다.

이 본문도 역시 우리에게 어떤 경건한 실천을 명령하는 본문이 아닙니다. 이 본문은 신자들의 주관적인 상태 - 경건한 생활을 하고 있든지 아니면 죄 속에 빠져 있든지 - 와 상관없이 과거 어느 한 순간에 일어나서 영원히 효력이 지속되는 한 사건을 묘사하는 본문입니다. 그런데 같은 용어를 사용하지만 다른 방식으로 적용해야 할 본문이 있습니다. 바로 에베소서 4:22-24입니다. "너희는 유혹의 욕심을 따라 썩어져 가는 구습을 따르는 옛 사람을 벗어 버리고 오직 너희의 심령이 새롭게 되어 하나님을 따라 의와 진리의 거룩함으로 지으심을 받은 새 사람을 입으라." 이 본문은 '옛 사람을 벗어 버리라'라고 명령합니다. 바울은 무엇 때문에 로마서 6:6에서는 옛 사람이 이미 죽었다고 말하고 에베소서 4:22에서는 옛 사람을 벗어 버리라고 명령하고 있을까요? 우리는 같은 용어라도 문맥에 따라 다른 의미로 사용될 수 있다는 점에 유의해야 합니다. 에베소서의 전체 구도를 보면 1-3장에서는 모든 신자에게 객관적으로 일어난 과거의 구원 사건이 어떤 것인가를 서술하고, 4-6장에서는 구원사건의 은혜를 받은 신자들이 살아야 할 삶을 구체적으로 제시합니다. 로마서 6:6은 모든 신자에게 과거에 일어난 구원의 복이 어떤 것인가를 상기시키는 문맥 안에 있습니다. 문맥이 달라지면 같은 단어라도 그 뜻이 달라집니다. 로마서 6:6이 말하는 옛 사람은 죄와 사망의 통치 아래 있는 "나"를 가리킵니다. 그러나 에베소서 4:22이 말하는 옛 사람은 죄와 사망의 통치 아래 있는 "나"가 가지고 있었던 언행심사를 뜻합니다. 그 시절에 나에게 익숙해 있던 생각들, 말들, 생활습관 등을 뜻합니다. 이제 죄와 사망의 나라를 떠나서 그리스도의 의와 생명의 나라 시민이 되었으면 옛날에 "나"가 가지고 있던 생각, 말, 생활습관을 버려야 합니다. "나"를 죽이라는 것이 아니라 - 왜냐하면 "나"는 이미 죽었으니까 - "나"가 가지고 있었던 생각, 말, 생활습관을 버리라는 것입니다. 예를 들어서 어떤 사람이 죄를 행하여 감옥에 들어가 몇 년 동안 옥살이를 합니다. 이 사람이 형기를 마치고 감옥에서 나와 따뜻한 가정으로 돌아옵니다. 그러면 어떻게 해야 할까요? 감옥에서 생활할 때 가졌던 생각이나 말이나 생활습관을 벗어 버리고 새로운 생각, 말, 생활습관을 익혀야 합니다.

일상생활이 죄의 세력에 지배당하지 않게 하라

이제 다시 로마서 6:6로 돌아오겠습니다. 하나님이 옛사람, 죄와 사망의 통치 아래 살던 자아를 죽인 목적이 무엇일까요? 그 목적은 두 단계로 나타납니다. 옛사람을 죽이는 목적은 "죄의 몸이 죽어"에 나타나 있습니다. 다음으로, "죄의 몸이 죽임을 당하는 목적은 "다시는 우리가 죄에게 종 노릇하지 아니하려 함이라"에 있습니다.

먼저 일차적인 목적인 "죄의 몸이 죽어"를 살펴보겠습니다. "죄의 몸"은 무엇을 의미할까요? 우선 여기서 우리가 주의해야 할 점은 죄와 몸이 분리되어 있다는 사실입니다. 이 말의 의미는 죄의 근원을 몸에서 찾아서는 안 된다는 것입니다. 고대 이교사상 가운데 하나인 영지주의에서는 몸을 죄의 자리로 보고 몸 자체를 악한 것으로 보았으나 성경은 몸 자체는 선한 것으로서 몸을 죄의 뿌리라고 보지 않습니다. 죄의 뿌리는 마음 깊은 곳에 있습니다.

"몸"이라는 말은 단순히 인간의 신체를 가리키는 것이 아니라 우리가 영위하는 일상생활을 뜻합니다. 일상생활을 몸이라고 표현하는 이유는 몸을 통하여 세상과 관계하며, 따라서 우리의 일상생활은 몸을 통하여 이루어지기 때문입니다.

본문이 말하는 "죄"는 개인이 행하는 죄의 행위를 가리키는 것이 아니라 살아 움직이는 하나의 악한 세력을 뜻합니다. 이 죄는 그 배후에 인격체인 사탄이 자리 잡고 있기 때문에 의인화되어 표현됩니다. 그러면 "죄의 몸"이라는 말은 무슨 뜻일까요? "죄의 세력에 지배당하는 일상의 삶"을 뜻합니다. "죄의 몸이 죽어"라고 했을 때 "죽어"라는 말은 무엇을 뜻할까요? 이 단어는 헬라어 카타르게오 καταργέω의 번역어로서, 폐기한다는 뜻입니다. 그러므로 "죄의 몸이 죽어"는 '신자의 일상생활이 죄의 세력에 지배당하는 것이 폐기되었다'는 뜻입니다. 그러나 이 말은 신자의 일상의 삶에서 죄가 완전히 사라졌다는 뜻이 아닙니다. 죄는 신자의 일상의 삶을 지배할 능력은 없지만 자꾸만 기웃거리면서 마치 지배할 수 있는 것처럼 신자의 삶을 여기저기 툭툭 건드려 봅니다. 죄의 세력 배후에 자리 잡은 사탄이 구사하는 최고의 전략은 거짓말입니다. 사탄은 신자의 일상생활을 결코 지배할 수 없습니다. 사탄이 할 수 있는 일은 옆에서 잽을 날리는 것 정도인데 마치 KO 시킬 수 있는 것처럼 허풍을 떨면서 달려

듭니다. 이 작전에 많은 성도들이 지레 겁을 먹고 넘어갑니다. 욥의 경우를 예로 들어 봅시다. 하나님은 어떤 경우에도 욥의 생명에는 손을 대지 못하도록 차단하셨습니다. 욥에게 별별 일이 다 일어나도 욥은 절대 죽지 않습니다. 그런데 욥에게 일어나는 일들을 보면 마치 욥의 생명이 금방이라도 끊어질 것 같습니다. 재산도 잃고 가족도 잃고 친구도 잃고 심지어 온몸에 욕창이 나서 피범벅이 됩니다. 누가 봐도 곧 죽을 것 같이 보입니다. 그러나 하나님은 사탄이 욥의 생명에는 손을 대지 못하도록 정해 두셨습니다. 길을 가는데 호랑이가 무섭게 으르렁대는데 사실은 발이 쇠고랑에 채워져 있는 호랑이입니다.

이처럼 죄가 신자의 일상생활을 지배하는 것을 차단하는 목적은 또 무엇일까요? 그 목적은 우리가 다시는 죄에게 종 노릇하지 않도록 하는 데 있습니다. 죄와 사망으로부터 해방되고, 죄가 일상생활을 지배하는 것이 이미 폐기되었다면 당연히 신자들이 죄에게 종 노릇하는 것도 폐기됩니다. 이 사건도 예수 그리스도를 구주로 영접하는 순간에 단번에 일어난 사건이고 영원히 그 효력이 지속되는 사건입니다. 그런데 사탄이 배후조종하는 살아 있는 죄의 세력은 마치 신자들을 다시 노예로 부리는 것이 가능하기나 한 것처럼 성도들을 미혹하고 일부 성도들은 어리석게도 이 미혹에 넘어가기도 합니다.

신자는 죄에 대한 형벌로부터 벗어난 자

바울은 7절에서 사람이 육체적인 죽음을 당했을 때 당연히 찾아오는 결과에 대하여 사람들 사이에 잘 알려진 격언과 같은 원리를 인용함으로써 앞에서 전개한 논증을 더 강화합니다. "이는 죽은 자가 죄에서 벗어나 의롭다 하심을 얻었음이라." "죽은 자"는 육체적으로 죽은 자를 뜻합니다. 본문이 말하는 죄는 6절에서 말하는 죄와는 그 의미가 다릅니다. 6절에서 말하는 죄는 사탄이 배후에 자리 잡고 있는 살아 움직이는 악한 세력입니다. 그러나 7절이 말하는 죄는 세상에서 일반인이 범하는 구체적인 죄의 행위와 관련이 있습니다. 사람들이 죄를 행하다가 체포되면 그 행위에 대하여 책임을 지고 벌을 받아야 합니다. 그러므로 본문이 말하는 죄는 개인이 행하는 죄와 이 죄에 대하여 사법부가 내리는 형벌을 뜻합니다. 어떤 사람이 아무리 심각한 죄를 범했다 하더라도 죽어서 시신이 되고 나면 죄와의 관계 그리고 죄에 대한 벌과의 관계가 즉시 끊어지고 사법권의 영역에서 벗어나 버립니다. 우리나라의 전직 대통령 한 분이 가족들이 연루된 경제 범죄로 기소되어 검찰수사를 받다가 자살로 생을 마감하자 이분에 대한 수사가 바로 종결되었습니다. 죽음으로써 사법권을 벗어나 버린 것입니다.

성도가 예수 그리스도를 구주로 영접하는 순간에 그리스도의 죽음의 모양에 연합한 자가 되어 죄와 사망의 세력과의 관계가 단절되어 버린 상황에서 성도들이 은혜를 더 많이 받는다는 빌미로 더 많은 죄를 행하자고 생각하는 것은 성도의 신분에는 너무나 어울리지 않는 잘못된 행동이 될 수밖에 없습니다.

6:8 만일 우리가 그리스도와 함께 죽었으면 또한 그와 함께 살 줄을 믿노니
6:9 이는 그리스도께서 죽은 자 가운데서 살아나셨으매 다시 죽지 아니하시고 사망이 다시 그를 주장하지 못할 줄을 앎이로라
6:10 그가 죽으심은 죄에 대하여 단번에 죽으심이요 그가 살아 계심은 하나님께 대하여 살아 계심이니
6:11 이와 같이 너희도 너희 자신을 죄에 대하여는 죽은 자요 그리스도 예수 안에서 하나님께 대하여는 살아 있는 자로 여길지어다

6장은 바울이 전한 전가의 복음이 반율법주의를 조장한다는 비난에 대한 바울의 답변을 다루는 장입니다. 바울은 이 장에서 전가의 복음은 결코 반율법주의를 조장하는 것이 아님을 논증합니다. 1-14절까지는 교리적 차원에서 논증을 전개하고 15-23절까지는 경험적 차원에서 논증을 전개합니다.

6:5-14은 6:5을 기본구도로 삼고 분해할 수 있습니다. "만일 우리가 그의 죽으심과 같은 모양으로 연합한 자가 되었으면 또한 그의 부활과 같은 모양으로 연합한 자도 되리라." 이 절의 상반절은 그 그리스도의 죽으심과 같은 모양으로 연합한 자가 되었다고 되어 있습니다. 이 구절을 표현을 달리하여 보다 자세하게 설명하면서 이 구

절이 주는 의미를 말한 내용이 6절과 7절입니다. 이 부분은 앞 장인 10장에서 다루었습니다. 5절 하반절은 그리스도의 부활과 같은 모양으로 연합한 자가 된다고 되어 있습니다. 이 구절을 반복하여 보다 자세하게 설명하면서 이 구절이 주는 의미에 대하여 설명한 것이 8-11절입니다. 12-14절에서는 이 원리를 성도들의 삶에 어떻게 적용해야 하는가를 말합니다.

신자는 그리스도의 부활과 같은 모양으로 연합한 자

8절을 살피기 전에 먼저 5절 후반부로 거슬러 올라가 살펴볼 필요가 있습니다. "또한 그의 부활과 같은 모양으로 연합한 자도 되리라." 성도가 예수 그리스도 안에 있으면 그리스도께서 죽으실 때 성도도 함께 죽는 일이 일어나는 동시에 그리스도께서 부활하실 때 성도도 함께 부활하는 일도 일어납니다. 성도는 그리스도의 죽음에도 연합하고 그리스도의 부활에도 연합합니다. 그리스도의 죽음에 성도가 연합하는 것과 그리스도의 부활에 연합하는 것도 그 방식에 있어서 공통점도 있으나 차이점도 있습니다.

먼저 공통점에 주목해 보겠습니다. 본문을 잘 읽어 보시면 성도가 그리스도의 부활에 연합된다고 하지 않고 그리스도의 부활의 모양에 연합한다고 되어 있습니다. 성도와 그리스도의 죽음과의 관계를 말할 때 그리스도의 죽음에 연합한다고 말하지 않고 그리스도의 죽음의 모양에 연합한다고 말하는 것과 같은 맥락입니다. 모양이라는 단어를 첨가한 이유는 외형상으로는 비슷해 보이지만 본질상 차이가 있다는 뜻입니다. 그리스도의 죽음이 실체적인 죽음인 데 비하여 신자의 죽음은 그리스도의 죽음이 전가되어 실제로 성도가 신체적으로 죽지 않았음에도 불구하고 죽은 것으로 간주되는 것이라는 점에서 차이가 있고, 또한 그리스도의 죽으심은 다른 사람의 죄를 대신 지고 죽으시는 대속의 죽으심이지만 성도의 죽음은 자기 죄에 대한 형벌로서 주어지는 죽음이라는 점에서도 차이가 있습니다.

그리스도의 부활과 성도의 부활 사이에도 공통점이 있으나 차이점도 있습니다. 성도가 그리스도께서 부활하실 때 입으신 몸과 질적으로 같은 신령한 새 몸을 입는다는 것은 두 부활의 공통점입니다. 그러나 차이점도 있습니다. 그리스도께서는 부활하심으로써 하나님의 우편 보좌에 앉으셔서 성부 하나님과 성도들을 중재하시며 동시에 중보적 왕권을 행사하시는 중보자의 직무를 수행하시기 시작합니다. 그러나 성도들에게는 부활승천하신 그리스도에게 주어진 것과 같은 중보적 직무나 중보적 왕권이 주어지지는 않습니다.

성도가 그리스도의 죽음 그 자체와 똑같은 방식으로 죽는 것이 아니라 모양에 연합하는 것처럼, 성도가 그리스도의 부활에 연합하는 것이 아니라 그리스도의 부활의 모양에 연합하는 것이라는 점에서 성도의 그리스도의 죽음에의 연합과 부활에의 연합은 공통점이 있습니다. 그러나 두 연합 사이에는 분명한 차이점이 있습니다. 첫째로, 성도가 그리스도와 함께 죽는 것은 실제로 죽는 것이 아니라 죽은 것으로 간주되는 것일 뿐입니다. 그러나 성도가 그리스도와 함께 부활하는 것은 성도의 몸은 부활하지 않았는데 부활한 것으로 간주되는 것이 아니라 실제로 몸이 새 몸을 입는 것입니다. 둘째로, 성도가 죽는 것은 죽은 것으로 간주 된 후에 끝나 버리는 과거의 사건입니다. 그러나 성도가 부활하는 것은 미래의 일이며, 실제로 부활한 상태가 영원히 유지되는 것입니다.

신자는 그리스도와 함께 사는 자

8절을 보겠습니다. "만일 우리가 그리스도와 함께 죽었으면 또한 그와 함께 살 줄을 믿노니." "만일 우리가 그리스도와 함께 죽었으면." 우리는 신자를 가리킵니다. "죽었으면"에서 사용된 동사는 과거 어느 한 순간에 일어난 단회적 사건을 가리킵니다. 신자들은 모두 과거 어느 한 순간에 그리스도와 함께 죽은 자들입니다. 과거 어느 한 순간은 예수님을 구주로 영접한 순간을 뜻합니다.

이제 우리에게 의문이 생깁니다. 우리가 과거 어느 한 순간에 어떤 방식으로라도 그리스도와 함께 죽은 경험이 있느냐 하는 것입니다. 그런 경험이 우리에게 전혀 없습니다. 그러면 우리가 죽은 경험이 없으니까 이 말씀이 우리에게 적용되려면 이제라도 죽는 경험을 해야 할까요? 결코 그렇지 않습니다. 본문은 우리에게 죽으라는 명령을 하는 것이 아닙니다. 본문은 신자의 경험과 상관없이 과거 어느 한 순간에 신자들에 일어난 객관적인 변화를 서술하는 본문입니다. 예수 그리스도께서 십자가 위에서 우리 죄를 대신 지시고 죽으셨습니다. 이것은 예수 그리스도에게 실제로 일어난 일입니다. 우리가 예수님을 구주로 영접하는 순간 성부 하나님이 예수님의 죽으심을 내가 죄에 대한 형벌을 받고 죽은 것으로 여겨 주셨습니다. 죄수가 형벌을 받고 나면 범죄자라는 굴레에서 벗어나고 형벌이라는 굴레로부터도 벗어나 죄와 형벌과의 관계가 완전히 단절되어 버리는 것처럼, 예수님의 죽으심이 나에게 전가되어 내가 죽은 것으로 간주 되는 순간 나는 죄와의 관계, 사망과의 관계가 완전히 단절되어 버립니다.

그런데 우리가 예수 그리스도를 구주로 영접하는 순간 이 일만 일어난 것이 아닙니다. 이 일과 짝을 이루는 또 하나의 사건이 일어났습니다. 8절 하반절입니다. "또한 그와 함께 살 줄을 믿노니." 그리스도 안에 연합되어 있으면 그리스도에게 일어난 모든 일이 신자들에게도 그대로 일어난다는 원리에 따라서 그리스도께서 부활하신 것처럼 나도 그리스도와 함께 살아나게 될 것입니다.

본문에 사용된 시제는 미래시제입니다. 어떤 사람은 본문에 미래시제가 사용되었기 때문에 본문은 현재의 상태를 말하는 것이 아니라 먼 미래, 다시 말해서 주님이 재림하실 때를 가리킨다고 주장합니다. 그러니까 '그와 함께 살 것이다'라는 말은 재림 때에 신체가 부활하는 것을 가리킨다는 것입니다. 물론 '그와 함께 살 것이라'는 표현 안에는 재림시의 부활도 포함되지만, 재림시의 부활만을 가리키는 것으로 해석하는 것은 잘못된 해석입니다.

이 구절을 바르게 해석하려면 본문에 사용된 시제의 특징을 알아야 합니다. 헬라어의 시제 중에는 "관점의 시제"라는 것이 있습니다. "관점의 시제"는 독자의 시점을 기준으로 시제를 정하는 것이 아니라 일어난 사건을 기준으로 시제를 정하는 것을 뜻합니다. 본문에서 기준이 되는 시점은 언제인가? 8절 전반부에 부정과거로 표현된 시점이 기준시점입니다. 이 시점은 예수님을 구주로 영접한 때입니다. 독자의 시점과는 상관없이 예수님을 구주로 영접한 시점을 기준으로 그 이전은 과거, 그 이후는 모두 미래로 보는 것입니다. 이것을 "관점의 미래"라고 부릅니다. 어떤 신자가 2022년 1월 1일에 예수님을 구주로 영접했다면 2022년 1월 1일부터 오늘까지는 신자에게 있어서는 과거이지만 관점의 미래에서 보면 미래입니다. 오늘이 신자에게 있어서는 현재지만 관점의 미래에서 보면 미래입니다. 신자는 예수님을 구주로 영접한 순간을 기점으로 부활하신 그리스도와 함께 그리스도로부터 새로운 생명을 받으면서 그리스도와 함께 살기 시작합니다. 신자가 이 새로운 삶의 흐름에 한번 발을 들여놓으면 빠져나오는 것은 불가능합니다. 신자가 죄를 범한다 하더라도 이 흐름에서 나올 수 없습니다. 신자는 죄를 범함으로써 이 흐름으로부터 쫓겨나서 이 흐름에 합류하기 전의 상태 곧, 구원받지 못한 불신자의 상태로 돌아가는 것이 아닙니다. 신자는 이 흐름 안에서 죄를 짓는 것입니다.

9-11절은 8절에서 간략히 표현한 내용을 더 자세하게 설명한 것입니다. 9-10절은 그리스도에게 일어난 일을 묘사하고 있고, 11절은 그리스도 안에 있는 신자에게 일어난 일을 묘사하고 있습니다.

9절입니다. "이는 그리스도께서 죽은 자 가운데서 살아나셨으매 다시 죽지 아니하시고 사망이 다시 그를 주장하지 못할 줄을 앎이로라." 우리가 잘 알고 있는 사건이 하나 있습니다. 그리스도께서 죽은 자 가운데서 살아나신 사건입니다. 그러면 그리스도께서 죽은 자 가운데서 살아나신 사건이 지닌 의미가 뭐냐? 본문은 두 가지를 지적합니다. 첫째는 다시는 죽는 일이 없다는 것입니다. 그리스도의 살아나심은 영원한 살아나심입니다. 둘째로, 따라서 사망이 다시는 그리스도를 주장할 수 없다는 것입니다.

10절은 그리스도의 죽으심과 사심의 차이를 말합니다. "그의 죽으심은 죄에 대하여 단번에 죽으심이요 그가 살아 계심은 하나님께 대하여 살아계심이니." 그리스도의 죽으심은 부정과거 시제로 되어 있어서 과거의 어느 한 순간에 한 번 일어난 것으로 끝났습니다. 예수님이 인류의 죄를 대신 지시고 죽으시는 것으로 죄와의 관계가 완전히 청산되었고, 형벌인 죽음과의 관계도 완전히 청산되었습니다. 반면에 그리스도의 살아계심은 현재시제로 표현되어 있습니다. 그리스도의 살아 계심은 영원히 현재입니다.

11절은 그리스도 안에 있는 신자들에게 일어난 일을 묘사합니다. 신자가 그리스도 안에 있으면, 그리스도에게 일어난 일들이 그대로 신자에게 일어난 일이 됩니다. "이와 같이 너희도 너희 자신을 죄에 대하여는 죽은 자요 그리스도 예수 안에서 하나님께 대하여는 살아 있는 자로 여길지어다." 11절에 이르러서 로마서의 서술과정에서 중대한 변화가 시작됩니다. 바울은 로마서 1:1-6:10에 이르기까지 단한 번도 "무엇 무엇을 하라," 또는 "무엇 무엇을 하지 말아라"라는 명령을 내리지 않았습니다. 바울은 이방인과 유대인이 모두 하나님 앞에서 죄인이라는 사실을 객관적으로 말해 주고, 죄와 사망으로부터 구원받는 방법이 무엇인가를 객관적으로 말하고 있을 뿐입니다. 한마디로 말하면 인간의 상태와 구원의 방법에 대한 교리적인 내용을 설명하기만 했습니다. "이래라저래라"하는 요구가 전혀 없었습니다. 이런 어법을 직설법이라고 합니다. 그런데 11절에서 "이래라저래라" 하는 명령이 등장하기 시작합니다. 12절에서는 명령어법이 본격적으로 등장합니다. 그러다가 12장부터는 명령하는 어법으로 가득 찹니다. 명령하는 어법이 등장한다는 것은 바울이 구원의 문제로부터 그리스도인의 삶의 문제로 넘어가기 시작했다는 뜻입니다.

11절을 보겠습니다. "이와 같이 너희도 너희 자신을 죄에 대하여는 죽은 자요 그리스도 예수 안에서 하나님께 대하여는 살아 있는 자로 여길지어다." 그리스도께서 죽으심으로써 죄와의 관계를 완전히 끊어 버린 사건에 신자도 참여했는데 그 참여의 결과가 어떻게 나타났는가? "신자들 자신이 죄에 대하여 죽은 자"로 나타납니다. 여기서 시제의 변화가 나타나고 있습니다. 그리스도의 죽으심은 부정 과거시제로 표현되었습니다. 그런데 본문에 신자 자신이 죄에 대하여 죽은 것"은 현재형입니다. "죄에 대하여"는 "죄의 영역에 대해서는"이라는 뜻입니다. 보다 구체적으로 말하면 "죄의 능력과 통치에 대해서는"이라는 뜻입니다. "죽은 자"는 현재형입니다. 죽었다는 말은 영역을 떠났기 때문에 관계가 완전히 끊어졌다는 뜻입니다. 신자들은 예수 그리스도를 구주로 영접한 순간부터 죄가 사망을 무기로 삼아 수행하는 통치로부터 완전히 단절되고 떠난 상태가 영원히 현재형으로 계속됩니다.

죄의 통치에서 벗어나면 갈 곳은 딱 한 군데밖에 없습니다. "그리스도 예수 안에서 하나님께 대하여는 살아 있는 자"가 되는 것입니다. 죄가 통치하는 영역 혹은 나라에서 벗어난다는 것은 그리스도 안으로 들어간다는 뜻입니다. 왜냐하면 이 세상에서 사람이 살아갈 수 있는 영적인 영역은 두 곳밖에 없기 때문입니다. 하나는 죄가 사망을 무기로 통치하는 영역, 다른 하나는 그리스도가 은혜와 생명으로 통치하는 영역. 죄가 통치하는 영역에서 벗어난 다음 죄의 영역도 아니고 그리스도의 영역도 아닌 중간 지대에 머물러 있다가 그리스도 예수 안으로 들어가는 것이 아닙니다. 그런 중간 지대는 없습니다. 죄가 통치하는 영역이 아니면 그리스도가 통치하는 영역뿐입니다. 그리스도 밖에 있으면 모두 예외 없이 죄가 통치하는 영역입니다. 죄가 통치하는 영역을 벗어나는 방법은 그리스도 안으로 들어오는 것뿐입니다. 그리스도 예수 안은 "하나님께 대하여" 살아 있는 곳입니다. "하나님께 대하여"라는 표현은 "하나님이 통치하시는 영역 안에서"라는 뜻입니다. 신자는 그리스도 안, 하나님의 통치 안에서 살아 있는 자입니다. "살아 있는"도 영원한 현재입니다. 신자는 소극적으로는 죄의 통치로부터 현재 그리고 영원히 관계가 완전히 단절된 상태에 있는 자이며, 적극적으로는 하나님이 통치하시는 그리스도 안, 곧 그리스도의 나라 안에서 영원히 현재 살아 있는 자입니다. 이와 같은 신자의 변화된 신분을 생각할 때 신자가 은혜를 더 많이 받기 위하여 죄를 더 많이 짓는 것은 너무나 어울리지 않는 일입니다.

로마서에서 처음 등장하는 11절의 명령은 "여길지어다"입니다. 여긴다는 말은 "그런 것"을 "그렇지 않은 것으로", "그렇지 않은 것"을 "그런 것"으로 간주해 준다는 뜻입니다. 본문에서는 경험하지 않는 일을 경험한 일로 간주해 준다는 의미를 지닙니다. 죄의 통치를 완전하게 벗어난 사실은 의식적으로나 경험적으로 알 수 있는 일이 아닙니다. 그리스도 안에서 하나님의 통치 안에 들어가 있다는 사실도 경험이나 의식으로 알 수 있는 것이 아닙니다. 그러나 이 두 사건은 신자들 모두에게 객관적이고 확실한 역사적 사실로 일어난 엄청난 사건이자 변화입니다. 로마서에서 하나님이 신자에게 처음 주시는 명령은 그리스도인의 삶의 출발점이 되어야 할 명령입니다. 이 명령은 신자 자신이 죽음의 통치 영역으로부터 완전히 떠나 다시는 그 영역으로 돌아갈 수 없게 되었다는 것과 그리스도 안으로 완전히 들어와서 결코 그리스도 밖으로 나갈 수 없게 되었다는 두 가지 사실이 경험으로 확인되지 않고 의식으로는 잡히지 않아도 돌이킬 수 없이 확실하게 일어난 사건임을 반복해서 확인하라는 것입니다. 이 일을 날마다 반복해서 해야 합니다. 그것이 기도의 중심주제가 되어야 합니다. "하나님, 저를 죽음의 통치로부터 완전히 벗어나게 해주시고, 그리스도 안에 들어와 다시는 나갈 수 없는 자로 저의 신분을 변화시켜 주신 것을 감사드립니다." 신자들은 이 기도를 반복하여 드려야 합니다.

그러나 이런 반복적인 자기 확인은 쿠에이즘Coueism이라고 알려진 일종의 심리적 기법과는 다른 것입니다. 쿠에이즘은 실제로는 마음이 너무나 슬픈데, "아니야, 나는 하나도 슬프지 않아"라는 말을 주문처럼 반복하다 보면 나중에는 정말로 슬프지 않은 것과 같은 착각 속에 빠지게 되는 것을 뜻합니다. 어떤 사람이 거짓말을 합니다. 거짓말을 해 놓고는 "내가 한 말은 거짓말이 아니야. 진실이야"라고 반복해서 말을 하다 보면 나중에는 거짓말을 진실로 착각하게 됩니다. 사람들은 이런 방식으로 세뇌당할 수 있습니다. 공산주의 사회에서 인민들을 세뇌해서 공산주의 원리들을 주입할 때 이런 방법을 사용합니다.

그러나 이것과는 아주 다른 것이 있습니다. 한 사업가가 아주 중요한 거래계약을 위한 약속날짜와 시간을 잡아 놓았습니다. 거래계약 날짜는 눈에 보이지 않습니다. 그러나 이 약속은 실제로 일어나게 될 역사적 현실입니다. 이 거래계약은 회사의 운명을 좌우하는 중요한 계약입니다. 이때 이 사업가가 약속날짜를 잊지 않기 위해서 반복해서 확인하는 것은 착각이 아닙니다. 역사공부를 할 때 과거에 실제로 일어난 사건을 반복해서 외워 확실하게 머릿속에 넣어 두는 것은 착각에 빠지는 것이 아닙니다. 이 사건을 반복해서 외우는 이유는 이 사건이 확실하게 일어난 사건이지만 눈에 보이지 않기 때문입니다. 이 사건들을 반복해서 확실하게 외워두면 진리를 더 잘 알게 됩니다.

이처럼 신자가 죽음의 영역을 완전히 벗어나 그 관계가 영원히 단절되었다는 것과 그리스도 안에서 영원히 살아 있다는 것은 역사적으로 실제로 일어난 사건이지만 자연스럽게 의식할 수 있고 경험할 수 있는 것이 아니기 때문에 반복하여 확인해서 우리 머릿속에 선명하게 담아 두어야 합니다. 이것이 신자의 삶에서 반드시 있어야 할 중요한 출발점입니다.

여기서 우리가 유념해야 할 것은 신자가 죄를 행한다고 해서 예수님을 믿기 전의 상태로 돌아가는 것이 결코 아니라는 것입니다. 신자가 예수님을 믿기 전의 상태로 돌아가는 길은 완전히 막혀 있습니다. 신자가 죄를 짓는 것은 그리스도 안에서 죄를 짓는 것입니다. 몇 가지 비유를 들어보겠습니다.

미국의 남북전쟁에서 북군이 승리함으로써 노예제도가 폐지되었습니다. 노예제도는 폐지되었지만, 늙은 노예들 중에는 자신이 해방되어 노예 신분에서 벗어났다는 사실을 실감하지 못하고 옛날에 노예로 생활할 때의 습관 그대로 생활하는 자들이 많았습니다. 이들에게 일차적으로 필요한 것이 노예제도가 폐지되어서 노예 신분에서 해방되었다는 사실을 확인시켜 주는 것입니다. "너는 이제 노예가 아니야! 너는 노예 신분에서 벗어난 자유인이야!" 이 말을 해주어야 합니다.

어떤 사람이 등산을 합니다. 산 정상 가까이 갔을 때 그만 발을 헛디뎌서 넘어졌습니다. 이때 등산가가 넘어지는 순간 산 아래로 내려와 버리는 것이 아닙니다. 넘어져도 여전히 정상 가까이 있는 것이며, 이 등산가가 할 일은 자신이 올라가는 중에 있다는 사실을 유념하면서 일어나 계속 정상을 향하여 올라가는 것입니다.

커다란 빙산이 북극의 빙하로부터 떨어져 나와서 조류를 타고 남하하고 있습니다. 이 빙산 위에 사람이 있습니다. 이 사람이 북쪽으로 가려고 빙산 위에서 열심히 북쪽으로 걷습니다. 이 사람이 북쪽으로 갈 수 있을까요? 일단 남하하는 빙산을 타고 흐르는 한 이 사람은 결코 북쪽으로 갈 수 없습니다. 이 사람이 북쪽으로 가려는 헛된 시도를 중단하는 길은 자신이 남하하는 빙산을 타고 있다는 사실을 확인하는 것입니다.

어떤 가정에 자녀가 태어났습니다. 이 자녀가 망나니짓을 합니다. 이 자녀가 망나니짓하면 부모의 자녀라는 신분에서 떨어져 나갈까요? 아닙니다. 이 자녀는 부모의 자녀 신분에서 망나니짓을 하는 것입니다. 일단 부모의 자녀로 태어나면 자녀의 신분에서 벗어나는 것은 영원히 불가능합니다. 이 자녀에게 필요한 일은 자신이 자녀임을 반복해서 확인하는 것입니다.

12 지체를 의의 무기로 (롬 6:12-14)

6:12 그러므로 너희는 죄가 너희 죽을 몸을 지배하지 못하게 하여 몸의
사욕에 순종하지 말고
6:13 또한 너희 지체를 불의의 무기로 죄에게 내주지 말고 오직 너희 자
신을 죽은 자 가운데서 다시 살아난 자 같이 하나님께 드리며 너희
지체를 의의 무기로 하나님께 드리라
6:14 죄가 너희를 주장하지 못하리니 이는 너희가 법 아래에 있지 아니
하고 은혜 아래에 있음이라

12-13절에는 11절에 이어서 성도들이 해야 할 일에 대한 명령
들이 계속 나오고, 14절은 그런 명령에 순종하는 삶을 살아야 하는
이유를 요약하여 제시합니다.

12절을 보겠습니다. "그러므로 너희는 죄가 너희 죽을 몸을 지
배하지 못하게 하여 몸의 사욕에 순종하지 말고." 본문은 "그러므로"
라는 접속사로부터 시작합니다. "그러므로"라는 접속사는 앞의 진술
과 뒤의 진술을 원인과 결과로 연결해 줍니다. 바울의 문맥에서 "그
러므로"라는 접속사가 등장할 때는 앞에는 교리가 나오고 뒤에는 행
위 또는 삶이 나옵니다. 이 구도가 말하는 것은 "교리라는 원인에는
행위 또는 삶이 뒤따라야 한다, 교리는 삶에 적용되어야 한다"는 것

입니다. 교리를 무시한 행위는 뿌리가 없어서 곧게 서지 못하고 기형으로 자라나다가 시들어 버리는 나무와도 같습니다. 동시에 교리만 말하고 행위 또는 삶을 말하지 않는 것은 뿌리는 있는데 싹이 트지 않는 식물과도 같습니다. 건강한 그리스도인의 삶은 교리를 철저하게 익힘과 동시에 항상 교리를 삶에 어떻게 적용해야 하는가를 묻는 삶입니다. 우리는 바울 서신을 읽다가 '그러므로'라는 접속사가 등장하면 항상 교리는 정확히 알아야 하고, 정확히 알게 된 교리는 행위 또는 삶에 적용되어야 한다고 생각하면 됩니다.

소극적 명령

"너희"는 성도를 뜻합니다. "죄"는 신자들 개인이 범하는 죄의 행위들을 뜻하는 것이 아닙니다. 이미 여러 번 말씀드린 것처럼 죄에는 두 가지 유형이 있습니다. 하나는 각 개인의 악한 마음이나 행위를 뜻하고, 다른 하나는 거대한 세력을 뜻합니다. 이 세력의 배후에는 인격적인 존재인 사탄이 있습니다. 이 세력은 하와와 아담이 하나님의 명령을 어기고 선악과를 따먹었을 때 살짝 열어 놓은 문을 통하여 온 세계 인류의 마음속에 들어와 인류를 장악해 버렸습니다. 본문이 말하는 죄는 바로 이 거대한 악의 세력을 말합니다.

바울은 죄의 세력이 너희 곧 성도의 "죽을 몸"을 지배하지 못하게 하라고 명령합니다. 바울의 명령은 성도들에게 거룩한 삶을 살라는 준엄한 명령이지만, 이 명령안에 구원의 확신을 가질 수 있는 근거가 숨어 있습니다. 바울의 명령이 어떤 점에서 우리에게 구원의 확신을 줄까요? 우리는 바울이 죄가 "너희"를 지배하지 못하게 하라고 명령하지 않고 "너희 죽을 몸"을 지배하지 못하게 하라고 명령한다는 점에 주목해야 합니다. 여기에 성도가 구원을 확신할 근거가 있습니다. 바울의 명령을 이해하려면 "너희"와 "너희 죽을 몸"이 다르다는 것을 아는 것이 중요합니다.

"너희"는 우리의 자아, 곧, 우리의 인격성이 자리 잡은 우리의 영혼을 뜻합니다. 우리가 예수님을 구주로 영접할 때 우리의 영혼은 속사람의 차원에서 영원히 새롭게 태어났고, 죄와 사망의 영역으로부터 은혜와 생명의 영역으로 완전히 이동했습니다. 죄의 힘은 결코 거듭난 우리 영혼을 건드릴 수 없습니다. 영혼을 건드릴 수조차 없는데 어떻게 영혼을 지배할 수 있겠습니까? 따라서 바울은 "죄가 너희를 지배하지 못하게 하라"고 명령하지 않습니다.

"너희 죽을 몸"은 영혼과는 구별되는 신체를 뜻합니다. 몸은 '죽는다'는 것이 특징입니다. 몸은 일정한 시간이 지나면 노화되거나 병들거나 사고 등으로 죽습니다. 몸이 죽는다는 말은 죄의 세력에서 자유롭지 못하다는 뜻입니다. 우리는 이 몸을 가지고 현세 안에서 생활합니다. 그러므로 "죽을 몸"이란 현세에서의 생활을 뜻합니다. "죄가 너희 죽을 몸을 지배하지 못하게 하라"는 말은 "죄의 세력이 몸을 가지고 영위하는 생활을 지배하지 못하게 하라"는 뜻입니다. 사탄의 세력이 영혼 그 자체를 건드릴 수는 없으나 성도들의 생활을 교란하고 지배하려고 시도하는 일은 할 수 있습니다.

다음 구절은 사탄이 배후에서 조종하는 죄의 세력이 성도의 생활을 교란하는 한 가지 전략을 알려 줍니다. 그 전략은 성도가 몸의 사욕에 순종하도록 만드는 것입니다. 사욕으로 번역된 헬라어 에피투미아 ἐπιθυμία는 욕망을 뜻합니다. 욕망은 어떤 것을 간절하게 바라는 마음을 뜻하는 것으로 그 자체가 악한 것은 아닙니다. 정당하고 바람직한 어떤 것을 간절하게 바라는 것은 좋은 일입니다. 그런데 이 문맥에서는 죄의 세력에 의하여 뒤틀린 욕망이라는 뜻으로 사용되었습니다. 뒤틀린 욕망을 우리 말 성경은 "사욕"이라고 잘 번역했습니다. 바른 욕망은 하나님이 원하는 선한 것을 간절히 바라는 것입니다. 뒤틀린 욕망은 자기의 이기적인 욕구의 충족을 간절히 바라는 것입니다. 사탄의 전략은 하나님을 향해야 할 욕망의 방향을 틀어서 자기를 향하도록 합니다. 바울은 바로 이 죄의 세력의 전략에 놀아나지 말라고 명령하는 것입니다.

13절은 12절의 명령을 보다 구체화해서 말합니다. "또한 너희 지체를 불의의 무기로 죄에게 내주지 말고 오직 너희 자신을 죽은 자 가운데서 다시 살아난 자 같이 하나님께 드리며 너희 지체를 의의 무기로 하나님께 드리라." 12절에서 "죽을 몸"이라고 넓고 두리뭉실하게 말한 것을 13절에서는 "너희 지체"라고 구체적으로 표현합니다. 지체는 죽을 몸이 지닌 기능들입니다. 신체적인 힘, 생각하는 능력, 정서적인 능력, 의지, 다양한 특기와 재능들이 모두 지체입니다. 이 기능들 그 자체는 하나님이 주신 선한 선물들입니다. 그런데 사탄의 조종을 받는 죄의 세력은 이 선물들을 무기로 사용하려고 합니다. 연필은 필기하는 데 아주 유용한 선물입니다. 그런데 연필이 사람을 죽이고자 하는 악한 의도를 가진 사람의 손에 들어가면 사람을 죽이는 무서운 무기가 될 수 있습니다. 우리 몸이 가진 기능들은 하나님의 좋은 선물이지만 사탄의 조종을 받는 죄의 힘은 이 선물을 불의의 무기로 둔갑시킵니다. 바울은 우리 신자들에게 우리 몸이 가진 다양한 기능들을 불의의 무기로 죄에 내주지 말라고 명령합니다. "내준다"로 번역된 헬라어 동사 파리스테미παρίστημι는 필요하면 언제든지 들어서 쓸 수 있도록 사람의 옆에 놓아둔다는 뜻입니다. 바울은 성도들에게 몸이 지닌 다양한 기능들을 사탄이 조종하는 죄의 세력 옆에 두어서 죄의 세력이 휘두르는 흉기로 둔갑하는 일이 일어나지 않도록 주의하라고 명령합니다.

적극적 명령

지금까지 바울이 제시한 명령은 소극적인 금지명령이었습니다. "죄가 너희 죽을 몸을 지배하지 못하게 하라," "몸의 사욕에 순종하지 말라," "너희 지체를 불의의 무기로 죄에게 내주지 말라." 바울은 이제 적극적인 명령 곧, "하라"는 명령을 제시합니다. 바울이 제시하는 적극적인 명령은 두 개입니다. 하나는 "오직 너희 자신을 죽은 자 가운데서 다시 살아난 자 같이 하나님께 드리라"라는 것이고, 다른 또 하나의 명령은 "너의 지체를 의의 무기로 하나님께 드리라"

라는 것입니다.

첫 번째 적극적인 명령은 "오직 너희 자신을 죽은 자 가운데서 다시 살아난 자 같이 하나님께 드리라"라는 것입니다. 이 명령의 특징은 이 명령과 짝을 이루는 소극적인 명령이 없다는 것입니다. 다시 말해서 '너희 자신을 죄에게 드리지 말라'는 명령은 없습니다. 왜 그럴까요? 앞에서 너희와 너희 죽을 몸은 다르다는 말씀을 드렸지요? 성도 자신 곧 성도의 인격적 중심인 영혼은 죄의 세력으로부터 완전히 벗어나 다시는 죄의 세력 안으로 들어갈 수 없습니다. 따라서 '죄가 너희의 죽을 몸이나 지체를 지배하지 못하게 하라'는 명령은 할 수 있어도, "죄가 너희 자신 혹은 너희 영혼 자체를 지배하지 못하게 하라"는 명령은 할 필요도 없고 할 수도 없습니다. 그러나 하나님의 영역 안에 완전히 들어와 있는 성도 자신 혹은 성도의 영혼은 하나님과 생명의 교통을 하는 가운데 있기 때문에 하나님과의 관계 안에서 할 수 있는 일들이 많이 있습니다. 그 가운데 바울이 명령하는 일은 일차적으로 성도 자신 혹은 성도의 영혼 전체를 하나님께 드리는 것입니다. 물론 은혜와 생명의 영역 안에 들어와 있으면 성도 자신 또는 성도의 영혼은 이미 하나님의 것이 되어 있지만, 성도 자신의 의지를 딱 세워서 이 사실을 적극적으로 확인하고, 명목상으로만 되어 있던 것을 실질적으로 드리라는 것입니다. 우리 말로 드리라고 번역한 단어는 앞 절에서 사용된 "내준다"는 말과 헬라어 원어상으로는 동일한 단어인 파리스테미입니다. 성도는 성도 자신, 성도의 영혼 전체를 하나님 옆에 놓아드려서 하나님이 언제든지 쓰실 수 있도록 해야 합니다.

두 번째 명령은 "너희 지체를 의의 무기로 하나님께 드리라"라는 것입니다. 이 명령은 앞에 나온 "하지 말라"라는 소극적인 명령들 가운데 하나인 "너희 지체를 불의의 무기로 죄에게 내주지 말고"라는 명령과 짝을 이루는 명령입니다. 우리는 우리의 지체를 불의의 무기로 죄의 옆에 놓아둘 수도 있고, 의의 무기로 하나님 옆에 놓아드릴 수 있습니다. 바울은 우리 몸이 지닌 다양한 기능들을 하나님이 언제든지 들어서 "의"를 이루는 무기로 사용하실 수 있도록 하나님 옆에 놓아드리라고 명령합니다. 나의 생각을 하나님이 언제든지 의의 무기로 쓰실 수 있도록 하나님 옆에 놓아드려라! 나의 감성을 언제든지 하나님이 의의 무기로 쓰실 수 있도록 하나님 옆에 놓아드려라! 나의 의지를 언제든지 하나님이 의의 무기로 쓰실 수 있도록 놓아드려라! 우리 몸이 지닌 다양한 특기와 재능들을 하나님이 언제든지 의의 무기로 들어 쓰실 수 있도록 하나님 옆에 놓아드려라! 나의 몸이 지닌 힘을 하나님이 언제든지 의의 무기로 사용하실 수 있도록 하나님 옆에 놓아드려라!

'죄가 우리 죽을 몸을 지배하지 못하게 하라, 몸의 사욕에 순종하지 말라, 우리 지체를 불의의 무기로 죄의 옆에 두지 말라, 우리 자신을 하나님께 드리라, 우리 지체를 의의 무기로 하나님 옆에 두라'는 명령들은 모든 신자가 거룩한 삶 곧, 성화를 추구하는 삶을 살라는 명령들입니다. 우리가 하나님 앞에서 의롭다 함을 받고 신자가 될 때는 예수님을 믿는 신앙고백만 하면 나머지 일은 하나님이 성령을 통하여 100% 해주십니다. 우리는 하나님이 주시는 은혜의 선물을 받기만 하면 됩니다. 그러나 현세 안에서 성화에 이르는 삶은 하나님이 100% 해주시기만 하는 것이 아닙니다. 물론 성령께서 도와주시지만 내가 해야 할 몫이 있습니다. 하나님이 명령을 주실 때 내가 나의 의지를 굳게 세워서 그 명령을 실행에 옮길 결심을 하고 결심에 따라 내가 행동을 해야만 합니다. 성화의 삶은 성령의 도우심을 간구하면서 내가 의지를 굳게 세워서 실행하는 삶입니다.

교회는 병원이 아니라 군대

요즈음 기독교인들 사이에서 말씀으로 상처를 치유한다는 말을 많이 하고, 상담치유센터 같은 것이 인기를 끌고 있습니다. 치유 집회도 자주 열리곤 합니다. 그러나 교회는 치유센터가 아니며 치료소나 병원이 아닙니다. 교회를 치유센터나 병원과 같은 곳으로 보는 것은 성경적인 관점이 아닙니다. 성도들의 모임은 치유가 필요한 병든 환자들의 모임이 아닙니다. 치료소나 병원에서 환자가 하는 일은 의사가 해주는 치료를 받기만 하면 됩니다. 병원에서 환자는 철저하게 수동적입니다. 그러나 성도들의 모임인 교회에서 성도들은 적극적인 태도로 임무를 수행해야 합니다.

오늘 본문을 잘 보면 바울이 성도들의 모임인 교회를 병원과 같은 곳으로 묘사하지 않고 군대로 묘사하고 있다는 사실을 알 수 있습니다. 군대에서 지휘관이 명령을 내리면 병사들은 토를 달지 않고 그 명령에 전적으로 복종하여 명령을 수행해야 하는 것처럼, 교회의 성도들은 최고 지휘관이신 하나님이 성경말씀을 통하여 명령을 내리면 토를 달지 않고 그 명령을 수행해야 합니다. 오늘 우리가 읽은 본문에는 짤막한 두 절 안에 바울의 권고가 다섯 개가 담겨 있는데 모두 상관이 부하에게 주는 명령형으로 되어 있습니다. 왜 그렇습니까? 성도들은 하나님이라는 총사령관의 명령을 수행하는 병사들이기 때문입니다. 또 본문에는 신자들의 지체를 무기로 비유하고 있습니다. 바울 서신에서 신자들의 삶은 공중의 권세 잡은 자와 더불어 한판 대결을 벌이는 치열한 전쟁으로 묘사되고 있고 교회는 현세 안에서 악의 세력에 대항하여 치열한 영적 전투를 벌이는 전투하는 교회로 묘사되고 있습니다. 우리는 병원의 환자들이 아니라 최고사령관이신 그리스도 휘하에서 주어진 명령을 수행하는 병사들입니다. 병사들은 명령이 떨어지면 무조건 출동해야 합니다. 군대의 명령은 상명하복입니다. 이렇게 살아야 바른 기독교인의 삶을 살아낼 수 있습니다. 때로는 무리하게 보이고 불가능해 보이는 명령을 최고사령관이 내릴 수도 있습니다. 이때 병사는 이 명령이 타당한가 타당하지 않은가를 따져서는 안 되고 명령을 받으면 무조건 이 명령을 어떻게 수행할 것인가만 생각해야 합니다.

예를 들어서 노아의 경우를 생각해 봅시다. 노아 시대에 하나님을 바르게 믿는 사람은 노아 한 사람밖에 없었습니다. 이때 하나님이 "노아야, 세상천지에 너 혼자 신앙생활을 하려니 얼마나 외롭고 힘들겠니? 미안하다. 그래도 어쩌겠니? 참고 인내해야 하지 않겠니?" 이렇게 위로하신 것이 아닙니다. 하나님은 노아를 불러서 배를 만들라는 작전명령을 하달합니다. 작은 나룻배 한 척도 만들어 본 경험이 없을 것이 분명한 노아에게 길이 150m, 넓이 25m, 높이 15m 되는 항공모함급의 배를 만들라는 명령을 내리신 것입니다. 그것도 나무로 이 큰 배를 만들라는 것입니다. 이 명령을 받은 노아가 얼마나 기가 막히겠습니까? 그러나 노아는 한마디도 이의를 제기하지 않고 무조건 복종하여 혼신의 힘을 다해 이 거대한 배를 만들었습니다.

성도들은 하나님 앞에서 의롭다 함을 받는 문제나 구원의 문제에 대해서는 걱정할 필요가 없는 자들입니다. 왜냐하면 이 일은 그리스도께서 값없이 은혜로 다 해주셨기 때문입니다. 성도들은 오로지 생활의 영역에서 교활한 작전을 전개하는 죄의 세력에 대항하여 싸우는 영적인 전투에 집중하면 됩니다. 바울은 이렇게 할 수 있는 이유를 14절에서 제시합니다. "죄가 너희를 주장하지 못하리니 이는 너희가 법 아래 있지 아니하고 은혜 아래에 있음이라." 바울의 진술은 로마서 1:17, 그리고 3:21-6:10까지 말한 내용을 요약한 것입니다. "죄"는 이 문맥에서는 각 개인이 행한 죄의 생각이나 행위 하나하나를 가리키는 것이 아니라 사탄이 배후에 자리 잡고 조종하는 죄의 세력을 뜻합니다. 죄의 세력이 다시는 "너희"를 주장하지 못한다고 바울은 말합니다. 왜냐하면 우리가 예수 그리스도를 구주로 영접하는 순간 사탄이 죄와 사망을 무기로 통치하는 영역으로부터 완전히 벗어나 버렸기 때문입니다. 바울은 다음 구절에서 이 상황을 표현을 달리하여 강조합니다. "너희가 법 아래 있지 아니하고." "법 아래 있지 않다"라는 말은 하나님 앞에서 의롭다 함을 받기 위하여 율법을 철저하게 준수해야 하는 의무 아래 있지 않다는 뜻입니다. "은혜 아래에 있음이라"라는 말은 하나님 앞에서 의롭다 함을 받는 것은 우리의 죄를 대신 지시고 십자가 위에서 죽으신 예수 그리스도를 믿음으로 받아들일 때 값없이 은혜로 오직 그리스도의 전가된 의에만 근거하여 이루어진다는 뜻입니다.

오직 그리스도의 능력으로만 의롭다 함, 곧 구원을 받은 성도는 자신을 하나님께 드리며, 자신들의 지체를 죄에게 무기로 내주지 않고 하나님께 무기로 드리며, 사탄의 세력에 대항하여 싸우는 영적인 전쟁을 수행하는 일에 집중하는 그리스도의 병사들이 되어야 합니다. 따라서 은혜를 더 많이 받기 위하여 죄를 더 많이 짓자는 것이 바울의 가르침이 아니라 크고 많은 죄를 용서받았으니 이제는 몸을 가지고 영위하는 생활 속에 여전히 남아 있는 죄의 세력을 소탕하는 작전을 철저하게 수행해야 한다는 것이 바울의 가르침입니다.

6:15 그런즉 어찌하리요 우리가 법 아래에 있지 아니하고 은혜 아래에 있으니 죄를 지으리요 그럴 수 없느니라
6:16 너희 자신을 종으로 내주어 누구에게 순종하든지 그 순종함을 받는 자의 종이 되는 줄을 너희가 알지 못하느냐 혹은 죄의 종으로 사망에 이르고 혹은 순종의 종으로 의에 이르느니라
6:17 하나님께 감사하리로다 너희가 본래 죄의 종이더니 너희에게 전하여 준 바 교훈의 본을 마음으로 순종하여
6:18 죄로부터 해방되어 의에게 종이 되었느니라

바울은 5:21 하반절에서 "죄가 더한 곳에 은혜가 더욱 넘친다"라는 중요한 진리를 말한 바 있습니다. 이 말의 의미는 사람들이 마음속에 품었던 생각이나 행동이 죄라는 사실을 몰랐다가 율법을 읽고 난 이후에는 이것들이 죄라는 사실을 알게 되고, 그 결과 자신이 범한 죄의 숫자가 더 많이 드러나고 죄의 크기가 더 크고 깊이가 더 깊다는 사실이 새롭게 발견되어, 하나님 앞에서 더 철저하게 회개하게 되고 그 결과 더 큰 죄 사함의 은혜를 받게 된다는 뜻이었습니다. 그런데 바울의 대적들은 바울의 가르침을 비웃으면서 "그렇다면 은혜를 더 많이 받기 위하여 죄를 더 많이 지으면 되겠네!"라고 비아냥댔습니다. 이런 비아냥거림에 대한 바울의 답변이 로마서 6장 전 장

에 걸쳐서 제시되고 있습니다. 6:1-14에서 교리적인 차원에서 답변을 하고 있다면, 6:15-23에서는 경험적 차원에서 답변이 제시되고 있습니다.

"그런즉 우리가 무슨 말을 하리요 은혜를 더하게 하려고 죄에 거하겠느냐"라는 6:1의 질문에 대해서 바울은 6:2 초두에서 "그럴 수 없느니라"라고 단호하게 답변한 후에 교리적인 차원에서 그 이유를 논증해 나간 바 있습니다. 교리적인 차원의 논증을 마무리한 바울은 6:15에서 같은 내용의 질문을 표현을 약간 달리하여 재차 질문하고 답변합니다. "그런즉 어찌하리요 우리가 법 아래 있지 아니하고 은혜 아래에 있으니 죄를 지으리요 그럴 수 없느니라." "그런즉 어찌하리요." 이 말은 이런 뜻입니다. "뭐라고? 내가 그렇게 말하면 어떻게 된다고?" 헬라어 원문에는 이 반문 다음에 바로 이렇게 나옵니다. "우리가 죄를 짓자고?" 바울은 이 말을 듣고 깜짝 놀랍니다. 바울의 대적들은 바울이 앞에서 한 어떤 말을 염두에 두면서 "그렇게 말하면 우리가 죄를 행하자는 말이 된다"라고 비판했습니다. 바울이 한 어떤 말이 문제가 된 걸까요? 바울은 바로 앞 절인 14절에서 복음의 핵심을 이렇게 요약했습니다. "너희가 법 아래 있지 아니하고 은혜 아래에 있음이라." 바울의 대적자들은 "성도들이 법 아래 있지 않고 은혜 아래 있다"라고 말하면 성도들이 죄를 행하도록 부추기는 결과가 나타나니까 그런 말을 하지 말라고 윽박지르고 있는 것입니다.

"법 아래 있지 않다"라는 말에서 "법"은 도덕법을 뜻합니다. 도덕법은 성경에도 있고, 사람의 마음속에도 있습니다. "법 아래 있지 않다"는 말은 성도들이 생활 속에서 도덕법을 지킬 의무를 지고 있지 않다는 뜻이 아니라 도덕법을 행하는 것은 하나님 앞에서 의롭다 함을 받고, 구원을 받기 위한 조건이 되지 않는다는 뜻입니다. 성도들은 도덕법을 행한 업적에 근거하여 의롭다 함 곧, 구원을 받는 것이 아닙니다. "은혜 아래 있다"라는 말은 하나님 앞에서 의롭다 함, 구원을 받는 것은 우리에게 전가된, 예수 그리스도께서 십자가 위에서 이루신 완전한 의에만 근거해서 값없이, 그리고 은혜로 이루어진다는 뜻입니다. 바울의 대적들은 "율법 곧 도덕법을 준수하는 바른 도덕적인 삶이 전혀 구원의 조건이 되지 않는다고 주장하면 구원받은 성도들이 자유롭게 죄를 지어도 된다는 결론으로 나아가게 된다"라고 바울을 비판했습니다. 바울은 이 논리가 절대로 있어서는 안 될 악마의 논리라는 점을 선언합니다. "그럴 수 없느니라." 바울의 말은 "그런 논리는 결코 있을 수 없다!"라는 것입니다. 그것은 우리가 가야 할 논리의 길이 아닙니다. 바울은 16절 이하에서 그러면 우리 성도들은 어떤 논리의 길을 가야 하는가를 설명해 나갑니다.

죄의 종과 순종의 종

16절을 보겠습니다. "너희 자신을 종으로 내주어 누구에게 순종하든지 그 순종함을 받는 자의 종이 되는 줄을 너희가 알지 못하느나 혹은 죄의 종으로 사망에 이르고 혹은 순종의 종으로 의에 이르느니라." 헬라어 원문은 "너희들은 알지 못하느냐"라는 질문으로 시작합니다. 바울은 당시 로마의 성도들도 잘 알고 있는 일반적인 상식에 호소하는 것으로 논증의 실마리를 풀어 갑니다. 바울이 호소하는 일반적인 상식은 당시의 노예제도입니다. 바울은 노예제도를 비유로 사용하여 값없이 은혜로 구원받은 성도들이 죄를 범해서는 안되는 강력한 이유를 설명합니다. 바울의 설명을 이해하기 위해서는 바울 당시의 노예제도의 특징 몇 가지를 알아 두는 것이 도움이 됩니다.

바울은 유대인인 동시에 로마 시민권자였기 때문에 유대의 노예제도와 로마의 노예제도에 대하여 모두 잘 알고 있었습니다. 로마서의 수신인은 로마의 성도들이기 때문에 바울은 유대의 노예제도보다는 로마제국의 노예제도를 생각하면서 논증하고 있습니다. 당시 로마제국 안에 살고 있던 인구의 1/3이 노예였고, 노예의 숫자는 로마시민들의 숫자보다 3-5배 정도 많았습니다. 노예이거나 노예로 있다가 자유를 얻은 사람들이 로마제국 인구의 대부분을 차지하고 있었습니다. 전쟁에서 포로로 잡혀 온 적군들, 부모가 버린 자녀나 부모가 돈을 받고 팔아넘긴 자녀, 빚을 갚지 못한 채무자가 노예가 되었고, 범죄에 대한 형벌로 노예가 된 자들도 있었습니다.

당시 로마의 노예제도는 세 가지 특징을 지니고 있었습니다. 첫째로, 노예는 두 주인을 섬길 수 없었습니다. 물론 노예의 주인이 바뀌는 경우가 있었습니다. 노예는 한 주인을 섬기다가 그 주인이 죽거나, 주인이 그를 팔아넘기면 새로운 주인을 섬겨야 했습니다. 둘째로, 노예의 신분에 머물러 있는 한 노예는 주인이 바뀌어도 항상 주인을 섬기는 위치를 벗어날 수 없었습니다. 따라서, 셋째로, 노예는 주인의 명령에 절대복종해야 했고, 노예에게는 자유가 없었습니다. 이런 특징들이 바울이 노예제도를 비유로 사용하여 성도들의 신분을 묘사할 때 동원되었습니다.

바울은 이 본문에서 당시 노예제도의 특징 한 가지를 말합니다. 종이라는 단어를 노예라고 번역하면 본문의 뜻이 더욱 선명하게 드러납니다. 그리고 순종이라는 부드러운 말보다는 복종이라는 강한 말을 써야 본문의 뉘앙스가 더 정확하게 전달됩니다. 바울은 이렇게 말합니다. "너희가 어떤 사람의 노예로서 너희 자신을 그에게 내주어 그 사람에게 복종한다면, 너희는 너희가 복종하는 그 사람의 노예다." 이 문장은 비슷한 내용을 두 번 반복하는 것이기 때문에 문장 어법상으로 보면 매우 어색한 문장입니다. 그러나 하나님은 이렇게 어색한 문장도 하나님의 계시를 전달할 때 사용하십니다. 이 문장에서 바울의 강조점은 "복종"에 있습니다. 노예는 주인의 뜻에 절대복종하는 것 이외에는 다른 것을 해서는 안 되는 신분이라는 점을 바울은 강조합니다.

바울은 노예라는 장치를 이용하여 로마교회 사람들이 성도가 되기 전과 후의 상태를 비교합니다. "혹은 죄의 종으로 사망에 이르고 혹은 순종의 종으로 의에 이르느니라." 성도들이 예수님을 구주로 영접하기 전에는 "죄의 종_{노예}"이었습니다. 본문이 말하는 "죄"는 구체적인 죄의 생각이나 행동을 가리키는 것이 아니라 사탄의 조종을 받은 죄의 세력을 뜻합니다. 성도들이 예수님을 믿기 전에는 죄의 세력의 지시에 절대복종하는 죄의 노예였습니다. 그 결과는 "사망"입니다. 그런데 예수님을 믿고 난 이후에 신분이 어떻게 바뀌었습니까? 죄의 세력에서 벗어난 후에 어느 주인에게도 속하지 않는 자유인이 되었습니까? 아닙니다. 바로 "순종의 종" 곧 복종의 노예가 되었습니다. 본문에는 무엇에 대한 복종이라는 말이 없이 그냥 복종이라고만 해 놓으니까 좀 뜬금없이 생각되지요? 바울이 복종이라는 단어를 즐겨 쓰는 이유는 복종이 노예제도의 특징 가운데 하나이기 때문입니다. 16절을 반복하여 조금 더 상세하게 설명하는 17절을 읽으면 무엇에 대한 복종인가가 선명하게 나타나 있습니다. 복종의 결과가 무엇입니까? "의"에 이르는 것입니다. 이 의는 "하나님의 의"로서 예수 그리스도께서 자신의 생애와 십자가 위에서 이루신 완전한 의로움을 뜻합니다. 이 완전한 의로움은 우리가 예수님을 구주로 영접할 때 우리에게 전가된 바로 그 하나님의 완전한 의입니다. 죄의 세력의 배후에 사탄이 자리 잡고 있듯이 이 의의 배경에는 그리스도가 자리 잡고 있습니다. 그러니까 이 의는 그리스도 자신이라고 보아도 과언이 아닙니다.

죄의 노예로부터 그리스도의 노예로 옮겨짐

17절과 18절은 16절의 내용을 반복하면서 좀 더 상세하게 설명합니다. 17절과 18절은 한 문장으로 읽어야 합니다. "하나님께 감사하리로다 너희가 본래 죄의 종이더니 너희에게 전하여 준 바 교훈의 본을 마음으로 순종하여 죄로부터 해방되어 의에게 종이 되었느니라." 바울은 하나님께 감사를 표하면서 예수님을 믿기 전의 성도의 상태를 다시 한번 묘사합니다. "너희"는 로마교회 성도들, 나아가서는 모든 성도를 가리키는 용어입니다. 성도들은 예수님을 믿기 전에는 "죄의 종_{노예}"이었던 자들입니다. 성도들은 예수님을 믿기 전에는 "사탄의 배후조종을 받는 죄의 세력의 노예로서 죄의 명령에 절대적으로 복종하는 자들"이었습니다. 그런데 이들에게 어떤 일이 일어났습니까? 이들이 "교훈의 본"이라는 것에 마음으로 순종하는 일이 일어났습니다. 그러면 "교훈의 본"은 무엇을 가리킬까요? "교훈의 본"이라는 것은 "일정한 형식을 가진 표준적인 교본"이라는 뜻으로서 복음을 가리킵니다. 바울 당시에 복음을 전하는 전도자들이 많았습니다. 베드로나 요한을 비롯한 열두 사도가 다 흩어져서 복음을 전했고 열두 사도 이외에도 많은 전도자들이 있었습니다. 그런데 이 전도자들이 서로 다른 내용을 중구난방으로 전한 것이 아니라 몇 가지 공통된 핵심진리를 잘 알고 이 핵심진리를 한목소리로 전했습니다. 예를 들면 사도신경에 기독교의 핵심진리들이 들어 있지 않습니까? 초대교회 전도자들이 한자리에 모여서 사도신경과 같은 잘 정리된 문서를 만들지는 않았지만, 대체로 핵심적인 기독교 진리의 틀에 대해서는 암묵적인 합의가 있었습니다. 이것을 "교훈의 본"이라고 말합니다. 성도들은 이 교훈의 본을 마음으로 복종한 자들입니다.

　　그런데 우리 말 번역에는 "너희에게 전하여준 교훈의 본"이라고 하여 교훈의 본이 누군가에 의하여 로마교회의 성도들에게 전해진 것으로 되어 있습니다. 그러나 이 번역은 헬라어 원문상으로는 불가능한 해석으로서 대부분의 학자는 이렇게 번역하지 않습니다. 원문에 충실하게 번역하면 "너희가 교훈의 본에 넘기어졌다"가 됩니다. 교훈의 본이 로마교회 성도들에게 전해진 것이 아니라 로마교회 성도들이 교훈의 본에 넘기어졌다는 것입니다. 교훈의 본은 복음이고 복음의 중심은 그리스도이기 때문에 교훈의 본에 노예로 넘겨진바 되었다는 말은 그리스도에게 노예로 넘겨졌다는 뜻이기도 합니다. 자, 지금 성도들의 주인이 바뀌지 않았습니까? 죄의 세력의 노예로부터 교훈의 본그리스도의 노예로 옮겨졌습니다.

　　"넘겨진바 되었다"라는 문장은 수동태 문장입니다. 신자들이 스스로 이동한 것이 아니라 옮겨진 것입니다. 노예제도에서 노예는 자기 입맛대로 자유롭게 주인을 선택할 수 없었습니다. 노예에게는 그럴 권한이 없었습니다. 고대사회에서 노예의 이동은 노예의 뜻이 아니라 주인의 뜻에 따라서 이루어졌습니다. 노예를 거느리고 있던 주인이 다른 주인에게 돈을 받고 팔아 버리면 노예는 옮김을 당했습니다. 이처럼 죄의 세력에 노예였던 자들이 예수님을 믿음으로 받아들이자 새 주인인 그리스도께서 죄의 세력으로부터 빼내어 자기 밑으로 옮겨버린 것입니다. 성도가 예수님을 믿기 전에 죄의 세력의 노예가 된 것도 자신이 원해서 그렇게 된 것이 아닙니다. 태어나 보니 자기의 뜻과 상관없이 죄의 세력의 노예가 이미 되어 있었습니다.

우리가 이 세상에 태어나 보니 나의 뜻과 상관없이 대한민국 국민이 되어 있는 것과 같습니다. 예수님을 구주로 영접한 것은 내가 결정한 것이지만 죄의 세력의 노예로부터 벗어나 예수님의 노예로의 이동은 나의 힘으로 이루어진 것이 아니라 예수님을 구주로 영접한 순간 하나님이 나를 예수님의 노예로 이동시켜 주신 것입니다.

하나님이 우리를 이동시켜 주시자 성도는 비로소 죄로부터 해방될 수 있었습니다. "죄로부터 해방되어"도 수동태로 되어 있습니다. 성도가 자기 발로 죄의 세력으로부터 걸어 나간 것이 아닙니다. 하나님이 하나님의 능력으로 끌어내신 것입니다. 그런 다음에 어디로 갔습니까? "의에게 종이 되었습니다." 여기서 말하는 의는 예수 그리스도께서 십자가 위에서 이루신 하나님의 의로서 사실은 예수님을 뜻합니다. "의에게 종이 되었다"라는 것은 예수님의 노예가 되었다는 뜻입니다. 여기서도 수동태가 사용되었습니다. 예수님의 노예가 된 것도 내 발로 걸어 들어간 것이 아니라 하나님의 능력이 우리를 이동시켰고 우리는 이동 당한 것입니다.

중간지대는 없다

여기서 우리는 두 가지 점에 주목해야 합니다. 첫째로, 고대사회의 노예는 아무리 주인이 바뀌어도 노예의 신분에서 벗어날 수가 없습니다. A라는 주인의 노예에서 옮기면 B라는 주인의 노예로 살아야 합니다. 노예에게는 주인을 선택할 자유가 없습니다. 이처럼 사람은 누군가의 노예로만 살게 되어 있습니다. 죄의 세력의 노예로 살든지, 아니면 의의 세력의 노예로 살든지 둘 중 하나입니다. 중간 지대는 없습니다. 그것이 기독교적 세계관입니다. 사탄의 조종을 받는 죄의 세력의 노예 상태로부터 해방되는 유일한 길은 그리스도의 통치를 받는 의의 세력의 노예가 되는 길뿐입니다. 둘째로, 노예는 주인이 바뀌면 새 주인의 명령만을 들어야 하고 이전 주인의 명령을 들어서는 안 됩니다. 의의 세력의 노예가 되고 나면 의의 세력의 지시에만 절대복종해야 합니다. 의의 세력의 노예가 되고 나서도 죄의 세력의 지시에 복종하는 것은 새 주인을 배반하는 것입니다.

6:19 너희 육신이 연약하므로 내가 사람의 예대로 말하노니 전에 너희가 너희 지체를 부정과 불법에 내주어 불법에 이른 것 같이 이제는 너희 지체를 의에게 종으로 내주어 거룩함에 이르라

6:20 너희가 죄의 종이 되었을 때에는 의에 대하여 자유로웠느니라

6:21 너희가 그 때에 무슨 열매를 얻었느냐 이제는 너희가 그 일을 부끄러워하나니 이는 그 마지막이 사망임이라

6:22 그러나 이제는 너희가 죄로부터 해방되고 하나님께 종이 되어 거룩함에 이르는 열매를 맺었으니 그 마지막은 영생이라

6:23 죄의 삯은 사망이요 하나님의 은사는 그리스도 예수 우리 주 안에 있는 영생이니라

노예 비유의 장단점

바울은 16-18절에서 노예의 비유를 이용하여 성도의 상태가 어떻게 바뀌었는가를 서술한 다음, 19절에서 이처럼 상태가 바뀐 성도들은 어떻게 살아야 하는가를 말합니다. 19절 하반절이 15-23절의 핵심입니다. 바울은 이 핵심적인 가르침을 주기 전에 잠깐 숨을 돌리면서 자신이 하나님 나라의 일을 설명할 때 인간의 일인 노예의 비유를 사용하는 이유가 무엇인지를 잠깐 밝힙니다. "너희 육신이 연약하므로 내가 사람의 예대로 말하노니." 바울이 하나님 나라

의 일을 사람의 일을 비유로 들면서 말하는 이유는 성도들의 "육신의 연약함" 때문입니다. 인간은 인식능력에도 한계가 있고 또 인간의 인식능력이 부패하고 망가져 있기 때문에 하나님 나라의 일을 직접 말해 주면 잘 알아듣지 못하는 경우가 많습니다. 따라서 하나님 나라를 설명할 때 인간세계의 일을 비유로 사용하여 설명하는 것이 필요합니다.

그런데 인간세계에서 일어나는 일들을 가지고 하나님 나라의 일을 설명하는 데는 한계가 있습니다. 인간세계의 일이 하나님 나라의 일을 잘 설명하는 부분도 있지만 제대로 설명하지 못하는 부분도 있습니다. 세상에서 일어나는 일들은 어느 한두 가지 점에서는 하나님 나라의 일을 설명하는 데 도움이 되지만, 다른 특징들은 하나님 나라를 설명하는 데 도움이 되지 않고 오히려 방해가 될 수 있습니다.

바울이 노예제도의 비유를 이용하여 하나님 나라를 설명할 때 특히 이 문제가 바울의 마음속에서 부담이 되었습니다. 노예제도는 인간세계에서도 폐기되어야 할 나쁜 제도입니다. 고대사회에서 노예는 사람으로 취급받지 못하고 재산으로 취급되었다는 사실 하나만으로도 노예제도는 나쁜 제도입니다. 게다가 일부 노예들은 주인을 잘 만나서 인간적인 대우를 받기도 했지만, 대부분의 노예는 매우 비참한 생활을 해야 했습니다. 그러나 바울은 노예제도가 지닌 몇 가지 특징이 하나님 나라의 일을 설명하는 데 아주 잘 맞기 때문에 노예제도를 비유로 사용합니다. 그러나 노예제도는 다른 한 편으로는 하나님 나라를 설명하는 데 잘 안 맞는 부분도 있습니다. 노예제도가 죄의 세력에 노예가 되어 있는 불신자의 상태를 설명할 때는 잘 맞습니다. 노예 가운데 정말로 즐거운 마음으로 주인에게 절대복종하는 일은 거의 없습니다. 노예는 노예라는 운명을 지고 있기에 어쩔 수 없이 주인에게 복종합니다. 이처럼 죄의 세력에 노예가 되어 있는 불신자들도 죄의 세력에 복종하는 것은 강압에 의하여 어쩔 수 없이 하는 것인데, 이 점에서 노예제도와 불신자의 상태가 잘 맞습니다.

그런데 노예제도를 가지고 하나님과 성도의 관계를 설명할 때 잘 들어맞는 부분도 있지만 잘 들어맞지 않는 부분도 있습니다. 예컨대 노예가 주인에게 절대복종해야 하는 것처럼 성도들도 주인이신 그리스도에게 절대복종해야 합니다. 그러면 어떤 부분에서 노예제도가 성도와 하나님의 관계를 설명하는 데 잘 안 맞을까요? 노예제도에서 노예가 정말로 자원하는 마음으로 노예생활을 하는 경우는 아마도 거의 없을 것입니다. 그러나 성도들이 예수님을 믿고 값없이 은혜로 구원받은 후에 그리스도에게 절대적으로 복종할 때는 어쩔 수 없이 강요에 못 이겨서 하는 것이 아닙니다. 성도들이 그리스도에게 복종하는 것은 구원해 주신 은혜가 너무 감사해서 정말로 자원하는 마음으로, 자유로운 결단을 통하여 주인이신 그리스도에게 절대복종합니다. 강요에 의한 절대복종이 아니라 사랑에 의한 자발적인 절대복종입니다. 사랑에 의한 자발적인 절대복종이라는 특성은 인간세계의 노예들에게서는 거의 찾아보기 어려운 태도입니다. 또 예수님도 인간세계의 노예 주인들처럼 강압적으로 성도들에게 복종을 요구하는 것이 아니라 고린도후서 5:14이 말하는 것처럼 사랑의 마음으로 성도를 강권하십니다. 인간들 사이에서도 상대방을 진정한 마음으로 사랑한다면 자원하는 마음으로 그 사람의 노예가 되는 일을 기꺼이 하지 않습니까? 그리고 또 사랑하는 마음으로 강권하는 일도 하지 않습니까? 노예처럼 상대방의 말을 들어주고 노예처럼 상대방에게 요구하지만 사랑의 마음으로 그렇게 하지 않습니까? 바로 이런 중요한 특징은 노예제도를 비유로 사용하여 설명하기가 어렵습니다.

예수님도 무리에게 하나님 나라의 일을 설명하실 때 대부분 인간세계에서 일어나는 일들을 비유로 하여 가르치셨습니다. 예수님도 바울처럼 부정적인 인간세계의 일을 비유로 사용하신 경우가 자주 있습니다. 예를 들어서 누가복음 18:1-8을 보면 하나님은 성도의 기도를 반드시 들어 주신다는 하나님 나라의 원리를 설명하실 때 뇌물을 좋아하고 정의롭게 재판하지 않는 불의한 재판관을 비유로 사용하십니다. 불의한 재판관이라 할지라도 계속하여 요청을 하고 탄원을 하면 들어주시는 법인데 하물며 하늘에 계신 하나님이 성도들의 기도를 외면하시겠느냐 하는 것입니다. 그러나 예수님은 요한복음 15:15에서 이런 말씀을 하셨습니다. "이제부터는 너희를 종이라 하지 아니하리니 종은 주인이 하는 것을 알지 못함이라 너희를 친구라 하였노니 내가 내 아버지께 들은 것을 다 너희에게 알게 하였음이라." 여기서 말하는 종도 사실은 노예로 번역하는 것이 좋습니다. 예수님이 성도를 더 이상 종이라 하지 않겠다고 말씀하신 이유는 주인과 노예 관계가 하나님 나라의 원리를 설명하는 데 잘 맞지 않기 때문입니다. 어떤 점에서 그럴까요? 주인은 노예에게 자기 하는 일을 일일이 다 알려 주지 않습니다. 그런데 예수님은 아버지에게 들은 하나님 나라의 일을 친구에게 알려 주듯이 성도들에게 모두 소상하게 알려 주겠다는 것입니다. 우리가 성경을 읽고, 설교를 듣고 성경공부를 하는 게 다 예수님께서 하나님 나라의 일을 소상하게 알려 주는 것 아닙니까?

이처럼 성경기자들이 인간세계의 비유를 사용하여 하나님 나라의 일을 설명할 때 우리는 다음과 같은 점들에 주의하면서 읽어야 합니다. 첫째로, 인간세계의 비유가 가진 특징들 가운데 하나님 나라의 원리를 설명하는 데 어떤 점이 잘 맞는가를 살펴서 그 부분에 주목하여 하나님 나라 원리를 이해하는 데 도움을 받아야 합니다. 둘째로, 인간세계의 비유가 하나님 나라의 일을 완전하게 설명할 수는 없다는 것을 항상 유념하고 비유를 하나님 나라와 100% 맞추려고 해서는 안 됩니다.

바울의 세계관에 따르면 사람들은 두 영역 가운데 어느 한 영역에 속해 있습니다. 이 두 영역 사이에 중간 지대나 제3지대는 없습니다.

한 영역은 사탄의 배후조종을 받는 거대하고 강력한 죄의 세력이 통치하는 나라입니다. 이 나라에서 죄의 세력의 통치를 받은 결과는 사망입니다. 다른 한 영역은 그리스도의 은혜가 통치하는 하나님의 나라입니다. 이 나라에서 그리스도의 은혜의 통치를 받은 결과는 영생입니다.

사람들이 이 두 영역에 들어가는 방법에는 차이점이 있습니다. 죄의 세력이 통치하는 나라에는 모든 인류가 이 세상에 태어나는 순간 본인의 의지와 상관없이 운명적으로 소속됩니다. 어떤 사람도 이 운명을 피할 수 없습니다. 그러나 그리스도의 은혜가 통치하는 나라에는 본인이 예수 그리스도를 구주로 영접하는 선택을 해야만 소속됩니다. 이 나라는 자유로운 사랑의 선택으로 시작됩니다.

사람들이 이 두 영역에서 나오는 방법에도 차이점이 있습니다. 죄의 세력이 통치하는 나라로부터는 빠져나올 수 있는 방법이 있습니다. 예수 그리스도를 구주로 영접하는 선택을 하면 빠져나올 수 있습니다. 그러나 놀랍게도 그리스도의 은혜의 나라에는 일단 들어가면 빠져나오는 길은 없습니다.

그러나 이 두 영역에는 중요한 공통점이 있습니다. 이 두 영역의 신분을 결정하는 권한이 사람에게 없다는 것입니다. 죄의 세력이 통치하는 나라의 신분 혹은 시민권은 죄의 세력이 전적으로 결정합니다. 아담으로부터 전가된 원죄가 이 나라에 속한 모든 사람의 신분 또는 시민권을 죄인으로 결정합니다. 이 나라에 속한 사람이 선행을 했다고 해서 원죄에 의하여 결정된 죄인의 신분 또는 시민권이 변경되지 않습니다. 그리스도의 은혜의 나라의 신분 혹은 시민권도 사람이 결정하는 것이 아니라 그리스도의 의로움이 결정합니다. 이 나라에 속한 사람이 죄를 행했다고 해서 그리스도의 은혜의 나라의 신분 혹은 시민권이 변경되지 않습니다.

두 영역의 신분과 두 영역에 속해 있는 자들의 미래의 운명은 이 두 영역에 속한 사람이 어떻게 생활하는가에 의해 결정되지 않습니다. 그러나 우리는 이 두 영역에 속해 있는 사람들의 생활이 어떤 것인지 궁금할 수밖에 없습니다. 로마서 6:19 하-23절까지 다루는 주제가 바로 이 문제입니다. 죄의 세력이 통치하는 나라에서 사람들은 어떻게 생활하며, 그 생활은 어떤 결과를 낳았을까요? 그리스도의 은혜가 통치하는 나라에서 사람들은 어떻게 생활하며 그 생활은 어떤 결과를 낳았을까요?

19절 하-23절까지를 살펴보기 전에 이 본문들을 분석하겠습니다. 19절 하반절에는 두 개의 생활방식이 소개됩니다. 하나는 '전에 너희가 너희 지체를 부정과 불법에 내주어 불법에 이른 것'입니다. 이 구절은 로마교회의 성도들이 예수님을 믿기 전의 생활 모습을 묘사하고 있습니다. 20절과 21절이 이 구절을 보완 설명하는 구절들입니다. 다른 하나는 '이제는 너희 지체를 의에게 종으로 내주어 거룩함에 이르는 것'입니다. 이 구절은 로마교회 성도들이 예수님을 믿기 시작한 이후에 생활해야 하는 모습을 묘사하고 있습니다. 22절이 이 구절을 보완 설명하는 구절입니다. 23절은 이 두 길의 최종 목적지가 무엇이며, 이 목적지에 어떻게 이르게 되는가를 밝힘으로써 결론을 내립니다.

죄의 세력의 통치를 받는 사람의 삶과 결과

먼저 죄의 세력의 통치를 받는 사람들의 삶의 길과 결과를 서술하고 있는 19절 하반절의 앞 구절과 20-21절을 통합하여 설명하고, 19절 하반절의 뒷 구절과 22절을 통합하여 설명하겠습니다.

죄의 세력의 통치를 받는 나라에서의 삶의 길과 결과를 알아보겠습니다. 순서로 볼 때 20절을 먼저 다루고 19절 하반절 앞 구절을 소개하고 이어서 21절을 다루는 것이 논리적으로 맞는 순서입니다.

의에 대하여 자유로움

20절은 로마교회 성도들이 예수님을 믿기 전의 신분을 묘사합니다. "너희가 죄의 종이 되었을 때에는 의에 대하여 자유로웠느니라."

20절은 "너희"로 시작하지 않습니까? "너희"는 로마교회 성도들을 가리키며 나아가서는 모든 성도를 가리킵니다. 바울이 너희라는 용어를 쓸 때와 몸이나 지체라는 용어를 쓸 때는 의미가 다릅니다. 너희는 너희 자신 또는 너희 자아를 뜻하는 용어로서 속사람에 강조점이 있으며, 우리의 영적인 신분 또는 시민권과 관련됩니다. 우리의 영적인 신분이나 시민권은 우리 자신의 노력이나 행함을 통해 결정되는 것이 아니라 전가된 아담의 원죄가 죄인으로 신분을 결정하거나 그리스도의 전가된 의가 의인으로 신분을 결정합니다.

본문에서는 "너희"라는 용어가 사용되고 있기 때문에 이 문장은 성도들의 생활을 말하는 것이 아니라 영적인 신분 혹은 시민권을 말하고 있다는 것을 짐작할 수 있습니다. "죄의 종이 되었을 때에는." 본문이 말하는 "죄"는 사탄이 배후조종하는 거대한 죄의 세력을 뜻합니다. 성도는 과거 한때 자신의 자아가 죄의 세력에 노예가 되어 있었던 시절이 있었습니다. 이 시절이 언제입니까? 예수님을 믿지 않던 시절! 성도들은 예수님을 믿기 전, 불신자였을 때 죄의 세력이 통치하는 나라의 시민이었습니다. 예수님을 믿기 전에 성도들은 "의에 대하여 자유로웠다"라고 본문이 말합니다. 이 본문이 말하는 "의"는 그리스도에게 나타난 하나님의 완전한 의를 뜻합니다. 하나님의 완전한 의가 인간에게 전가될 때 죄와 사망의 세력으로부터의 구원이 주어지므로 이 의는 구원을 뜻하기도 합니다. 성도들은 예수님을 믿기 전, 곧 죄의 세력의 통치에 노예처럼 복종하던 불신자의 시기에, 그리스도 안에 나타난 하나님의 완전한 의와 이 의가 통치하는 하나님 나라와 아무런 관계가 없었으며, 하나님 나라 밖에 있었습니다.

지체를 부정과 불법에 내주어 불법에 이름

그러면 "너희"가 죄의 세력의 통치를 받을 때 어떤 생활을 했고, 그 결과가 무엇일까요? 이 질문에 대한 답변이 19절 하반절 앞 구절에 있습니다. "전에 너희가 너희 지체를 부정과 불법에 내주어 불법에 이른 것 같이." "전에"는 "예수님을 믿기 전에, 혹은 그리스도의 은혜의 통치를 받는 하나님 나라 백성이 되기 전에"라는 뜻입니다.

"너희 지체를." 바울이 사용하는 용어가 너희에서 너희 지체로 변경되었습니다. 중요한 변화입니다. 이 변화를 통하여 우리가 알 수 있는 사실이 무엇입니까? "아하, 바울이 지금 몸의 다양한 기능과 재능을 가지고 운영하는 생활을 말하고 있다"라는 것입니다. 이들은 자신들이 가진 다양한 기능과 재능을 가지고 부정과 불법에 드리는 삶을 살았습니다. "부정"은 주로 성적인 타락을 가리키고, "불법"은 하나님이 주신 원리를 거스르는 일반적인 악행을 가리킵니다. "부정과 불법"은 합하여 하나님이 정한 도덕적 규범을 거스르는 악한 생각이나 행동 전반을 가리킵니다. "내준다"라는 동사는 이미 여러 번 설명했던 헬라어 파리스테미로서 "누군가의 옆에 놓아두어 언제든지 마음대로 들어 쓸 수 있게 한다"라는 뜻입니다. 죄의 세력의 통치 아래 있는 자들은 자신들의 기능과 재능을 부정과 불법이 자유롭게 들어서 쓸 수 있도록 내주는 생활을 했습니다.

그러면 이들이 이런 생활을 했을 때 그 결과는 어떻게 나타났을까요? 그 결과는 몇 단계에 걸쳐서 나타났습니다. 첫째는 '불법에 이르렀다'는 것입니다. 이 말은 이들이 살아온 삶을 최종적으로 평가했을 때 "하나님이 정하신 법에 어긋나는 삶을 산 것"으로 판정되었다는 것입니다. 바울은 21절에서 계속하여 이렇게 묻습니다. "너희가 그때 무슨 열매를 얻었느냐?" 이들이 거둔 열매는 "하나님이 정하신 법에 어긋나는 삶을 산 것"입니다. 신자는 예수님을 믿고 난 이후에 그 이전의 삶을 돌아볼 때 부끄러움을 느낍니다. 예수님을 믿고 난 이후에 부끄러움을 느끼는 것, 이것이 두 번째 결과입니다. 그러나 나쁜 결과는 여기서 끝나지 않습니다. 마지막 결과가 기다리고 있습니다. 그 결과는 "그 마지막이 사망임이라"는 구절이 보여 주는 것처럼 사망입니다. 사망은 죄의 세력의 통치를 받는 자들이 이미 이 세상에 태어날 때부터 정해진 종착지였습니다. 불신자들은 사망의 종착지에 이르지 않으려고 평생 발버둥 쳤지만, 사망의 종착역을 향하여 달리는 열차에서 하차하는 데 실패했습니다.

의의 노예가 된 자는 지체를 의에게 노예로 드려야 한다

다음으로는 그리스도의 은혜의 통치를 받는 하나님 나라 백성들의 삶의 길에 대하여 살펴보겠습니다. 19절 하반절의 뒤 구절이 이 길을 말합니다. "이제는 너희 지체를 의에게 종으로 내주어 거룩함에 이르라." "이제는"은 "예수님을 믿은 후부터는, 혹은 그리스도의 은혜가 통치하는 하나님의 나라 백성이 된 이제부터는"이라는 뜻입니다. "너희 지체를." 역시 "너희"가 아니라 "너희 지체"를 말하는 것으로 볼 때 바울이 하나님의 백성들의 영적인 신분, 시민권을 염두에 두고 말하는 것이 아니라 신자들이 가진 기능이나 재능을 가지고 운영하는 생활을 말한다는 것을 알 수 있습니다. 바울은 신자들이 가진 기능이나 재능을 '의에게 종으로 내주라'고 명령합니다. 여기서 말하는 의는 그리스도를 뜻합니다. 신자들은 지체 곧 자신이 가진 기능이나 재능을 그리스도가 언제든지 자유롭게 쓰실 수 있도록 그리스도 옆에 놓아드려야 합니다.

여기서 우리가 주목해야 할 비교가 있습니다. 18절은 성도들이 죄로부터 해방되어 의에게 종이 되었다고 말합니다. 그리고 19절에서는 너희 지체를 의에게 종으로 드리라고 말합니다. 이미 종이 되었는데 왜 또 종으로 드리라고 명령하는 것일까요? 18절과 19절은 다른 내용입니다. 18절은 주어가 너희입니다. "너희는 이미 의의 종이 되었다"라는 것입니다. "너희"는 신자들 자신 곧 자아, 신자들의 속사람을 가리킵니다. 신자들은 자아가 의, 곧 그리스도의 종이 된 자들입니다. 이것은 신자가 한 일이 아닙니다. 신자가 예수님을 구주로 영접할 때 하나님의 전능하신 능력이 죄의 세력에 노예로 잡혀 있던 자를 끄집어내어 그리스도의 노예로 신분을 변경시켜 주셨습니다. 이 일은 예수님을 구주로 영접할 때 단번에 일어난 일입니다.

신자는 속사람이 그리스도의 노예가 되었지만, 겉 사람의 영역, 몸의 영역, 지체의 영역, 삶의 영역에는 여전히 죄의 세력의 잔재와 활동이 남아 있는 사람입니다. 겉 사람은 아직 온전히 그리스도에게 드리지 못했습니다. 이제 신자에게는 어떤 과제가 있습니까? 겉 사람의 영역, 자신의 시간, 물질, 재능, 기능, 생각, 감정, 의지 등과 같은 겉 사람을 구성하는 지체들을 죄의 세력으로부터 빼내어 그리스도께 드려야 합니다. 이 일은 하나님 혼자 하시는 일이 아닙니다. 하나님이 도우시지만 동시에 인간이 결정하고 행동해야 합니다. 이 일은 한 번에 끝나지 않습니다. 겉 사람 속에 작용하는 죄의 세력이 성도가 세상을 떠나는 날까지 끈질기게 활동할 것이기 때문에 지체를 그리스도께 드리는 일도 세상을 떠나는 날까지 계속되어야 합니다.

그러면 성도가 이 일을 지속적으로 성실하게 해나갈 때 어떤 결과를 낳을까요? "거룩함에 이르는 열매"를 맺게 됩니다. 거룩함이라는 단어는 구별된다는 뜻입니다. 무엇으로부터 구별되나요? 지체를 부정과 불법에 드리는 불신자의 삶으로부터 구별됩니다. 성도가 치열하게 이 노력을 하는 것을 보고 하나님이 "불신자와는 구별되는 생활을 했구나"라고 인정해 주십니다. 그런데 그 결과는 여기서 끝나지 않습니다. 거룩을 추구하는 성도의 삶, 성도들이 타고 달리는 구원열차의 최종 종착역은 영생이라고 바울은 말합니다. 이 말은 성도들이 지체를 의이신 그리스도께 드리는 생활을 한 것에 근거하여 영생을 얻는가가 결정된다는 뜻이 아니라 예수님을 구주로 영접했을 때 약속된 그대로 영생이 주어진다는 뜻입니다.

예를 하나 들어보겠습니다. 고등학교를 갓 졸업한 어떤 학생이 좋은 대학에 합격하여 입학허가증을 받고 등록도 해서 이제 3월이 되면 대학에 들어가서 공부하기로 다 정해져 있습니다. 그런데 어떤 분이 이런 제안을 합니다. "학생, 좋은 대학에 합격한 기념으로 학교 입학 전까지 잠시 장애인들을 위한 봉사를 해줄 수 있겠나?" 이 학생은 흔쾌하게 동의하고 장애인들을 위한 봉사기관에 들어가 열심히 봉사합니다. 이때 이 학생이 장애인에게 어떤 태도로 봉사하는가를 보고 대학교에 들어가 공부를 할 수 있는가가 결정되는 것일까요?

그렇지 않습니다. 대학에 들어가서 공부하는 것은 장애인를 위한 봉사를 어떻게 하는가와 상관없이 이미 정해진 수순입니다.

이처럼 우리는 예수님을 믿는 순간 영원한 구원을 받고 영생에 들어가기로 결정되어 있습니다. 하나님은 이 놀라운 은혜를 주신 후 성도들에게 "너희는 영생의 축복을 받았으니 이 세상에 사는 날 동안 너희들의 겉 사람 속에 여전히 남아 활동하고 있는 죄의 세력에 대항하여 싸우는 훈련을 하라"는 명령을 주셨습니다. 이 명령은 영생에 들어가는 조건으로 주신 명령이 아닙니다. 이 명령은 영생에 들어가기로 결정된 성도들에게 일거리로 주신 명령입니다. 이 일거리를 받은 성도들은 어떻게 응답해야 할까요? "네! 알겠습니다. 제가 이 세상에 사는 동안 사력을 다하여 죄의 세력에 대항하여 싸우는 훈련을 수행하겠습니다." 이렇게 반응하면 됩니다. 영생에 들어가기로 이미 정해진 자로서 자긍심을 가지고 우리에게 주어진 생활을 하나님의 법에 맞게 운영하려고 최선을 다하고, 우리에게 맡겨진 교회봉사의 직무를 최선을 다하여 수행하면 됩니다.

불신자에게 죄의 삯으로 주어지는 사망

바울은 23절에서 이 두 길에 대한 논의를 최종적으로 마무리 짓습니다. "죄의 삯은 사망이요 하나님의 은사는 그리스도 우리 주 예수 안에 있는 영생이니라." 바울은 먼저 죄의 세력의 노예가 된 길의 최종 종착역이 어디인가를 말하고 이어서 그리스도의 은혜의 통치에 노예가 된 길의 최종 종착역이 어디인가를 말합니다.

죄의 세력의 노예가 된 길의 종착역은 사망입니다. 로마서 6장의 문맥에서는 죄가 "죄의 세력"이라는 의미로 주로 사용되어 왔는데 본문에서 말하는 죄는 다른 의미로 사용되었습니다. 여기서 말하는 죄는 각 개인이 행하는 죄의 행위를 뜻합니다. 본문은 각 개인이 행하는 개별적인 죄의 삯이 사망이라고 말합니다. 삯으로 번역된 헬라어 오포니온ὀψώνιον은 월급을 뜻합니다. 월급은 일을 한 결과에 근거하여 응분의 보상으로 주어지는 것입니다. 사망은 사람들이 행한 개별적인 죄에 대한 응분의 보상 곧, 공정한 형벌로 주어졌습니다.

우리들 가운데 이렇게 생각하는 성도들이 있을지 모르겠습니다. "인간이 사는 세월은 길어봐야 100년을 넘을 수 없지 않은가? 100년 동안 죄를 범했을 때 100년 정도 형벌을 받는 것은 공정한 것 같다. 그러나 100년 동안 범한 죄에 대하여 영원히 지속되는 사망의 형벌을 받는 것은 형량이 너무 지나친 것이 아닌가?" 그러나 우리가 행하는 죄의 행위를 분석해 보면 영원한 형벌을 받는 것이 결코 불공정한 것이 아니라는 사실을 알 수 있습니다.

우리가 이웃에게 일단 피해를 주면 그 피해의 흔적과 여파는 없어지지 않습니다. 인간은 영원히 존재하므로 이 흔적은 영원히 지울 수 없습니다. 내가 행한 죄가 단 한 사람에게 영원히 지울 수 없는 피해의 흔적을 남기는 것만으로도 그 책임이 어마어마하다는 것을 예측할 수 있습니다. 그런데 한 사람에게만 피해를 줄까요? 단 한 번만 피해를 줄까요? 그 이후의 과정은 생각하는 것조차 두렵지 않습니까?

단 하나의 죄의 행동이 어느 정도의 피해를 가져올 수 있는가를 너무나 잘 보여 주는 사례가 바로 아담과 하와가 선악과를 따먹은 행동입니다. 아담과 하와는 선악과를 따먹는 하나의 행동을 했지만, 이 행위는 아담과 하와를 에덴동산에서 쫓아냈을 뿐만 아니라 인류를 지옥의 영원한 고통에 보내는, 크기와 깊이를 측정할 수조차 할 수 없는 피해를 인류에게 안겼습니다.

우리가 무심코 가볍게 생각하고 행한 하나의 죄가 얼마나 많은 사람들에게, 얼마나 긴 기간 동안, 얼마나 많은 피해를 끼칠지는 누구도 예측하기 어렵습니다. 그러므로 인간이 길게 볼 때 100년 정도를 살면서 행한 죄가 영원한 지옥의 형벌을 받을 만큼 큰 것이 아니라는 생각은 잘못된 생각입니다.

사탄의 배후조종을 받는 죄의 세력의 특징은 자기의 통치를 받는 자들을 끝까지 돌보지 않고 불리한 순간에는 슬그머니 발을 빼고 사라져 버리는 비열한 행동을 한다는 것입니다. 조직폭력배 두목들도 자기 수하에서 활동하는 부하들에 대해서는 끝까지 챙겨주는 의리를 가진 경우가 대부분입니다. 죄의 세력이 만일 의리 있는 조폭 두목 정도라도 되었다면 자기의 지시를 받고 죄를 행한 자들이 하나님의 마지막 심판 날에 사망의 형벌을 받을 때 옆에서 변호인으로 서서 "이 사람은 내가 시킨 대로 한 것뿐이니까 이 사람에게 죄에 대한 처벌을 내리는 것을 거두어 주시기 바랍니다"라고 간청이라도 해야 하지 않겠습니까? 그런데 정작 자기 수하에서 통치받던 사람들이 하나님의 심판정에 서서 심판을 받는 결정적인 순간에 죄의 세력은 눈에 보이지 않습니다. 사람들은 죄의 세력으로부터 지시를 받고 죄를 행했지만 죄를 행한 데 대한 책임은 자기 혼자 져야 합니다.

신자에게 선물로 주어지는 영생

이와는 대조적으로 주 그리스도 예수 안에서 그리스도의 은혜의 통치를 받는 자들은 어떻게 될까요? 이들은 영생을 받습니다. 그런데 이 영생은 어떤 형태로 주어질까요? "은사"의 형태로 주어집니다. 본문에는 "은사"라고 했는데, 은사보다는 "선물"로 번역하는 것이 더 정확한 번역입니다. 우리는 죄에 대한 형벌이 주어지는 방법과 그리스도의 은혜의 통치를 받는 자들에게 영생이 주어지는 방법이 다르다는 사실을 알 수 있습니다. 죄에 대한 형벌인 사망은 사람이 행한 행동에 대한 응분의 보응으로 주어지지만 그리스도의 은혜의 통치 아래 있는 자들에 대한 영생은 선물로 주어집니다. 여기서 그리스도는 자신의 통치 밑에 들어온 부하를 확실하게 끝까지 책임져 주는 의리파입니다.

우리가 예수님을 구주로 영접하여 신앙의 여정을 시작할 때 예수님은 우리에게 영생을 주시겠다고 약속하셨습니다. "하나님이 세상을 이처럼 사랑하사 독생자를 주셨으니 이는 그를 믿는 자마다 멸망하지 않고 영생을 얻게 하려 하심이라"요 3:16. 그런데 신앙생활을 시작한 이후에 우리의 모습이 어땠습니까? 하나님의 자녀에 합당하지 않은 삶을 살아온 시간들이 얼마나 많습니까? 우리 스스로 우리를 들여다보아도 우리 자신이 "하나님의 자녀가 맞나?" 싶을 정도로 하나님 보시기에 부끄러운 삶을 살았고, 이런 삶의 순간들이 우리의 수십 년 신앙생활의 여정에 누적되어 오지 않았습니까? 이런 모습을 보신 예수님이 마지막 날 우리를 외면하셔도 우리는 할 말이 없습니다. 마침내 우리가 하나님 앞에 섰습니다. 이때 불안한 마음으로 둘러보니 바로 옆에 예수님이 변호인으로 딱 서 계시는 것입니다. 그리고 하나님께 이렇게 말씀하십니다. "성부 하나님! 제가 이 성도가 받아야 할 형벌을 십자가 위에서 다 받았고 당신이 기뻐하시고 만족할 만한 완전한 의를 이 성도에게 전가해 주었습니다. 이 의를 보시고 이 성도를 최종적으로 구원해 주십시오." 이 말씀이 떨어지자마자 성부 하나님은 한 치의 망설임이나 주저함도 없이 "영원한 천국행" 판결을 내리시는 것입니다.

　세상에 사는 날 동안 간과 쓸개를 다 내줄 것 같은 기세로 사람을 강하게 붙들고 있었던 죄의 세력은 정작 마지막 심판 날에는 슬그머니 꽁무니를 빼고 온데간데없이 사라져 하나님의 마지막 무서운 심판을 사람 혼자 다 당하도록 방치하는 의리 없는 비열한 행동을 합니다. 그러나 우리 예수님은 성도가 그토록 많은 속을 썩였음에도 불구하고 처음에 약속하신 대로 가장 결정적인 순간에 가장 강력한 변호인으로 옆에 서서 영생에 들어가는 것까지 확실하게 마무리해 주시는 의리를 지키십니다. 이렇게 하여 주어지는 영생은 삯이 아니라 선물입니다.

Romans

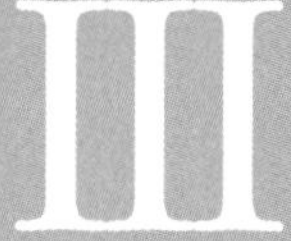

율법폐기론

로마서 7장

7:1 형제들아 내가 법 아는 자들에게 말하노니 너희는 그 법이 사람이 살 동안만 그를 주관하는 줄 알지 못하느냐
7:2 남편 있는 여인이 그 남편 생전에는 법으로 그에게 매인 바 되나 만일 그 남편이 죽으면 남편의 법에서 벗어나느니라
7:3 그러므로 만일 그 남편 생전에 다른 남자에게 가면 음녀라 그러나 만일 남편이 죽으면 그 법에서 자유롭게 되나니 다른 남자에게 갈지라도 음녀가 되지 아니하느니라
7:4 그러므로 내 형제들아 너희도 그리스도의 몸으로 말미암아 율법에 대하여 죽임을 당하였으니 이는 다른 이 곧 죽은 자 가운데서 살아나신 이에게 가서 우리가 하나님을 위하여 열매를 맺게 하려 함이라

유대교인들은 율법이 사람의 영원한 운명을 결정할 때 주도적인 역할을 한다고 확신했습니다. 이 말의 의미는 율법이 사람을 영원한 천국에 들어가게도 할 수도 있고, 지옥에 떨어지게 할 수도 있다는 뜻입니다. 그러나 바울이 전하는 전가의 복음은 사람을 영원한 천국에 들어가도록 하는 역할은 그리스도께서 십자가 위에서 성취하신 완전한 의로움이 담당하고, 사람을 지옥으로 떨어뜨리는 역할은 사탄의 배후조종을 받은 아담으로부터 전가된 죄의 세력이 담당한다고 말합니다. 바울이 전한 복음은 율법으로부터 선한 역할도 박

탈해 버렸고, 악한 역할도 박탈해 버렸습니다. 바울의 복음을 듣고 유대교인들은 이렇게 항의합니다. "율법이 우리의 신앙생활의 알파요 오메가라고 할 수 있는 이 두 기능을 담당하지 못한다면, 율법은 쓸모없는 것이 된 것이므로 폐기해야 한다는 말이냐? 도대체 율법에 남아 있는 역할은 무엇이냐?" 이 질문에 대하여 바울은 5:20에서 이렇게 답변합니다. "율법이 들어 온 것은 범죄를 더하게 하려 함이라 그러나 죄가 더한 곳에 은혜가 더욱 넘쳤나니."

바울의 답변은 유대교인들의 항의를 잠재우기는커녕 불에다가 기름을 들이붓는 결과를 초래했습니다. 바울이 한 답변에서 율법의 위치는 주연에서 조연으로 밀려나 버렸습니다. 바울은 '율법이 들어 왔다'라고 말하고 있는데, '들어 왔다'라는 말은 뒤따라 들어왔다는 뜻입니다. 대통령이 외국 국빈방문을 할 때 주연인 대통령이 앞장서서 들어오면 조연인 비서는 뒤따라 들어오기 마련입니다. 사탄의 배후조종을 받는 죄의 세력이 악역을 담당한 주인공으로 들어오고 그리스도의 완전한 의로움이 선한 역할을 담당한 주인공으로 들어온 다음에 조연으로 뒤따라 들어 온 것이 율법입니다. 유대교 입장에서는 매우 불쾌할 수밖에 없습니다.

율법이 죄의 힘을 차단하는 역할을 담당한다는 정도라도 바울이 말을 해주면 유대교인들이 조금은 마음이 가라앉을 텐데, 바울은 유대교인들의 마음을 가라앉히기는커녕 율법이 범죄를 더하게 한다고까지 말하여 유대교인들을 분노하게 만듭니다. 이 말은 동일한 죄의 행위에 대하여 율법을 읽지 않았을 때는 죄의 심각성을 잘 인식하지 못했다가 율법을 읽고 나서는 죄의 심각성을 알게 되었다는 뜻입니다. 그러나 유대교인들은 이 말을 율법이 죄를 더 많이 범하게 한다는 뜻으로 오해했습니다. 유대교인들은 바울의 말을 이렇게 오해한 다음, "그렇다면 율법은 아예 없애버리는 것이 낫지 않겠느냐?"라고 비아냥댔습니다. 이와 같은 비아냥거림에 대응하여 율법의 참된 기능이 무엇인가를 설명할 필요가 대두되었습니다. 이 설명이 7장의 중심주제입니다.

7장의 개관

바울은 7장에서 성도들이 예수님을 구주로 영접하기 이전과 이후의 생활 속에서 율법이 차지하는 역할이 무엇인가를 설명하고 있습니다. 7장은 다시 세 문단으로 나눌 수 있습니다. 1-6절은 예수님을 믿지 않는 상태에서 선하고 거룩한 삶을 살고자 할 때 율법은 죄의 힘을 차단하기는커녕 오히려 죄의 힘과 협력하면서 사망에 이르게 하는 데 힘을 보태주는 엉뚱한 역할을 한다고 말합니다. 이 생각이 5절에 잘 나타나 있습니다. "우리가 육신에 있을 때에는 율법으로 말미암는 죄의 정욕이 우리 지체 중에서 역사하여 우리로 사망을 위하여 열매를 맺게 하였나니." 7-12절은 이처럼 우리를 사망으로 이끌어 가는 주체세력은 율법이 아니라 율법을 악용하는 죄의 세력임을 말하면서 율법 그 자체는 하나님의 선한 선물임을 강조합니다. 13-25절은 성도들이 선하고 거룩한 삶에 임하고자 할 때 죄의 세력이 선한 율법을 악용하여 신자들을 사망으로 끌고 가려고 시도하는 것을 체험할 수 있다고 말합니다.

7:1-6을 다시 분해해 보면, 1절에서는 중요한 일반적인 법의 원리 한 가지를 말하고, 2-3절에서는 이 법의 원리가 바울 당시 유대사회의 결혼법에 어떻게 반영되어 있는가를 말합니다. 그리고 4절에서는 이 법의 원리를 비유로 사용하면서 성도들이 예수님을 믿기 전의 삶의 특징과 예수님을 믿은 이후의 삶의 특징을 설명합니다. 5절에서는 4절 상반절에서 말한 예수님을 믿기 전의 생활 모습을 더 구체적으로 서술하고, 6절에서는 4절 하반절에서 말한 예수님을 믿은 이후의 생활 모습을 더 구체적으로 서술합니다. 이 장에서는 1-4절을 살펴보고, 다음 장에서 5-6절을 살펴보도록 하겠습니다.

법은 사람이 사는 동안만 구속력을 가짐

먼저 일반적인 법의 원리를 말하고 있는 1절을 살펴보겠습니다. "형제들아 내가 법 아는 자들에게 말하노니 너희는 그 법이 사람이 살 동안만 그를 주관하는 줄 알지 못하느냐."

"형제들아." 바울 서신에서 "형제들아"라는 호명은 이전에 다루었던 것과는 다른 새로운 주제를 시작하겠다는 신호입니다. '형제들'의 범위에는 유대인이든, 이방인이든, 예수님을 믿는 모든 성도가 포함됩니다. 바울이 말하는 내용은 모든 성도에게 적용됩니다.

"내가 법 아는 자들에 말하노니." 본문이 말하는 "법 아는 자들"

은 전문적인 법률가들을 가리키는 것이 아니라 모든 평범한 사람들을 가리킵니다. 법률 전문가가 아니라도 모든 사람이 상식적으로 잘 알고 있는 법의 원리가 하나 있습니다. 그 원리는 법은 사람이 살아 있는 동안에만 구속력을 가지며, 사람이 죽으면 구속력을 행사할 수 없다는 것입니다.

바울은 그 예로서 당시 유대사회에서 통용되던 결혼법을 제시합니다. "남편 있는 여인이 그 남편 생전에는 법으로 그에게 매인 바 되나 만일 그 남편이 죽으면 남편의 법에서 벗어나느니라. 그러므로 만일 그 남편 생전에 다른 남자에게 가면 음녀라 그러나 만일 남편이 죽으면 그 법에서 자유롭게 되나니 다른 남자에게 갈지라도 음녀가 되지 아니하느니라"2-3절. 이 결혼법의 일부가 이혼규정으로 신명기 24:1-4에 소개되어 있습니다. 고대 유대사회에서는 남자에게는 아내에게서 맘에 들지 않는 모습이 나타나면 아내를 내보낼 권리가 있었지만, 아내에게는 남자에게서 마음에 들지 않는 모습이 나타나도 내보낼 권리가 없었습니다. 아내가 남편과 갈라설 수 있는 합법적인 경우는 남편이 사망하는 경우입니다. 만일 남편이 사망하기 전에 다른 남자가 마음에 들어서 그 남자에게 가면 간음을 범한 여자음녀가 되었습니다. 그러나 남편이 사망하면 아내는 결혼법의 구속으로부터 자유로움을 얻을 수 있었고, 따라서 남편이 사망한 후에 다른 남자와 재혼해도 불법이 아니었습니다.

율법에 대하여 죽은 자의 의미

바울은 4절에서 법은 관련 당사자의 죽음으로 구속력을 잃고 무효가 된다는 일반적인 법의 원리를 비유로 사용하면서 성도와 율법의 관계 및 성도와 그리스도와의 관계를 풀어냅니다. "그러므로 내 형제들아 너희도 그리스도의 몸으로 말미암아 율법에 대하여 죽임을 당하였으니 이는 다른 이 곧 죽은 자 가운데서 살아나신 이에게 가서 우리가 하나님을 위하여 열매를 맺게 하려 함이라." 바울이 일반적인 법의 원리의 구체적인 사례로서 구태여 유대사회의 결혼법을 예로 든 이유는 결혼법이 예수님을 믿기 이전과 예수님을 믿은 이후의 성도의 삶을 비교하여 설명하는 데 유용하기 때문입니다.

"내 형제들아 너희도." 이 호칭은 일차적으로 로마교회의 성도들을 가리키며 이차적으로는 모든 성도를 뜻합니다. "그리스도의 몸으로 말미암아." "그리스도의 몸"은 인간의 몸을 입으시고 이 세상에 오셔서 우리 죄를 대신 지시고 십자가 위에서 죽으셨다가 부활하신 그리스도를 뜻합니다.

예수님이 십자가 위에서 죽으셨다가 부활하신 구속사건을 통하여 어떤 일이 일어났는가? 모든 성도가 '율법에 대하여 죽임을 당하는 일'이 일어났습니다. 이 본문이 말하는 율법은 일차적으로 모세의 율법을 가리킵니다. 그러나 이방인들의 경우에는 하나님이 마음에 심어 주신 도덕법을 가리킵니다. 이 구절은 성도들에게 일어난 구원사건 혹은 신분의 변화를 묘사하고 있습니다. 6:2에서 바울은 성도들의 신분을 '죄에 대하여 죽은 자'로 묘사하고 있는데, 7장에서는 관점을 달리하여 '율법에 대하여 죽은 자'라고 말합니다. 6장에서 말하는 죄가 7장에서는 율법으로 대체되었으나 사실은 같은 사건을 묘사하는 말입니다. 성도들에게 일어난 신분의 변화 곧 구원의 사건은 죽었던 성도의 영혼이 재창조되는 아주 깊고 신비롭고 풍부한 내용을 가진 사건입니다. 따라서 어느 한 가지 표현만으로는 이 사건을 다 설명할 수가 없습니다. 바울은 6장에서는 성도에게 일어난 신분의 변화를 '죄에 대하여 죽었다'라고 표현했는데, 이 표현만으로 이 풍부하고 깊고 경이로운 사건을 다 담을 수 없습니다. 따라서 바울은 7장에서 죄를 율법으로 대체하여 '율법에 대하여 죽은 자'라고 말합니다. 물론 이 두 표현 이외에도 아주 많은 표현방식이 성도에게 일어난 구원사건을 묘사하는 데 사용되고 있습니다.

'율법에 대하여 죽었다'라는 구절에서 우리는 몇 가지 특징에 주목해야 합니다.

첫째로, 본문에서 바울이 말하고자 한 것은 사람이 죽으면 그 사람에게 적용되던 법의 구속력에서 벗어나 자유로움을 얻는 것처럼, 성도가 죽으면 율법의 통제권에서 벗어난다는 것입니다. 그런데 바울이 사례로 들고 있는 결혼법의 비유는 성도와 율법과의 관계를 설명할 때 딱 들어맞지 않습니다. 이 때문에 주석학자들 사이에서 이것을 어떻게 설명해야 하는가를 두고 많은 논쟁이 있었습니다. 결혼법에서 아내는 살아 있고 죽은 파트너는 남편입니다. 남편이 죽으면 아내는 남편과 법적으로 맺어져 있던 결혼관계로부터 자유함을 얻습니다. 결혼법을 문자 그대로 성도와 율법의 관계에 적용하면 아내는 성도에 해당하고 남편은 율법에 해당합니다. 짝을 맞추자면 결혼법에서 남편이 죽었으니까 남편에 해당하는 율법이 죽었다고 해야 하고, 남편이 죽음으로써 아내가 결혼법에서 자유롭게 되므로 율법이 죽었기 때문에 성도가 죽은 율법으로부터 자유로움을 얻는다고 해야 합니다. 그런데 실제로 비유의 내용을 보면 율법이 죽는다고 되어 있지 않고 성도가 죽는 것으로 되어 있습니다. 죽는 당사자가 짝이 맞지 않습니다. 이처럼 결혼법의 구도와 성도와 율법과의 관계의 구도는 죽는 당사자에 있어서 엇박자를 내고 있습니다. 그러니까 이 비유는 썩 좋은 비유는 아닙니다. 그러면 우리는 이 비유를 어떻게 받아들여야 할까요? 우리는 성경에 사용된 모든 비유를 성도들의 신앙생활에 적용할 때 톱니바퀴가 딱딱 맞물리는 것처럼 적용해서는 안 됩니다. 비유를 통하여 성경기자들이 강조하고자 하는 하나의 논점이 있는데, 바로 이 논점에 주목하고 다른 부분들은 무시해 버려야 합니다. 바울이 결혼법의 비유를 통하여 강조하고자 한 논점은 죽음, 더 정확히 말하면 영역이동이라는 사건이 일어나면 법과 관련되어 있던 사람들에 대한 법의 구속력이 정지되고 자유로움을 얻는다는 것입니다.

둘째로, 바울이 죽었다고 말할 때 어떤 의미로 이 말을 하고 있는가 하는 것입니다. 성경이 말하는 죽음은 존재가 소멸하여 없어져 버리는 것을 뜻하지 않고 영역이동을 뜻합니다. 성도들이 '율법에 대하여 죽임을 당했다'라는 말은 율법이 통제하는 영역에서 벗어났다는 뜻입니다. 성도들은 성육신하신 예수 그리스도께서 우리 죄를 대신 지시고 십자가 위에서 죽으셨다가 부활하신 사건으로 말미암아 죄의 세력이 통제하는 영역으로부터 벗어났을 뿐만 아니라 율법이 통제하는 영역으로부터도 완전히 벗어난 자들입니다.

셋째로, 본문은 성도들이 '죽임을 당하였다'라고 하여 수동태로 표현하고 있습니다. 바울이 특별히 수동태로 표현한 이유는 성도들 자신이 스스로 자기 발로 걸어서 율법이 주는 압박감과 정죄의 영역으로 벗어난 것이 아니라 어떤 다른 힘에 의하여 강제로 옮겨진 것이기 때문입니다. 성도들이 예수님을 구주로 영접하는 순간 하나님이 이들을 강제 이동시키셨습니다. 이 일은 오랜 시간을 두고 서서히 일어난 일이 아닙니다. 하나님은 이들이 예수님을 구주로 영접한 바로 그 순간에 전광석화와 같이 단 한 번으로 강제 이동을 마무리하셨습니다. 이 사실은 '죽임을 당하였다'라는 표현에 사용된 시제에 의하여 뒷받침됩니다. 이 표현에 사용된 시제는 부정과거시제입니다. 부정과거시제는 오래 지속되는 기간을 표현하는 시제가 아니라 정해진 어느 순간에 딱 한 번 일어나는 사건을 묘사하는 시제입니다.

넷째로, 본문이 말하는 '율법에 대하여 죽었다'라는 말은 율법의 통제권에서 벗어나서 더는 율법을 읽지 않아도 되고 율법을 준수하는 삶을 더 이상 살지 않아도 된다는 뜻일까요? 그렇지 않습니다. 성도는 이 세상에서 살아갈 때 항상 율법에 순종해야 하며 율법이 지시하는 대로 살아야 합니다. 따라서 '율법에 대하여 죽었다'라는 말은 "하나님으로부터 의롭다는 평가를 받고 구원을 얻기 위하여 하나님이 주신 율법을 완전히 준수해야만 한다는 압박감과 율법을 완전히 준수하지 못했을 때 율법이 그 벌로서 부과하는 정죄"로부터 벗어났다는 뜻입니다. 성도들은 예수님을 구주로 영접할 때 율법 그 자체에서 벗어나는 것이 아니라 율법이 주는 압박감과 정죄에서 벗어납니다.

은혜의 영역으로 들어간 신자는 열매를 맺어야 함

그러면 성도들이 구원받기 위하여 율법을 완전히 준수해야 한다는 압박감과 율법을 지키지 못했을 때 주어지는 무서운 정죄로부터 자유로움을 얻고 율법이 지배하는 영역에서 벗어나면 어디로 갈까요? 4절 하반절은 이 영역에서 벗어나자마자 들어가는 영역이 어디인가를 말하고 있습니다. "이는 다른 이 곧 죽은 자 가운데서 살아나신 이에게 가서 우리가 하나님을 위하여 열매를 맺게 하려 함이라." 율법이 주는 압박감과 정죄에서 벗어난 후에 갈 수 있는 곳은 딱 한 군데, "다른 이"에게 가서 그에게 소속되는 것뿐입니다. 이 "다른 이"는 "죽은 자 가운데서 살아나신 이"입니다. 이분이 누구입니까? 예수 그리스도입니다. 예수 그리스도의 초청을 받지 못하면 율법이 주는 압박감과 정죄에서 벗어날 방법이 없습니다. 왜냐하면 우리가 살아갈 수 있는 영역은 딱 두 군데뿐이기 때문입니다. 하나는 율법이 주는 압박감과 정죄의 영역이고, 다른 하나는 예수 그리스도께서 은혜로 지배하는 영역입니다. 남편과 사별한 후에 합법적인 재혼의 길을 열어준다는 결혼법의 특징이 율법의 압박감과 정죄의 통제에서 벗어나서 그리스도에게 소속된다는 점을 설명해 주는 데 유익하기 때문에 바울이 결혼법을 비유로 사용한 것입니다.

그러나 결혼법의 비유는 두 가지 중요한 특징에 있어서 성도와 그리스도와의 관계를 설명하는 데 잘 들어맞지 않습니다. 따라서 결혼법의 사례를 성도와 율법과의 관계나 성도와 그리스도와의 관계를 설명할 때 톱니바퀴처럼 딱 들어맞는 비유로 생각하면 낭패를 맛볼 수 있습니다.

첫째로, 결혼법에 따르는 초혼과 재혼의 경우에는 남편이 사별한 후에 새로운 남자를 만나 합법적으로 재혼할 수 있는 길이 열리기도 하지만 재혼하지 않고 혼자 지낼 수 있는 길도 열려 있습니다. 실제로 많은 아내나 남편들이 재혼하지 않고 혼자 지내는 편을 선택합니다. 바울 자신도 고린도전서 7:8에서 남편과 사별한 과부들에게 재혼하지 말고 혼자 지내라고 권고합니다. "내가 결혼하지 아니한 자들과 과부들에게 이르노니 나와 같이 그냥 지내는 것이 좋으니라." 재혼과 독신의 가능성이 모두 열려 있는 인간 결혼의 경우와는 달리 성도는 율법의 압박감과 정죄로부터 떠난 후에는 그리스도에게 소속되는 길 곧 그리스도와 재혼하는 길 하나만 있을 뿐, 다른 선택의 가능성은 없습니다.

둘째로, 결혼법에 따른 초혼과 재혼의 경우에는 재혼한 경우라도 재혼을 한 남자가 죽을 수도 있습니다. 그러면 아내는 재혼한 남자로부터 다시 자유로움을 얻게 되고, 합법적으로 세 번째 결혼을 할 수 있습니다. 그러나 율법의 압박감과 정죄에서 벗어나 그리스도에 소속된 자 곧, 그리스도와 재혼한 성도의 경우는 그리스도에게서 벗어날 수 있는 길이 영원히 차단됩니다. 왜 그럴까요? 4절에 보면 "다른 이" 곧 그리스도는 "죽은 자 가운데서 살아나신 이"라고 되어 있습니다. 예수님은 죽음을 이기고 살아나셨는데, 이 살아나심은 영원한 살아나심입니다. 다시 말해서 예수님은 다시는 죽지 않으십니다. 따라서 예수님에게 한 번 소속이 되면 예수님에게서 벗어나는 기회는 영원히 차단됩니다. 예수님으로부터 합법적으로 벗어나려면 예수님이 죽으셔야만 하는데, 그런 일은 영원히 일어나지 않기 때문에 예수님에게서 벗어나는 길도 영원히 차단됩니다. 예수님에게 소속되는 것은 우리가 자유롭게 선택할 수 있는 일입니다. 예수님이 다양한 방법으로 자신에게 소속되는 것, 자신과 재혼하는 것이 얼마나 좋은 일인지를 보여 주시지만 최종적인 결정은 우리가 해야 합니다. 그러나 일단 예수님께로 소속되기로 결단하고 예수님을 구주로 영접하고 나면, 예수님으로부터 벗어나는 길은 영원히 차단됩니다. 예수님 안에 들어올 때는 예수님이 우리를 민주적으로 대하시지만, 일단 예수님에게 소속되면 그 이후에는 우리를 민주적으로 대하시지 않습니다. 그 이후부터는 왕으로서 전권을 행사하시는데, 우리는 이 왕권의 힘으로부터 벗어날 수 없습니다.

셋째로, 결혼법에 따라 재혼하는 경우에 자녀를 낳을 수도 있고 낳지 않을 수도 있습니다. 그것은 선택사항입니다. 아마도 더 많은 경우에 자녀를 낳지 않는 경우가 자녀를 낳는 경우보다 더 많을 것입니다. 그러나 성도가 그리스도와 재혼하는 경우는 상황이 다릅니다. 본문을 보면 우리가 그리스도에게 소속되는 데는 분명한 목적이 있음을 알 수 있습니다. "우리가 하나님을 위하여 열매를 맺게 하려 함이라." "…하려 함이라"라는 말은 목적을 뜻하는 어구입니다. 우리말로는 이 목적이 매우 약한 어조로 표현되어 있으나 헬라어 원문에는 아주 강하고 분명한 어법으로 표현되어 있습니다. 헬라어는 히나 ἵνα라는 접속사로 시작하고 있는데, 이 접속사는 영어의 so that 구문과 같이 "…을 하기 위하여"라는 뜻으로서 아주 선명한 목적표시 구문입니다. 성도가 그리스도에게 가는 목적은 "하나님을 위하여 열매를 맺도록 하기 위함이다"라는 것입니다. 인간이 재혼할 경우 부부관계의 열매에 해당하는 자녀출산은 의무사항이 아닙니다. 그러나 성도가 그리스도에게 소속되는 경우 곧, 그리스도와 재혼하는 경우에 하나님을 위하여 자녀 곧 열매를 맺어 드리는 것은 반드시 이행해야 하는 의무사항입니다.

그러면 하나님을 위하여 자녀를 낳아 드린다는 것, 열매를 맺어 드린다는 것은 무엇을 의미할까요? 이 말은 그리스도에게 소속된 후에 인간 남편이나 인간 아내와 부부관계를 더 열심히 해서 자녀를 낳아야 한다는 뜻은 아닙니다. 하나님을 위하여 드려야 할 열매는 하나님 보시기에 바르고 거룩한 삶을 뜻합니다. 예를 들어서 갈라디아서 5:22이 말하는 성령의 아홉 가지 열매가 바로 우리가 하나님께 드려야 할 열매의 예들입니다. "오직 성령의 열매는 사랑과 희락과 화평과 오래 참음과 자비와 양선과 충성과 온유와 절제니 이 같은 것을 금지할 법이 없느니라."

7:5 우리가 육신에 있을 때에는 율법으로 말미암는 죄의 정욕이 우리 지체 중에 역사하여 우리로 사망을 위하여 열매를 맺게 하였더니
7:6 이제는 우리가 얽매였던 것에 대하여 죽었으므로 율법에서 벗어났으니 이러므로 우리가 영의 새로운 것으로 섬길 것이요 율법 조문의 묵은 것으로 아니할지니라

음식을 통하여 얻는 영양분은 사람의 몸의 건강을 유지하기 위하여 반드시 필요한 좋은 것입니다. 그런데 이처럼 좋은 영양분이 어떤 사람에게는 유익하지 않을 때가 있습니다. 예를 들어서 암이 있는 환자가 치료를 하지 않은 상태에서 영양분이 잘 공급된다면 어떤 결과가 나타날까요? 암세포는 정상세포보다 식욕이 더 왕성한 세포로 알려져 있습니다. 영양분을 받아먹고 왕성하게 성장한 암세포는 정상세포를 공격하여 소멸시키고 마침내 암 환자를 죽음으로 몰고 갑니다. 우리의 신체적 생명과 건강을 유지하는데 필요한 영양분이 암 환자의 경우에는 질병을 더 악화시키고 마침내 환자를 재촉하여 더 빨리 사망에 이르게 합니다.

이 말씀을 드리는 이유는 율법이 바로 이런 역할을 할 때가 있기 때문입니다. 율법은 바른 삶이 어떤 것인가를 알려 주는 너무나 값진 하나님의 선물입니다. 그러나 이렇게 좋은 하나님의 선물이 예수님을 믿지 않는 사람들의 손에 들어가면 그 사람의 영적이고 도덕적인 건강상태를 망가뜨리고 사망으로 가는 길을 재촉하는 고약한 역할을 합니다. 이것이 오늘 우리가 읽은 본문 5절이 말하고자 중심 주제입니다. "우리가 육신에 있을 때에는 율법으로 말미암는 죄의 정욕이 우리 지체 중에서 역사하여 우리로 사망을 위하여 열매를 맺게 하였나니."

5-6절은 7:1-6의 주제 문단의 결론입니다. 바울은 1절에서 일반적인 법의 원리 한 가지를 말합니다. 이 원리는 법이라는 것은 당사자가 살아 있는 동안에 적용되고, 당사자가 죽으면 효력이 정지된다는 것입니다. 2-3절에서는 바울 당시의 유대 결혼법을 예로 들면서 이 일반원리를 설명합니다. 바울 당시의 결혼법은 남편이 살아 있는 동안에는 아내가 남편에게 매여 있지만 남편이 죽으면 남편의 속박에서 벗어난다는 것입니다. 4절은 이 원리를 성도들에게 적용하여 성도들이 그리스도 안에서 그리스도와 함께 죽음으로써 율법의 속박에서 벗어났다고 말합니다. 5절은 성도가 그리스도와 함께 죽기 전의 불신자 시절의 생활의 특징을 서술하면서 이때 율법이 어떤 역할을 했는가를 소개하고, 6절은 예수님을 믿고 성도가 된 이후의 생활 모습을 서술하면서 율법의 역할이 어떻게 바뀌었는가를 설명합

니다.

불신자 시절의 율법: 욕망을 일으키는 죄의 도구

5절은 성도가 되기 전 불신자 시절의 생활의 특징을 소개하고 있습니다. "우리가 육신에 있을 때에는 율법으로 말미암는 죄의 정욕이 우리 지체 중에 역사하여 우리로 사망을 위하여 열매를 맺게 하였더니."

"우리가 육신에 있을 때에는." 자, 여기서 "우리"라고 했지요? 앞에서 제가 여러 번 강조한 내용 가운데 하나는 "너희"와 "너희의 몸 혹은 지체"는 다르다는 것이었습니다. "너희"는 속사람에 강조점을 둔 표현으로서 자신 또는 자아를 뜻하며, 신분을 가리키는 표현입니다. "너희의 몸" 혹은 "너희의 지체"는 겉 사람을 가리키는 표현으로서 우리가 가진 다양한 기능들, 그리고 이 기능들을 가지고 영위하는 현실에서의 생활을 뜻합니다. 본문이 말하는 "우리"도 "너희"와 같이 우리의 속사람에 강조점을 둔 표현으로서, 우리의 자아와 신분을 묘사하는 표현입니다. 이 표현은 불신자의 신분을 묘사하든지, 아니면 신자의 신분을 묘사할 때 사용합니다.

"육신에 있을 때에는." "육신"으로 번역된 헬라어 사륵스*σάρξ*는 문맥에 따라서 다양한 용법으로 사용되는데, 본문에서는 "죄의 세력"을 강조합니다. "육신에 있을 때에는"이라는 표현은 "죄의 세력에 장악되어 있을 때에는"이라는 뜻입니다. "있을 때"라는 동사에서 사용된 시제는 미완료시제로서 상당 기간 시간이 지속되었음을 뜻합니다. "우리의 자아, 특히 우리의 속사람이 상당한 기간 동안 죄의 세력에 장악된 채 있었다"는 말은 성도가 예수님을 믿기 전 불신자의 신분에 있을 때를 묘사한 것입니다.

우리말에는 "율법으로 말미암는"이라는 구절이 앞에 나와 있으나 헬라어 원문에는 "죄의 정욕"이라는 구절이 앞에 나와 있습니다. 불신자의 경우에는 속사람을 중심으로 한 자아가 죄의 세력에 장악되어 있습니다. "정욕"은 열정적으로 집요하게 성취하고자 하는 욕망을 뜻합니다. 인간에게는 자기가 좋아하는 어떤 일을 열정적으로 성취하고자 하는 욕망이 있습니다. 그런데 불신자의 경우에는 이 욕망이 속사람 안에 뿌리를 내리고 있고 속사람을 장악하고 있는 죄의 세력의 도구가 되어 있습니다. 욕망은 속사람과 몸 혹은 지체를 연결해 주는 고리 역할을 합니다. 속사람 속에 똬리를 틀고 들어앉아 있는 죄의 세력은 욕망을 도구로 이용하여 지체를 조종합니다. "우리 지체 중에 역사하여." 지체는 겉 사람의 영역에 속한 인간의 다양한 기능들을 뜻하며, 이 기능들을 통하여 영위되는 생활의 세계를 뜻합니다. "역사한다"라는 말은 작용한다는 뜻인데, 일종의 군사작전과 같은 활동을 묘사합니다. 불신자의 시절에는 속사람을 장악하고 있는 죄의 세력이 욕망을 도구로 지체들을 포섭하여 자기 목표를 이루기 위한 작전을 전개합니다.

그런데 놀랍게도 속사람 속에 똬리를 틀고 들어앉아 있는 죄의 세력이 욕망을 장악하고자 할 때 동원되는 수단이 바로 율법이라고 바울이 말합니다. 율법이 죄의 세력이 전개하는 작전에 동원되어 이 작전을 돕는 것입니다. 몸에 좋은 영양분이 암세포가 증식하는 것을 도와주는 것처럼, 하나님이 주신 고귀한 선물인 율법이 죄를 열정적으로 이루고자 하는 욕구를 불러일으키는 일을 도와준다는 것입니다. 칼이 수술하는 의사의 손에 쥐어지면 사람을 살리는 선한 도구가 되지만 조직폭력배의 손에 들어가면 사람을 죽이는 흉기로 변하는 것처럼, 율법이 자기 힘으로 하나님 앞에서 의롭다 함을 받고자 하는 자의 손에 들어가면 죄에 대한 욕망을 불러일으키는 도구로 둔갑한다는 것이 바울이 말하고자 하는 것입니다.

열정적으로 죄를 행하고자 하는 욕망은 마음속에만 머물러 있는 법이 결코 없습니다. 이 욕망은 몸의 지체들을 포섭하기 시작합니다. 몸의 지체들은 인간이 가진 다양한 기능들을 뜻합니다. 욕망은 죄를 행했을 때 찾아오는 달콤한 행복으로 상상의 세계를 채워 넣습니다. 이 행복은 그 안에 독을 품고 있는 신기루와 같은 것입니다. 상상이 독이 든 신기루와 같은 행복으로 가득 차면 그다음에는 그 행복을 구체화할 방법을 찾기 시작합니다. 뜻이 있는 곳에 길이 있기 마련입니다. 이성을 동원하여 전략도 짜고, 의지를 동원하여 반드시 해내겠다는 결심을 하고, 필요한 시간과 돈과 온갖 사회구조와 법체계까지도 이용하여 집요하게 일을 추진합니다. 그런데 죄의 세력에 장악된 욕망은 반드시 그 열매를 거둡니다. 이 열매는 열매를 맺은 자를 사망으로 끌고 가는 쓰라리고 비참한 열매입니다. "우리로 사망을 위하여 열매를 맺게 하였더니." 죄의 세력에 장악된 욕망이 우리의 지체들을 포섭하여 작전을 전개하면 우리는 생활 속에서 죄를 짓게 되고, 마침내는 "죄의 삯은 사망이라"라는 원리에 따라서 그 종착역인 사망에 이르게 됩니다.

이처럼 율법이 죄의 욕망을 불러일으켜 사망으로 가는 길을 재촉하는 사례를 들어보겠습니다. 하나님은 레위기 18:22에 이런 율법을 주셨습니다. "너는 여자와 동침함 같이 남자와 동침하지 말라 이는 가증한 일이니라." 이 본문은 남자와 남자 사이에서 이루어지는 성관계를 엄격하게 금지하고 있습니다. 불신자들도 이 말씀을 읽고서 "그렇구나. 동성 간에 성관계를 가지는 것은 죄구나"라는 사실을 알게 됩니다. 그런데 이상하게도 이 율법을 읽는 순간 이들 마음 속에 호기심이 생깁니다. "남자와 남자가 성관계해서는 안 된다고? 사람들이 남자와 남자의 성관계를 하지 말라고 하는데도 몰래 하려고 하는 데는 이유가 있지 않을까? 실제로 해보면 남자와 여자 사이에서 이루어지는 성관계에서는 맛볼 수 없는 쾌감이 있기 때문이 아닐까? 그 쾌감이 무엇일까?" 이런 생각을 하게 됩니다. 그리고는 그 쾌감에 대한 상상으로 마음을 가득 채웁니다. 그런 다음에는 쾌감을 경험하기 위한 치밀한 전략을 세우기 시작합니다. 마침내 쾌감을 맛보는 길에 접어들게 됩니다. 동성애를 자유롭게 하도록 동성애를 합법화하는 방향으로 법을 개정하려 하고, 필요한 자금도 마련합니다. 동성애를 자유롭게 하는 데 가장 큰 걸림돌이 되는 것이 성경말씀과 교회이기 때문에 수단과 방법을 가리지 않고 성경을 왜곡하고, 정통 신학을 비판하고, 교회가 동성애를 허용하도록 치밀하고 집요한 작전을 전개합니다. 이 일이 서구사회에서 일어나고 있고 한국에서도 진행되고 있습니다. 이 작전은 결국 사람들로 하여금 하나님이 가증하게 여기시는 죄를 짓게 만들고 사망의 종착역을 향하여 달려가는 사람들의 발걸음을 더욱 재촉합니다.

그런데 여기서 바울은 동성애처럼 노골적으로 음란한 행동을 일삼는 불신자보다는 불신자이긴 하지만 자기 힘으로 도덕적으로 바른 생활을 하려고 노력하고 많은 학식과 통찰력으로 사람들에게 존경을 받는 정신적인 지도자를 생각하고 있습니다. "저 사람은 법 없이도 살 사람이야"라는 평가를 들을 수 있는 그런 사람을 생각하고 있습니다. 율법은 이 사람 속에서도 죄를 향한 열정적인 욕망을 불러일으켜 모든 지체를 죄의 도구로 이용하게 하고 결국은 쓰라린 열매를 거두어 사망의 종착역으로 가게 만든다는 것입니다. 이 사람은 율법을 받은 후에 이 율법을 소중히 여기고 율법을 철저하게 지키기로 결심하고 실행에 옮깁니다. 이 사람은 의지를 굳게 세워서 자기 힘으로 율법을 철저하게 준수하여 어떤 다른 사람도 도달하지 못한 높은 수준의 도덕적인 경지에 도달하고 싶어 합니다. 그리고 율법을 준수하는 생활을 시작합니다. 바로 이 생각과 시도 안에 율법이 이 사람 안에서 불러일으킨 죄를 향한 열정적인 욕망이 숨어 있습니다. 자기의 힘으로 율법을 완벽하게 지킬 수 있고 따라서 자기 자신은 하나님의 심판을 받고 지옥에 갈 사람이 아니라는 확신을 가지는 것은 도덕적이고 영적인 교만이며, 이 교만은 하나님 앞에서 가장 크고 무서운 죄입니다. 이 신념을 버리지 않으면 구원을 받을 수 없습니다. 인간이 자기 힘으로 율법을 완전히 지키려는 시도를 한번 하기 시작하면 늪과도 같고 개미지옥과도 같은 미궁으로 들어가서 길을 잃어버리고 맙니다. 율법을 지키려고 마음먹고 달려들기 시작하면 지켜야 할 율법의 가짓수가 늘어나는데, 기하급수적으로 늘어나 나중에는 다 기억할 수도 없고 또 감당할 수 없는 지경에 이르고 맙니다. 더욱이 마음으로 죄악된 생각을 품는 것을 통제하는 것은 훨씬 더 어렵습니다. 이 사람은 마침내 사망의 종착역에 이르게 됩니다.

이것이 예수님을 믿기 전 성도들이 처해 있던 상황이었습니다.

신자는 "영의 새로운 것"으로 율법을 지킴

그러면 성도는 현재 어떤 신분에 있게 되었을까요? 6절이 이 질문에 답변합니다. "이제는 우리가 얽매였던 것에 대하여 죽었으므로 율법에서 벗어났으니 이러므로 우리가 영의 새로운 것으로 섬길 것이요 율법 조문의 묵은 것으로 아니할지니라."

"이제는." 이 말은 "예수님을 구주로 영접한 이후에는"이라는 뜻입니다. "우리가." 이 말은 역시 몸 또는 지체라는 용어와 구분되어야 합니다. "우리"는 속사람에 중심을 둔 우리 자신 또는 자아를 뜻하며, 신분을 나타내는 용어입니다. "얽매였던 것에 대하여 죽었으므로." "우리를 얽매었던 것"은 사탄의 조종을 받는 거대한 죄의 세력을 뜻합니다. '죽었다'라는 말은 영역이동을 의미합니다. 성도들은 예수 그리스도를 구주로 영접하는 순간 사탄의 조종을 받는 강력한 죄의 세력이 통치하는 나라에서 벗어난 자들입니다.

죄의 세력이 통치하는 나라로부터 벗어나는 순간 또 하나의 중요한 사건이 일어납니다. 그 사건을 본문은 '율법에서 벗어난 것'이라고 표현하고 있습니다. 율법에서 벗어났다는 것은 율법을 준수해야 하는 의무에서 벗어났다는 뜻은 아닙니다. 이 말은 두 가지 의미를 지닙니다.

첫째로, 율법을 완전히 준수한 결과를 가지고 하나님께 의롭다 함 곧, 구원을 요청해야 하는 곤란한 입장에서 벗어났다는 뜻입니다. 성도는 예수 그리스도를 구주로 영접하는 순간 전가된 완전한 의로움을 통하여 구원을 받는 것이지 자기 자신이 행한 완전한 의로움을 근거로 하여 구원을 받는 것이 아닙니다.

둘째로, 율법을 완전히 준수하지 못했을 때 주어지는 정죄, 곧 형벌로부터 벗어났습니다. 우리는 모두 율법을 완전하게 준수하지 못한 자들이요, 따라서 죄인이며, 그 결과 죄에 대하여 하나님이 부과하시는 사망의 형벌을 받아야 하는 자들입니다. 그러나 예수 그리스도께서 우리가 받아야 할 형벌을 십자가 위에서 대신 받으셨기 때문에 더 이상 우리는 우리가 범한 죄에 대하여 부과되는 형벌을 받지 않습니다. 그런데 율법으로부터 벗어났다는 말에는 또 한 가지 의미가 있습니다. 죄의 정욕을 부추기고 불러일으키는 율법의 작용으로부터도 벗어난 것입니다. 성도에게 주어진 율법은 이제는 성도에게 죄의 정욕을 부추기고 불러일으키는 작용을 하지 않습니다.

성도의 신분에 일어난 변화는 여기에서 끝나는 것이 아닙니다. 이전에 죄의 세력의 통치 아래서 죄의 세력의 노예가 되어 있던 성도는 예수님을 구주로 영접한 바로 그 순간 어떤 것에도 노예가 되지 않는 중립적인 상태에 들어가는 것이 아니라 단 한 순간의 여백도 없이 바로 새로운 세력의 노예가 되어 새로운 세력을 섬깁니다. 본문은 성도가 "섬길 것이요"라고 말하고 있는데, 여기 사용된 "섬긴다"는 동사는 "노예가 된다"라는 뜻입니다. 무엇에 노예가 될까요? 그리스도의 은혜로 다스리시는 하나님에게 철저하게 복종하는 하나님의 노예가 됩니다.

그러면 하나님에게 노예처럼 철저하게 복종하는 생활은 어떤 방법으로 수행될까요? 바울은 이 생활이 "율법의 묵은 것으로" 하는 것이 아니라고 말합니다. "묵은 것"이라는 말은 "옛날 방식"이라는 뜻입니다. "율법 조문의 묵은 것으로"라는 말은 "옛날 방식으로 율법 조항 하나하나를 준수하는 방식으로"라는 뜻입니다. "옛날 방식으로 율법을 준수한다"라는 말은 "인간 자신의 능력으로 율법을 준수하고자 한다"라는 뜻입니다.

인간 자신의 능력으로는 결코 율법을 완전하게 준수할 수 없습니다. 완전하게 준수할 수 없는데 완전하게 준수하고자 하면 어떤 일이 일어날까요? 아주 섬뜩한 일이 일어납니다. 어떤 섬뜩한 일이 일어나는가를 이런 비유를 통해 설명할 수 있습니다. 한 침대가 있습니다. 이 침대 길이는 2m입니다. 그런데 이 침대에서 자려고 하는 사람의 키가 3m입니다. 그러면 어떤 조치를 취해야 하겠습니까?

2m짜리 침대를 버리고 4m짜리 침대로 바꾸어야 합니다. 만일 키가 3m인 사람을 2m짜리 침대 안에 다 집어넣으려면 어떻게 해야 할까요. 3m인 사람의 팔과 다리를 꺾어서 구부리든지 아니면 잘라내야 합니다. 그것은 끔찍한 일입니다.

인간 자신의 능력으로 율법을 준수할 수 없는 것이 자명한데도 불구하고 이 일을 계속하여 밀어붙이면 침대에 맞추기 위하여 팔다리를 잘라내는 것과 같은 불행한 일이 벌어집니다. 인간 자신의 능력으로 아무리 해보아도 안 될 때는 인간 자신의 능력으로 율법을 완전히 준수하는 시도를 버려야 하는데, 미련이 남아서 "안 되는데…안 되는데…" 하면서 또 시도하고 또 시도하다 보면 인간의 마음과 몸을 심하게 망가뜨리게 됩니다. 예수님을 구주로 영접한 성도들은 자기 자신의 힘으로 율법을 완전히 준수하고자 하는 옛날 방법을 사용하지 않습니다.

그러면 성도들은 어떤 방법을 사용할까요? 성도들은 하나님께 노예처럼 철저하게 복종하는 삶을 "영의 새로운 것으로" 수행합니다. "영"은 성령을 뜻합니다. "영의 새로운 것"이라는 구절은 이렇게 설명할 수 있습니다. "성도는 옛날의 방법이 아닌 새로운 방법으로 하나님께 노예처럼 철저하게 복종하는 삶을 산다. 이 방법은 왜 새로운 방법인가? 예수님을 믿기 전의 옛날 방법이 인간 자신의 힘을 가지고 율법을 철저하게 지키고자 하는 것이라면 새로운 방법은 인간 자신의 능력을 의지하지 않는 방법인데, 그렇다면 무엇을 의지하는가? 성령의 능력을 의지한다." 우리가 예수님을 구주로 영접하는 바로 그 순간에 성령께서 우리의 속사람 속에 들어오셔서 우리의 속사람을 완전히 거듭나게 해주신 다음에 우리의 속사람 속에 내주하시기 시작합니다. 속사람 속에 내주하시기 시작한 성령님은 성도들이 하나님께 노예처럼 철저하게 복종하는 삶을 살려는 결심을 할 때 언제든지 강력한 능력으로 성도들을 도와서 성도들이 이 삶을 살아내는 일을 적극적으로 도울 준비를 하십니다. 성도들이 간절한 마음으로 "내주하시는 성령님, 이제 제가 하나님께 노예처럼 복종하는 삶을 살고자 합니다. 하나님의 율법, 하나님의 계명을 철저하게 준수하는 삶을 살고자 합니다. 제힘으로는 불가능하오니 성령께서 저를 강하게 붙들어 주셔서 이 삶을 꼭 살아낼 수 있도록 도와주세요"라고 기도하면 성령께서 인간의 힘으로는 도저히 불가능한 삶을 살아낼 수 있게 하실 것입니다. 성령께서 함께하셔서 도우시면 불신자들에게는 그토록 힘들고 어려운 삶, 곧 율법을 지키는 삶을 가볍고 경쾌한 마음으로 살아낼 수 있게 됩니다. 요한일서 5:3이 말하는 것처럼 계명을 지키는 삶이 무거운 것이 아닌 가벼운 것이 될 것이며, 예수님이 마태복음 11:30에서 말씀하신 것처럼 하나님이 우리에게 메어주신 멍에는 쉽고 짐은 가볍다는 사실을 깨닫게 될 것입니다.

17 율법은 죄를 알게 하는 것 (롬 7:7)

7장은 "율법이 죄를 더 많이 범하도록 한다면 율법은 악한 것이라는 뜻이니 아예 악한 율법을 없애 버리는 것이 차라리 낫지 않겠는가?"라는 율법폐기론이 잘못된 생각임을 밝히면서 구원과 신앙생활에 있어서 율법의 바른 역할이 무엇인가를 다루는 장입니다. 7-12절도 이 큰 주제 안에 있는 문단입니다. 이 장에서는 7:7 한 절을 살펴보게 됩니다.

바울은 다음과 같은 질문으로 7절을 시작합니다. "그런즉 우리가 무슨 말을 하리요". "그런즉." 바울은 앞에서 한 어떤 말을 전제로 하고 그 결과를 소개하고자 합니다. 바울이 전제한 말은 멀게는 5:20이 말하는 '율법은 범죄를 더하게 한다'라는 것을 가리키고, 가깝게는 7:5을 가리킵니다. "우리가 육신에 있을 때에는 율법으로 말미암는 죄의 정욕이 우리 지체 중에서 역사하여 우리로 사망을 위하

여 열매를 맺게 하였더니." 이 구절은 불신자의 경우에 율법은 죄의
세력인 사탄의 세력에 장악되어 있는 욕망의 도구가 되어서 욕망이
쓰디쓴 열매를 맺는 것을 돕고, 마침내는 사람을 사망으로 끌고 가
는 일에 악용된다고 말합니다.

　바울은 이렇게 묻고 있습니다. "5:20이 말하는 것처럼, 율법이
범죄를 더하게 하고, 7:5이 말하는 것처럼, 율법이 죄의 세력에 사로
잡혀 있는 욕망의 도구가 되어 사람을 사망으로 끌고 가는 쓰디쓴
열매를 거두는 도구로 이용된다면 우리는 율법을 어떻게 평가해야
하는가?" 이 질문에 대하여 바울의 대적자들은 이렇게 대답합니다.
"율법이 죄다!" 이 말의 의미는 "그렇다면 율법이 악한 것이네!"라는
뜻입니다. 대적자들의 답변에 대하여 바울은 "그럴 수 없느니라"라
고 단호하게 반박합니다. 바울은 이렇게 말하는 것입니다. "율법이
죄가 된다고? 율법이 나쁜 놈이라고? 율법이 악한 것이라고? 그것은
잘못된 생각이야. 율법이 절대로 악한 것이 아니야." 바울은 이렇게
단언하고 나서 왜 율법을 악하다고 봐서는 안 되는가를 설명하기 시
작합니다.

　율법을 악하다고 봐서는 안 되는 이유로서 바울이 제일 먼저 제
시하는 것은 율법을 통하여 죄가 무엇인가를 알 수 있다는 것입니다.
"율법으로 말미암지 않고는 내가 죄를 알지 못하였으니." 본문이 말
하는 "내" 곧, "나"는 바울 자신을 가리킵니다. 7-12절에서 바울은 자
신의 경험을 근거로 서술합니다. 바울은 율법이 없었다면 죄가 무엇
인가를 알 수 없었을 것이라고 답변합니다. 그러면 바울이 언제 이

런 경험을 했을까요? 개종한 직후에 했습니다. 그러면 개종 전의 바울에게는 율법이 없었을까요? 그렇지 않습니다. 바울에게는 이 세상에 태어난 때부터 로마서를 서술할 때까지 율법이 없었던 때가 없었습니다. 유대인으로 태어나 어려서부터 구약성경을 암송했음이 분명하고, 랍비학교를 다녀서 율법을 철저하게 공부한 바울이 율법의 내용을 모르는 때가 있었다는 것은 말이 안 됩니다. 개종 전의 바울에게 율법이 없었다는 말은 개종 전에도 율법을 배워서 내용을 알고 있었으나 수건 같은 것이 바울의 마음에 덮여 있어서 율법이 무엇을 요구하는지를 온전하게 깨닫지 못했다가 개종한 직후에 수건이 걷히면서 비로소 율법이 무엇을 요구하는지를 온전하게 깨닫게 되었다는 것입니다. 율법의 진정한 요구가 무엇인지 모르고 있었으니 죄에 관해서도 온전하게 알 수 없는 것은 당연한 일입니다. 바울이 개종 전에 죄에 대해 알고 있었던 것은 사실이지만 죄의 본질에 대해서는 잘 모르고 있었던 것입니다. 바울은 개종한 후 율법을 온전히 알게 된 이후에 비로소 죄의 본질도 온전하게 알 수 있게 되었습니다. 바울의 체험적 고백은 우리 모든 성도에게도 그대로 적용됩니다. 우리가 예수님을 믿기 전에도 도덕규범이 무엇인가를 대충 알고 있었고, 죄가 무엇인가도 대충 알고 있었습니다. 그러나 도덕규범의 참된 뜻이 무엇인가는 모르고 있었고 따라서 죄의 참된 본질에 대해서도 모르고 있었습니다. 우리가 참된 도덕규범이 무엇인가를 알게 된 것은 예수님을 믿고 난 이후이며, 죄의 참된 본질을 알게 된 것도 예수님을 믿고 난 이후입니다.

바울은 율법과 죄의 참된 본질을 안다는 말의 의미를 설명하기 위하여 계명 가운데 하나를 예로 듭니다. "곧 율법이 탐내지 말라 하지 아니하였다면 내가 탐심을 알지 못하였으리라."

탐심으로 번역된 헬라어 에피투미아 ἐπιθυμία는 어떤 것을 간절히 원하는 마음을 뜻합니다. 에피투미아 그 자체는 악한 것이 아닙니다. 예를 들어서 누가복음 22:15은 예수님이 고난받기 전에 제자들과 함께 유월절 식사시간을 가질 것을 '원하고 원하셨다'라고 기록하고 있는데, 이 본문이 말하는 '원하고 원하셨다'에서 사용된 단어들 가운데 로마서 7:7에서 탐심으로 번역된 에피투미아가 있습니다. 예수님이 유월절 식사시간을 갖기를 간절히 바란 것이 악한 일이었다고 말할 수 없습니다. 동일한 에피투미아가 어떤 경우에는 좋은 뜻으로 사용되었고, 또 어떤 경우에는 나쁜 뜻으로 사용되었습니다. 정당한 일을 간절하게 바라는 것은 좋은 일입니다. 그러나 하나님이 금지한 일을 간절하게 바라는 것은 나쁜 일입니다.

바울은 이 본문에서 십계명 가운데 열 번째 계명을 인용하고 있습니다. 바울은 '탐내지 말라'는 부분만 인용했는데, 이렇게 인용한 것은 이 부분만 인용해도 열 번째 계명 전체를 독자들이 상식적으로 알고 있다고 전제한 것입니다. 따라서 우리는 바울이 '탐내지 말라'만 인용했지만, 십계명 전체를 인용한 것으로 보고 본문을 읽어야 합니다. 만일 바울이 '탐내지 말라'는 구절만 인용했으니까 '우리도 '탐내지 말라'는 구절 하나만 다루어야 한다'라고 생각하면 바울의 말도 오해하게 되고 열 번째 계명도 오해하게 됩니다. 바울의 인용문을 아무런 조건 없이 탐내지 말라는 뜻으로 이해하면 나쁜 일을 탐내는 것뿐만 아니라 좋은 일을 탐내는 것도 금지된다는 말이 되는데 이것은 잘못된 것입니다.

열 번째 계명은 탐내는 대상이 무엇인가를 분명히 밝히고 있습니다. '이웃의 집, 이웃의 아내, 이웃의 남종, 여종, 소, 나귀, 소유.' 이런 대상들을 갖기를 간절히 원하는 것은 하나님이 금지하는 것을 가지려는 불법적인 시도입니다. 열 번째 계명은 하나님이 금지한 것들에 대하여 에피투미아를 갖지 말라는 명령입니다.

하나님이 주신 계명들은 죄가 행동에서 시작되는 것이 아니라 마음에서 시작된다는 원리를 담고 있는 열 번째 계명의 빛 안에서 해석되고 적용되어야 합니다. 이 사실은 예수님이 산상수훈에서 잘 보여 주셨습니다. 산상수훈은 열 번째 계명의 의미를 더 자세하게 해설한 것이라고 보면 됩니다. 유대교에서는 사람을 죽이는 행동만 하지 않으면 '살인하지 말라'는 계명을 지킨 것으로 해석했습니다. 그러나 예수님은 마음으로 어떤 사람을 미워하는 것도 제 6계명을 범한 죄임을 분명히 하셨습니다. 어떤 사람을 향하여 욕하고 미련하다고 생각하는 것은 그 사람에 대하여 "그 사람 참 나쁜 사람이네, 그 사람 행동이 미련하네"라고 잠깐 판단하고 크게 마음에 두지 않는 태도에 머무르지 않고 어떤 특정한 사람에 대하여 부당한 미움을 지속적으로 품는 것을 뜻합니다. 예수님은 이런 마음을 가지는 것 자체가 이미 살인하지 말라는 계명을 범한 것임을 분명히 합니다. 또한 유대교에서는 간음이라는 행동만 하지 않으면 간음하지 말라는 제7계명을 준수했다고 생각했습니다. 그러나 예수님은 합법적 대상이 아닌 특정한 상대방을 향하여 마음속으로 성관계를 가지는 상상을 집요하게 하는 태도도 제7계명을 범하는 것임을 분명히 하셨습니다.

예수님을 만난 재물이 많은 청년에 관한 기사는 바울이 말하고자 하는 율법과 죄의 의미를 가장 극적으로 보여 줍니다. 이 사건은 마태복음 19:16-30, 마가복음 10:17-31, 누가복음 18:18-30에 기록되어 있습니다. 어떤 재물이 많은 청년이 예수님께 나와서 '무슨 선한 일을 하여야 영생을 얻을 수 있습니까'라고 질문합니다. 이 질문을 듣고 예수님은 계명을 지키라고 답변하십니다. 청년이 '구체적으로 어떤 계명을 가리키는 것입니까'라고 묻자 예수님은 십계명 가운데 인간관계를 다룬 계명들과 사랑의 대강령 중에 두 번째 부분을 예로 듭니다. "살인하지 말라, 간음하지 말라, 도둑질하지 말라, 거짓 증언하지 말라, 네 부모를 공경하라, 네 이웃을 네 자신 같이 사랑하라." 이 계명들을 듣고 나서 청년은 이렇게 답변합니다. "이 모든 것을 내가 지키었사온대 아직도 무엇이 부족하니이까?"[마 19:20] 이 질문을 듣고 예수님은 이렇게 답변하셨습니다. "네가 온전하고자 할진대 가서 네 소유를 팔아 가난한 자들에게 주라 그리하면 하늘에서 보화가 네게 있으리라 그리고 와서 나를 따르라"[마 19:21]. 재물이 많았던 청년은 근심하면서 자리를 떠났습니다. 이 청년의 문제는 무엇일까요? 전형적인 유대교적 사고를 가지고 있었던 이 청년은 하나님의 계명을 지킨다는 것을 행동으로 지키는 것으로만 생각했습니다. 청년은 자신이 한 행동을 곰곰이 돌이켜 봤을 때 특별히 잘못한 일이 없음을 확인한 것입니다. 그러나 예수님의 생각은 달랐습니다. 예수님은 행동뿐만 아니라 마음에서까지 계명을 지키는 삶을 살아야 한다고 생각하셨습니다. 예수님은 청년의 마음속에 재물에 과도하게 집착하는 마음이 있음을 간파하시고 이 마음을 들여다볼 수 있도록 재산을 다 팔아서 가난한 자들에게 나누어 주라고 제안하신 것입니다. 만일 청년에게 재물에 집착하는 마음이 없다면 청년은 흔쾌하게 재물을 다 팔아 버릴 것입니다. 그러나 재물에 집착하는 마음이 있다면 재물을 포기하지 못할 것입니다. 결국 청년은 재물에 집착하는 마음을 버리지 못한 채 예수님에게서 물러난 것입니다.

사도 바울도 예수님을 믿기 전에는 율법은 행동만을 규제하는 것이고, 죄는 행동의 차원에서 율법을 범하는 것으로 생각하는 전형적인 유대교인이었고, 그런 점에서 "율법의 의로는 흠이 없는 자라"고 자신 있게 말할 수 있었습니다 빌 3:6. 그러나 개종한 이후 사도 바울은 율법이 행동만이 아니라 마음까지도 규제하는 것이며, 죄도 역시 행동만이 아니라 마음의 에피투미아의 대상이 무엇인가도 살펴야 하는 문제라는 사실을 발견한 후에 이전에 가지고 있던 자신감, "율법의 의로는 흠이 없는 자"라는 자신감을 배설물처럼 버리지 않을 수 없었습니다.

율법을 온전하게 이해한다는 것은 율법은 행동의 차원에 적용될 뿐만 아니라 마음속의 에피투미아, 곧 마음속의 간절한 욕망의 차원에도 적용되어야 한다는 것을 깨닫는 것입니다. 죄를 온전하게 이해한다는 것은 행동으로 율법을 범하는 것만이 죄가 아니라 마음 속 욕망의 차원에서 율법의 정신을 실천하지 않는 것도 죄가 된다고 생각하는 것입니다.

우리는 열 번째 계명이 금지하고 있는 탐심이 사랑의 대강령을 정면으로 거부하는 태도라는 사실에 주목해야 합니다. 탐심은 사랑의 대강령과 정반대되는 태도입니다. 열 번째 계명이 금지하는 탐심은 하나님이 금지하신 것에 집착하는 마음이지만 사랑의 대강령은 하나님의 영광과 이웃의 안위에 집착하는 마음입니다.

이처럼 율법은 죄의 온전한 의미를 알려 주는 역할을 합니다. 여기서 두 가지 사실이 분명해집니다. 하나는 율법은 죄의 온전한 의미를 알려 주는 역할을 하는 것이지 죄를 생성해 내는 기능을 하는 것이 아니라는 것입니다. 다른 하나는 그렇기 때문에 율법은 죄가 아니다, 다시 말해서 율법 그 자체가 악한 것이 아니라는 것입니다.

7:8 그러나 죄가 기회를 타서 계명으로 말미암아 내 속에서 온갖 탐심을 이루었나니 이는 율법이 없으면 죄가 죽은 것임이라
7:9 전에 율법을 깨닫지 못했을 때에는 내가 살았더니 계명이 이르매 죄는 살아나고 나는 죽었도다
7:10 생명에 이르게 할 그 계명이 내게 대하여 도리어 사망에 이르게 하는 것이 되었도다
7:11 죄가 기회를 타서 계명으로 말미암아 나를 속이고 그것으로 나를 죽였는지라
7:12 이로 보건대 율법은 거룩하고 계명도 거룩하고 의로우며 선하도다

바울은 로마서 7:7-12까지 율법은 우리로 하여금 죄를 짓게 만드는 악한 주체가 아니라 죄가 무엇인가를 알려 주는 선하고 의롭고 거룩한 것임을 강조합니다. 7절은 율법은 우리로 하여금 죄를 짓게 만드는 주체가 아니라 죄가 무엇인가를 우리에게 알려 주는 역할을 한다고 말합니다. 예를 들어서 율법은 죄가 마음속에서 시작된다는 것, 곧 하나님이 금지한 것을 행하려는 강렬한 마음의 욕망 곧, 탐심으로부터 시작된다는 사실을 알려 줍니다. 8-12절에서 바울은 자기 자신의 경험을 회상하면서 율법을 통하여 죄가 무엇인가를 알게 될 뿐만 아니라 놀랍게도 죄의 세력이 마음속에 탐심을 형성할 때 율법

을 도구로 활용한다는, 보다 깊은 진리를 보여 줍니다.

바울은 8절에서 죄의 세력이 율법을 활용하여 마음속에 탐심을 형성하는 과정을 묘사합니다. "그러나 죄가 기회를 타서 계명으로 말미암아 내 속에서 온갖 탐심을 이루었나니 이는 율법이 없으면 죄가 죽은 것임이라."

죄가 율법을 이용하여 마음속에 작전기지를 구축함

먼저 "죄"라는 단어의 의미를 정확히 알아야겠습니다. 본문에서 말하는 죄는 한 개인이 마음속으로 품는 악한 생각이나 악한 행동을 가리키는 것이 아니라 아담과 하와의 범죄를 계기로 인류 사회에 밀고 들어 온, 사탄의 조종을 받는 인격적인 힘을 가진 거대하고 살아 있는 죄의 세력을 뜻합니다. "기회"로 번역된 헬라어 아포르메 αφορμή 는 군사용어로서 작전을 위한 전진기지 혹은 교두보를 뜻합니다. "타서"라는 말은 만들어냈다, 구축했다는 뜻입니다. 그러므로 '죄가 기회를 타서'라는 말은 죄의 세력이 작전기지를 만들었다는 말입니다. 어디에 작전기지를 만들었다는 말일까요? 사람의 마음 안에!

그런데 이처럼 죄의 세력이 마음 안에 작전기지를 구축할 때 사용한 도구가 무엇인가? 그 도구가 바로 "계명"입니다. 놀랍지 않습니까? 하나님이 주신 계명이 죄의 세력 곧, 사탄이 작전기지를 구축하는 도구로 사용되고 있다는 것입니다. 하나님이 주신 "모든 선한 것들"이 하나도 빠짐없이 사탄 곧 죄의 세력의 도구로 사용되고 있습니다. 성, 재물, 인터넷, TV, 약물, 과학, 철학, 법학, 정부, 국회의원, 사법부, 학교교육, 심지어 신학까지도 모두 죄의 세력의 도구로 악용됩니다. 그러면 죄의 세력이 계명을 이용하여 마음속에 구축한 작전기지가 무엇일까요? 그것이 바로 탐심입니다. 마음속에 탐심이 형성되었다는 것은 죄의 세력이 작전에 성공했다는 뜻이며, 죄의 세력에 마음이 털렸다는 뜻입니다. 죄의 세력이 마음과 생활을 휘저어 난장판을 만들 수 있는 견고한 작전기지, 베이스캠프 구축에 성공한 것입니다. 탐심은 계명을 이용하여 죄의 세력이 구축해 낸 작전기지입니다. 몇 가지 예를 들어 이 사실을 설명하고자 합니다.

예증 1: 판도라 항아리와 선악과

먼저 이방 문헌으로부터 예를 하나 들어보겠습니다. 제가 말씀드리고자 하는 예는 판도라의 상자로 알려진 판도라의 항아리 이야기입니다. 판도라의 항아리 이야기를 잘 살펴보면 아담과 하와가 선악과를 따먹은 사건과 매우 유사한 부분이 있다는 것을 발견할 수 있습니다. 판도라의 항아리 이야기는 성경의 선악과 사건이 고대 인류사회에서 입소문으로 퍼져 나가는 과정에서 수십 차례 이상 등장인물이나 내용이 조금씩 바뀌고 왜곡되어서 탄생한 이야기가 아닌가 판단됩니다. 여러분은 귓속말 잇기 게임을 해본 경험이 있을 것입니다. 처음에 말하는 사람이 전달한 내용이 조금씩 달라지다가 열번째 사람에게는 전혀 엉뚱한 내용이 전달되지 않습니까? 바로 이런 방식으로 선악과 사건이 판도라의 항아리 이야기로 바뀌게 된 것으로 추정됩니다.

판도라의 항아리 이야기는 이렇게 전개됩니다. 제우스신이 에피메테우스에게 판도라라는 여자를 아내로 주어서 세상에 내려보냅니다. 제우스신은 판도라를 내려보내면서 봉인된 항아리를 주고 "열어보면 안 된다"라는 금지명령을 주었습니다. 이 금지명령이 계명에 해당합니다. 한편 선악과 사건에서 하나님은 아담에게 "동산 각종 나무의 열매는 네가 임의로 먹되 선악을 알게 하는 나무의 열매는 먹지 말라 네가 먹는 날에는 반드시 죽으리라"라고 명령하셨습니다 창 2:16-17. 아담은 나중에 창조된 하와에게 이 금지명령을 알려 주었음이 분명합니다. 이 금지명령이 "계명"입니다. 성경의 선악과가 판도라의 항아리 이야기에서는 항아리로 바뀌었습니다. 판도라의 항아리 이야기에서는 제우스신이 "항아리를 열어보면 안 된다"라고 말할 뿐, 항아리를 열었을 때 어떤 결과가 나타날 것인가에 대해서는 언명이 없습니다. 선악과 사건에서는 하나님이 "선악을 알게 하는 나무의 열매를 먹지 말라"고 명령한 다음에 이 명령을 어겼을 때 주어지는 형벌이 명확히 제시되어 있습니다. "네가 먹는 날에는 반드시 죽으리라."

판도라는 "항아리를 열지 말라"는 금지명령을 받는 순간, 이 항아리 안에 무엇이 들어 있는지 궁금해지기 시작했습니다. 궁금증은 날로 더해 가는데 열어볼 수 없다는 현실 때문에 급기야는 병이 들어 몸이 날로 쇠약해져 갔습니다. 결국, 판도라는 항아리를 열었습니다. 판도라의 항아리 이야기는 판도라가 호기심에 못 이겨 항아리를 열었다고만 말할 뿐, 판도라가 왜 호기심을 갖게 되었는가는 말하지 않습니다. 그러나 선악과 사건은 하와가 선악과에 호기심을 갖게 된 것은 뱀으로 위장한 사탄 때문임을 명확히 밝히고 있습니다. 로마서도 사탄의 조종을 받는 죄의 세력이 마음속에 하나님이 금지한 것을 소유하고자 하는 욕망인 탐심을 만들어낸다는 것을 명확히 하고 있습니다.

판도라가 상자를 열자 인간세계를 이간질하고 재앙을 불러오는 모든 악이 튀어나와 온 세상으로 걷잡을 수 없이 퍼져 나갔고, 이때부터 사람들은 고난에 시달리게 되었다고 합니다. 선악과 사건을 로마서 5:12과 연결해 보면, 아담과 하와가 선악과를 따먹은 순간 죄의 세력이 밀고 들어왔고, 아담과 하와가 지은 죄가 이후의 모든 인류에게 전가되어서 모든 인류 안에 원죄로 자리 잡게 되었고, 이 원죄를 기반으로 하여 사탄의 배후조종을 받은 죄의 세력이 사람들을 장악하고 미혹한 결과 온갖 형태의 자범죄가 인류를 뒤덮었으며, 온 인류는 사망이라는 형벌을 받게 되었다고 말합니다. 선악과를 따먹은 순간 온 인류가 사망이라는 확실하고 무서운 벌을 받게 되었다는 사실이 판도라의 항아리에서는 사람들이 고난을 받게 된 것으로 약화되고 흐려진 형태로 바뀌었습니다.

판도라가 기겁하고 급히 항아리를 닫았는데, 이때 그 안에 하나 남아 있던 희망^{헬라어로 엘피스}이 나오지 못한 채 갇혀 버렸고, 인류에게는 악과 고난만 남게 되었습니다. 선악과 사건에서는 하나님이 생명나무의 길에 그룹들과 두루 도는 불 칼을 두어 인간의 접근을 막

았습니다. 선악과 사건의 생명나무가 판도라의 항아리 이야기에서
는 희망으로, 그룹과 불 칼이 판도라가 항아리를 닫는 것으로, 선악
과 사건에서 하나님이 생명나무에 접근하는 길을 막으신 것이 판도
라의 항아리 이야기에서는 인간 판도라가 스스로 항아리를 닫는 것
으로 바뀌었습니다.

본문과 관련하여 선악과 사건과 판도라의 항아리 이야기가 보
여 주는 공통점은 금지명령을 듣는 순간 금지된 행위에 대한 호기심
이 생기기 시작했다는 점입니다. 계명이 탐심을 불러일으키는 도구
로 사용된 것입니다.

예증 2: 금송아지

계명이 탐심의 도구로 이용되고 있음을 보여 주는 또 하나의 결
정적인 사건이 구약성경에 기록되어 있습니다. 하나님은 출애굽기
20:4 곧, 십계명의 제2계명을 통해 새긴 우상을 만들지 말라고 명령
하셨습니다. 이 명령의 의미는 피조물의 상을 만들어 놓고 그 상을
하나님으로 간주하여 섬기지 말라는 뜻입니다. 이 명령은 너무나 분
명하게 주어졌습니다. 그런데 출애굽기 32장을 읽어 보면 이스라엘
백성들이 이 금지명령을 듣고 난 직후에 어려움을 만나자 애굽에서
이방종교를 믿는 사람들이 소의 형상을 만들어 놓고 신으로 섬기는
광경을 생각해 내고 소의 형상을 만들어 세우고자 하는 강렬한 욕망
을 갖게 되었고, 결국은 그 욕망을 행동으로 옮겼습니다. 우리 속담
에 "잉크가 채 마르기도 전에"라는 말이 있습니다. 하나님이 주신 너

무나도 분명한 명령이 전달되자마자 이스라엘 자손은 바로 이 명령을 어기는 행동에 들어간 것입니다. 사람이 무엇엔가에 씌우지 않으면 이런 일이 어떻게 가능하겠습니까? 이스라엘인들이 죄의 세력에 미혹당한 것입니다.

죄의 세력이 하나님의 계명을 효율적으로 잘 활용하고 있다는 사실을 바울은 "이는 율법이 없으면 죄가 죽은 것임이라"라고 표현합니다. 율법이라는 도구가 없으면 죄의 세력이 전혀 힘을 쓰지 못한다는 것입니다. "죄가 죽은 것임이라"는 말은 "죄의 세력이 전혀 힘을 쓰지 못하고 마치 죽은 사람처럼 무기력하게 늘어져 있다"는 뜻입니다. 하나님이 주신 가장 값진 선물들 가운데 하나인 율법이 이처럼 사탄의 조종을 받는 죄의 세력이 가장 중요하게 여기는 무기로 사용되고 있다는 사실이 놀랍습니다. 그런데 그게 바로 인류문명의 현실입니다.

개종 전 율법을 행위에만 적용한 바울

바울은 자기 자신의 경험을 생각하면서 율법의 역할에 대하여 말합니다. 9절입니다. "전에 율법을 깨닫지 못했을 때에는 내가 살았더니 계명이 이르매 죄는 살아나고 나는 죽었도다."9절 "전에"는 "바울이 다메섹 도상에서 예수님을 만나 개종하기 전에"라는 뜻입니다. "율법을 깨닫지 못했을 때에는." 헬라어 원문은 "율법이 없었을 때에는"이라고 되어 있습니다. "율법을 읽으면서 깨닫지 못했다"라는 표현보다 "아예 율법이 없었다"라는 것은 훨씬 더 강력한 표현입니다. 예수님을 만나기 전에 바울은 율법의 최고 전문가들 가운데한 사람이었습니다. 바울은 난지 8일 만에 할례를 받았고, 율법으로는 바리새인이요, 율법의 의로는 흠이 없는 자라고 빌립보서 3:5-6에서 고백하고 있는데, 어떻게 "그때는 율법이 없었다"라고 입장이완전히 바뀌었을까요? 바울은 개종하기 전에는 행동으로만 율법을범하지 않으면 율법을 완전히 지킨 것으로 생각했습니다. 그러나 개종한 후에 율법이 행동뿐만 아니라 마음속에 형성되는 욕망의 차원에 적용된다는 사실을 깨닫고 나서는 개종하기 전의 자신의 율법 이해는 "율법이 아예 없었다"라고 말할 만큼 처참한 것임을 깨달았던것입니다. 율법을 행동의 영역에만 적용되는 것으로 생각하고 있었을 때는 '내가 살았었다'라고 말합니다. '내가 살았었다'라는 말은 "내힘으로 율법을 온전히 지키는 것이 가능하다는 자신감이 충만해 있었다"라는 뜻입니다. 내가 자신감에 넘쳐서 펄펄 날아다녔다는 것입니다.

개종 후 율법을 마음에까지 적용한 바울

그런데 어떤 일이 일어났습니까? "계명이 이르매." "계명이 이르렀다"라는 말은 바울이 "처음으로 계명을 읽었다"라는 뜻이 아니라 "계명이 행위뿐만 아니라 마음의 욕망의 영역에까지 적용되어야 한다는 사실을 처음으로 알게 되었다"라는 뜻입니다. 수십 년 동안 읽고 연구하고 지키려고 애를 쓰면서도 몰랐던 계명의 참된 뜻을 깨닫고 나니 계명을 처음 읽은 것처럼 느껴졌다는 것입니다. 이처럼 하나님의 계명이 행위뿐만 아니라 마음의 욕망의 영역에까지 적용된다는 사실을 알고 나자 그 결과가 무엇입니까? "나는 죽었도다." "나의 힘으로 율법을 지킬 수 있다는 자신감이 완전히 없어져 버렸다"라는 것입니다. 개종하기 전, 자아가 살아 있었던 바울의 모습은 모든 계명을 다 지켰다고 생각하고 자신감에 충만해 있었던 부자청년의 모습과도 같고^{마 19:20}, 성전에 나와 기도하면서 "하나님이여 나는 다른 사람들 곧 토색, 불의, 간음을 하는 자들과 같지 아니하고 이 세리와도 같지 아니함을 감사하나이다 나는 이레에 두 번씩 금식하고 또 소득의 십일조를 드리나이다"하고 자신감에 충만했던 바리새인과도 같이^{눅 18:11-12}, 자신감에 넘치는 사람이었으나 계명의 참뜻을 깨닫고 난 이후의 바울은 자신감을 완전히 상실하고 말았습니다.

죄가 계명을 통하여 나를 속이고 죽임

10절에서 바울은 계명의 원래 목적은 무엇이었으며, 이 목적이 어떻게 바뀌었는가를 말합니다. "생명에 이르게 할 그 계명이 내게 대하여 도리어 사망에 이르게 하는 것이 되었도다." 하나님이 아담에게 주신 명령을 잘 살펴봅시다. "동산 각종 나무의 열매는 네가 임의로 먹되 선악을 알게 하는 나무의 열매를 먹지 말라 네가 먹는 날에는 반드시 죽으리라." 아담과 하와가 이 명령에 순종하여 선악을 알게 하는 나무의 열매를 따 먹지 않았다면 아담과 하와에게 어떤 결과가 찾아왔겠습니까? 죽지 않고 영생에 이르는 결과가 찾아왔을 것입니다. 이처럼 계명의 원래의 목적은 죽음에 이르는 길로부터 아담과 하와를 보호하려는 것이었습니다. "하나님의 계명 순종 = 죽음에 이르지 않고 영생함"이었습니다. 그러나 아담과 하와는 뱀을 통하여 미혹하는 사탄의 유혹을 극복하지 못하고 하나님의 명령을 어기고 말았습니다. 그 이후부터 계명은 어떤 역할을 하기 시작했습니까? 아담과 하와를 죽음으로 밀어 넣는 무서운 도구로 역할이 바뀐 것입니다.

8절에서 바울은 죄의 세력이 율법 혹은 계명을 이용하여 사람의 마음 안에 작전기지를 구축했다고 말했는데, 똑같은 표현이 11절에도 다시 한번 등장합니다. 8절에도 "죄가 기회를 타서 계명으로 말미암아"라는 구절이 있고 11절에도 "죄가 기회를 타서 계명으로 말미암아"라는 구절이 있습니다. 11절은 죄의 세력이 일차적으로 마음 안의 욕망을 장악한 후에 다음 단계로서 하는 일이 무엇인가를 말합니다. "나를 속이고 그것으로 나를 죽였는지라." 마음속에 탐심이라는 작전기지를 구축한 죄의 세력은 마음을 철저하게 유린하기 시작하는데, 그 전략은 속이는 것입니다. 죄의 세력이 어떻게 사람의 마음을 속이는가는 하와가 사탄에게 유린당하는 과정을 주의 깊게 살펴보면 잘 알 수 있습니다.

예증 1: 선악과 사건

첫 번째 속이는 과정이 어떻게 나타났을까요? 창세기 2장을 주의 깊게 읽어 보면 하나님이 선악을 알게 하는 나무의 열매를 따 먹지 말라는 명령을 아담에게만 주시고 하와에게는 따로 주시지 않았음을 알 수 있습니다. 이것은 무슨 뜻입니까? 아담에게 명령을 주신 것을 하와에게도 주신 것으로 간주하겠다는 것입니다. 하나님은 아담에게 "네가 받은 명령을 하와에게 전달하라"고 말씀하시는 것입니다. 선악과를 따먹는 일에 주도적인 역할을 한 것은 하와인데, 하나님께서는 선악과를 따먹는 행위에 대한 책임을 물으실 때도 하와를 부르시지 않고 아담만을 부르셨습니다. 아담과 하와의 가정에서 대표는 아담입니다. 아담은 하나님이 자신에게 주신 명령을 하와에게도 주신 명령으로 간주하고 전달해야 했으며, 하와도 아담에게만 주신 명령을 자신에게도 주신 명령으로 간주해야 했습니다.

아담과 하와의 가정은 가족인 동시에 교회였습니다. 하나님은 아담을 가정과 교회의 대표로 세우셨습니다. 이것이 하나님이 세우신 질서입니다. 가정과 교회에서 여자는 남자에게 순종하고 남자는 여자를 희생적으로 사랑하고 보호하는 것이 하나님이 세우신 질서입니다. 물론 남자와 여자는 모두 하나님의 형상으로 지음을 받았다는 점에서 존재적으로 평등하나 가정생활과 교회생활에서 역할을 수행하는 기능적인 관점에서는 평등하지 않습니다. 따라서 가정과 교회에서 존재뿐만 아니라 기능적인 평등까지 주장하는 현대의 여권주의, 곧 급진적인 페미니즘은 반성경적인 이데올로기입니다.

만일 사탄이 하나님의 창조질서를 존중한다면 하와에게 접근해서는 안 되고 하나님이 아담을 상대하신 것처럼 아담에게 접근해서 싸움을 걸었어야 합니다. 그러나 사탄은 아담을 완전히 따돌리고 하와에게 접근했는데 이런 접근은 "하와, 너도 아담과 동등한 위치에 있는 거야, 구태여 아담의 말에 따를 필요가 없어, 너 스스로 판단해"라는 암시를 주는 것입니다. 사탄은 페미니즘을 전략으로 사용하고 있습니다. 오늘날 현대사회를 장악하고 있는 페미니즘은 사탄적인 이데올로기입니다. 사탄적인 이데올로기는 선한 열매를 거둘 수 없습니다. 오늘날 심각한 출산율 저하의 가장 결정적인 이유들 가운데 하나는 페미니즘입니다. 출산율이 떨어진다는 것은 공동체가 붕괴된다는 것을 뜻합니다. 사탄이 하와를 아담 가정과 교회의 대표로 아담과 동등하게 대하는 것은 하와를 속이는 것입니다. 하와는 보기 좋게 이 속임수에 넘어갔습니다. 만일 하와가 영적으로 깨어 있었다면 사탄이 하와에게 접근할 때 어떻게 해야 했을까요? "저는 대표자가 아닙니다. 저의 남편 아담에게 먼저 말을 해보세요. 저는 아담을 따를 뿐입니다." 이렇게 대응했어야 합니다. 그러면 아마도 상황이 달라졌을 것입니다.

사탄은 뱀을 통하여 이렇게 묻습니다. "하나님이 참으로 너희에게 동산 모든 나무의 열매를 먹지 말라 하시더냐?" 사탄의 질문에 하나님의 명령이 살짝 바뀌어 있는 것을 확인할 수 있습니다. 하나님은 선악을 알게 하는 나무의 열매를 따 먹는 것만 금지하고, 다른 모든 나무의 열매를 따 먹을 수 있도록 허용하셨습니다. 사탄이 이렇게 질문을 한 의도는 하와의 마음속에 이미 구축되어 있던 탐심을 깨워내기 위한 것입니다. 겨울잠을 자는 곰을 깨워내는 것과도 같습니다. 아마도 평소에 하와는 선악을 알게 하는 나무를 볼 때마다 먹음직하고 보암직도 하고 지혜롭게 할 만큼 탐스럽기도 한 것으로 생각하고 있었던 것 같습니다. "저렇게 맛있어 보이고 예뻐 보이고 탐스러워 보이는 열매를 왜 먹지 말라고 하신 거지? 하나님을 이해할 수가 없어. 하나님이 너무 엄격하신 것 아니야?" 사람의 마음이 이처럼 자기가 소유하고 싶어 하는 어떤 것에 한 번 집착하기 시작하면 좀처럼 벗어나기 어렵습니다.

사탄의 질문을 받은 하와는 이렇게 답변합니다. "동산 나무의 열매를 우리가 먹을 수 있으나 동산 중앙에 있는 나무의 열매는 하나님의 말씀에 너희는 먹지도 말고 만지지도 말라 너희가 죽을까 하노라." 하와의 답변을 들어보면 하나님이 강하게 명령하지 않은 부분은 강화시키고 하나님이 강하게 말씀하신 부분은 약화시킨 것을 알 수 있습니다. 하와는 하나님의 말씀과는 정반대로 말합니다. 하나님은 먹지 말라는 명령은 주셨지만 만지지 말라는 명령은 주지 않으셨습니다. 이 말 안에는 "하나님이 너무 엄격하다"라는 불만이 담겨 있습니다. 하나님은 선악을 알게 하는 나무의 열매를 먹는 날에는 반드시 죽을 것이라고 단호하게 말씀하셨는데, 하와는 "죽을까 하노라"로 희미하게 얼버무리고 있습니다.

하와의 답변에는 하나님을 믿지 않는 현대인들과 신앙은 가지고 있지만 포용과 관용을 주장하는 자유주의 전통의 사람들이 하나님의 말씀에 대하여 취하는 태도가 정확하게 그대로 나타나 있습니다. 현대인들은 성경이 제시하는 계명들이 너무 엄격해서 그 계명대로 사는 것은 시대에 맞지 않으니까 이제는 폐기해야 한다고 주장합니다. 성경은 동성애를 명확하게 금지하고 있으나 현대인들은 서로 합의하고 진정으로 서로 사랑하면 동성애든, 소아성애든, 혼외성애든 상관없다고 주장합니다. 간통죄도 폐지해 버리고 차별금지법이나 학생인권조례를 만들어 동성애와 혼외성애도 다 정당화시켜 버리려고 하고, 낙태법도 폐지해 뱃속의 태아를 자유롭게 살해하는 것을 허용합니다. 또한 현대인들은 예수님을 믿지 않으면 지옥에 간다는 것이 성경이 명확하게 가르치는 진리임에도 불구하고 인간이 죄 때문에 죽는다는 것과 지옥에서 영원한 멸망에 들어간다는 사실을 말하지 않거나 애매모호하게 흐려 놓습니다. 이 모두가 사탄의 속임수에 미혹된 것입니다.

하와가 자신의 속임수에 넘어간 사실을 확인한 사탄은 이제 노골적으로 실체를 드러내며 하고 싶은 말을 합니다. "뱀이 여자에게 이르되 너희가 결코 죽지 아니하리라 너희가 그것을 먹는 날에는 너희 눈이 밝아져 하나님과 같이 되어 선악을 알 줄 하나님이 아심이니라." 뱀은 선악을 알게 하는 나무의 열매를 따 먹으면 "죽을까 하노라"라는 애매모호한 입장을 가진 하와에게 단호하게 "결코 죽지 아니하리라"라고 결정적인 거짓말을 딱 넣어 줍니다. 그리고 하나님을 질투쟁이로 둔갑시킵니다. 하와가 하나님과 같은 수준으로 지혜로운 자가 되는 것을 질투하는 노망난 늙은이처럼 하나님을 묘사하고 있는 것입니다.

거짓말도 처음 한 번 하거나 들을 때는 주저주저하지만 거짓말을 반복하다 보면 나중에 어느 시점이 되면 거짓말을 한다는 사실 자체를 잊어버리고 마치 자신이 진실을 말하는 것으로 확신하게 됩니다. 다른 사람이 한 거짓말도 처음에는 받아들이기를 주저하지만 계속하여 반복해서 듣다 보면 세뇌가 되어 나중에는 거짓말을 진실로 받아들이게 됩니다.

예증 2: 구원의 길을 왜곡함

성도들은 죄의 세력과 사망의 형벌에서 벗어난 자들이며, 예수님을 믿는 믿음을 통하여 하나님의 은혜로 값없이 구원받고 영생의 선물을 받은 자들입니다. 그런데 죄의 세력은 율법 또는 계명을 통하여 예수님을 믿는 자들을 다시 사망으로 되돌이키려고 안간힘을 쓰고 있습니다. 죄의 세력은 율법 또는 계명을 통하여 이렇게 속삭입니다. "네 마음과 생활을 한 번 보아라. 그렇게 마음이 깨끗하지 못하고 죄를 많이 행한 네가 감히 천국에 들어가서 영생을 누린다는 것이 말이 되느냐? 너처럼 성화되지 않고 성질도 못되고 생활이 엉망인 사람이 하나님 나라에 가서 적응할 수 있겠어? 예수님을 믿는 것이 물론 기본으로 바탕에 깔려 있어야 하지만 그 위에 금, 은, 보석으로 집을 지어 본 공로가 좀 있어야 하지 않겠어?" 이런 속삭임이 들려 올 때 우리는 어떻게 해야 할까요? "사탄아, 물러가라! 그리스도의 대속의 무한한 공로를 손상시키지 말아라!" 이렇게 단호하게 물리친 다음에, "하나님, 저 같은 죄인을 값없이 은혜로 구원해 주신 놀라운 은혜에 감사드립니다. 이 은혜를 받은 자답게 살지 못한 것을 회개하오니 용서해 주십시오. 그리고 이제부터는 최선을 다하여 구원받은 하나님의 백성에 합당한 삶을 살기 위해 최선을 다하겠습니다." 이렇게 기도하고 용서해 주신 주님의 은혜를 감사하면서 열심히 신앙생활을 하면 됩니다.

율법은 거룩하고 의롭고 선한 것

율법은 죄가 무엇인가를 알려 주는 역할을 할 뿐, 인간이 죄를 행하게 만드는 역할을 하지 않습니다. 인간 안에 탐심이 구축되고 인간을 속여서 죽음으로 끌고 가는데 율법이 도구로 사용되는 것은 사실이지만 마음속에 탐심을 만들어내고 사람을 속여서 죽음으로 끌고 가는 것은 죄의 세력이지 율법이 아닙니다. 그러면 우리는 어떤 결론을 얻을 수 있을까요? 12절입니다. "이로 보건대 율법은 거룩하고 계명도 거룩하고 의로우며 선하도다." 율법 자체는 하나님이 주신 선한 선물이라는 것입니다. 율법은 하나님의 거룩한 품성을 반영합니다. 율법은 율법을 준수하면 생명에 이르고 율법을 범하면 죽음에 이른다고 말하는데, 이런 율법의 주장은 의로운 것입니다. 원래 율법은 인간을 영생으로 인도하기 위하여 주어진 선한 것이었습니다.

7:13 그런즉 선한 것이 내게 사망이 되었느냐 그럴 수 없느니라 오직 죄가 죄로 드러나기 위하여 선한 그것으로 말미암아 나를 죽게 만들었으니 이는 계명으로 말미암아 죄로 심히 죄 되게 하려 함이라

7:13은 난해하고 뜨거운 논쟁의 대상이 되는 구절입니다. 이 부분은 아주 잘 다루지 않으면 독자들을 헤어 나오기 어려운 혼란 속에 빠뜨릴 수 있습니다.

바울은 7:1-12에서 개종하기 전의 경험을 회상하면서 율법의 기능이 무엇인가를 논증했습니다. 율법은 사람을 사망으로 끌고 가지도 못하며, 동시에 사람을 사망의 세력으로부터 구원하지도 못합니다. 사람을 사망으로 집어넣는 것은 죄의 세력이 담당하고, 사망으로부터 구원하는 것은 십자가 위에서 우리를 위하여 대속의 죽음을 죽으신 그리스도의 의로움이 담당합니다. 율법은 다만 죄가 무엇인가를 알려 주며, 죄의 도구로 사용되어 마음속의 탐욕을 불러일으킬 뿐입니다. 그러나 율법 그 자체는 결코 악한 것이 아닙니다. 율법은 하나님이 인류에게 주신 최고의 선물입니다.

바울은 1-12절에서 말한 율법의 기능을 13절에서 요약정리한 다음 25절까지 계속되는 새로운 문단을 시작합니다. "그런즉 선한 것이 내게 사망이 되었느냐 그럴 수 없느니라 오직 죄가 죄로 드러나기 위하여 선한 그것으로 말미암아 나를 죽게 만들었으니 이는 계명으로 말미암아 죄로 심히 죄 되게 하려 함이라"13절.

13절이 1-12절에서 다룬 중심주제를 요약한 절인데도 불구하고 새로운 문단의 시작으로 보는 이유는 질문을 한 뒤에 "그럴 수 없느니라"라고 답변하는 어법이 바울 서신에서 항상 새로운 문단을 시작하는 전형적인 방식이기 때문입니다. 예컨대 7:7에 보면 새로운 문단을 시작할 때 "그런즉 우리가 무슨 말을 하리요 율법이 죄냐 그럴 수 없느니라"라고 말하고 있고, 6:15에도 보면 "그런즉 어찌하리요 우리가 법 아래에 있지 아니하고 은혜 아래에 있으니 죄를 지으리요 그럴 수 없느니라"라는 어법으로 새로운 문단을 시작하고 있고, 6:1-2에서도 "그런즉 우리가 무슨 말을 하리요 은혜를 더하게 하려고 죄에 거하겠느냐 그럴 수 없느니라"라는 어법으로 새로운 문단을 시작하고 있습니다.

사람을 사망으로 끌고 가는 주체는 죄의 세력

"선한 것"은 율법을 뜻합니다. 율법은 하나님이 주신 선한 선물입니다. 선한 것이 "내게 사망이 되었느냐?" "되었느냐?"라는 동사는 과거시제입니다. 과거는 언제인가? 바울이 개종하기 전의 시절을 말합니다. 이 구절이 말하는 "내게"라는 표현에 등장하는 "나"는 개종하기 전의 바울, 나아가서는 성도가 개종하기 전 불신자의 상태에 있을 때를 뜻합니다. "사망이 되었느냐?"라는 말은 "사망으로 끌고 가는 주체의 역할을 했는가?"라는 뜻입니다. 바울은 "율법이 바울을 비롯한 성도가 개종하기 전에 사망으로 끌고 가는 주체였는가?"라고 묻습니다. 바울은 이 질문에 대하여 스스로 답변합니다. "그럴 수 없느니라."

그러면 사람을 사망으로 밀어 넣은 주체는 누구이며, 율법은 어떤 역할을 한 것일까요? 바울은 '죄가…선한 그것으로 말미암아 나를 죽게 만들었다'고 답변합니다. 여기서 말하는 죄는 아담이 범한 죄를 통하여 세상에 들어온, 사탄의 조종을 받는 거대한 죄의 세력을 뜻합니다. 사람을 사망으로 몰아넣은 주체는 죄의 세력입니다. 그러면 율법은 어떤 역할을 했는가? "선한 그것으로 말미암아" - "선한 그것"은 율법입니다. 죄의 세력이 율법을 도구로 이용하여 사람을 사망으로 몰아넣었습니다. 사람을 사망으로 몰아넣은 주체는 죄의 세력이고 율법은 이 일에 도구로 사용된 것입니다. 원래 율법은 사람을 생명으로 인도하려는 목적으로 주어진 것인데, 죄의 세력이 사람을 사망으로 몰아넣는 도구로 율법을 악용한 것입니다. 그것은 마치 죽어가는 환자를 치료하여 살려내는 목적으로 제작된 의료용 칼인 메스가 살인자의 손에 들어가 사람을 죽이는 흉기로 변신한 것과도 같습니다. 이때 우리는 메스를 악하다고 비난해서는 안 됩니다.

이처럼 죄의 세력이 율법을 도구로 이용하여 사람을 사망에 빠뜨린 것은 악한 일입니다. 그러나 역사 안에서 좋은 일이든, 나쁜 일이든, 일단 일어난 사건은 하나님이 허락하셨기 때문에 일어난 사건이라고 보는 것이 기독교인이 가져야 할 역사관입니다. 하나님이 허락하신 사건이라면 그 사건에는 우리에게 주시고자 하시는 하나님의 선한 교훈이 있는 법이며, 우리는 그 교훈이 무엇인가를 생각해야 합니다. 하나님은 왜 율법을 도구로 악용하여 사람을 사망에 빠뜨리는 악한 일이 일어나도록 허용하셨을까요? 이 악한 일을 통하여 하나님이 우리에게 주시는 교훈, 우리에게 주시고자 하시는 유익은 무엇일까요?

숨은 죄를 공개적으로 드러냄

바울은 죄의 세력이 율법을 도구로 사용하여 사람을 사망에 빠뜨리는 사건의 목적이 '죄가 죄로 드러나기 위한 것'이라고 말합니다. 원문은 "죄가 눈에 보이는 모습으로 드러나도록 하기 위한 것"이라고 번역할 수 있습니다. 드러난다고 번역된 헬라어 동사 파이노φαίνω는 눈에 보이지 않는 어떤 것을 눈에 보이도록 드러낸다는 뜻을 가지고 있습니다. 파이노라는 헬라어로부터 페노메나phenomena라는 영어단어가 나왔습니다. 페노메나는 현상으로 번역됩니다. 현상은 눈에 보이는 것들이라는 뜻입니다.

아담과 하와가 선악과를 따먹는 행위를 하기 전에 이미 죄가 무엇인가는 결정되어 있었습니다. 하나님이 금지하신 것을 행하는 것이 죄입니다. 그런데 하나님이 금지하신 것을 행하는 구체적인 행

동이 없다면 죄는 추상적인 개념으로만 존재할 것입니다. "선악과
를 따먹는 행위가 죄다"라는 상상은 할 수 있지만 그것은 상상으로
만 끝납니다. 그런데 사탄이 "선악과를 따먹지 말라"라는 계명을 이
용하여 하와를 유혹하여 하와가 실제로 선악과를 따먹은 순간, 죄가
무엇인가 구체적인 행동으로, 눈에 선명하게 보이는 형태로 딱 드러
났습니다. 자, 그렇다면, 죄가 추상적인 개념으로만 존재하는 것과
구체적인 행동으로 딱 드러난 것 중에서 어떤 쪽이 죄가 무엇인가를
더 잘 알 수 있는 길일까요? 네! 죄가 구체적인 행동으로 드러난 편
이 죄가 무엇인가를 더 잘 알 수 있는 길입니다! 사탄이 계명을 가지
고 교활한 작전을 전개하여 아담과 하와로 하여금 선악과를 따먹게
하는 일에 성공하고는 승리의 개가를 부르고 있었습니다. 그러나 하
나님은 더 깊고 경이로운 전략으로 사탄의 승리의 순간을 사탄의 추
악한 실체 곧 죄의 추악한 실체를 선명하게 만천하에 드러내는 계
기로 만드심으로써 사탄의 허를 찌르셨습니다. 죄가 무엇인가를 추
상적으로, 상상 속에서만 아는 것보다 눈에 선명하게 보이는 형태로
그 실체를 직접 보는 것이 죄가 무엇인가를 아는 데 월등히 유리합
입니다.

죄의 힘과 교활함을 폭로함

13절 하반절은 죄가 율법을 이용하여 사람을 사망으로 몰아넣
은 행위는 추상적인 개념으로만 존재하던 죄를 눈에 보이는 구체적
행위로 드러내는 정도에서 머문 것이 아니라 한 걸음 더 나아가서

죄의 강력한 힘과 교활함을 폭로하는 데도 그 목적이 있음을 말합니다. 실제 행동이 없었다면 죄의 강력한 힘과 교활함도 그냥 상상 속에서만 겨우 그려보는 수준을 넘지 못했을 것입니다. "이는 계명으로 말미암아 죄가 심히 죄 되게 하려 함이라." "심히"라는 부사는 "비상할 정도로, 상상을 초월할 정도로"라는 뜻입니다.

아담과 하와로 하여금 선악과를 따먹게 한 죄의 세력이 어떻게 죄의 강력한 힘과 교활함을 드러냈을까요? 죄의 세력이 얼마나 강력하고 교활한 활동 주체인가는 우리가 이미 알고 있는 두 가지 특성만 보더라도 분명해집니다.

첫째로, 죄의 세력은 딱 두 명 - 에녹과 엘리야 - 을 제외하고는 모든 인류를 육체적 죽음으로 몰아넣었습니다. 게다가 예수님을 믿는 극소수 하나님의 백성들을 제외하고는 절대다수의 인류를 지옥으로 몰아넣었습니다.

둘째로, 죄의 세력은 삼국지에 등장하는 제갈공명이나 손자병법을 저술한 손자를 능가할 정도로 지략도 뛰어납니다. 하나님이 최초의 인류에게 영원한 생명에 이르는 길로 율법 곧 "선악과를 따먹지 말라"라는 명령을 주셨고, 이 율법은 하나님이 인류에게 주신 가장 값진 선물인데, 바로 이 가장 값진 선물을 역이용하여 오히려 인류를 사망으로 몰아넣고 절대다수의 인류를 지옥으로 끌고 가는 데 성공한 것입니다. 우리는 이 죄의 세력을 가볍게 보면 안 됩니다. 아담과 하와가 선악과를 따먹는 사건이 일어나지 않았다면 이처럼 강력하고도 교활한 죄의 세력이 드러나지 않고 지하에 숨어 있었을 것이며, 인류가 그 실체를 알 수 없었을 것입니다. 그런데 선악과 사건이 일어나면서 이 무시무시한 죄의 세력이 지닌 강력한 힘과 교활함이 인류 역사 안에 선명하게 드러나게 된 것입니다.

여하튼 죄의 실체를 상상 속에서만 알지 않고 생생하게 눈에 보이는 형태로 알게 된 것은 커다란 유익임이 분명합니다. 이것이 바로 죄의 세력이 사람을 사망으로 끌고 가는 끔찍한 사건으로부터 우리가 배워야 할 교훈입니다.

로마서 7:14-25은 개종 후의 기독교인의 경험

바울이 1-12절에서는 사람을 사망으로 끌고 간 주체는 율법이 아니라 죄의 세력이며, 율법은 죄가 무엇인가를 알려주는 역할을 담당한 것이며, 율법 그 자체는 하나님의 선한 선물이라는 사실을 개종 전의 불신자 시절 자신의 경험에 근거하여 논증했다면, 14-25절까지는 개종한 이후 곧, 거듭난 이후 자신의 경험을 바탕으로 논증합니다.

7:14-25은, 어떻게 해석해야 하느냐를 둘러싸고 로마서의 모든 본문 중 가장 많은 논쟁의 대상이 되었고 지금도 논쟁이 되는 본문입니다. 이 문단 안에 등장한 몇 가지 표현 때문에 많은 학자들이 이 문단은 개종한 이후의 바울의 경험을 묘사한 본문이 아니라 개종하기 이전의 바울의 경험, 다시 말해서 불신자에게서 나타나는 경험을 묘사한 것이라는 주장을 전개했습니다.

초대교회 교부들은 대부분 이 본문이 개종하기 전 불신자 시절의 바울의 경험을 묘사한 것으로 보았습니다. 어거스틴은 신학이 아직 미숙했던 초기에는 이 본문이 불신자의 경험을 묘사한 것으로 보았다가 신학이 성숙한 단계에 접어든 후기에는 입장을 바꾸어서 개종한 이후 신자의 경험을 묘사한 것으로 보았습니다. 루터와 칼빈과 같은 종교개혁자들은 모두 개종한 이후 바울의 경험을 묘사한 것으로 본 반면에, 경건주의자들과 이단적인 성향이 있는 알미니안주의자들은 불신자 시절 바울의 경험을 묘사한 것이라고 보았습니다. 알미니안주의는 인간의 힘으로 율법을 완전하게 지킬 수 있고 율법을 지킨 공로를 가지고 구원받을 수 있다고 주장하는 행위구원론체계입니다. 현대 주석가들 가운데는 불신자 시절의 바울의 경험을 묘사한 것이라고 본 학자들이 상당히 많습니다. 그러나 존 머레이John Murray, 찰즈 핫지Charles Hodge, 존 스토트John Stott와 같은 개혁주의 전통에 있는 학자들은 개종한 이후 바울의 경험을 묘사한 것으로 보고 있습니다.

저는 14-25절의 본문이 개종한 이후의 바울의 경험을 묘사한 것으로 보는 것이 바른 해석이라고 생각합니다. 일부 신학자들이 본문을 개종 이전의 불신자의 상태를 묘사하는 본문이라고 보는 가장 결정적인 이유는 14절에 "내가 육신에 속하여 죄 아래 팔렸도다"라는 표현 때문입니다. "육신"이라는 단어는 몸을 가리키는 것이 아니라 "죄에 장악된 인간의 본성"을 뜻합니다.

첫째로, 본문을 개종 전의 불신자 바울의 경험으로 보는 학자들은 '내가 육신에 속해 있다'라는 표현이 바울이 불신자의 상태를 묘사하는 데 사용한 다른 표현과 같은 표현이라는 점을 근거로 제시합니다. 7:5에 보면 "우리가 육신에 있을 때에는"이라는 표현이 등장하는데 이 표현은 바울이 불신자였을 때의 상태를 묘사한 것으로서 7:14의 표현과 비슷합니다. 또 8:8에 "육신에 있는 자들"이라는 표현도 명백하게 불신자를 나타내는 표현입니다. 이 표현들이 모두 비슷비슷하다는 점 때문에 일부 신학자들은 14-25절이 바울이 불신자의 상태를 묘사하고 있다는 주장을 전개합니다.

그러나 헬라어 원문을 보면 매우 중요한 차이가 있습니다. 바울이 불신자의 상태를 묘사하는 본문인 7:5과 8:8에는 사람이 "육신 안에" 있는 것으로 되어 있습니다. 육신 안에 있다는 것은 사람 자체가 죄에 장악된 본성 안에 갇혀 있어서 꼼짝달싹 못 하는 모습을 묘사한 것입니다. 이 묘사는 불신자의 상태를 묘사하는 표현으로 적절합니다. 그러나 14절에 "내가 육신에 속하여"라는 표현은 사실 정확한 번역은 아닙니다. 헬라어 원문으로 보면 "내가 육신적이다"라고 되어 있습니다. 여기에는 "안에"가 없습니다. 내가 육신 안에 들어가서 꼼짝달싹 못 하는 모습이 아니라 "나"라는 주체가 육신 밖에 있는데, 육신의 영향을 상당한 정도로 받아 육신적인 성격을 드러내고 있다는 것입니다. 중요한 것은 육신 밖에 있다는 표현입니다. 이 표현은 개종한 성도의 상태를 묘사하는 표현으로 적합합니다. 거듭난 성도는 죄의 세력이 지배하는 왕국으로부터 나온 자들입니다. 그런데 죄의 세력의 잔재가 아직 마음 안에 남아 있고, 마음이 이 세력의 영향을 받고 있기 때문에 육신적이라고 말할 수 있습니다.

둘째로, "죄 아래 팔렸도다"라는 표현입니다. 이 본문에서 '팔렸다'는 말은 고대사회에서 돈을 주고 노예매매를 했던 관습을 반영한 표현입니다. 본문이 개종 전 불신자 바울의 모습을 묘사한다고 보는 학자들은 이 표현이 불신자의 상태를 묘사하는 데 적합한 표현이라는 점을 근거로 제시합니다. 특히 로마서 6:17-22은 불신자의 상태를 "죄의 종"으로 묘사하고 있습니다. "종"은 노예로도 번역할 수 있습니다. 신자의 상태를 죄의 종으로 묘사하는 것은 적합하지 않다는 것입니다. 그러나 로마서 6장과 본문에는 중요한 차이점이 있습니다. 6:17-22은 노예로 팔려가 매매가 끝난 상태에서 어떤 집에 노예로 들어가 노예의 일을 하는 사람을 묘사하고 있습니다. 그러나 14절에서는 노예로 팔려간 상태라고만 말할 뿐, 노예로서 일을 시작한 상태는 아닙니다.

노예로 팔려갔다는 표현은 구약성경에도 등장합니다. 열왕기상 21:20-25절을 보면 선지자 엘리야가 아합왕이 노예로 팔려가는 것처럼 우상에게 팔려가서 악을 행했다고 비판하는 구절이 있고, 열왕기하 17:17을 보면 이스라엘 백성들이 우상에게 팔려가서 악을 행했다는 구절이 있습니다. 그런데 이 구절들도 잘 보면 단순히 우상에게 팔려갔다고만 말하지 않고 팔려가서 악을 행했다고 말하고 있습니다. 그러나 14절에서는 노예로 팔려간 상태라고만 말할 뿐, 실제로 노예가 되어 일하고 있다는 표현은 없습니다.

지금까지 제시한 정도가 14-25절을 개종하기 전의 불신자 바울의 상태를 묘사하는 근거로 제시되고 있을 뿐, 그밖에 본문의 전체적인 특징들은 이 본문이 개종한 후의 바울의 상태 곧, 성도들의 현재 상태를 묘사하는 본문으로 해석하는 것이 바른 해석임을 보여주고 있습니다. 이 점은 본문을 하나하나 살피는 가운데 명확해질 텐데, 가장 명확한 증거는 이 본문에서 사용된 시제입니다. 1-12절까지는 과거시제가 사용되었습니다. 5절에 보면 "우리가 육신에 정확히 말하면 육신 안에 있을 때에는…죄의 정욕이 우리 지체 중에 역사하여 과거형"라고 되어 있고, 8절에 "죄가 기회를 타서 계명으로 말미암아 내 속에서 온갖 탐심을 이루었나니 과거"라고 되어 있고, 9절에 보면 "전에 율법을 깨닫지 못했을 때에는 과거 내가 살았더니 과거"라고 되어 있고, 10절에 보면 "생명에 이르게 할 그 계명이 내게 대하여 도리어 사망에 이르게 하는 것이 되었도다 과거"라고 되어 있고, 11절에 보면 "죄가 기회를 타서 계명으로 말미암아 나를 속이고 그것으로 나를 죽였는지라 과거"라고 되어 있습니다. 과거형이 사용되고 있다는 말은 개종하기 전 불신자 시절을 묘사하고 있다는 뜻입니다.

반면에 14절 이하에는 압도적으로 현재형이 사용되고 있습니다. 14절에 보면 "나는 육신에 속하여 죄 아래에 팔렸도다"라고 되어 있어서 과거형처럼 보이지만 여기 사용된 동사는 현재형입니다. 엄밀하게 번역하면 "현재 팔려있는 상태다"라고 번역되어야 합니다. 이하 15-25절까지 전부 현재형으로 되어 있습니다. 현재형으로 되어 있다는 말은 개종한 이후의 바울의 상태를 묘사하고 있다는 뜻입니다.

그러면 이제 14-25절 전체가 어떤 구도 아래 있는가를 말씀드리겠습니다. 이 문단은 크게 세 개의 문단으로 나눌 수 있습니다. 14-17절이 첫 번째 문단입니다. 18-20절이 두 번째 문단입니다. 이 두 문단에서 말하고자 하는 내용은 같습니다. 다만 18-20절은 14-17절에서 말한 내용을 더 강한 용어를 이용하여 다시 한번 반복한 것입니다. 그러면 14-17절에서 말하고자 하는 내용의 핵심은 무엇일까요?

1-12절까지는 인간이 의롭다 함을 받는 과정 곧, 칭의를 받는 과정에서 율법이 담당하는 역할이 무엇인가를 말하고 있습니다. 사람이 하나님 앞에서 의롭다 함을 받는 일을 율법이 해줄 수 없습니다. 율법은 다만 죄가 무엇인가를 알게 해줄 따름입니다. 다만 죄의 세력이 사람의 마음속에 탐심이라는 기지를 구축하는 데 율법이 도구로 사용될 뿐입니다. 14-17절에서는 하나님 앞에서 의롭다 함을 받고, 구원을 받은 성도들이 하나님의 백성이라는 신분에 합당한 삶, 곧 성화의 삶을 살고자 할 때 율법이 차지하는 역할이 무엇인가를 말하고 있습니다. 성도들이 성화의 삶을 산다는 것은 율법을 준수하는 삶을 사는 것을 뜻합니다. 그런데 성도들이 율법을 준수하는 삶을 살고자 하면 어떤 경험을 하게 되는가? 마음으로는 율법을 준수하고 싶은데, 행동이 따라주지 않는 경험을 하게 됩니다. 마음은 선을 행하고 싶어 하는데 행동은 반대로 악을 행하고 있다는 것입니다. 그러면 악을 행하는 주체는 누구냐? 첫째로, 이 주체가 율법이 아닌 것은 확실합니다. 율법을 지키려고 애를 쓰는데 율법 자체가 율법을 어기는

행동의 주체가 된다는 것은 말이 안 되는 일이기 때문입니다. 둘째로, 악을 행하는 주체는 성도 자신도 아니라고 할 수 있습니다. 왜냐하면 성도는 율법을 준수하고 싶어 하는 마음을 가지고 있기 때문입니다. 그러면 누가 주체냐? 바로 죄의 세력이 악을 행하는 주체입니다. 이것이 첫째 문단인 14-17절, 그리고 둘째 문단인 18-20절이 말하는 내용입니다.

세 번째 문단인 21-25절은 성도가 율법을 준수하는 삶 곧 성화의 삶을 살고자 할 때 이런 딜레마에 빠지는 이유가 무엇이며, 이런 딜레마에 빠진다고 하더라도 절망에 사로잡히지 않아도 되는 이유를 또한 밝힙니다. 성도가 성화의 삶을 살고자 할 때 이런 딜레마에 빠지는 이유는 성도의 속사람은 거듭났고 그 안에 성령이 내주하고 계시지만 겉 사람 혹은 지체 안에는 여전히 죄의 세력의 잔재가 강하게 남아 있기 때문입니다. 그래서 성도는 힘든 시간을 맞이하게 되지만 속사람이 이미 거듭났다는 사실 때문에 절망 속에 빠지지 않고 오히려 하나님을 찬양하는 사람으로 우뚝 설 수 있습니다.

20 원함과 행함의 분열 (롬 7:14-17)

7:14 우리가 율법은 신령한 줄 알거니와 나는 육신에 속하여 죄 아래에 팔렸도다
7:15 내가 행하는 것을 내가 알지 못하노니 곧 내가 원하는 것은 행하지 아니하고 도리어 미워하는 것을 행함이라
7:16 만일 내가 원하지 아니하는 그것을 행하면 내가 이로써 율법이 선한 것을 시인하노니
7:17 이제는 그것을 행하는 자가 내가 아니요 내 속에 거하는 죄니라

7:1-12에서 바울은 개종하기 전의 자신의 경험을 근거로 하여 율법은 죄가 무엇인가를 알려 주는 하나님의 선한 선물임을 강조했습니다. 율법이 죄의 세력의 도구가 되어 탐욕을 불러일으키는 데 이용당하기도 하지만 그렇다고 해서 율법 자체가 악한 것은 아닙니다. 사람을 사망으로 몰아넣은 악의 주체는 죄의 세력입니다. 이것이 1-12절에서 바울이 전개한 논증입니다. 바울은 13절에서 이 논증을 요약한 다음에 14-25절에서 개종한 이후 자신의 경험을 근거로 동일한 내용을 다시 한번 논증합니다.

바울의 논증은 세 단계로 전개됩니다. 14-17절까지가 첫 번째 문단이고, 18-20절까지가 두 번째 문단인데, 이 두 문단은 같은 내용

을 말하고 있습니다. 다만 18-20절은 좀 더 깊은 의미를 담은 표현으로 같은 내용을 재진술할 뿐입니다. 이 두 문단이 말하는 것은 마음과 행동이 일치하지 않는 일 곧, 마음으로는 선을 원하는데 행동으로는 악을 행하는 일이 성화의 삶을 추구하는 성도에게 나타난다는 것입니다. 세 번째 문단인 21-25절은 성도가 이런 딜레마에 빠지는 이유가 무엇이며, 이런 딜레마에 빠진다 하더라도 절망에 빠지지 않아도 되는 이유가 무엇인가를 밝힙니다.

세 문단 중에서 이 장에서는 첫 번째 문단인 14-17절을 살펴보고자 합니다.

개종 후의 바울의 상태 1: "육신적이다"

먼저 14절을 보겠습니다. "우리가 율법은 신령한 줄 알거니와 나는 육신에 속하여 죄 아래에 팔렸도다."

"우리가 율법은 신령한 줄 알거니와." 신령하다는 말은 영적이라는 뜻입니다. 이 본문에서 말하는 영은 사람의 영을 가리키는 것이 아니라 하나님의 영이신 성령을 가리킵니다. 율법이 영적이라는 말은 두 가지 의미를 지닙니다. 하나는 율법은 하나님으로부터 온 것이라는 뜻입니다. 온 인류의 마음에 새겨져 있는 도덕법도 하나님으로부터 온 것이고, 모세의 율법도 하나님으로부터 온 것입니다. 다른 하나는 율법은 하나님의 거룩한 성품을 반영하고 있다는 것입니다.

“나는 육신에 속하여.” “나”는 일차적으로 개종한 이후의 바울을 가리키지만 바울은 신약시대의 모든 성도를 대표하는 입장에 있기 때문에 이차적으로는 모든 성도를 가리킵니다. 따라서 이 본문을 읽을 때 바로 우리 자신을 “나”에 대입시켜서 읽으면 됩니다.

“육신”은 이 문맥에서는 인간의 몸을 가리키는 용어가 아니라 인간의 자아 안에서 활동하는 강력한 죄의 세력을 의미합니다.

“나는 육신에 속하여”라는 우리 말 표현에 대하여 자세하게 분석해 보는 것이 필요합니다. 왜냐하면 이 구절을 어떻게 번역하는가에 따라서 이 구절이 개종 전 불신자 시절의 바울을 가리킬 수도 있고, 개종 후 신자 시절의 바울을 가리킬 수도 있기 때문입니다.

개역개정판에서 이 구절을 “육신에 속하여”라고 번역한 것은 미흡한 번역입니다. 이 번역 때문에 우리 말 성경을 읽는 성도들이 혼란에 빠질 수 있습니다. “육신에 속해 있다”라는 말은 “육신 안에 있다”라는 말과 그 의미가 같습니다. 바로 이 점에 문제가 있습니다. “육신 안에 있다”라는 표현은 바울 서신에서는 개종 전의 불신자의 상태를 묘사하는 표현으로 사용되었습니다. 예를 들어서 로마서 7:5은 개종 전 불신자의 상태를 묘사하면서 “우리가 육신에 있을 때에는”이라고 번역하고 있는데, 헬라어 원문을 보면 “육신 안에”라고 명확하게 표현되어 있습니다. 로마서 8:8도 개종 전 불신자의 상태를 묘사한 본문인데 우리 말 번역에는 “육신에 있는 자들”이라고 되어 있습니다. 이 본문도 헬라어 원어를 보면 “육신 안에”라고 명확하게 되어 있습니다. 개종하기 전에는 영혼 전체, 자아 전체가 죄의 세력

안에 들어가 있기 때문에 "육신 안에"가 적합한 표현입니다. 개역개정판 한글 성경이 로마서 7:5과 8:8에 있는 헬라어 "육신 안에"를 "육신에 있는"으로 번역했고, 7:14은 "육신에 있는"과 동등하거나 더 강한 소속감을 가진 표현인 "육신에 속한 자"라고 번역해서 7:14이 7:5 또는 8:8과 같이 개종 전 불신자 시절의 바울을 묘사하는 것처럼 보입니다.

그러나 헬라어 원문에는 7:14에 "육신 안에"라는 표현이 사용되지 않았습니다. 이 원문을 바르게 번역하면 이렇게 됩니다. "나는 육신적이다." 헬라어 원문에서 "나"는 육신에 소속되어 있는 것이 아니라 육신 밖에 있습니다. 육신 밖에 나와 있지만 내 안에 육신의 잔재가 여전히 강하게 남아 있다는 것이 본문이 정확하게 뜻하는 것입니다. 따라서 이 표현은 개종하기 전 불신자의 상태를 묘사하는 것이 아니라 개종한 신자의 상태를 묘사한 것입니다. 같은 내용이 고린도전서 3:1에서도 확인됩니다. 이 본문에서 바울은 고린도교회 성도들을 "육신에 속한 자"라고 부릅니다. 우리 말 번역으로는 로마서 7:14의 번역과 동일합니다. 그러나 고린도전서 3:1에서도 헬라어 원문은 "육신 안에"라는 표현을 쓰지 않고 로마서 7:14에서처럼 "육신적"이라는 표현을 썼습니다. 결론적으로 말하면 7:14은 개종 이후의 바울을 묘사한다는 것입니다.

개종 후의 바울의 상태 2: "죄 아래에 팔렸도다"

"죄 아래에 팔렸도다." '팔렸다'라는 말은 고대사회에서 돈을 주고 노예매매를 했던 관습을 반영한 표현입니다. 본문이 개종 전 불신자 바울의 모습을 묘사한다고 보는 학자들은 이 표현이 불신자의 상태를 묘사하는 데 적합한 강한 표현이라는 점을 근거로 제시합니다. 실제로 로마서 6:17-22을 읽어 보면 불신자의 상태를 "죄의 종"으로 묘사하고 있습니다. "종"은 노예로도 번역할 수 있습니다. 신자의 상태를 죄의 종으로 묘사하는 것은 적합하지 않다는 것입니다. 그러나 주의 깊게 살펴보면 중요한 차이점이 있습니다. 6:17-22까지는 노예매매가 이미 끝난 상태에서 어떤 집에 노예로 이미 들어가 노예의 일을 하고 있는 사람을 묘사하고 있습니다. 그러나 14절은 노예로 팔려간 상태를 묘사하고는 있지만 노예로서 일을 하는 모습을 묘사한 표현은 아닙니다. 개종한 성도들이 마치 죄의 노예가 되어 있는 것처럼 보일 정도로 죄의 세력에 휘둘릴 때가 있기 때문에 이런 표현을 사용한 것입니다.

행하는 것을 내가 알지 못함

15절은 성도가 육신 안에 있지는 않지만 육신적이고, 죄의 세력의 노예는 아니지만 일시적으로 죄 아래 팔린 상태에 있을 때, 성도에게 어떤 일이 일어나는가를 잘 보여 줍니다. "내가 행하는 것을 내가 알지 못하노니 곧 내가 원하는 것은 행하지 아니하고 도리어 미워하는 것을 행함이라.”

“내가 행하는 것을 내가 알지 못하노니.” 내 안에 분열이 일어납니다. 어떤 분열입니까? 아는 것과 행하는 것의 분열입니다. 정상적인 상태라면 나의 행동을 내가 정확히 알고 있어야 하고 나의 행동을 나의 마음이 통제할 수 있어야 합니다. 그런데 나의 행동을 내가 알지 못할 뿐만 아니라 나의 마음의 통제권을 벗어나 있습니다. 자기가 무슨 일을 하고 있는지 자기도 잘 모릅니다. 뭔가에 홀린 사람처럼 행동합니다.

아는 것은 마음이 하는 일입니다. 성도는 속사람이 거듭났고 속사람 안에 성령이 내주해 계십니다. 속사람 안에 내주하시는 성령께서 마음의 중심을 딱 지키고 계십니다. 따라서 성도는 마음의 중심 속에서 성령이 원하시는 것이 무엇인지를 압니다.

행하는 것은 겉 사람의 영역에 속한 일입니다. 그런데 속사람 안에 내주하시는 성령이 아직 겉 사람까지 장악하지는 않았습니다. 성령이 어느 정도 겉 사람의 영역을 장악하는가 하는 것은 성도마다 다릅니다. 겉 사람의 영역이 성령에 강하게 장악된 성숙한 성도가 있는 반면, 겉 사람의 영역에서 성령의 능력을 찾아보기가 쉽지 않은 성도도 있습니다. 또 성령이 겉 사람을 장악한 정도는 한 성도에게서도 시간에 따라서 다릅니다. 어떤 때는 성령이 겉 사람을 강하게 장악할 때도 있고 어떤 때는 성령의 빛과 능력이 미미하게 나타날 때도 있습니다. 그런데 본문이 말하는 나는 성령이 겉 사람을 제대로 장악하지 못한 상태에서 육신적이고 죄 아래 팔려있는 상태이므로 내가 행하는 것은 악한 행위입니다. 본문의 "나"는 마음의 중심에서는 성령이 원하는 것이 무엇인가를 잘 알고 있는데, 행동으로는 악을 행합니다.

본문의 "나"는 마음 중심에서는 성령이 원하시는 것이 무엇인가를 알고 있음에도 불구하고 죄의 세력이 그럴듯한 논리로 미혹하면 쉽게 세뇌당하여 악을 행합니다. 그 예를 창세기 15장과 16장에 기록된 아브라함 기사에서 볼 수 있습니다. 창세기 15장에는 하나님이 아브라함에게 세 번이나 직접 찾아오셔서 사래에게서 아들이 태어날 것이며, 이 아들을 통해 하늘의 별과 같은 후손을 얻게 될 것이라는 예고를 하는 사건이 기록되어 있습니다. 하나님은 환상을 통하여, 꿈을 통하여, 그리고 직접 찾아오셔서 언약을 맺으심으로써 사라에게서 아들이 태어날 것과 이 아들의 후손들에게 일어날 일을 소상하게 알려 주셨습니다. 이때 아브라함은 성령의 사람으로서 사라에게서 아들이 태어날 것이라는 분명한 확신으로 마음이 꽉 채워져 있었습니다.

그런데 현실로 눈을 돌린 아브라함은 죄의 세력의 그럴듯한 논리에 바로 세뇌가 되었습니다. 아브라함의 눈에 여전히 경수가 끊어진 늙은 사래가 보이자 사래의 출산에 대한 확신이 흔들리기 시작합니다. 설상가상으로 사래가 자신은 아이를 낳을 수 없으니 하갈을 통해서라도 아들을 얻는 것이 최선이 아니겠느냐라는 제안을 하자 바로 설득당하여 하갈에게로 들어갔습니다. 이 사건기록이 15장 다음 장인 16장에 바로 나옵니다. 우리는 아브라함 사건을 읽을 때 답답하기 이를 데 없습니다. 우리는 이런 의문을 가집니다. "어떻게 아브라함과 같은 믿음의 사람이 조금 전에 하나님으로부터 받은 엄청난 약속을 이렇게 까마득하게 잊어버릴 수가 있는가!" 독자의 눈에는 빤하게 보이는데 아브라함만 모르는 것이 너무나 답답합니다. 두 사람이 바둑을 두고 있는데 옆에서 관전하는 사람 눈에는 급소가 환히 보입니다. 그런데 정작 바둑을 두는 사람은 전혀 알아차리지 못하고 엉뚱한 곳에 돌을 놓습니다. 관전자는 너무나 답답해서 속으로 이렇게 부르짖습니다. "이런 바보! 요기가 급소인데 이렇게 쉬운 걸 못 봐?" 아브라함 사건을 읽을 때 바로 우리 마음이 이런 상태입니다. "아, 이 바보 아브라함아! 제발, 조금 전에 하나님이 세 차례나 찾아오셔서 주셨던 말씀을 한 번만이라도 떠올려 봐!" 그런데 놀랍게도 하나님이 세 번이나 직접 찾아오셔서 말씀하신 놀라운 사건이 아브라함에게 아무런 영향도 주지 못합니다. 아브라함은 하나님을 한 번도 만난 일이 없고 아무 말씀도 들은 일이 없는 것처럼 행동합니다. 아브라함은 자기가 하는 일이 얼마나 심각한 배반행위인지 알아차리지 못합니다. 이것이 바로 "내가 행하는 것을 내가 알지 못하노니"라는 구절이 뜻하는 것입니다.

아브라함에게만 이런 일이 일어나는 것이 아니라 우리들 사이에서도 이런 일이 일어납니다. 중고등부 학생들이 수련회에 가서 은혜를 크게 받고 난 후에 마치 은혜를 전혀 받지 않은 것처럼 바로 시험에 드는 일이 있고, 목회자가 은혜로운 설교를 한 후에 언제 그런 영적인 분별력이 있었는지 의심이 들 정도로 시험에 드는 일이 있습니다. 죄의 세력은 아주 교활해서 은혜를 아주 크게 받은 바로 그 시점에 작심하고 치밀한 논리와 전략으로 성도를 공격하여 하나님으로부터 받은 은혜를 보지 못하게 하고 자기 논리를 따라오도록 세뇌시킵니다.

바울의 진술에서 우리는 세 가지 점에 주목해야 하겠습니다.

첫째로, 마음의 아는 것과 행하는 것이 일치하지 않는 것을 민감하게 느끼면서 고민하는 모습은 개종하지 않은 불신자에게서는 거의 나타나지 않습니다. 불신자들 중에 이런 고민을 하는 자들은 거의 없습니다. 이 고민은 개종한 신자들 가운데 성화의 삶을 살아가고 있는 자들에게서 나타나는 전형적인 모습입니다.

둘째로, 어떤 성도가 아는 것과 행하는 것이 일치하지 않아서 고민한다는 말은 이 성도가 선을 전혀 행하지 않는 사람이라는 뜻은 아닙니다. 선을 전혀 행하지 않는 사람은 이런 고민 자체를 하지 않습니다. 이 사람은 평소에 성도의 신분에 합당한 선을 행하다가 잠시 죄의 세력의 미혹을 받아 시험에 빠진 성도입니다.

셋째로, 아는 것과 행하는 것이 일치하지 않는 순간은 성도들에게 매우 힘든 순간입니다. 그러나 이 힘든 순간 안에 소망이 숨어 있습니다. 이런 분열이 있다는 것은 아는 것의 자리인 마음이 악한 행위에 동의하지 않는다는 것을 뜻합니다. 악을 행하면서 적어도 마음으로나마 자신이 행하고 있는 악에 동의하지 않고 있다는 것은 정말로 다행한 일입니다. 아는 것과 행하는 것 사이에 분열이 있다는 것은 죄의 세력에 대항하여 싸우는 중이라는 뜻입니다. 이 싸움은 전진과 후퇴를 거듭하는 난전이지만 마침내는 승리할 것입니다.

원하는 것은 행하지 않고 미워하는 것을 행함

다음 구절은 앞 구절이 말하는 마음의 아는 것과 외적인 행함의 분열을 조금 더 구체적으로 묘사합니다. "곧 내가 원하는 것은 행하지 아니하고 도리어 미워하는 것을 행함이라." "내가 원하는 것"이라는 구절에서 원함의 주체는 마음입니다. 내가 원하는 것은 마음으로 원하는 선한 것으로서 하나님의 율법이 가르쳐 주는 선한 삶입니다. 그런데 나의 겉 사람 안에 여전히 죄의 세력이 남아 있고, 이 죄의 세력의 계략에 넘어가서 성도는 마음으로는 원하면서도 이 원하는 것을 행하지 못하고 오히려 마음이 미워하는 것을 행하고 맙니다.

이처럼 아는 것과 행하는 것이 분열되어 있고, 마음으로는 선한 삶을 원하는데 행동은 마음이 미워하는 악을 행하는 딜레마로부터 두 가지 결론을 얻을 수 있습니다.

첫 번째 결론은 16절에 있습니다. "만일 내가 원하지 아니하는 그것을 행하면 내가 이로써 율법이 선한 것을 시인하노니." 내가 행하는 것은 악한 일이고 이 일은 율법을 거스르는 것입니다. 그런데 내가 행하는 악한 일은 내가 원하지 않는 일입니다. 내가 원하는 것은 선한 일이고 선한 일이 무엇인가는 율법에 쓰여 있습니다. 적어도 내가 율법에 쓰여 있는 선한 일을 마음으로 원한다는 것은 내가 율법이 선한 것임을 인정한다는 뜻이 됩니다. 예를 들어서 어떤 성도가 다른 사람의 물건이 탐나서 훔쳤다고 해봅시다. 물건을 훔친 후에 이 성도는 어떻게 생각할까요? 이 성도는 "나는 내가 하고 싶어 하는 떳떳한 일을 했어!"라고 생각하지 않을 것입니다. 이 성도는 적어도 마음으로는 "나는 해서는 안 되는 일을 했어! 이러고 싶지는 않았는데…"라고 자책할 것입니다. 이런 자책을 한다는 것은 "도둑질하지 말라"는 하나님의 명령이 선하고 바른 명령임을 인정한다는 것을 뜻합니다.

두 번째 결론은 17절에 있습니다. "이제는 그것을 행하는 자가 내가 아니라 내 속에 거하는 죄니라." "이제는." "이제"는 언제입니까? "개종하고 나서 성도로서 살아가고 있는 현재는"이라는 뜻입니다. "그것"은 "나의 마음이 원하지 않는 악한 일"을 뜻합니다. 이 악한 일을 나의 마음이 원하지 않습니다. 그러면 나의 마음이 이 악한 일을 행하지 않은 것이 분명합니다. 그렇다면 이 악한 일은 누가 행한 것일까요? "내 속에 거하는 죄"라고 바울은 말합니다. 물론 여기서 말하는 죄는 사람이 행하는 죄의 행위 하나하나를 가리키는 것이 아니라 사탄의 배후조종을 받는 거대한 죄의 세력을 뜻합니다. 바울은 성도가 악한 일을 행할 때 행하는 주체가 내가 아니라 내 안에 거하는 죄의 세력이라고 말합니다. 이 죄의 세력은 나의 겉 사람 안에 남아 활동합니다.

그런데 바울은 여기서 앞뒤가 맞지 않는 것처럼 보이는 말을 합니다. 15-16절에서는 악한 일을 하는 주체가 "나"임을 분명히 하고 있습니다. "내가 행하는 것을…내가 원하는 것은 행하지 아니하고 도리어 미워하는 것을 행함이라…만일 내가 원하지 아니하는 그것을 행하면." 그런데 17절에서는 악한 일을 행하는 주체가 내가 아니라 죄의 세력이라고 말합니다. 이처럼 앞뒤가 안 맞는 것처럼 보이는 바울의 상반되는 진술을 어떻게 이해해야 할까요?

첫째로, 성도가 행하는 악한 일은 성도의 마음속 깊은 곳에서 기획되어 시작된 것이 아닙니다. 성도의 영혼, 자아의 중심인 속사람에는 성령이 내주하시기 때문에 악한 일이 성도의 자아 깊은 곳으로부터 나올 수가 없습니다. 이 악한 일을 기획하고 시작하고 주도해 나가는 주체는 사탄의 조종을 받는 죄의 세력입니다. 하와가 선악과를 따먹은 사건이 이 점을 명확히 보여 줍니다. 하와가 먼저 선악과를 따먹는 악한 일을 기획한 것이 아니라 하와가 그럴 생각을 하지 않고 있을 때 사탄이 찾아와서 먼저 작업을 시작했습니다.

둘째로, 그런데 죄의 세력은 성도 스스로가 악한 일을 행하도록 유도합니다. 따라서 실제로 행동하는 주체는 성도 자신이 됩니다. 선악과 사건에서 사탄은 하와를 세뇌시켜 하와 스스로 선악과를 따먹도록 교활한 논리로 유혹했습니다.

셋째로, 이때 성도가 결연하게 맞서서 죄의 세력의 간교한 유혹을 분별해 내지 못하고 계략에 말려 들어가서 악을 행한다면 이 행동에 대하여 성도는 책임을 져야 합니다. 선악과 사건에서 하와와 아담은 선악과를 따먹은 행위에 대하여 엄중한 책임을 져야 했습니다.

넷째로, 악한 일을 기획하고 주도한 죄의 세력은 너무나 강력하고 집요하고 교활해서 성도 자신의 힘으로는 이겨내기 어렵습니다. 이 세력은 성도의 속사람 속에 내주하시는 성령의 능력으로만 이겨낼 수 있습니다.

21 가장 큰 절망에서 소망을 (롬 7:18-25)

7:18 내 속 곧 내 육신에 선한 것이 거하지 아니하는 줄을 아노니 원함은 내게 있으나 선을 행하는 것은 없노라

7:19 내가 원하는 바 선은 행하지 아니하고 도리어 원하지 아니하는 바 악을 행하는도다

7:20 만일 내가 원하지 아니하는 그것을 하면 이를 행하는 자는 내가 아니요 내 속에 거하는 죄니라

7:21 그러므로 내가 한 법을 깨달았노니 곧 선을 행하기 원하는 나에게 악이 함께 있는 것이로다

7:22 내 속사람으로는 하나님의 법을 즐거워하되

7:23 내 지체 속에서 한 다른 법이 내 마음의 법과 싸워 내 지체 속에 있는 죄의 법으로 나를 사로잡는 것을 보는도다

7:24 오호라 나는 곤고한 사람이로다 이 사망의 몸에서 누가 나를 건져내랴

7:25 우리 주 예수 그리스도로 말미암아 하나님께 감사하리로다 그런즉 내 자신이 마음으로는 하나님의 법을 육신으로는 죄의 법을 섬기노라

7:1-12에서 개종하기 전의 자신의 경험을 근거로 하여 율법은 하나님의 선한 선물임을 강조한 바울은 7:13에서 7:1-12의 내용을 요약한 후에 14-25절에서 개종한 후의 자신의 경험을 바탕으로 같은 논증을 전개합니다. 14-25절은 세 문단으로 구성되어 있습니다. 14-17절이 첫 번째 문단이고, 18-20절이 두 번째 문단인데, 두 번째 문단은 첫 번째 문단에서 논증한 내용을 좀 더 심화시켜 서술합니

다. 이 두 문단이 말하는 것은 성화의 삶을 추구하는 성도에게는 마음과 행동이 일치하지 않는 힘든 순간이 찾아온다는 것입니다. 또한 이때 성도는 악을 행하면서도 마음으로는 자신이 행하는 악을 원하지 않는데, 이는 악한 행동을 금지하는 율법이 선함을 암묵적으로 시인하는 것입니다. 세 번째 문단인 21-25절은 이처럼 마음과 행동이 일치하지 않는 힘든 순간이 성화의 삶을 추구하는 성도에게 찾아오는 이유가 무엇이며, 이런 힘든 순간에도 성도에게 소망이 있는 이유를 말합니다.

육신의 두 가지 의미

18절은 이렇게 말하고 있습니다. "내 속 곧 내 육신에 선한 것이 거하지 아니하는 줄을 아노니 원함은 내게 있으나 선을 행하는 것은 없노라."

"내 속, 곧 내 육신에." "나"는 바울 자신을 가리킵니다. 바울은 "내 속" 곧, 자신 안을 들여다보고 있습니다. 바울이 자신을 들여다볼 때 독자인 우리는 우리의 자신을 함께 들여다보면서 바울의 말을 따라가면 됩니다. "내 속" 곧, 자신 안을 들여다보던 바울은 자신 안에서 앵글을 좁혀서 자신 안의 어떤 부분을 집중적으로 들여다봅니다. "곧 내 육신에." 바울은 자신 안에서 "육신"이라고 명명한 부분을 집중적으로 들여다봅니다. "육신에"는 헬라어 원어를 보면 "육신 안에"라고 되어 있습니다.

앞 장에서 "육신 안에"라는 표현이 로마서 7:5과 8:8에서 사용되고 있고, 이 표현은 개종하지 않은 불신자 시절의 바울의 상태를 묘사하기에 적합한 표현이라고 말씀드렸습니다. 그런데 개역개정판 한글 성경에 바울이 개종한 이후 신자가 된 상태에 관하여 말할 때도 "육신 안에"라는 표현을 쓰고 있어서 독자들이 헷갈릴 수가 있습니다. 그러나 7:5이나 8:8의 "육신 안에"와 8:18의 "육신 안에"한글개역 개정판에는 육신에는 의미가 다릅니다.

7:5이나 8:8은 바울 자신 전체가 "육신 안에"에 있다고 되어 있으므로 이 육신은 바울 자신의 일부가 아니라 바울 자신 밖에 있는 커다란 죄의 세력을 뜻합니다. 불신자는 죄의 세력권, 죄가 통치하는 나라 안에 들어가 있는 자들이라는 것입니다. 그러나 18절의 육신은 "나"에게 소속된 "나"의 일부입니다. 우리말로는 "내 육신에"라고 되어 있는데, 헬라어 원어로 보면 "나의"라는 소유격이 선명하게 사용되어 있습니다. "나의 육신 안에"라는 표현은 육신이 "나" 안에 있는 일부임을 잘 보여주고 있습니다. 같은 육신이라는 단어가 문맥에 따라 다른 의미로 사용되는 것입니다. 본문이 말하는 "나의 육신"을 23절에서는 "내 지체"라고 부릅니다. 또 22절과 23절을 연결해 보면 속사람과 지체가 대립관계에 있는 것을 볼 수 있습니다. 따라서 지체는 속사람에 대응하는 겉 사람을 뜻함을 알 수 있습니다. 본문이 말하는 육신은 지체이고 지체는 겉 사람이라는 결론을 얻을 수 있습니다. 육신은 몸이 가진 정신적이고 신체적인 다양한 기능들을 가리키며 이 기능들을 가지고 영위하는 현실 속에서의 생활을 가리킵니다.

육신 안에 선한 생각은 있으나 행함은 없음

바울이 육신, 지체, 겉 사람, 생활의 세계이 단어들은 모두 동의어입니다를 들여다보니까 선한 것이 없다는 것입니다. 바울은 깜짝 놀랍니다. 바울은 이렇게 묻습니다. "당연히 있어야 할 선한 것이 왜 없지? 도대체 선한 것은 어디로 사라져 버린 거야?" 왜 바울은 선한 것이 육신의 세계 곧, 생활의 세계에도 있어야 한다고 생각한 걸까요? 생활의 세계에 있어야 할 선한 것은 무엇을 뜻할까요? 다음 구절이 이에 대하여 답변합니다. "원함은 내게 있으나 선을 행하는 것은 없노라." 바울이 "나"를 들여다보니까, 마음은 선한 것 곧 율법이 지시하는 삶을 원합니다. 이 마음은 당연히 생활 속의 행동으로 나타나야 합니다. 그러나 겉 사람의 세계를 들여다보니 유감스럽게도 마음에서 원한 것이 행함으로 나타나 있지 않습니다. 원하는 마음만 추상적으로 있을 뿐 이 마음이 구체적인 행동으로 나타나 있지 않습니다.

예를 하나 들어보겠습니다. 배가 고픈 어떤 사람이 음식점에 들어갔습니다. 메뉴판을 보니 맛있는 요리 이름들이 죽 있고 사진까지 있습니다. 개념상으로 음식이 있는 것이지요. 그런데 막상 주문을 하니까 식재료가 없어서 음식을 만들 수 없다고 합니다. 실체로서의 음식이 없는 것입니다. 음식점에 들른 손님들은 이구동성으로 이 음식점이 이상하고 정상이 아니라고 생각할 것입니다. 바울이 들여다본 자신이라는 집 안이 이런 모습이었습니다. 이 집은 선을 행하고자 하는 관념은 있는데 행함이라는 실체는 없는 정말로 이상한 곳이었던 것입니다. 이 모습을 볼 때 얼마나 답답하겠습니까?

육신 안에 악행이 있음

그런데 육신의 세계 곧 겉 사람의 세계에 있는 이상함과 답답함은 원하는 선한 것을 행하지 않는 정도에 머무르지 않습니다. 바울이 육신의 세계를 들여다보니 행함이 없는 정도가 아니라 자신이 원하지 않는 "악행"이 실체로 나타나고 있었던 것입니다. 19절을 읽겠습니다. "내가 원하는 바 선은 행하지 아니하고 도리어 원하지 아니하는 바 악을 행하는도다." 자기가 원하는 선을 행하지 않을 뿐만 아니라 적극적으로 악을 행하는 한 가지 사례를 구약성경에서 예로 들어보겠습니다.

창세기 27장에 보면 노년에 이른 이삭이 행한 행동이 하나 기록되어 있습니다. 이삭은 매우 모범적인 하나님의 백성 된 삶을 살았던 신앙인입니다. 이삭은 나이가 많아 눈이 어두워 잘 보지 못하게 되자 자기 죽음이 임박한 것을 알고 자녀에게 축복을 내리고 자녀의 앞날을 예고하는 시간을 가져야겠다고 생각했습니다. 이 시간은 가계의 전통을 자녀 특히 아들에게 계승시키는 아주 중요한 시간입니다. 구약시대에는 교회와 가정이 통합되어 있었고, 전도를 통하여 교회의 전통을 이어 나간 것이 아니라 자녀에게 가계를 물려주는 방식으로 교회의 전통을 이어 나갔습니다. 따라서 자녀에게 축복함으로써 가계를 물려주는 것은 단순히 혈통적인 일일 뿐만 아니라 거룩한 교회와 하나님 나라의 일이기도 했습니다. 이삭이 이 일을 몰랐을 리가 없습니다. 아마도 아브라함으로부터 후손의 대를 잇는 일이 얼마나 중요한 하나님의 일인가를 귀에 못이 박히도록 교육받았을 것입니다. 이삭의 마음에는 이 중요한 일을 잘해야겠다는 생각도 있었을 것입니다.

그렇다면 이 거룩한 일을 하기 전에 어떤 준비를 해야만 했을까요? 하나님 앞에서 기도를 드리거나 묵상의 시간을 통하여 마음을 가다듬고 하나님의 인도하심을 구했어야 합니다. 그런데 유감스럽게도 이삭은 이 중요한 일을 수행하기 전에 기도나 묵상의 시간을 갖지 않았습니다. 아는 것에 행함이 뒤따르지 못했습니다. 이삭은 이 중요한 준비를 하지 않는 데서 머무르지 않고 하나님의 일을 모독하는 심각한 악행을 하는 데까지 나아갑니다.

자, 이삭이 어떤 악행을 했을까요? 이삭은 에서가 장자니까 에서에게 가계를 잇게 하겠다는 생각을 하고 에서를 불렀습니다. 창세기의 정황으로 보았을 때 이삭은 아마도 하나님께 기도도 하지 않았을 뿐만 아니라 아내 리브가와 상의하지 않았던 것 같습니다. 이삭이 에서에게 가계를 잇게 하겠다는 생각을 가지기 시작한 데서부터 이삭의 악행은 시작되었습니다. 이삭은 에서가 이전에 행한 아주 중요한 두 가지 죄를 간과했습니다. 이 두 가지 죄가 모두 가계를 잇는 일과 관련된 것들이었습니다.

하나의 죄는 들에 사냥하러 나갔던 에서가 심히 피곤할 때 장자의 명분을 콩 수프 한 그릇을 받고 팔아넘긴 행위입니다. 구약시대에 가계를 잇는 일은 장차 오실 예수님의 족보를 연결하는 구속의 역사를 이루는 중차대한 일인데, 에서는 이 중차대한 일을 잠시 허기를 달래주는 콩 수프 한 그릇과 바꿔치기해 버린 것입니다.

다른 하나의 죄는 이방족속인 헷 족속의 여자를 아내로 맞아들인 것인데, 그것도 두 여자를 동시에 아내로 맞아들였습니다. 에서는 자신의 결혼이 교회와 하나님 나라의 계통을 연결하는 중차대한 일인데도 불구하고 보란 듯이 신앙이 없는 이방인 아내들을 맞아들였습니다. 에서의 이 두 행위는 교회와 하나님 나라의 일을 의도적으로 방해하는 행위입니다. 그런데도 이삭은 인간적인 관례에 집착한 나머지 영적인 악을 행한 에서에게 가계를 물려주려고 시도했습니다.

이삭의 악행은 여기서 그치지 않았습니다. 이삭은 에서에게 사냥하여 별미를 만들어 오라고 지시했습니다. 별미를 먹고 기분이 좋아지면 그 좋은 기분으로 마음껏 에서를 축복하겠다는 것입니다. 이것은 무엇을 의미합니까? 에서가 콩 수프 한 그릇으로 교회와 하나님 나라 사역을 바꿔치기한 것처럼, 이삭은 별미 한 상으로 교회와 하나님 나라 사역을 바꿔치기하겠다는 뜻입니다. 이 행위는 하나님 앞에 중대한 악행입니다. 이 장면을 지켜보던 리브가는 이삭의 행위가 얼마나 악한 행위인가를 간파하고 정교한 계획을 수립하여 이삭을 속이고 이삭이 가계를 잇는 축복을 야곱에게 하도록 만들었습니다. 이삭은 축복하고 난 후에 자신이 감쪽같이 속아서 야곱에게 축복을 다 해버렸다는 사실을 알게 되었을 때 "심히 크게 떨었다"고 창세기 27:33이 말합니다. 보통 떤 것이 아니라 "심히," 그리고 "크게"

떨었다고 되어 있습니다. 이삭은 순식간에 정신이 번쩍 들어 자신이 해 온 악행이 얼마나 심각한 것이며, 하나님이 무섭게 벌을 내리셨다는 사실을 한순간에 깨달은 것입니다. 하나님이 주시는 경고가 무엇인가는 분명합니다. "너는 내가 아브라함을 통하여 준 약속과 명령을 짓밟았다! 너는 하나님 나라의 일을 방해했다! 가계는 에서가 아니라 야곱이 계승하는 것이 나의 뜻이다!" 아마도 이때 이삭은 땅을 치면서 후회했을 것입니다. "아! 이게 내가 원래 의도했던 일은 아닌데! 내가 아버지 아브라함으로부터 귀에 못이 박이도록 들은 하나님의 약속과 명령을 좀 더 신중하게 생각해야 했는데!" 하나님 앞에서 두려워 떨며 죄를 고백하면서 용서를 빌었을 것입니다. 이처럼 구약의 모범적인 성도인 이삭도, 신앙이 가장 무르익었을 때인 죽기 직전에 이런 엄청난 실수를 했습니다. 이 사건을 통해서 로마서 7:19이 진리임을 재차 확인할 수 있습니다. "내가 원하는 바 선은 행하지 아니하고 도리어 원하지 아니하는 바 악을 행하는도다."

악을 행하는 자는 성도 자신이 아닌 죄의 세력

바울은 성도가 마음으로 원하지 않는 것을 행하면 행하는 주체가 성도 자신이 아니라 성도 안에 거하는 죄의 세력임을 20절에서 선언합니다. "만일 내가 원하지 아니하는 그것을 하면 이를 행하는 자는 내가 아니요 내 속에 거하는 죄니라." 내 속에 거하는 죄가 행위의 주체이지만 실제로 행동하는 것은 나이므로 내가 행동에 대한 책임을 면제받을 수 있는 것은 아닙니다.

마음에는 선이 있으나 행함은 악으로 나타남

바울은 계속되는 21-25절에서 아는 것과 행하는 것 사이에 이와 같은 괴리가 나타나는 이유가 무엇인가를 말합니다. 21절입니다. "그러므로 내가 한 법을 깨달았노니 곧 선을 행하기 원하는 나에게 악이 함께 있는 것이로다." 바울은 자신이 "한 법"을 깨달았다고 말합니다. 이 구절에서 말하는 법은 헬라어로는 율법을 가리킬 때와 같은 단어이지만 이 문맥에서는 다른 의미로 사용됩니다. 이 문맥에서는 일반적인 원리 또는 법칙이라는 뜻으로 사용되었습니다. 바울은 아는 것과 행하는 것이 일치하지 않는 자신의 마음 상태를 보고 하나의 원리 또는 하나의 법칙이 자신의 마음속에 있는 것을 알게 되었다는 것입니다. 그 원리 혹은 법칙이 뭐냐? "곧 선을 원하는 나에게 악이 함께 있는 것이로다." 그 법칙은 선을 행하기를 원하는 나에게 악이 함께 있는 것입니다.

이 말을 들으면 "나" 안에 선과 악이 동등한 위치에서 나란히 있는 것처럼 들립니다. 그러나 본문을 잘 살펴보면 그렇지 않습니다. 선은 원하는 마음 안에만 있고 행함으로는 연결되지 않았기 때문에 실체는 없습니다. 악은 원하는 마음 안에는 없는데 행함으로 나타났기 때문에 실체로 있습니다. 이런 예를 들어서 설명해 보겠습니다. 시험을 치는 학생은 마음으로 무엇을 원합니까? 100점 맞는 것을 원합

298

니다. 100점 맞는 꿈도 꿉니다. 그런데 이 학생이 실제로 시험을 치렀는데 결과는 50점을 받았습니다. 이때 100점은 실체가 없는 상상 속의 개념입니다. 그러나 50점은 실제로 시험을 치는 행동을 통해서 나타난 눈에 보이는 실체적인 결과입니다. 본문은 이런 상황을 묘사하고 있습니다. 선은 개념으로만 있고 악은 구체적인 행함으로 나타난 실체로 있습니다.

속사람은 선을 행하기를 원하나 겉 사람은 악을 행하기를 원함

22-23절은 21절을 훨씬 더 구체적이고 역동적으로 설명합니다. 22절은 '내가 선을 행하기를 원한다'라는 말은 속사람이 하나님의 법을 즐거워한다는 뜻이라고 설명합니다. "내 속사람으로는 하나님의 법을 즐거워하되." "나"에게 "속사람"이 있습니다. 속사람은 무의식 혹은 잠재의식의 영역까지를 포함하는 내 자아의 깊은 차원을 가리킵니다. 우리가 예수님을 구주로 영접할 때 성령께서 이 속사람 속에 들어오셔서 거듭나게 하신 다음에 이 속사람 속에 내주하시기 시작하며, 이 성령의 내주하심은 영구히 지속됩니다. "하나님의 법"은 모세의 율법을 뜻합니다. 이 안에는 사랑의 대강령, 황금률도 이미 포함됩니다. 속사람은 성령이 완전하게 장악하고 있기 때문에 하나님의 법을 즐거워합니다.

그러면 속사람이 하나님의 법을 즐거워하는 것을 어떻게 느낄 수 있을까요? 성도들은 평소 생활할 때는 겉 사람의 세계 속에 파묻

혀서 생활합니다. 직장생활이나 가정생활이 다 겉 사람의 영역에 속해 있습니다. 이 생활을 영위하기 위하여 우리가 가진 신체를 부지런히 움직이고 우리가 가진 이성이나 감정이나 의지 등을 부지런히 사용합니다. 겉 사람의 세계에 파묻혀서 생활하다 보면 하나님의 은혜나 하나님의 율법을 대부분 잊고 지냅니다. 이렇게 잊고 지내는 틈을 노려서 죄의 세력이 그럴듯한 논리로 밀고 들어 오면 세뇌당할 수 있습니다.

그런데 겉 사람의 모든 일을 일단 멈추고 기도하기 위하여 조용히 앉으면 이상하게도 마음 저 밑으로부터 하나님의 은혜가 소리 없이 밀려 올라오고 하나님의 율법이 옳고 바른 삶의 길이라는 지식이 밀려 올라옵니다. 그래서 하나님의 은혜에 대한 감사의 기도를 드리게 되고 하나님의 율법대로 살지 못한 자신의 삶을 회개하게 됩니다. 왜 그럴까요? 속사람 속에 성령이 딱 자리 잡고 계시기 때문입니다. 우리가 말씀을 읽을 뿐만 아니라 기도하는 시간을 많이 가져야 하는 이유가 여기 있습니다. 이런 시간을 많이 가지면 가질수록 성령의 능력이 겉 사람 속에 더 많이 밀려 들어오게 되고 겉 사람 속에 잔류하여 작전을 전개하는 죄의 세력에 더 강하게 대항하여 싸울 수 있게 됩니다.

23절은 '악이 함께 있다'라는 말을 더 구체적으로 설명합니다. "내 지체 속에서 한 다른 법이 내 마음의 법과 싸워 내 지체 속에 있는 죄의 법으로 나를 사로잡는 것을 보는도다." 나의 속사람 안에는 성령이 내주하시지만 나의 지체 안에 "다른 법"이 있다고 바울은 말합니다. "다른 법"이 무엇인가를 아는 방법은 이 법과 대립 관계에 있는 다음 구절의 "마음의 법"의 의미를 먼저 살피는 것입니다. "마음의 법"에서 말하는 법도 율법을 가리키는 것이 아니라 일반적인 원리 또는 법칙을 가리킵니다. 마음 안에서 작동하는 어떤 원리가 있다는 말입니다. 그 원리가 무엇일까요? 바로 "마음은 선을 행하기를 원한다"라는 것입니다. "마음의 법"은 "선을 행하기를 원하는 것"입니다. 그러면 이에 대응하는 "다른 법"은 무엇을 의미할까요? "다른 법"은 "악한 일을 행하기를 원하는 것"입니다. "나"라는 자아 안에 두 원리가 싸우고 있습니다. 속사람에 뿌리를 내린 마음에서는 "선을 행하기를 원하는 것"이 있고 겉 사람의 영역에는 "악을 행하기를 원하는 것"이 있어서 서로 대적하여 치열하게 싸웁니다. 이 싸움이 진행되는 순간은 매우 힘든 순간이긴 하지만, 이 순간이 있다는 것은 구원받은 성도가 성화의 삶을 향하여 가는 과정에 있음을 뜻합니다. 그런데 이 싸움에서 "선을 행하기 원하는 것"이 패배하여 "나"가 "악을 행하기 원하는 것"에 장악당하여 겉 사람 속에서 활개치고 있는 "죄의 법" 아래로 끌고 가는 사태가 일어날 때가 있습니다. "죄의 법"은 "죄의 세력의 힘"이라는 뜻입니다. 아브라함이 하갈에게 들어갈 때, 이삭이 별미를 먹고 가계를 넘겨주려고 할 때, 다윗이 우리아를 죽이고 밧세바를 취하려고 할 때가 바로 성도가 죄의 법 아래 사로잡혀 간 때입니다.

아브라함이 하갈에게 들어가 하나님과의 교제가 끊어져 있던 시간, 이삭이 별미를 먹고 에서에게 가계를 물려주려고 하다가 완벽하게 속아서 야곱에게 가계를 물려준 시간, 다윗이 밧세바를 빼앗기 위해 우리아를 전쟁터에 내보내 죽게 한 시간은 구원받은 성도인 아브라함, 이삭, 다윗에게 있어서는 가장 비통하고 처참한 순간입니다. 이들은 24절에서 바울이 부르짖은 것과 같은 부르짖음에 동참합니다. "오호라 나는 곤고한 사람이로다 이 사망의 몸에서 누가 나를 건져내랴." "이 사망의 몸"은 겉 사람의 영역을 가리킵니다. 겉 사람의 영역은 육체적 죽음을 피할 수 없습니다. 바울은 인간의 힘만으로는 겉 사람의 영역에서 활개 치고 있는 죄의 세력으로부터 벗어날 수 없다는 점을 토로하면서 '누가 겉 사람 안에서 활개 치는 죄의 세력으로부터 자아를 건져 낼 수 있는가'라고 부르짖습니다. 그러나 이 부르짖음은 구원받은 하나님의 백성의 신분을 잃어버리고 멸망에 떨어질 위험에 직면한 사람의 부르짖음이 아닙니다. 이 부르짖음은 구원받은 하나님의 백성이 성화의 삶을 살아가는 도중에 잠시 죄의 세력에 세뇌당하여 죄를 범하고 난 후에 바로 자기의 죄를 깨닫고, 자기가 원래 의도했던 선을 행하지 못한 안타까움을 깊이 느끼면서, 하나님 앞에서 회개하며 엎드리는 사람의 부르짖음입니다.

마음으로 하나님의 법을 섬김이 소망의 근거

비통하고 처참한 상태에 빠져 있던 "나"는 한 가지 놀라운 사실을 깨닫고 하나님께 감사하며 찬양을 드리면서 7장을 소망 가운데 마무리합니다. 25절입니다. "우리 주 예수 그리스도로 말미암아 하나님께 감사하리로다 그런즉 내 자신이 마음으로는 하나님의 법을 육신으로는 죄의 법을 섬기노라." "나"가 발견한 놀라운 사실은 자신이 육신으로는 죄의 법을 섬기고 있지만 마음으로는 여전히 하나님의 법을 섬기고 있다는 사실입니다. 마음의 중심은 속사람입니다. 속사람 속에는 성령님이 영원히 내주하시기 때문에 겉 사람의 영역에서 일어나는 일과는 무관하게 영원한 구원이 확실하게 보장될 뿐만 아니라 속사람으로부터 하나님의 법을 섬기는 마음이 끊임없이 솟아납니다. 성도가 때로는 겉 사람의 영역에서 활개치며 활동하는 죄의 세력에 패배하는 때가 있지만 속사람 안에 내주하시는 성령께서 주시는 흔들림이 없는 구원과 끊임없이 마음으로 솟구쳐 올려보내는 "하나님의 법을 섬기는 마음" 때문에 궁극적으로는 승리하게 될 것입니다.

이와 같은 궁극적인 승리의 원인이 어디에 있을까요? 바로 속사람 속에 내주하시는 성령님에게 있습니다. 성도의 속사람 속에는 어마어마한 보물이자 궁극적인 해결사이신 성령님이 영원히 버티고 계십니다. 성령께서 언제든지 겉 사람의 영역으로 밀고 들어오셔서 죄의 세력의 잔당들을 소탕해 버릴 만반의 준비를 하고 계시기 때문에 성도는 희망을 잃지 않습니다. 따라서 바울이 8장부터 성령님에 대한 서술로 옮겨가는 것은 자연스러운 일입니다.

Romans

IV

결코 정죄함이 없나니

로마서 8장

8:1 그러므로 이제 그리스도 예수 안에 있는 자에게는 결코 정죄함이 없나니
8:2 이는 그리스도 예수 안에 있는 생명의 성령의 법이 죄와 사망의 법에서
     너를 해방하였음이라
8:3 율법이 육신으로 말미암아 연약하여 할 수 없는 그것을 하나님은 하시
     나니 곧 죄로 말미암아 자기 아들을 죄 있는 육신의 모양으로 보내어 육
     신에 죄를 정하사
8:4 육신을 따르지 않고 그 영을 따라 행하는 우리에게 율법의 요구가 이루
     어지게 하려 하심이니라

로마서 7:25에서 바울은 이렇게 자기 심경을 토로합니다. "우리
주 예수 그리스도로 말미암아 하나님께 감사하리로다 그런즉 내 자
신이 마음으로는 하나님의 법을 육신으로는 죄의 법을 섬기노라."
마음은 속사람의 영역까지 뻗어 있는 인간의 내면의 깊은 영역을 뜻
합니다. 육신은 지체나 겉 사람의 동의어로 사용되고 있습니다. 바
울은 겉 사람의 영역에 여전히 남아서 미혹하는 죄의 세력의 노예가
되어 있는 자기 자신을 발견합니다. 그래서 바울은 낙심합니다. 그
런데 이상하게도 자신의 마음 깊은 곳에서는 마치 작은 샘으로부터
샘물이 솟구쳐 오르듯이 하나님의 법을 따라야 한다는 마음, 하나님

의 법을 즐거워하는 마음이 끊임없이 솟구쳐 올라옵니다. 조용히 마음을 정리하고 기도하는 시간을 맞이하면 그 샘이 더 잘 보이고 샘물이 계속하여 흘러나옵니다. 바울은 마침내 불현듯 깨닫습니다. "아하, 내가 나의 겉 사람 안에서 죄의 세력을 섬기는 때에도 내가 예수 그리스도를 구주로 영접하는 바로 그 순간에 의롭다 함을 받은 것, 속사람이 거듭난 것, 성령께서 영원히 내주하시는 것은 흔들리지 않고 굳건하게 그대로 있구나!" 이 사실을 깨닫는 순간 바울은 "하나님, 정말 감사합니다!"라고 부르짖습니다. "우리 주 예수 그리스도로 말미암아 하나님께 감사하리로다." 그리고 8:1의 위대한 고백이 나옵니다. "그러므로 이제 그리스도 예수 안에 있는 자에게는 결코 정죄함이 없나니."

구원받은 성도에게는 결코 정죄함이 없음

"그러므로." 이 말은 '바울이 - 우리 성도들이 - 겉 사람 속에 여전히 남아 있는 죄의 세력에 굴복하는 실망스러운 생활을 할 때조차도 예수님을 구주로 영접했을 때 의롭다 함을 받은 것이 변함없고, 속사람이 영원히 거듭난 것이 변함없고, 속사람 속에 성령이 영원히 내주하시는 것이 변함이 없으므로'라는 뜻입니다.

원문에는 "정죄함이 없다"라는 어구가 먼저 나오므로 원문의 순서에 따라서 "정죄함이 없다"라는 어구를 먼저 살펴보겠습니다. "정죄"는 형벌이라는 뜻입니다. 무엇에 대한 형벌일까요? "죄에 대한 형벌"입니다. 누구에게 형벌이 없다는 말인가요? "그리스도 예수 안에 있는 자에게." 그리스도 예수 안에 있는 자는 모든 성도를 뜻합니다. 예수님을 구주로 영접한 성도에게는 더 이상 형벌이 없습니다. 성도는 과거와 현재와 미래의 모든 죄에 대한 형벌로부터 해방된 자들입니다. 이 선언은 예수님을 구주로 영접한 모든 성도들이 할 수 있고, 해야 할 선언입니다.

우리는 예기치 않은 어려움이 찾아오거나 바른 삶을 살지 못할 때 내가 구원받은 것이 맞나 하는 두려움에 빠지는 습성이 있습니다. 우리는 큰 질병이 찾아올 때 내가 하나님 앞에서 범한 죄가 있고 이 죄에 대한 형벌로서 질병이 찾아온 것이 아닌가 하는 두려움에 사로잡힐 수 있습니다. 이때 우리는 "결코 형벌이 없나니!"를 외치면서 이 두려움을 끊어 버려야 합니다. 결혼생활에 실패했을 때 우리는 결혼생활 하나도 제대로 지키지 못한 나는 구원에서 배제되는 것이 아닌가 하는 두려움에 사로잡힐 수 있습니다. 이때 우리는 "결코 형벌이 없나니!"를 외치면서 이 두려움을 눌러 버려야 합니다. 부모로서 자식을 잘못 키워서 자식이 제 길을 가지 못할 때 자식 하나도 제대로 키워내지 못하는 내가 과연 구원받을 수 있을까 하는 두려움에 사로잡힐 수 있습니다. 이때 우리는 "결코 형벌이 없나니!"라고 외치면서 두려움을 쫓아내 버려야 합니다. 하나님의 사역에 성공하지 못했을 때는 더더욱 "내가 하나님 앞에서 죄를 범하여 형벌을 받는 것이 아닌가" 하는 두려움에 사로잡힐 수 있습니다. 이때도 "결코 형벌이 없나니!"라고 외치면서 두려움을 쫓아내 버려야 합니다.

성도가 범죄하면 징계를 받으나 구원이 취소되지 않음

성도가 죄에 빠질 때 하나님이 성도들을 다정하게만 대하시지는 않습니다. 하나님은 분노하시면서 징계를 내리십니다. 그러나 이 징계는 형벌이 아닙니다. 성도가 하나님으로부터 징계를 받을 때 징계가 매우 아플 수 있습니다. 그러나 이때도 하나님은 성도로부터 사랑을 거두지 않으십니다. 이 사실이 미가서 7:8-9에 잘 나타나 있습니다. 미가는 하나님의 백성의 대적들에게 이렇게 말합니다. "나의 대적이여 나로 말미암아 기뻐하지 말지어다." 하나님의 백성의 대적들이 기뻐하는 이유는 하나님의 백성이 범죄하여 엎드러진 것이 너무 고소하기 때문입니다. "나는 엎드러질지라도." 하나님의 백성이 실족하여 엎드러졌습니다. "어두운 데에 앉을지라도." 엎드러져서 암울함과 죄책감을 느낄 수 있습니다. "내가 여호와께 범죄하였사오니." 하나님의 백성이 범죄를 저지른 것입니다. 그러면 하나님이 그를 어떻게 처리하실까요? "그의 진노를 당하려니와." 범죄한 하나님의 백성에 대하여 하나님은 진노하십니다. "나를 위해 논쟁하시고." 하나님은 잘못한 것이 무엇인가를 따져 보십니다. 하나님은 "심판하시며." 징계를 내리십니다. 그러나 이 징계는 영원한 징계는 아닙니다. "주께서 나를 인도하사 광명에 이르게 하리니." 적절한 때가 되면 징계를 거두시고 하나님의 백성을 다시 밝은 곳으로 인도해 주십니다.

하나님의 백성이 죄를 범하면 구원이 취소되었다가 회개하면 다시 구원이 주어지는 것이 아닙니다. 하나님의 백성은 죄를 범할 때 하나님으로부터 사랑의 징계를 받지만, 형벌을 받는 것은 아니며 구원이 취소되지는 않습니다. 이 모든 과정에서 하나님의 백성의 신분은 변함없이 유지됩니다.

한 번 그리스도 안에 연합하면 결코 나갈 수 없음

바울은 성도의 현재 상태를 "그리스도 안에 있는 자"라고 묘사합니다. "그리스도 안에 있다"라는 말은 성도의 구원이 영원히 확실하다는 사실을 한층 더 공고히 하는 표현입니다.

"그리스도 안에 있다"라는 말은 성도와 그리스도의 연합을 뜻하는 말로서 신학에서 아주 중요한 개념입니다. 성도가 구원받는 과정을 연구하는 조직신학의 분과를 구원론이라고 합니다. 구원론에서 성도가 구원받는 과정을 아홉 단계로 말하는데, 이 아홉 단계가 모두 "그리스도 안에서" 일어납니다. 성도는 이전에는 "죄의 세력권 안에" 갇혀 있던 자들인데 예수님을 믿음으로써 "그리스도 안"으로 삶의 영역을 옮긴 자들입니다. 한번 "그리스도 안에 들어온 자"는 결코 그리스도 밖으로 나갈 수 없음을 강조하는 비유가 두 개 있는데, 하나는 요한복음 15장에 있는 포도나무와 가지의 비유이고, 다른 하나는 고린도전서 12장에 있는 몸과 지체의 비유입니다.

몸과 지체의 비유에서 몸은 예수님을 뜻하고 지체인 두 팔과 두 다리는 성도들을 뜻합니다. 기계의 부속품은 조립하여 사용하다가 불편하면 분해하여 따로따로 보관해도 아무런 상관이 없습니다. 기계와 부속품은 떼었다 붙였다 해도 됩니다. 그러나 포도나무 줄기와 가지 그리고 몸체와 팔다리는 편의에 따라서 떼었다 붙였다 할 수 있는 관계가 아닙니다. 포도나무 줄기로부터 잘려 나간 가지나 몸체로부터 잘려 나간 팔다리는 바로 죽어 버리기 때문에 항상 붙어 있게 되어 있습니다. 한 번 잘려 나가면 그것으로 끝이기 때문입니다. 그리스도 안에 들어온 길은 출구가 없는 길입니다. 출구가 없으니 천만다행입니다. 언제든지 나갈 수 있는 출구가 있다면 우리 같은 변덕쟁이들은 수시로 들락거리지 않겠습니까? 들락거리다가 사고를 만나 천 길 낭떠러지로 떨어져 돌아오지 못할 수도 있습니다.

결코 정죄함이 없는 근거: 성령의 법이 신자를 해방함

2절은 그리스도 안에 있는 자 곧 성도에게 결코 정죄함이 없는 이유를 말합니다. "이는 그리스도 예수 안에 있는 생명의 성령의 법이 죄와 사망의 법에서 너를 해방하였음이라." 이 구절은 칭의의 복음을 성령의 사역이라는 관점에서 재서술한 것입니다. 바울은 그리스도 예수 안에 "생명의 성령의 법"이 있다고 말합니다. 본문이 말하는 "법"은 모세의 율법이나 마음의 도덕법을 가리키는 것이 아니라 어떤 원리나 힘을 뜻합니다. "생명의 성령의 법"은 '생명의 성령의 힘'이라는 뜻입니다. 바울은 성령의 특징을 생명이라고 말합니다. 성령은 생명의 힘을 가지고 있습니다. "죄와 사망의 법"에서 말하는 법도 모세의 율법이나 마음의 도덕법을 뜻하는 것이 아니라 원리 또는 힘을 뜻합니다. 바울은 생명의 성령의 법, 곧 힘이 죄와 사망의 법, 곧 힘으로부터 우리를 해방했다고 말합니다. 이 말은 생명의 성령의 힘이 속사람 안에 들어가 그 속에 자리 잡고 있던 죄와 사망의 세력을 몰아내고 속사람을 살려낸 중생사역을 가리킵니다. 생명의 성령의 힘이 우리를 죄와 사망의 세력으로부터 해방한 것입니다. "해방하였음이라"라는 동사는 헬라어 시제로 부정과거 시제입니다. 부정과거 시제는 과거의 어느 한순간에 일어난 사건을 뜻합니다. 우리가 예수 그리스도를 구주로 영접하는 바로 그 순간에 이 사건이 일어났습니다. 이 일은 예수님을 구주로 고백한 모든 성도에게 일어난 사건입니다. 물론 죄의 세력의 잔재가 겉 사람 안에 여전히 남아서 성도를 힘들게 하고 있으나, 이 죄의 세력의 잔재가 하나님 앞에서 의롭다 함을 받고 거듭난 성도의 신분을 변경할 수 없습니다.

해방의 방법: 인간이 율법으로 못한 일을 하나님이 하심

3-4절에서는 생명의 성령의 힘이 우리를 죄와 사망의 세력으로부터 해방하는 일이 어떤 과정을 거쳐서 일어났고 그 결과가 무엇인가를 말합니다. 3절 상반절입니다. "율법이 육신으로 말미암아 연약하여 할 수 없는 그것을 하나님은 하시나니." 바울은 율법이 할 수 없는 일이 있다고 말합니다. 그것은 2절에서 말하는 죄와 사망의 법 곧 세력으로부터 사람을 해방하는 일입니다. 율법은 왜 이 일을 할

수 없는가? 율법 그 자체가 어떤 결함이 있어서 그 일을 할 수 없었을까요? 그것은 아닙니다. 모든 인류가 선물로 받은 마음의 도덕법이든, 아니면 이스라엘 사람들에게 특별히 선물로 주신 모세의 율법이든, 율법은 그 자체는 선하고 거룩합니다. 율법이 이 일을 할 수 없었던 이유는 "육신으로 말미암아 연약해졌기 때문이라"고 바울은 말합니다. 육신은 죄로 말미암아 타락한 인간의 본성을 뜻합니다. 이 말은 마치 육신 때문에 강한 힘을 지니고 있던 율법 그 자체의 힘이 약해졌다는 말처럼 들리는데, 사실은 그런 뜻이 아닙니다. 이 말은 율법 자체의 힘이 약해졌다는 뜻이 아니라 율법을 이용하는 사람이 약해졌다는 뜻입니다.

어떤 사람에게 성능이 좋은 자동차가 선물로 주어졌습니다. 그런데 이 사람이 운전을 할 줄 모릅니다. 이 사람에게는 자동차가 아무런 힘도 발휘하지 못합니다. 이 상황을 어떤 사람이 이렇게 말합니다. "네 자동자가 참 힘이 없구나!" 이처럼 율법이 연약하여 일을 못한다는 말은 율법이 결함이 있다는 뜻이 아니라 사람이 타락한 본성 때문에 연약해져서 율법을 완전하게 준수하지 못했고 따라서 죄와 사망의 세력으로부터 탈출할 수 없었다는 뜻입니다.

그런데 사람이 연약하여 할 수 없는 이 일을 하나님이 하신다는 것입니다. 인간을 구원하시는 사역은 인간이 행하는 사역이 아니라 전적으로 하나님이 행하시는 사역입니다. 하나님은 어떤 방법으로 이 일을 하실까요?

첫째로, 하나님은 자기 아들을 보내셨습니다. "자기 아들"이라는 표현은 예수님에게만 사용할 수 있는 표현입니다. "자기 아들"이라는 말은 성부가 낳으신 아들로서 성부 하나님과 하나님이라는 본질에 있어서 동등한 아들이라는 뜻입니다. 사람이 자녀를 낳으면 사람이라는 본질이 같은 사람을 낳는 것처럼 성부 하나님이 아들을 낳으시면 이 아들은 성부 하나님과 본질이 같은 하나님이십니다. 하나님이신 성부가 하나님이신 아들을 낳으신 것입니다. 성도들을 하나님의 아들이라고 부를 때는 친자가 아니라 양자라는 뜻입니다. 성부 하나님과 본질이 같은 아들은 성자 예수 그리스도 한 분뿐이기 때문에 요한복음 1:18과 3:16에서 예수 그리스도를 독생자라고 부르는 것입니다.

둘째로, '자기 아들을 보내셨다'라는 말은 예수님이 인간의 몸을 입고 이 세상에 오신 사건을 뜻합니다. 보내셨다는 말은 예수님이 이 세상에 오시기 전에 이미 존재하셨음을 뜻합니다. 예수님은 이 세상에 오시기 전에 이미 존재하고 계셨기 때문에 성부 하나님은 이미 존재하시는 예수 그리스도를 때가 되었을 때 보내실 수 있었습니다. 이 세상에 오시기 전에 예수 그리스도는 인간이 아닌 하나님으로만 존재하셨고, 육체를 입지 않으신 상태에서 영으로만 존재하셨습니다. 영으로만 존재하셨던 성자 하나님이 몸을 입고 세상에 오심으로써 하나님이신 동시에 인간, 곧 신인이 되셨습니다.

셋째로, 성부 하나님은 성자 하나님을 이 세상에 보내실 때 "죄 있는 육신의 모양"을 입도록 하셨습니다. 지금까지 등장한 많은 문맥에서 육신이라는 단어는 죄로 오염된 인간의 본성이라는 뜻으로 사용되었다는 사실을 우리가 알 수 있었습니다. 그러나 이 문맥에서 육신은 본성을 배제하지는 않지만 본성보다 넓은 의미로 사용되었습니다. 본문에서 육신은 인성이라는 뜻으로 사용되었습니다. 인성은 본성뿐만 아니라 마음과 몸까지도 포함하는 인간성 전체를 뜻합니다. 본문은 인간의 인성의 특징은 "죄 있는 인성"이라고 말하고 있습니다.

본문은 예수님이 "죄 없는 인성"을 취하셨다고 말하지 않습니다. 그러면 우리가 생각해 오던 것과 다른 것 같습니다. 우리는 예수님이 죄 없는 인성을 입으셨다고 배워 왔기 때문입니다. 그렇다고 해서 예수님이 "죄 있는 인성"을 입으신 것도 아닙니다. 예수님의 인성이 죄 있는 인성이라면 예수님은 우리의 죄를 대신 담당하실 자격이 없고 우리의 구주가 되실 수도 없습니다. 바울이 말하는 것은 예수님이 "죄 있는 인성의 모양"을 입으셨다는 것입니다. 바울의 말을 문자적으로 해석하면 예수님이 입으신 인성은 죄 있는 인성이나 죄 없는 인성이 아니라 죄 있는 인성의 모양이라는 것입니다.

바울이 왜 이렇게 알쏭달쏭한 말을 하는 것일까요? 그 이유는 예수님이 입으신 인성이 도덕적으로는 죄가 없는 인성이지만 그렇다고 해서 죄의 결과로부터 완전히 자유로운 인성은 아니기 때문입니다. 예수님이 입으신 인성은 성령으로 보호받은 인성이기 때문에 도덕적으로 볼 때 죄가 전혀 없는 인성입니다. 그런 의미에서 예수님이 입으신 인성은 우리가 입고 있는 도덕적으로 죄로 물들어 있는 인성과는 다릅니다. 그러나 예수님은 무죄하고 그래서 영생할 수 있는 타락 전의 아담의 몸과 같은 몸을 입지 않으시고 죄의 영향을 받아 생물학적으로 연약해진 몸을 입으셨습니다. 그런 의미에서 예수님의 몸은 타락하기 전의 아담의 몸과 같은 몸이 아니라 타락 후의 아담과 모든 인류의 몸과 본질이 같은 몸입니다. 예수님은 피곤하면 지치시는 몸을 입으셨고, 질병에 취약한 몸을 입으셨고, 슬픔을 느끼시는 몸을 입으셨고, 시험을 당하셔야 하는 연약한 몸을 입으셨습니다. 히브리서 4:15이 말하고 있는 것처럼 예수님의 몸은 "모든 일에 우리와 똑같이 시험을 받으신 이시로되 죄는 없으신" 몸이었습니다.

넷째로, 성부 하나님이 이처럼 자기 아들을 죄 있는 육신의 모양으로 보내신 이유는 무엇일까요? "죄로 말미암아." 이 표현을 문자 그대로 이해하면 예수님은 인류가 범한 죄 때문에 이 세상에 오셨다는 말이 됩니다. 이 해석도 잘못된 해석은 아닙니다. 그러나 "죄로 말미암아"라는 헬라어 어구는 좀 더 특별한 의미를 지닙니다. 이 어구는 구약성경을 헬라어로 번역한 70인 역에서 구약성경 레위기 4:3의 "속죄제물을 삼아"라는 히브리어 어구를 헬라어로 번역할 때 사용한 어구입니다. 따라서 "죄로 말미암아"는 "속죄 제물로"로 번역하는 것이 더 나은 번역입니다. 성부 하나님은 인류가 범한 죄에 대한 속죄 제물로 성자 하나님이신 예수님을 이 세상에 보내셨습니다.

다섯째, 성부 하나님은 죄 있는 육신의 모양으로 오신 예수님의 '육신에 죄를 정하셨습니다.' 육신은 인성이라는 뜻으로서 예수님의 육신 곧, 예수님의 인성을 뜻합니다. "정하다"라는 말은 "형벌을 내리시다"라는 뜻입니다. 성부 하나님은 인류가 받아야 할 죄에 대한 형벌을 예수님의 육신 곧 예수님의 인성에 내리셨습니다.

이처럼 속죄제물로서 인류가 받아야 할 죄에 대한 형벌을 십자가 위에서 대신 받으신 예수님을 구주로 영접하면 바로 그 순간에 생명의 성령의 힘이 우리 속사람 속에 들어오셔서 우리 속사람 속에 자리 잡고 있던 죄의 세력을 몰아내고 속사람을 거듭나게 하시며, 그 다음에는 겉 사람 속으로까지도 밀고 올라가 겉 사람의 영역으로 쫓겨나간 죄의 세력의 잔재를 완전히 밀어낼 준비를 하시는 것입니다.

해방의 목적: 율법의 요구를 이룸

2절이 이미 하나님의 사역의 목표를 잘 말하고 있지만 4절은 표현을 달리하여 하나님의 구원사역의 목표를 다시 한번 서술합니다. "육신을 따르지 않고 그 영을 따라 행하는 우리에게 율법의 요구가 이루어지게 하려 하심이니라." 율법은 무엇을 요구합니까? 율법은 우리에게 완전히 지킬 것을 요구합니다. 만일 완전히 지키지 못하면 사망의 형벌을 받을 것을 요구합니다. 하나님은 아담에게 선악과를 따먹지 말라는 명령을 주셨습니다. 이 명령이 바로 율법의 요구입니다. 계속하여 하나님은 이 명령을 범하면 반드시 죽을 것이라고 말씀하셨습니다. 이것도 율법의 요구입니다. 예수님은 이 두 가지 요구를 모두 충족시키셨습니다. 예수님은 율법에 완전히 순종하는 삶을 사심으로써 율법의 요구를 충족시키시고 성부 하나님으로부터 "완전한 의인"이라는 평가를 받아내셨습니다. 완전한 의인이신 예수님은 완전하고 흠 없는 인성으로 이 형벌을 받으셨기 때문에 예수님의 형벌 받으심은 완전한 형벌 받으심으로 평가받으실 수 있었습니다. 드디어 이제 예수님은 자신이 이루신 완전한 의로우심과 완전한 형벌 받으심으로써 인류를 구원하실 수 있는 만반의 준비를 갖추셨습니다. 예수님이 이루신 완전한 의로우심과 완전한 형벌 받으심은 예수 그리스도를 대속의 주님으로 영접하는 자들에게 전가되어서 하나님의 심판을 면제받고, 완전한 의인으로 평가받을 수 있게 해주는 근거가 됩니다.

바울은 성도를 정의할 때 믿음을 통하여 의롭다 함을 받은 자라고 정의했는데, 4절에서는 성령의 사역의 관점에서 다시 정의합니다. 성도는 "육신을 따르지 않고 그 영을 따라 행하는" 자라는 것입니다. 모든 성도는 타락한 본성의 힘에 의지하여 하나님 앞에서 의로운 자로 서는 자 곧, 구원받는 자가 아니라 성령을 따라서 곧, 성령이 거듭나게 하시는 사역에 의하여 구원받는 자입니다. 또한 이 정의는 성도들은 타락한 본성의 힘에 의지하여 살아가서는 안 되고, 속사람 안에 내주하시는 성령의 능력에 의지하여 살아가야 하는 의무를 지닌 자임을 암시하고 있습니다.

23 불신자와 신자의 일반적 특성 (롬 8:5-6)

8:5 육신을 따르는 자는 육신의 일을, 영을 따르는 자는 영의 일을 생각하나니
8:6 육신의 생각은 사망이요 영의 생각은 생명과 평안이니라

8장은 1절이 밝힌 것처럼 '그리스도 예수 안에 있는 자에게는 결코 정죄함이 없다'라는 것 곧, 예수님을 믿는 자들의 구원은 영구적으로 확실하다는 점을 논증하는 장입니다. 8:5-11에서도 이 주제가 계속됩니다. 이 문단은 세 부분으로 나눌 수 있습니다. 5-6절은 불신자와 신자에게 나타나는 일반적인 특징을 대조하여 서술하고 있습니다. 5절에서 불신자와 신자를 대조하면서 각각의 특징을 서술한 바울은 6절에서 표현을 달리 하면서 불신자와 신자의 특징을 다시 한번 대조하여 서술합니다. 7-8절은 불신자의 특징을 더 구체적으로 서술하고 있고, 9-11절은 로마교회 모든 성도를 대상으로 신자의 특징을 구체적으로 서술합니다. 이 장에서는 5-6절을 살펴보게 됩니다.

육신을 따르는 자는 하나님 없이 생각하고 행동하는 자

5절은 이렇게 말합니다. "육신을 따르는 자는 육신의 일을, 영을 따르는 자는 영의 일을 생각하나니." 이 구절에서는 "육신을 따르는 자"와 "영을 따르는 자"가 대조되고 있습니다. 5-11절에는 짝을 이루는 중요한 핵심 문구가 두 종류 나옵니다. 한 종류는 "육신을 따르는 자"와 "영을 따르는 자"의 대조이고, 다른 한 종류는 "육신에 있는 자"와 "영에 있는 자"의 대조입니다. 이 대조에서 우리는 두 가지 특징에 주목해야 합니다. 첫째로, "육신을 따르는 자"와 "육신에 있는 자"는 같은 뜻이고, "영을 따르는 자"와 "영에 있는 자"도 같은 뜻입니다. 둘째로, 이 표현들은 훈계적인 언어가 아니라 존재론적인 언어입니다. 훈계적인 언어라는 것은 "무엇을 하라"고 명령하는 언어를 말하고, 존재론적인 언어는 현재의 상태를 있는 그대로 알려주는 언어입니다.

먼저 "육신을 따르는 자"가 무슨 뜻인가를 알아보겠습니다. 육신은 아담이 선악과를 따먹는 범죄를 행했을 때 인류 사회 안에 들어온 거대하고 강력한 죄의 세력에 장악되어 있는 인간의 본성을 뜻합니다. 이 죄의 세력은 사탄의 조종을 받습니다. "따르는"은 헬라어 카타 온테스κατὰ...ὄντες의 번역어입니다. "카타"는 전치사로서 "가운데"라는 뜻이고, "온테스"는 "이다 혹은 있다"를 뜻하는 동사의 현재 분사입니다. 이 뜻을 모아 보면 "육신을 따르는 자"는 "현재 사탄이 배후조종하는 거대한 죄의 세력에 장악되어 있는 인간의 본성 가운데 있는 자”라는 뜻입니다. 이 사람은 불신자를 뜻합니다. “육신을 따르는 자”를 신자들 가운데 경건생활을 게으르게 하는 신자로 해석하는 것은 잘못된 적용입니다.

“육신을 따르는 자”는 어떤 것에 대하여 생각하는 자라고 바울은 말합니다. 생각한다는 단어는 단순하게 지성의 활동만을 뜻하는 것이 아니라 지성, 의지, 감정 등 마음 전체의 활동을 뜻합니다. 생각한다는 말은 어쩌다가 한 번씩 마음에 떠올리는 태도를 뜻하는 것이 아니라 어떤 것에 지속적으로 관심을 기울이는 태도를 뜻합니다.

그러면 “육신을 따르는 자” 곧, 불신자는 무엇에 지속적으로 마음을 집중할까요? “육신의 일”에 마음을 집중한다고 바울은 말합니다. “육신의 일”은 “육신에 속한 일”이라는 뜻입니다. 육신에 속한 일은 사탄의 조종을 받는 거대한 죄의 세력에 장악당한 인간 본성에 속한 일을 가리킵니다. 사탄의 전략은 구원의 길이나 일상의 삶을 영위할 때 철저하게 하나님을 배제하는 것입니다. 불신자들이 경기驚氣를 일으킬 만큼 싫어하는 것들 가운데 하나가 하나님이라는 이름과 관련지어 말하는 것입니다.

육신에 속한 일들이 어떤 일들인가는 갈라디아서 5:19-21에 잘 묘사되어 있습니다. “육체의 일은 분명하니 곧 음행과 더러운 것과 호색과 우상숭배와 주술과 원수 맺는 것과 분쟁과 시기와 분냄과 당 짓는 것과 분열함과 이단과 투기와 술 취함과 방탕함과 또 그와 같은 것들이라.” 여기 열다섯 가지 항목이 나옵니다. 처음 세 가지, 곧 음행과 더러운 것과 호색은 성적인 일탈행위를 가리킵니다. 성적인 일탈행위는 불신자들의 삶에 나타나는 특징입니다. 이런 일탈행위가 나타나는 이유는 하나님을 외면하기 때문입니다. 네 번째와 다섯 번째 항목인 우상숭배와 주술은 종교적 일탈행위를 가리킵니다. 하나님을 섬기지 않고 엉뚱하게 다른 것들을 하나님처럼 섬기는 행위가 종교적인 일탈행위입니다. 여섯 번째 항목부터 열세 번째 항목까지는 다툼과 분쟁에 관련된 항목입니다. 다툼과 분쟁도 하나님을 생각하지 않기 때문에 일어나는 일들입니다. 열네 번째 항목부터 열다섯 번째 항목까지 술과 관련된 항목들입니다. 불신자들이 하나님보다 더 좋아하는 말이 "우리, 한잔할까?"입니다. 일이 잘 풀리면 기분 좋아서 "한 잔," 일이 잘 안 풀리면 나쁜 기분을 벗어나기 위해서 "한 잔". 이렇게 해서 술에 의지하여 인생을 살아가는 것이 불신자 대부분의 삶입니다.

영을 따르는 자는 하나님 안에서 생각하고 행동하는 자

"육신을 따르는 자"에 대조되는 그룹은 "영을 따르는 자"입니다. 이 본문이 말하는 영은 성령을 뜻합니다. 이 구절도 영을 따르라거나 영을 따라야 한다는 명령을 하는 것이 아니라 어떤 사람의 현재 상태를 묘사하는 존재의 언어로 표현된 구절입니다. 이 구절에서도 "따르는"이라는 말은 "카타"라는 전치사를 번역한 것인데, 이 문맥에서도 "가운데"로 번역될 수 있습니다. "영을 따르는 자"는 "현재 성령 가운데 있는 자"라는 뜻입니다. 이 구절은 그리스도인들 가운데 특별히 경건생활을 많이 하고 성령이 충만한 특별하고 모범적인 그리스도인만을 가리키는 구절이 아니라 모든 그리스도인을 가리킵니다. 신앙생활을 모범적으로 하는 성도나 신앙생활에 좀 게으른 성도나 차별이 없이 모든 신자는 성령 가운데 있는 자입니다.

사람이 예수 그리스도를 구주로 영접하는 순간 성령께서 예수 그리스도의 영과 함께 사람 안에 특히 속사람 속에 들어오셔서 속사람을 거듭나게 하신 다음에는 속사람 안에 영원히 내주하십니다. "영을 따르는 자" 곧 성도는 어떤 일에 지속적으로 마음을 둘까요? "영의 일" 곧 "성령의 일"에 지속적으로 마음을 둡니다. 성령의 일에 지속적으로 마음을 둔다는 것은 구원의 문제에 있어서나 삶의 문제에 있어서 모두 하나님과의 관계 안에서 판단한다는 것을 뜻합니다. 성령은 삼위일체 하나님의 제3위입니다. 성령 안에서 판단한다는 것은 곧 삼위일체 하나님과의 관계에 비추어서 판단한다는 뜻입니다.

육신을 따르는 자와 영을 따르는 자의 대조

"육신을 따르는 자" 곧 불신자는 하나님을 배제하고 판단하고 행동하는 유물론자입니다. 그러나 영을 따르는 자 곧, 성령 가운데 있는 신자는 물질의 세계, 눈에 보이는 세계가 세계의 전부라고 생각하지 않습니다. 신자는 영이신 하나님의 살아계심을 전제하고 모든 일을 살아계신 하나님과의 관계 안에서 판단합니다. 성령 안에서 판단하는 사람은 구원을 생각할 때 하나님과의 관계 안에서 판단합니다. 구원은 인간의 힘으로 도달하는 경지가 아니라 하나님이 마련하신 구원의 계획에 따라서 하나님이 값없이 은혜로 이룩하시는 일이라고 판단합니다. 이들은 삶의 문제들을 판단할 때도 하나님과의 관계 안에서 판단합니다. "육신을 따르는 자" 곧, 불신자는 물질의 세계가 전부라고 생각하기 때문에 눈에 보이지 않는 영이신 하나님에 대하여 무관심할 뿐만 아니라 인간의 보이지 않는 영혼의 상태에 대해서도 관심이 없습니다. 불신자는 자기의 영혼이 죽었는지 살았는지에 대해서 관심이 없습니다. 불신자는 자신의 영혼이 죽어 있다는 사실조차도 모릅니다. 반면에 "영을 따르는 자", 곧 신자는 하나님과의 관계 안에서 자신의 영혼의 상태가 어떠해야 하는가에 깊은 관심을 기울입니다. 신자는 눈에 보이지 않는 자신의 영혼이 실재함을 믿으며, 하나님이 보실 때 자신의 영혼이 어떤 모습일지에 대하여 습관적으로 관심을 기울입니다. 이 말의 의미는 신자는 갈라디아서 5:22-23에 있는 성령의 열매가 자기 영혼에 나타나는 일에 관심을 가진다는 뜻입니다. "오직 성령의 열매는 사랑과 희락과 화평과 오래 참음과 자비와 양선과 충성과 온유와 절제니 이 같은 것을 금지할 법이 없느니라." 신자는 자신의 영혼이 이런 모습을 갖추지 못하고 있을 때 하나님 앞에서 회개하며, 이런 모습을 갖추기 위하여 하나님 앞에 기도합니다. 물론 이 말은 신자가 이와 같은 성령의 열매들을 완전하게 갖춘다는 뜻은 아니며, 사람마다 이런 열매들을 내적으로 갖추는 정도에 있어서는 차이가 있지만, 영혼이 이런 모습을 갖추어야 한다는 점에 대해서는 모두 동의합니다.

또한 신자는 성도들과의 교제를 즐거워하고 좋아합니다. 제 지인 중에 스물두 개 나라의 외교대사를 역임했다가 은퇴하고 신학공부를 한 분이 계셨습니다. 이분은 외교관이셨기 때문에 지인들이 아주 많았습니다. 이분은 지인들과 정기적인 만남을 가져 오셨습니다. 그런데 믿음을 가지고 교회생활을 하기 시작한 이후에 큰 변화가 생기기 시작했습니다. 그 변화는 믿기 전의 지인들과의 만남에서 의미를 발견하지 못해 자연스럽게 관계가 멀어지게 된 것입니다. 믿기 전의 지인들과 만나서 나누는 대화는 언제나 자식이나 손자가 잘되는 이야기나 부동산이나 재테크에 관한 이야기가 전부였다는 것입니다. 옛날에는 이런 이야기가 그냥 자연스럽고 편안하게 다가왔는데 신앙을 가지고 난 이후부터는 이런 이야기들이 너무 공허하고 식상해서 몇 시간 동안 같이 있을 수가 없더라는 것이었습니다. 결국은 자연스럽게 모든 만남이 성도들과의 만남으로 전환되었고, 성도들과의 교제와 만남은 의미 있고 재미가 있다는 것이었습니다.

또한 신자들은 하나님과의 관련 안에서 세상에서 일어나는 일에 깊은 관심을 가집니다. 신자들은 정치, 경제, 문화 등을 생각할 때 하나님의 뜻을 생각하면서 관심을 가집니다. 제가 생명운동이나 반동성애운동과 같은 사회적인 운동을 하면서 발견한 사실은 바른 생명운동, 바른 성윤리운동을 사심 없이 할 수 있는 사람들은 깨어난 소수의 정통신앙을 가진 복음적인 그리스도인들밖에 없다는 사실입니다. 정치와 경제구조를 제대로 만들어나갈 수 있는 사람들도 깨어난 복음적인 그리스도인들밖에 없습니다. 우리나라는 종교의 자유가 보장되는 자유민주주의 체제와 사회적 안전망이 잘 갖추어진 시장경제구조의 틀을 비교적 잘 갖추고 있는 나라입니다. 대한민국이 이렇게까지 발전하게 된 초석을 놓은 것은 이승만 초대 대통령이었다는 사실을 우리는 알아야 합니다. 이승만 대통령이 기독교적인 정신을 가지고 기도하면서 건국을 추진했고 기독교적인 정치철학을 담은 제헌헌법을 제정함으로써 대한민국의 디딤돌을 놓았기 때문에 오늘의 대한민국이 있게 된 것입니다. 이승만 대통령은 신앙의 자유가 보장되는 국가를 수립하기 위해서는 공산주의 정권이 들어서게 해서는 안 된다는 확고한 국가관을 가지고 있었기 때문에 남한에 수립된 대한민국을 공산주의자들로부터 지켜낼 수 있었습니다.

육신의 생각은 사탄적 사상체계

바울은 6절에서 5절의 내용을 표현을 달리하고 좀 더 심화시키면서 재서술합니다. "육신의 생각은 사망이요 영의 생각은 생명과 평안이니라." "육신"은 5절에서 말한 육신과 같은 뜻으로서, 사탄의 조종을 받는 거대한 죄의 세력에 장악되어 있는, 하나님을 믿지 않는 자들이 가지고 있는 인간의 본성을 가리킵니다. 생각이라는 단어는 헬라어로 프로네마 φρόνημα 인데, 이 단어는 영어로는 마인드-세트, 우리 말로는 "사상체계"라는 뜻입니다. "육신의 생각"은 "육신의 사

상체계"를 뜻하며, "육신의 사상체계"는 "사탄적인 사상체계"를 뜻합
니다. "육신의 생각"은 그리스도인이 가끔 머릿속에 떠올리는 단편
적인 나쁜 생각들을 가리키는 것이 아닙니다. "육신의 생각"은 사탄
이 죄의 세력을 통로로 하여 불신자의 머릿속에 넣어 준 사상체계입
니다. 로마서의 문맥에서 바울이 생각하고 있는 사탄의 사상체계는
유대교의 행위구원론체계를 일차적으로 가리킵니다. 사탄적인 사
상체계는 정치철학의 영역에서 폭력혁명을 통한 경제적 평등사회를
추구하는 마르크스주의, 마르크스주의 혁명 전략을 채택하여 동성
애를 합법화하고, 남녀성별을 해체하고, 성적으로 해방된 사회를 추
구하는 신마르크스주의, 절대적인 진리와 도덕적 규범을 거부하고
현대사회 구조를 해체하고자 하는 포스트모더니즘 등의 모습으로
나타나기도 합니다. 성경을 그대로 베껴 만든 짝퉁 사이비 종교 및
정치철학인 김일성 주체사상도 조악한 사탄적인 사상체계입니다.
이런 것들이 모두 "육신의 생각"의 예들입니다.

영의 생각은 성령이 주시는 사상체계

"육신의 생각"에 대조되는 것이 "영의 생각"입니다. 본문이 말하
는 영은 성령을 가리킵니다. 이 구절에서 말하는 생각도 "사상체계"
를 뜻합니다. "영의 생각"은 "성령으로부터 주어지는 사상체계"를 뜻
합니다. "육신의 생각"이 인간이 머릿속으로 떠올리고 구상해 낸 사
상체계를 가리키는 것이 아닌 것처럼 "영의 생각"도 인간이 구상해

낸 사상체계가 아닙니다. "영의 생각"은 신앙생활을 열심히 하는 그리스도인이 머릿속에 떠올리는 경건한 생각이나 결심과 같은 것을 가리키는 것이 아니라는 것입니다. "영의 생각"은 성령으로부터 기원한 거룩한 "사상체계"를 뜻합니다. 성령으로부터 주어지는 사상체계는 삼위일체 하나님이 살아계심을 전제하고 삼위일체 하나님의 관점에서 구원의 문제와 삶의 문제를 바라보고 해석하는 체계를 뜻합니다. 이 사상체계를 기독교적 세계관이라고 말합니다. 이 사상체계는 성령의 감동으로 기록된 성경말씀에 풍부하게 담겨 있습니다. 우리가 지금 로마서를 공부해 나가고 있는데 로마서를 잘 공부하면 바로 이 "영의 생각" 곧, 삼위일체 하나님이 구상해 내신 거룩한 사상체계의 상당 부분을 터득할 수 있습니다. 왜냐하면 로마서는 구원과 삶의 문제에 관한 삼위일체 하나님의 사상체계 전체를 해석하는 틀을 제시하는 동시에 창세기에서 요한계시록까지 전개되는 구원과 삶에 관한 기독교세계관을 해석하는 열쇠가 되는 책이기 때문입니다.

육신의 사상체계의 종착점은 죽음

본문은 계속해서 "육신의 생각"이 지향하는 종착점이 무엇인가를 말하고 있습니다. 그것은 바로 죽음입니다. 그것은 너무나 당연한 귀결입니다. 하나님도 없고, 눈에 보이지 않는 신비한 인간의 영혼도 없다면 인간에게 남아 있는 것은 인간의 몸밖에 없습니다. 그런데 몸은 시간이 지나면 늙고 병들고 부패하고 썩어서 마지막에는 해체되어 버립니다. 하나님이 없이 한평생 살아온 불신자들의 눈에 들어온 종착지는 몸의 죽음뿐입니다. 육신의 사상체계는 최종 종착지인 죽음을 향해 나아가게 되어 있습니다. 예를 들어 구원의 문제에 있어서 육신의 사상체계는 행위구원론입니다. 인간은 하나님으로부터 인정받을 수 있는 선행을 할 수 있는 능력이 없으므로 행위구원론을 따라가면 결국 죽음밖에 없습니다.

성령의 사상체계의 종착점은 생명과 평안

반면에 "영의 생각" 곧, "성령이 말씀을 통하여 세운 사상체계"는 "생명과 평안"을 향하고 있습니다. 이 사상체계는 하나님과의 관계 안에서 구원문제와 삶의 문제를 판단합니다. 히브리어에서 하나님의 이름은 "이다" 또는 "있다"를 뜻하는 동사, 영어로 말하면 비be 동사입니다. "이다"나 "있다"라는 동사는 "존재한다," "살아 있다"라는 뜻입니다. 하나님의 이름이 "이다" 또는 "있다"라는 말은 하나님은 살아계신다는 뜻이고 하나님은 생명이라는 뜻입니다. 하나님 자신이 생명입니다. 그렇기 때문에 하나님을 떠나면 죽음밖에 없습니다. 영이신 하나님은 "살아서 존재하시는 분"이며, "생명"입니다.

"성령의 사상체계"가 생명과 평안을 지향하고 있다는 말은 어떻게 이해되어야 할까요? 사람이 예수 그리스도를 구주로 영접하는 순간 성령께서 속사람 속에 들어오셔서 죽어 있던 속사람을 전능한 능력으로 살려내고 속사람 속에 내주하시기 시작합니다. 그리고 속사람 속에 내주하시는 성령은 영원히 그 안에 계십니다. 예수님을 구주로 영접하는 순간 이미 영생에 들어가기 시작한 것입니다. 신자들은 영생을 찾는 사람들이 아니라 이미 영생이 자기 자신 안에 있음을 확인하는 사람들입니다. 예수님을 구주로 영접할 때는 속사람 안에 생명이 씨앗으로 심어졌다가 점점 확대되어 갑니다. 이 생명은 아직 죄의 잔재가 남아 있는 겉 사람의 영역으로 점차 그 영역을 확대해 나갑니다. 그 결과 성도들이 생활 속에서도 생명의 힘을 느끼면서 살아가는 것을 가능하게 합니다. 그러다가 마침내 주님 재림하시는 날에 영원히 썩지 않는 생명으로 충만한 새 몸을 입을 때 구원이 완성됩니다. 불신자들은 아무리 화려한 삶을 살아도 마지막은 죽음이라는 어둡고 비참한 결말을 향해 갑니다. 그러나 신자는 눈에 보이지 않는 속사람 안의 생명으로부터 시작하여 점점 무한대로 확대되어 가는 충만한 생명으로 나아갑니다.

성도들은 자기 안에 영생의 씨앗이 심겨 있는 것을 알고 나서 불안으로부터 해방되어 마음의 평안을 찾습니다. 반면에 불신자들은 끊임없는 불안으로부터 벗어날 수 없습니다. 불신자들은 내세는 존재하지 않으며 천국도 지옥도 존재하지 않는다고 주장합니다. 과학을 알고 이성과 경험을 중시하는 현대인이라면 내세, 천국이나 지옥 따위는 믿어서는 안 된다고 거만하게 말합니다. 불신자들은 내세가 존재한다는 증거가 어디 있느냐, 천국과 지옥이 존재한다는 증거가 어디 있느냐고 묻습니다. 그러나 불신자들은 다음의 질문 앞에 꼼짝 못 하고 수렁에 빠집니다. "당신은 내세와 천국과 지옥이 없다고 단언하는데, 내세에 직접 가 보셨습니까? 육체적 죽음 이후의 세계를 다녀오셨습니까? 직접 다녀오시지도 않고, 확인도 하지 않으시고 어떻게 내세가 없다고 자신 있게 말할 수 있나요?"

불신자가 아무리 내세가 없다고 언론에서 떠들고 과학 시간에 떠들고 철학 시간에 고집스럽게 주장해도 집에 돌아와 잠자리에 누우면 질문 하나가 슬그머니 떠오르는 것을 막을 수 없습니다. "솔직히 나는 죽음 이후의 세계를 가 본 일이 없어서 잘 몰라. 그런데 만일에 내세가 있고 천국과 지옥이 있다면 나는 어떻게 되는 거지?" 그러면 갑자기 무시무시한 두려움이 몰려옵니다. 이게 바로 제가 예수님을 믿기 전에 수시로 했던 경험이었습니다. 그때 마음속에 찾아온 공포는 말로 표현하기가 힘들 정도였습니다. 불신자는 내세와 천국과 지옥이 없다고도 확신하지 못하고 그렇다고 해서 있다고도 확신하지 못한 채 평생 죽을 때까지 안절부절못합니다. 불신자가 살아가는 세상의 특징은 "안절부절"입니다. 따라서 이사야 57:20은 하나님이 없는 세상을 바다에 비유합니다. "그러나 악인불신자은 평온함을 얻지 못하고 그 물이 진흙과 더러운 것을 늘 솟구쳐 내는 요동하는 바다와 같으니라." 바다의 특징은 잠시도 가만히 있지 못한다는 것입니다. 바다에는 잠시도 쉬지 않고 크고 작은 파도가 치고 바다 한가운데는 항상 해류가 흐르고 바다 밑바닥에서는 화산폭발과 지진 그리고 지각변동이 끊임없이 일어납니다. 따라서 요한계시록 21:1을 보면 새 하늘과 새 땅이 임하면 바다가 다시 있지 않게 된다고 말하고 있습니다. "또 내가 새 하늘과 새 땅을 보니 처음 하늘과 처음 땅이 없어졌고 바다도 다시 있지 않더라.”

그러나 성도들은 값없이 은혜로 하나님으로부터 완전한 의인임을 선언 받고 생명이신 성령께서 속사람 속에 들어와 내주하시는 순간 구원이 확정되었기 때문에 모든 불안으로부터 벗어나 평안을 누립니다. 따라서 어거스틴은 우리 마음은 주 안에서 안식을 찾기까지 안식이 없다고 말합니다. 성도들은 바다처럼 항상 불안정하고 폭풍이 쉴 새 없이 몰아치는 거친 바다와 같은 세상 한복판에서도 평안을 누릴 수 있습니다. 태풍이 거세게 몰아쳐도 태풍의 눈에는 한없는 고요함이 있는 것처럼, 성도들은 태풍이 끊임없이 몰아치는 세상 한복판에서도 평안을 누릴 수 있는 자들입니다.

히브리서 9:14에 이런 말씀이 있습니다. “하물며 영원하신 성령으로 말미암아 흠 없는 자기를 하나님께 드린 그리스도의 피가 어찌 너희 양심을 죽은 행실에서 깨끗하게 하고 살아 계신 하나님을 섬기게 하지 못하겠느냐.” 이 본문에 보면 “죽은 행실”이라는 표현이 등장합니다. “죽은 행실”은 불신자가 행하는 종교적이고 도덕적인 행실을 뜻합니다. 그런데 이 행실은 죽어 있습니다. 불신자가 아무리 종교적인 고결한 행동을 하고 고상한 도덕적인 실천을 한다 해도 그의 영혼 안에 생명의 씨앗인 성령이 없기 때문에 생명력을 공급받지 못하고 시들시들하다가 결국 죽음에 이르러서 모든 것이 허망하게 끝나 버립니다. “죽음을 극복하지 못한다”는 의미에서 불신자의 선행은 죽은 행실입니다.

그러나 신자들의 선행은 생명력을 부여받고 반짝반짝 살아납니다. 이 선행은 하나님의 은혜의 손에 도구로 사용되어 사람들에게 감동을 주고, 죽어 있는 생명들을 생명의 그리스도께로 인도하는 열매를 거둡니다. 하나님은 신자들이 행한 모든 선행 하나하나를 기억하셨다가 마지막 심판의 날에 칭찬과 상급을 주실 것입니다. 불신자가 행하는 선행과 신자가 행하는 선행의 차이는 화분에 심겨 있는 조화와 생화에 비유할 수 있습니다. 조화가 더 오래가고 살아 있는 꽃보다 더 아름답게 보일 수 있습니다. 그러나 조화는 생명이 없는 죽은 꽃일 뿐입니다. 생화는 쉽게 시들어 버릴 수 있으나 생명의 뿌리가 있기 때문에 물을 주고 자양분을 주면 다시 피어나 사람들을 기쁘게 하고 벌과 나비를 불러 모읍니다.

8:7 육신의 생각은 하나님과 원수가 되나니 이는 하나님의 법에 굴복하지 아니할 뿐 아니라 할 수도 없음이라

8:8 육신에 있는 자들은 하나님을 기쁘시게 할 수 없느니라

8:9 만일 너희 속에 하나님의 영이 거하시면 너희가 육신에 있지 아니하고 영에 있나니 누구든지 그리스도의 영이 없으면 그리스도의 사람이 아니라

8:10 또 그리스도께서 너희 안에 계시면 몸은 죄로 말미암아 죽은 것이나 영은 의로 말미암아 살아 있는 것이니라

8:11 예수를 죽은 자 가운데서 살리신 이의 영이 너희 안에 거하시면 그리스도 예수를 죽은 자 가운데서 살리신 이가 너희 안에 거하시는 그의 영으로 말미암아 너희 죽을 몸도 살리시리라

8장의 중심주제는 1절이 밝힌 것처럼 '그리스도 예수 안에 있는 자에게는 결코 정죄함이 없다'는 것, 곧 예수님을 믿는 자들의 구원은 영구적으로 확실하다는 것입니다. 8:5-11에서도 이 주제가 거듭 강조되고 있습니다. 이 문단은 세 부분으로 나눌 수 있습니다. 5-6절은 불신자와 신자를 대조하면서 두 그룹의 일반적인 특징을 서술합니다. 7-8절에서는 불신자의 특징을 더 구체적으로 설명하고, 9-11절에서는 로마교회 성도들을 생각하면서 신자의 특징을 더 구체적

으로 설명합니다. 이 장에서는 신자와 불신자의 특징을 구체적으로 설명하고 있는 7-11절까지 살펴보겠습니다.

사탄에게서 기원한 불신자의 유물론 사상체계

먼저 불신자의 특징을 구체적으로 묘사하고 있는 7-8절을 살펴보겠습니다. "육신의 생각은 하나님과 원수가 되나니 이는 하나님의 법에 굴복하지 아니할 뿐 아니라 할 수도 없음이라 육신에 있는 자들은 하나님을 기쁘시게 할 수 없느니라." "육신"은 사탄의 조종을 받는 거대한 죄의 세력에 장악되어 있는 인간의 본성을 뜻합니다. 이 본성은 하나님을 믿지 않는 불신자의 본성을 가리킵니다.

생각으로 번역된 헬라어 프로네마는 사상체계를 뜻합니다. 이 사상체계를 이데올로기라고도 부릅니다. 이데올로기라는 말은 아이디어와 로기를 연결한 말입니다. 아이디어는 사람의 머릿속에 떠오르는 생각을 뜻하고 로기라는 말은 논의한다는 뜻입니다. 사람의 머릿속에 떠오르는 생각에 대하여 논의하는 것이 이데올로기입니다. 사상체계 혹은 이데올로기는 사람의 생각을 논리적으로 연결시켜 구상한 거대한 사상체계를 뜻합니다. 본문이 말하는 사상체계 혹은 이데올로기는 불신자의 생각, 사상체계, 이데올로기입니다.

그런데 이 사상체계 혹은 이데올로기를 구상해 내는 인간의 생각이 어디에서 기원하는가? 바울은 "육신의 생각"이라고 말하고 있는데, 이 말은 이 사상체계 혹은 이데올로기가 "육신"에 속한 것이라는 뜻입니다. 불신자가 구상해 내는 사상체계나 이데올로기는 사탄의 조종을 받는 거대한 죄의 세력에 장악되어 있는 타락한 본성으로부터 나옵니다.

불신자의 이 사상체계 혹은 이데올로기는 어떤 내용을 가지고 있을까요? 인류의 최대 문제는 어떻게 하면 죽음의 세력을 벗어나서 영원한 생명에 이를 수 있는가 하는 문제입니다. 따라서 불신자의 사상체계 혹은 이데올로기도 구원의 길을 제시하는 데 큰 관심을 가집니다. 그런데 이 사상체계 또는 이데올로기는 하나님과 하나님의 말씀을 철저하게 배제하고 인간 자신의 생각과 능력만으로 문제를 다룹니다. 이런 사상체계를 유물론이라고 합니다. 바울이 로마서에서 철저하게 비판하고 있는 행위구원론이 바로 그것입니다. 과학의 영역에 등장한 진화론과 정치경제의 영역에서 등장한 마르크스주의도 강력한 사상체계 내지 이데올로기로서 기형화된 행위구원론이라고 할 수 있습니다. 마르크스주의는 혁명이라는 인간의 행위를 통해 부르주아 계층의 탄압으로부터 노동자 계층인 프롤레타리아 계층을 구원해 낼 수 있다고 주장하고 있고, 진화론은 진화의 과정을 통하여 적자생존의 경쟁을 이겨내고 더 나은 종이 될 수 있다고 주장합니다.

불신자들이 구상해 낸 이와 같은 사상체계 혹은 이데올로기는 하나님이나 하나님의 말씀을 철저하게 배제하고 구상해 낸 것들인데, 하나님을 빼버린 자리에 누가 들어앉아 있는가? 바로 사탄이 들어앉아 있습니다. 우리는 이 사실을 선악과 사건을 통해 알 수 있습니다. 뱀으로 위장한 사탄이 하와에게 나타나서 이렇게 유혹합니다. "너희가 그것을 먹는 날에는 너희 눈이 밝아져 하나님과 같이 되어 선악을 알 줄 하나님이 아심이니라"창 3:5. 사탄이 하는 말은 하와가 하나님을 외면한 상태에서 자기 힘으로 선악과를 따먹는 행위를 하면 '하나님과 같이 될 수 있다'라는 것입니다. 인간이 하나님과 같이 된다는 것은 인간이 완전한 구원의 경지에 이를 수 있다는 뜻입니다. 사탄의 제안이 바로 행위구원론입니다. 행위구원론은 사탄의 배후조종을 받아 형성된 구원론 사상체계, 구원론 이데올로기입니다.

많은 사람들이 마르크스주의가 급진적인 정치철학 이론들 가운데 하나로서 빈부의 격차 문제를 중요하게 생각하고 가난한 노동자들의 권리를 증진하기 위하여 구상한 이론이라는 점에서 긍정적인 측면이 있다고 보고 마르크스주의와의 대화와 협력을 시도했습니다. 심지어 기독교인들이나 목사들 가운데서도 마르크스주의와의 공존 또는 협력을 주장하는 자들이 많이 있습니다. 가난한 자들에 관심을 가진다는 점에서 기독교와 공존과 협력이 가능한 부분이 있다고 보는 것입니다. 그러나 이런 관점은 마르크스주의의 사탄적인 배경을 간과하는 중대한 실수를 범하는 것입니다.

칼 마르크스는 고등학교 다닐 때까지는 기독교에 대한 확실한 지식을 가지고 있었습니다. 마르크스의 고등학교 종교교육 성적 평가서를 보면 마르크스가 기독교 신앙과 도덕적 규범에 관한 지식이 명확하고 확실하게 확립되어 있다고 평가되어 있습니다. 마르크스가 거듭난 기독교인이었다는 증거는 없으나 종교적 지식의 차원에서 기독교에 대하여 잘 알고 있었던 것은 분명합니다. 그런데 마르크스는 대학에 진학한 후에 공상적 사회주의자인 모세스 헤스_{Moses Hess}라는 친구를 만나 공산주의자가 된 이후에 사탄을 숭배하는 사이비교회에 입교하여 혈서로 사탄의 하수인이 될 것을 서약했고 사탄교 의례를 통해 직분을 받았으며, 그 대가로서 자신이 죽으면 자신의 영혼은 마귀에게 소속된다는 맹세를 했습니다. 마르크스는 하나님에게 복수할 것을 다짐하면서 자신의 마음은 창조자의 마음과 같게 될 것이라고 선언했습니다. 마르크스는 친구 바쿠닌과 함께 세상의 구주는 사탄이라고 주장하면서 자신이 사탄 숭배자임을 공공연하게 드러냈습니다. 마르크스는 아버지 55회 생신날 쓴 "창백한 처녀"라는 시에서 자신은 하늘을 잃어버렸고 자신의 영혼은 지옥으로 확정되었다고 말한 바 있습니다. 마르크스는 굉장히 부유한 가정에서 태어나 청년시절에 부모로부터 매년 700탈레르를 받아서 썼는데, 당시 상위 5%에 해당하는 상류층이 일 년에 쓰는 돈의 평균이 300탈레르임을 감안하면 호화롭기 이를 데 없는 생활을 했음을 알 수 있습니다. 마르크스는 결코 프롤레타리아 계급 곧 노동자 계급이 아니었습니다. 마르크스는 진정한 마음으로 프롤레타리아를 위한 혁명을 말한 것이 아니라 백성들 가운데 있는 마귀를 불러일으키기 위해 프롤레타리아 곧 노동자 계급을 이용한다는 점을 분명히 했습니다. 마르크스는 공산주의 혁명운동을 유령의 운동 곧 귀신의 운동이라는 점을 분명히 알고 있었습니다. 기독교인들과 교회가 마르크스주의와 공존할 수 없는 이유는 마르크스주의가 지닌 이와 같은 사탄적 성격 때문입니다. 오늘날 교회가 신천지나 통일교와 공존할 수 없는 것과 같은 이유로 마르크스주의와 공존할 수 없습니다.

불신자가 하나님을 완전히 배제하고 구상해 낸 사상체계나 이데올로기는 하나님의 대적인 죄의 세력과 사탄으로부터 기원한 것이기 때문에 바울이 오늘의 본문에서 말하는 것처럼 하나님과 원수가 될 수밖에 없습니다. 원수라는 말은 증오라는 뜻입니다. 불신자의 사상체계나 이데올로기는 하나님과 증오의 관계, 원수 관계에 있습니다. 행위구원론 체계를 주장했던 유대교는 바른 구원론을 전하는 바울을 극도로 증오했습니다. 진화론자들과 마르크스주의자들도 하나님과 기독교인들을 극도로 증오합니다. 사탄은 이 사상체계 또는 이념들 안에 하나님을 증오하도록 유도하는 많은 장치들을 장착해 놓았습니다.

이 사상체계 또는 이념들은 하나님이 두신 법에 굴복하지 않을 뿐만 아니라 굴복할 수도 없습니다. 행위구원론 체계는 하나님이 확립해 놓으신 구원의 법칙에 굴복하지 않고 또 굴복할 수 없습니다. 행위구원론 체계를 믿는 사람들은 예수 그리스도를 믿음을 통하여 값없이 은혜로 구원받는다는 구원의 원리를 받아들이지 않습니다. 행위구원론자들은 자기 자신도 구원받을 수 없음에도 불구하고 행위구원론을 고집합니다. 진화론자들은 이 우주 안에 하나님이 세상을 창조하셨음을 보여주는 과학적인 법칙들이 가득 차 있음에도 불구하고 창조의 원리를 받아들이지 못하고, 고집스럽게 모순투성이인 진화론을 주장합니다. 마르크스주의자들은 도덕법 체계나 실정

법 체계나 종교 체계는 부르주아 계급이 노동자들을 억압하여 혁명을 일으키지 못하도록 만들어 놓은 나쁜 장치들이기 때문에 지켜서는 안 된다고 주장합니다. 마르크스주의자들은 성경이 말하는 천국이나 지옥은 실제로 있는 것이 아니라 가난한 노동자들에게 "현실에서는 고통을 받아도 내세에서는 행복이 보장되어 있으니까 참고 견뎌라"라고 살살 달래서 잘못된 사회구조를 뒤집어엎는 혁명을 일으키지 못하게 하기 위한 거짓말에 불과하다고 비판합니다. 신마르크스주의자들은 성관계는 남자와 여자 사이에서, 그리고 결혼관계 안에서 이루어져야 한다는 법칙은 기독교가 자신의 기득권을 유지하기 위해 만들어낸 잘못된 법칙이라고 보고, 이 법을 무너뜨리고 결혼관계에 매이지 않고 또 남자와 여자 사이라는 관계도 철폐해 버리고 자유 분망하게 성관계를 즐길 수 있는 성해방사회를 만들어야 한다고 주장합니다. 불신자들의 사상체계 또는 이념은 철저하게 자기중심적인 삶의 체계를 지향하면서 자기를 희생하고 하나님과 이웃을 섬기는 삶의 원리와 법을 외면합니다.

따라서 이와 같은 사상체계를 따르는 불신자들은 하나님을 기쁘시게 할 수 없다고 8절이 말합니다. "육신에 있는 자들은 하나님을 기쁘시게 할 수 없느니라." "육신에 있는 자들"은 헬라어 원문에 보면 "육신 안에 있는 자들"이라고 명확히 표현되어 있는데, "육신 안에 있는 자들"은 불신자들을 뜻합니다. 불신자들은 하나님을 기쁘시게 하는 삶을 살 수 없습니다.

성령은 성도 안에, 성도는 성령 안에 영원히 거함

7절과 8절이 불신자의 삶의 특징을 구체적으로 묘사한 것이라면 9-11절은 신자의 삶의 특징을 묘사하고 있습니다. 먼저 9절을 보겠습니다. "만일 너희 속에 하나님의 영이 거하시면 너희가 육신에 있지 아니하고 영에 있나니 누구든지 그리스도의 영이 없으면 그리스도의 사람이 아니라."

본문에 너희라는 말이 등장하는데, "너희"는 일차적으로 로마교회의 성도들을 뜻하며, 이차적으로는 모든 성도를 가리킵니다. 우리말 번역은 "만일"이라는 가정법 표시 접속사로 시작하는 것으로 되어 있습니다. "만일 너희 속에 하나님의 영이 거하시면." "만일"이라는 접속사를 가정법으로 번역하면 로마교회 성도들 가운데 하나님의 영이 거하는 성도들도 있고, 하나님의 영이 거하지 않는 성도들도 있다는 오해를 줄 수 있습니다. 그러나 모든 성도는 그 안에 하나님의 영이 거하는 자들이며, 하나님의 영이 거하지 않는 자들은 아예 성도라고 부를 수 없습니다. 따라서 헬라어 접속사인 "에이페르"를 "만일"로 번역하는 것은 좋은 번역이 아닙니다. "에이페르"는 "때문에"로 번역되어야 합니다. "너희 속에 하나님의 영이 거하시기 때문에."

예수 그리스도를 구주로 영접하는 바로 그 순간에 하나님의 영이 영접한 자의 속사람 속에 들어오셔서 내주하시기 시작합니다. "하나님의 영"은 영이신 성부 하나님을 뜻합니다. '거하신다'라는 단어는 헬라어 오이케오 _oikéw_ 를 번역한 단어입니다. 오이케오의 명사형 오이코스는 집을 뜻합니다. 오이케오는 집에 거한다는 뜻입니다. 여기서 말하는 집은 여행 중에 잠깐 들러서 잠시 쉬었다가 떠나는 호텔이나 여관을 가리키는 것이 아니라 거주용 주택을 말합니다. 어떤 주택에 입주한다는 것은 그 집에서 장기간, 가능하면 죽는 날까지 눌러앉아서 산다는 뜻입니다. 영이신 하나님이 성도 안에 내주하시는 것은 호텔이나 여관에 잠깐 들러서 쉬어 가신다는 뜻이 아니라 신자의 속사람을 주택으로 삼고 영원히 거주하실 목적으로 입주하신다는 뜻입니다. 여기서 다시 한번 성도의 구원의 확실성이 입증됩니다. 영이신 하나님은 한 번 성도 안에 입주하시면 영원히 그 안에 거하십니다. 영이신 하나님이 영원히 그 안에 거하시기 때문에 성도의 구원은 흔들림이 없이 확실합니다.

영이신 성부 하나님이 성도 안에 거하시기 시작하는 바로 그 순간 어떤 일이 일어납니까? "너희가 육신에 있지 아니하고." "육신에 있지 아니하고"라는 표현도 역시 "육신 안에 있지 아니하고"라는 뜻입니다. '육신 안에 있다'라는 것은 불신자의 상태를 가리킵니다. 예수님을 믿지 않는 자는 사탄의 조종을 받는 거대한 죄의 세력에 장악된 인간 본성 안에 갇혀 있는 자입니다. 그런데 성도들이 예수님을 구주로 영접하는 바로 그 순간에 이 거대한 죄의 세력으로부터 완전히 벗어나서 그리스도의 은혜의 세력권 안으로 이동해 버렸습니다. 그 결과 로마교회 성도들은 더 이상 육신 안에 있지 않게 되었습니다. 그러면 성도는 어디에 있는가? "영에 있나니." "영에 있나니"

라는 표현도 더 정확하게 말하면 "영 안에 있나니"라는 뜻입니다. 여기서 말하는 영은 삼위일체 하나님의 제3위이신 성령을 뜻합니다. 예수님을 구주로 영접하는 바로 그 순간 성령이 우리 속사람 속에 들어오셔서 내주하기 시작하시는 동시에 우리도 또한 성령 안에 곧, 성령의 통치권 안에 거하기 시작합니다.

바울은 계속하여 이렇게 말합니다. "누구든지 그리스도의 영이 없으면 그리스도의 사람이 아니라." 바울은 그리스도의 영이 없으면 그리스도의 사람이 아니라고 말합니다. 성도 안에는 그리스도의 영이 있습니다. 본문을 잘 보면 삼위일체 하나님이 모두 참여하고 계심을 알 수 있습니다. 본문에 "하나님의 영", "영", "그리스도의 영"이 등장하는데 "하나님의 영"은 성부 하나님, "영"은 성령 하나님, "그리스도의 영"은 성자 하나님을 가리킵니다. 성도는 삼위일체 하나님의 영 안에, 그리고 삼위일체 하나님의 영은 성도 안에 거하게 됩니다.

성도의 몸은 죽어 있으나 영은 살아 있음

10절을 보겠습니다. "또 그리스도께서 너희 안에 계시면 몸은 죄로 말미암아 죽은 것이나 영은 의로 말미암아 살아 있는 것이니라." "또 그리스도께서 너희 안에 거하시면." 이 본문도 가정법으로 번역하기보다는 "때문에"로 번역하는 것이 좋습니다. "또 그리스도께서 너희 안에 거하시기 때문에." 모든 성도 안에는 그리스도가 계십니다. 그리스도께서 성도 안에 계시면 어떤 일이 일어나는가? "몸은 죄로 말미암아 죽은 것이나." "몸"은 성도의 신체를 뜻합니다. 몸은 죄 때문에 현재 죽어 있습니다. 바울은 몸의 죽음을 미래로 표현하지 않고 현재시제로 표현합니다. 따라서 본문이 말하는 죽음은 이 세상을 떠날 때 몸이 해체되는 것만을 가리키는 것이 아니라 현재 몸이 죽은 상태에 있다는 뜻입니다. 예수님을 구주로 영접할 때 죽어 있던 영혼의 속사람은 거듭나지만 몸은 죄의 결과로서 죽음을 면할 수 없습니다.

새 차를 사면 사는 순간부터 헌 차가 되기 시작하여 시간이 지날수록 헌 차의 이력이 점점 늘어나는 것처럼, 사람은 이 세상에 태어나는 순간부터 육체적 죽음을 향하여 발걸음을 내디디기 시작하여 시간이 지날수록 육체적 죽음을 향한 여정이 짧아집니다. 타락하기 전의 아담과 하와의 몸은 생명과 탄력이 충만했으나 타락한 인류의 몸 안에는 썩어감과 사망의 씨앗이 심겨 있습니다. 인간의 몸 안에 썩어짐과 사망의 씨앗이 심겨 있다는 사실은 몸의 모든 세포는 죽는다는 사실에서 발견할 수 있습니다. 인간의 세포는 수명이 있어서 생성되었다가 죽고 죽은 세포를 새로 생성된 세포가 대체합니다. 일정한 기간까지는 생성되는 세포 수가 죽어가는 세포 수보다 더 많아 몸이 자라나다가 생성되는 세포 수와 죽어가는 세포 수가 균형을 이루어 성장이 멈춘 다음에는 생성되는 세포 수보다 죽어가는 세포 수가 더 많아지기 시작하여 점점 노화되어 가고, 질병에도 더 취약해져 갑니다. 게다가 암세포도 정상세포와 함께 꾸준히 몸 안에서 생성되는데, 암세포는 한 번 생성되면 인체의 면역체계에 의하여 파괴되거나 항암치료나 방사선 치료를 받지 않는 한 죽지 않습니다. 암세포는 자양분만 공급되면 영원히 사는 괴물과도 같은 세포입니다. 이런 것들이 모두 인간의 몸 안에 심겨 있는 부패와 사망의 씨앗이며, 시간이 지날수록 이 부패와 사망의 요소들의 힘은 점점 더 커집니다.

예수님을 구주로 영접한 성도들도 육체적 죽음을 피해 갈 수 없습니다. 그러나 하나님이 성도들로 하여금 육체적 죽음을 겪도록 허락하신 것은 육체적 죽음을 능가하는, 월등히 더 크고 놀라운 생명을 성도를 위해 준비하시고 이미 실행에 옮기기 시작하셨기 때문입니다. 태양이 떠오르면 달빛이 무색해져 버리는 것처럼, 하나님이 성도를 위하여 준비해 놓으신 생명의 복을 경험하면 육체적 죽음에 뒤따르는 고통은 아무것도 아닌 것으로 힘을 잃어버리고 말 것입니다.

바울은 하나님이 준비해 놓으신 생명의 축복을 두 단계로 나누어서 설명합니다. 첫 번째 단계는 10절 하반절에 있습니다. "영은 의로 말미암아 살아 있는 것이니라." 영이라는 단어가 9절 한 절 안에서만 해도 성부 하나님의 영, 그리스도의 영, 성령을 뜻하는 용어로 다르게 사용되었는데, 이제 10절에서는 또 다른 뜻으로 사용됩니다. 여기서 말하는 영은 사람의 영을 가리킵니다. 9-11절까지는 로마교회 성도들에 관하여 말하고 있기 때문에 10절에서 말하는 영은 일차적으로는 로마교회 성도들의 영을 가리키고, 이차적으로는 모든 성도의 영을 가리킵니다. 이 영은 불신자의 영을 가리키지는 않습니다.

"의로 말미암아." 로마서의 문맥에서 이 의는 어떤 의를 가리킬까요? 이 의는 인간의 의가 아니라 로마서 1:17이 말하는 "하나님의

의”이며, 그리스도께서 십자가 위에서 모든 인류의 죄와 죄책을 짊어지고 죽기까지 순종하심으로써 이루신 의로서, 모든 믿는 자들에게 전가된 의입니다. 우리가 예수 그리스도를 구주로 영접하면 그리스도께서 이루신 의가 우리에게 전가됩니다. 우리가 전가된 그리스도의 의의 옷을 입고 하나님 앞에 서면 성령께서 나의 속사람 속에 들어오셔서 죽어 있던 속사람을 거듭나게 하십니다. 우리의 속사람을 살려내셨다는 말은 우리의 영을 살려내셨다는 뜻입니다. 우리의 겉 사람 안에 부패와 죽음의 잔재가 여전히 남아 있어서 현재 입고 있는 우리의 몸을 마침내 육체적 죽음으로까지 몰고 가지만 우리의 영에 영생의 씨앗이 심겨졌고 이 영생의 씨앗이 점점 자라나기 시작합니다.

몸의 죽음을 허락하신 이유는 새 몸을 준비하셨기 때문

하나님이 우리가 현재 입고 있는 몸이 썩어 해체되어 버리는 것을 허용하신 이유는 이 몸을 대체할 새 몸을 준비하셨기 때문입니다. 이것이 바울이 말하는 생명의 복의 두 번째 단계입니다. 11절을 보겠습니다. “예수를 죽은 자 가운데서 살리신 이의 영이 너희 안에 거하시면 그리스도 예수를 죽은 자 가운데서 살리신 이가 너희 안에 거하시는 그의 영으로 말미암아 너희 죽을 몸도 살리시리라.” “예수를 죽은 자 가운데서 살리신 이”는 성부 하나님을 뜻합니다. 따라서 여기서 말하는 영은 성부 하나님의 영입니다. “너희 안에 거하시면.”

이 본문에서도 헬라어 접속사 에이ει를 가정법으로 번역했지만 "때문에"라고 번역하는 것이 바른 번역입니다. 왜냐하면 이미 로마교회 성도들을 대상으로 "하나님의 영이 있다"라는 것을 가정해서 마치 하나님의 영이 없는 성도들도 있는 것과 같은 암시를 주어서는 안 되기 때문입니다. 하나님의 영이 그 안에 없으면 아예 성도라는 호칭을 붙여서는 안 됩니다. 그러므로 본문의 조건절은 "예수를 죽은 자 가운데서 살리신 이의 영이 너희 안에 거하시기 때문에"라고 번역되어야 합니다. 본문이 말하는 거한다는 동사도 호텔이나 여관에 잠시 머문다는 뜻이 아니라 주거용 주택에 들어와서 장기체류한다는 뜻을 가진 오이케오입니다. 성도들 안에 내주하시는 성부 하나님의 영이 예수님을 죽음으로부터 살려내셨는데, 성부 하나님이 성도들의 "죽을 몸"도 살려내실 것입니다. '살리실 것이니라'는 미래형으로 되어 있습니다. 미래 어느 때 살리실 것인가? 예수님 재림하실 때 살리실 것입니다.

본문은 성부 하나님이 우리 죽을 몸을 살리실 때 사용하는 통로가 무엇인가를 말하고 있습니다. "그의 영으로 말미암아." 성부 하나님은 "그의 영"을 통하여 신자의 죽을 몸을 살리실 것입니다. 여기서 말하는 "그의 영"은 성령을 뜻합니다. 9-11절의 세 문장 안에 영으로 번역된 헬라어 프뉴마πνεῦμα가 6번 사용되고 있는데, 한 번은 성부 하나님의 영, 한 번은 그리스도의 영, 두 번은 성령, 한 번은 성도의 영을 뜻하는 용어로 다양하게 사용되었습니다.

8:12 그러므로 형제들아 우리가 빚진 자로되 육신에게 져서 육신대로 살 것
이 아니니라
8:13 너희가 육신대로 살면 반드시 죽을 것이로되 영으로써 몸의 행실을 죽
이면 살리니

8:12-13은 성도에게 값없이 은혜로 주어진 구원이 어떻게 성도의 거룩한 삶의 토대가 되는가, 칭의가 어떻게 성화로 전환되는가, 칭의와 성화를 연결하는 고리는 무엇인가를 다루는 매우 중요한 본문입니다.

그러나 이 본문을 문자 그대로 받아들이면 바울이 행위구원론을 제시하는 것으로 쉽게 오해될 수 있습니다. 특히 13절이 그렇습니다. 13절은 구원받은 성도를 향하여 주시는 명령인데, 이렇게 말하고 있습니다. "너희가 육신대로 살면 반드시 죽을 것이로되 영으로써 몸의 행실을 죽이면 살리니." 구원받은 성도라도 '육신대로 살면 죽을 것이라'라는 말은 성도라도 바르지 않은 삶을 살면 이 삶 때문에 죽음의 형벌을 받는다, 곧 지옥으로 간다는 말처럼 들리고, '몸

의 행실을 죽이면 산다'라는 말은 바르고 거룩한 삶을 살면 이 삶 때문에 영생을 얻는다, 곧 천국에 간다는 말처럼 들립니다. 이것이 본문이 말하는 것이라면 바울은 한편으로는 값없이 은혜로 구원받는다는 구원관을 제시했다가 다른 한편으로는 행위를 통해 구원받는다는 구원관을 제시하는 무책임한 사도가 됩니다. 따라서 이런 오해에 빠지지 않도록 본문을 주의 깊고 바르게 해석하는 것이 매우 중요합니다.

12절은 "그러므로"라는 접속사로 시작합니다. "그러므로"는 앞에 등장한 어떤 일이 원인이 되고 있고, 그 결과로서 12절 이하의 내용이 오게 되었음을 말합니다. 원인은 성도의 신분에 관한 서술이고, 결과는 성도의 행함에 관한 서술입니다. 12-13절에서 바울이 말하고자 하는 내용의 원인은 좁게 보면 바로 앞 문단인 5-11절에 서술되어 있고, 넓게 보면 3:21부터 바로 앞 절까지 바울이 서술한 내용이 모두 해당합니다. 8:5-11에서 바울이 말하는 내용의 핵심은 성령의 내주입니다. 예수 그리스도를 구주로 영접하는 순간 성령이 우리의 속사람 속에 들어오셔서 죽어 있던 속사람을 거듭나게 하시고 속사람 속에 생명의 씨앗으로 영원히 내주하시기 시작합니다. 여기서 신자와 불신자의 엄청난 차이가 드러납니다. 불신자의 속사람은 죽어 있으며, 그 안에는 원죄와 사탄의 조종을 받는 거대한 죄의 세력이 들어앉아 있습니다. 불신자의 속사람 안에는 성령이 내주하시지 않습니다. 그러나 신자의 속사람 안에는 성령이 내주하실 뿐만 아니라 성부 하나님과 성자 하나님이 영으로 함께 내주하십니다.

바울은 3:21-8:11까지 성도의 신분을 다양한 관점에서 소개했습니다. 우리가 예수 그리스도를 구주로 영접할 때 우리의 불의함이 그리스도에게 전가되고 그리스도의 완전한 의로움이 우리에게 전가되어 우리는 실제로는 불의한 자인데도 불구하고 완전히 의로운 자로 여김을 받습니다. 과거, 현재, 미래에 범한 모든 죄가 용서받습니다. 죄의 세력으로 위장한 사탄이 율법을 수단으로 통치하는 사탄의 나라로부터 그리스도께서 은혜로 통치하는 생명의 나라로 완전히 영역이동을 합니다. 사탄이 통치하는 죽음의 나라 시민권은 폐기되고, 하나님의 나라 시민권을 받아 새 삶을 시작합니다. 성령께서 우리의 속사람 안에 들어와 그 안에 똬리를 틀고 있던 원죄를 제거하고 속사람을 살려 주시고, 그 안에 내주하시기 시작합니다. 이 모든 일들이 예수님을 구주로 영접한 바로 그 한순간에 일어납니다.

예수님을 구주로 영접함으로써 새로운 신분을 부여받은 순간부터 성도는 "빚진 자"가 된다고 바울은 말합니다. 다른 사람으로부터 돈을 빌려서 쓴 사람은 빌린 돈을 반드시 갚아야 하는 의무를 지닙니다. "빚진 자"는 헬라어 오페일레테스ὀφειλέτης의 번역어입니다. "빚진 자"로부터 "어떤 일을 해야 하는 의무를 가진 자"라는 일반적인 의미가 도출되어 나옵니다. 여기서 바울의 화법에 중요한 변화가 있음을 알 수 있습니다. 바울은 인간이 칭의를 받는 과정이나 죄 사함을 받는 과정이나 사탄의 왕국에서 그리스도의 왕국으로 영역 이동이 되는 과정이나 성령이 속사람 속에 들어오시는 과정을 말할 때 하나님의 행하심만을 전적으로 강조했습니다. 그런데 이제 바울은 인간이 의무적으로 반드시 해야 할 일이 있음을 말합니다. 바울의 관심이 하나님이 행하시는 일로부터 인간이 행하는 일로 전환됩니다. 칭의로부터 성화로 관심이 옮겨 갑니다.

그러면 성도는 누구에게 반드시 갚아야 할 빚이 있을까요? 성도는 누구에 대하여 어떤 일을 반드시 행해야 할 의무를 지니고 있을까요? 바울은 본문에서 이 질문에 대하여 소극적인 차원과 적극적인 차원에서 답변합니다. 소극적인 차원은 성도가 "해서는 안 되는" 일을 뜻하고 적극적인 차원은 성도가 "해야 하는" 일을 뜻합니다.

성도는 육신대로 살아서는 안 되는 의무를 가진 자

바울은 "성도가 해서는 안 되는" 소극적인 차원을 12절에서 "우리가 빚진 자로되 육신에게 져서 육신대로 살 것이 아니니라"라고 말합니다. 성도는 "육신대로 살아서는 안 된다"라는 것입니다. 육신은 사탄의 조종을 받는 거대한 죄의 세력에 장악되어 있는 인간의 본성을 뜻합니다. 바울은 성도는 빚을 지긴 했지만 "육신"에게 빚을 진 것은 아니라고 말합니다. 바울은 사탄의 조종을 받아 율법을 통하여 통치하는 죄의 세력에 대해서는 빚지지 않았다, 곧 사탄에 대하여 뭔가를 해야 할 의무는 없다고 말합니다. 왜 그렇습니까? 성도는 사탄의 조종을 받는 죄의 세력이 통치하는 나라로부터 완전히 떠나 버렸기 때문입니다. 성도가 사탄의 조종을 받는 죄의 세력이 통치하는 나라의 시민으로 살고 있다면 "육신대로 살" 의무가 있습니다. '육신대로 산다'는 것은 "육신의 지시에 따라서 산다"는 뜻입니다. "육신의 지시에 따라서 산다"는 말은 "사탄의 조종을 받는 죄의 세력에 장악된 타락한 본성이 지시하는 대로 산다"는 뜻입니다.

성도는 사탄의 조종을 받는 죄의 세력에 장악된 타락한 본성이 지시하는 대로 살지 않아도 불이익을 당하지 않습니다. 만일 성도가 여전히 사탄의 조종을 받는 죄의 세력이 통치하는 나라의 국민이라면 이 나라에서 죄의 세력이 만들어 놓은 많은 법규를 지키면서 살아야 할 의무가 있고, 이 법규들을 지키지 않으면 벌을 받게 될 것입니다. 그러나 성도는 이 나라로부터 완전히 벗어났고, 이 나라의 시민권을 반납했기 때문에 더 이상 이 나라가 규정해 놓은 법규의 지시에 따라서 살 의무도 없고, 필요도 없고, 그렇게 살지 않아도 어떤 처벌이나 불이익도 없습니다. 이 사실은 우리 성도들이 잠깐만 생각해 보면 바로 알 수 있습니다. 자, 우리의 본성이 이렇게 속삭일 수 있습니다. "술 한잔하는 것이 어때?" 아무래도 "술 한잔하는 것이 어때?"라고 속삭이는 것은 성령님의 지시는 아니지 않겠습니까? 이 요구는 죄의 세력으로부터 오는 요구임이 분명합니다. 성도에게 이런 요구가 들어올 때 성도에게는 이 요구를 따라야 할 의무가 없습니다. 성도가 이 요구를 거절하여 술 한잔하지 않을 때 어떤 처벌이나 불이익이 찾아올까요? 전혀 없습니다. 오히려 이익만 있습니다.

성도가 육신대로 살면 하나님과의 영적 교류가 중단됨

반면에 만일 성도가 이 타락한 본성의 요구에 따라서 행동하면 어떤 결과가 찾아올까요? 13절 상반절은 이렇게 말합니다. "너희가 육신대로 살면 반드시 죽을 것이로되." "너희"는 일차적으로 로마교회 성도들을 가리키며 이차적으로는 우리 성도들을 가리킵니다. 성도들이 육신대로 살면 곧, 사탄의 조종을 받는 죄의 세력에 장악된 타락한 본성이 지시하는 대로 살면, 어떤 결과가 초래되는가? "반드시 죽을 것"입니다.

성경이 말하는 죽음은 세 가지 의미를 지닙니다. 하나는 신체적 죽음입니다. 신체적 죽음은 신체가 노화되거나 질병 때문에 부패하고 썩어서 해체되어 버리는 것입니다. 본문에서 말하는 죽음이 신체적 죽음을 가리키는 것이 아니라는 것은 분명합니다. 신체적 죽음은 모든 인간에게 다 찾아오는 일로서 성도가 육신대로 살았다는 이유 때문에 찾아온다고 볼 수는 없습니다.

다른 하나는 하나님과의 관계가 돌이킬 수 없도록 완전히 단절되고, 영원히 지옥에 떨어지는 것을 의미하는 영원한 죽음입니다. 이 단절은 신체적 죽음 직후부터 시작됩니다. 신체적 죽음이 오기 이전에는 아직 예수님께로 돌아올 수 있는 기회가 있기 때문에 아직 영원한 죽음의 단계에는 들어선 것은 아닙니다. 두 가지 이유 때문에 본문이 말하는 죽음이 영원한 죽음을 뜻하는 것으로 보기는 어렵습니다. 첫째로, 본문이 말하는 "너희"는 예수님을 구주로 영접한 성도들을 뜻하고 성도들은 이미 천국백성이 된 자들이고, 한 번 천국백성이 되면 영원히 천국백성이기 때문에 이 성도가 다시 영원한 죽음에 떨어진다는 것은 불가능합니다. 둘째로, 영원한 죽음, 곧 지옥에 떨어지는 것은 신체적 죽음 이후에 비로소 시작되는데, 본문의 단어들은 신체적 죽음보다 훨씬 가까이 다가와 있는 근접한 시간 안에 일어날 일들을 묘사합니다. 본문에 사용된 어구는 멜레테 아포트네스케인 μέλλετε ἀποθνήσκειν입니다. 멜레테라는 조동사는 영어로 말하면 "be about to"라는 뜻입니다. "be about to"는 아주 가까운 미래인 "직후"라는 뜻입니다. 아포트네스케인은 "죽는다"는 동사의 부정사입니다. 이 두 단어를 합하면 "즉각 죽는다"가 됩니다.

또 다른 죽음의 의미는 영적인 죽음, 곧 "하나님과의 잠정적인 교류의 단절"을 뜻하는데, 이 의미가 본문에 가장 잘 맞습니다. 성도가 죄를 범하면 죄를 범하는 직후부터 하나님과의 영적인 교류와 대화가 바로 중단됩니다. 기도하고 싶어도 기도를 할 수가 없게 되고, 말씀을 읽어도 말씀의 뜻을 파악할 수 없게 됩니다. 생명의 힘을 공급해 주는 통로가 막혀 버리면서 영적인 생명력이 없는 삶을 살게 됩니다. 이것이 본문이 말하는 "반드시 죽을 것이로되"의 의미입니다.

성도는 몸의 나쁜 습관을 끊어야 함

바울은 13절 하반절에서는 성도가 행해야 할 적극적인 일이 무엇인가를 말합니다. "영으로써 몸의 행실을 죽이면 살리니." 성도가 적극적으로 해야 할 일은 '몸의 행실을 죽이는' 일입니다. 이 본문도 몸의 행실을 죽이는 행위를 하면 영생 곧 구원을 얻는다는 행위구원론을 말하는 본문으로 잘못 이해될 수 있습니다. 그러나 본문을 주의 깊게 살피면 이 본문이 행위구원론을 말하는 본문이 아니라는 것을 알 수 있습니다.

"영으로써"라는 구절에서 영은 성령을 뜻합니다. "몸의 행실"이라는 어구는 이 본문으로부터 행위구원론을 끄집어내서는 안 된다는 사실을 보여주는 결정적인 근거입니다. 바울이 말하는 몸은 인간의 자아를 가리키는 것이 아니라 신체를 뜻하며, 신체를 가지고 영위하는 생활의 세계를 뜻합니다. 몸은 사지를 가리키는 지체와 동의어이며, 겉 사람과도 동의어입니다. 구원을 받는가 받지 못하는가를 결정하는 것은 인간의 속사람의 상태, 속사람에 뿌리를 둔 인간의 자아의 상태입니다. 인간의 속사람이 거듭났는가, 속사람 속에 성령이 내주하시는가의 여부에 따라서 구원 여부가 결정됩니다. 바울이 지금 속사람과 자아의 문제를 다루지 않고 몸과 몸을 가지고 영위하는 생활의 문제를 다루고 있다는 것은 구원의 문제, 성도의 신분의 문제를 다루고 있는 것이 아니라는 뜻입니다. 바울은 이 본문에서 구원받은 성도에게 주어진 의무의 문제, 성도의 신분에 합당한 삶의 문제를 다루고 있습니다.

"몸의 행실"이라는 구절에서 행실은 헬라어로 프락시스*πρᾶξις*를 번역한 것입니다. 프락시스가 단수로 사용되면 행위라는 뜻을 가지지만, 복수로 사용되면 습관이라는 뜻이 됩니다. 습관은 행위들 하나하나가 계속하여 반복되어 누적된 상태를 뜻합니다. 나쁜 행위들을 반복해서 지속적으로 행하면 나쁜 습관이 되고, 좋은 행위들을 반복해서 지속적으로 행하면 좋은 습관이 됩니다. 본문에서는 복수로 사용되었기 때문에 "몸의 습관"이라고 번역하면 됩니다. "몸의 습관"은 곧 생활습관이기도 합니다.

몸은 하나님이 만드신 선한 것입니다. 그러나 몸의 영역 안에는 죄의 잔재가 남아서 활동하고 있습니다. 몸이 지닌 다양한 기능들이 이 죄의 잔재에 미혹되어 죄의 잔재의 도구가 되면 나쁜 행동이 나타나고 이 행동이 반복되면 나쁜 습관이 형성됩니다. 본문이 말하는 "몸의 행실"은 죄의 잔재에 도구로 사용되어 형성된 나쁜 습관을 가리킵니다. 바울은 이 나쁜 습관을 죽이라고 말합니다. 죽이라는 말은 단호하게 끊어 버리라는 뜻입니다. 어떻게 이 나쁜 습관을 끊는가? 영으로써 곧 성령의 능력에 의지하여 나쁜 습관을 단호하게 끊으라고 말합니다. 그것이 성도가 해야 할 적극적인 일입니다.

성령의 능력에 의지하여 나쁜 습관을 단호하게 끊으라는 말은 구체적으로 어떻게 이해해야 할까요?

첫째로, 어떤 사람들은 '몸의 행실을 죽이라'는 바울의 권고를, 자아를 죽이고 성령께서 100% 행동하시도록 성령께 완전히 자기를 맡겨 버리라는 뜻으로 해석했습니다. 오래전에 케직 사경회가 크게 유행했었는데, 이 사경회가 강조했던 것이 바로 이런 방법이었습니다. 모든 문제는 인간이 무엇인가를 하려고 시도한다는 데 있다는 것입니다. 따라서 "몸의 행실을 죽이라"는 말을 인간이 자기 힘으로 무언가를 하려고 시도하는 것을 포기하라는 뜻으로 이해하면서 깊이 기도하는 가운데 오직 성령 안에, 또는 그리스도 안에 전적으로 자기를 푹 맡겨 버리고 성령님만, 그리스도만 100% 행동하도록 자리를 내어 드리고 우리는 가만히 있으면서 성령님이 어떻게 일을 하시는가를 기다리라는 것입니다. 그러면 죄와의 싸움에서 완전한 승리를 거둘 수 있다는 것입니다. 그러나 이렇게 해석하는 것은 본문을 잘못 해석하는 것입니다. 본문은 성령의 능력을 의지하면서 인간 자신이 의지를 가지고 나쁜 습관을 끊는 결단과 행동을 할 것을 요구하고 있습니다.

우리가 하나님 앞에서 의롭다 함을 받을 때, 과거와 현재와 미래의 모든 죄를 용서받을 때, 사탄의 나라에서 그리스도의 나라로 영역 이동을 할 때, 성령께서 속사람 속에 들어오셔서 속사람을 거듭나게 하실 때는 예수님을 구주로 영접하는 결단을 하는 것 이외에는 100% 성령님과 그리스도께서 일을 하시도록 맡겨 버리고 우리 자신이 뭔가를 하려는 생각을 아예 버려야 합니다. 그러나 구원받은 이후에 몸의 영역에 여전히 남아 있는 죄의 잔재의 영향을 받아 나타나는 "몸의 행실" 곧, 나쁜 생활습관을 단호하게 끊을 때는 기도하는 가운데 성령님의 능력을 전적으로 의지하면서 내가 주체가 되어서 행동해야 합니다. 기도하면서 행동해야 합니다. 그리스도인의 삶은 성령님께 100% 다 맡겨 놓고 아무 일도 하지 않고 가만히 기다리기만 하는 생활이 아닙니다. 성령님의 뜻이 어디에 있는가를 살피고 성령님의 능력을 힘입으면서 내가 행동해야 합니다. 칭의나 중생은 전적으로 하나님이 해주시는 일이지만 성화의 과정은 성령님의 도우심을 받으면서 인간이 행하는 일입니다.

둘째로, 상당히 많은 나쁜 습관들이 세상 안에 있는 불신자들과 물품들과 접촉하는 가운데 형성되는 것이 사실이기 때문에 어떤 사람들은 나쁜 습관에 빠지지 않기 위해서 아예 세상과의 관계를 끊어 버리고 수도원에 들어가서 기도와 수련과 고행에 전념한다든지, 속세를 떠나 절로 들어가서 승려가 되어 수행 정진하는 길을 선택하기도 합니다. 로마 가톨릭교회에서 수도승이 되는 것과 불교에서 속세를 떠나 승려가 되는 것은 본질이 같은 것입니다.

그러나 바울의 권고를 이런 방식으로 해석하고 적용하는 것은 바울의 권고를 오해하는 것입니다. 바울은 이 본문에서 나쁜 생활습관을 죽일 것을 명령하고 있을 뿐, 세상으로부터 나가라는 말은 하지 않습니다. 세상으로부터 나가서 나쁜 습관을 끊어 버리는 것보다는 세상 안에서 나쁜 습관을 끊는 것이 더 어려운 길인데, 바울은 이 더 어려운 길로 우리를 초청합니다.

성령의 능력을 의지한다는 말을 더 구체적으로 알아보기 위해 세 곳의 성경 본문을 참고하려고 합니다. 첫째는 누가복음 11:3입니다. "너희가 악할지라도 좋은 것을 자식에게 줄 줄 알거든 하물며 너희 하늘 아버지께서 구하는 자에게 성령을 주시지 않겠느냐 하시니라." 이 본문은 성령을 어떻게 받을 수 있다고 말하고 있습니까? 구하면 받을 수 있다고 말합니다. 구한다는 것은 기도한다는 뜻입니다. 물론 여기서 성령을 받는다는 것은 정확하게 말하면 나에게 없는 성령이 내 안에 들어오시게 한다는 뜻이 아니라 속사람 속에 내주하시는 성령께서 겉 사람의 영역에 오셔서 활동해달라는 것을 의미합니다. 그러면 어떤 마음가짐으로 기도해야 할까요? 이 질문에 대해서는 갈라디아서 3:2-5이 잘 답변하고 있습니다. "내가 너희에게서 다만 이것을 알려 하노니 너희가 성령을 받은 것이 율법의 행위로냐 혹은 듣고 믿음으로냐…너희에게 성령을 주시고 너희 가운데서 능력을 행하시는 이의 일이 율법의 행위에서냐 혹은 듣고 믿음에서냐." 이 두 본문은 믿음을 통하여 성령을 받는다고 되어 있습니다. 믿고 기도하면 성령이 활동하시게 할 수 있습니다. 그러면 마지막으로 성령은 어떤 방식으로 활동하실까요? 에베소서 6:17입니다. "구원의 투구와 성령의 검 곧 하나님의 말씀을 가지라." 투구는 방어용 무기인 반면에 검은 공격용 무기입니다. 성령이 겉 사람, 곧 몸의 세계에 남아 있는 죄의 잔재와 싸우려면 무기가 필요한데, 그 무기가 바로 하나님의 말씀입니다. 하나님의 말씀은 성령이 사용하시는 가장 중요한 중심무기입니다. 성령께서는 환경이나 사람이나 재능 같은 것들도 사용하실 수 있습니다. 그러나 가장 중요한 사역은 말씀을 통하여 하시며, 다른 도구들을 사용하실 때도 말씀의 정신에 맞추어서 사용하십니다. 그러므로 몸의 행실 곧 잘못된 생활습관을 단호히 끊어 버리기 위하여 성령의 도우심을 받고자 하는 자는 믿음을 가지고 기도해야 할 뿐만 아니라 하나님의 말씀을 많이 읽고 암송하고 묵상함으로써 말씀의 실력을 더 탄탄하게 갖추어 가는 것이 필요합니다. 성령이 아무리 활발하게 활동하시려고 해도 성령의 도구인 말씀의 검이 무디거나 녹슬어 있으면 제대로 활동하시기가 어렵습니다.

　　바울은 영으로써 몸의 행실을 죽이면 살 것이라고 말하고 있습니다. 이 본문은 몸의 행실을 죽이는 행함에 근거하여 구원받는다는 뜻으로 해석되어서는 안 됩니다. 본문에 살 것이라는 말은 생명의 근원이신 하나님과 원활한 교제가 회복되어 생명으로 충만한 삶을 살 수 있게 된다는 뜻입니다. 몸의 영역에 남아 있는 죄의 잔재에 미혹되어 끌려다니면 그 즉시 생명의 근원이신 하나님과의 교제가 끊어지고, 말씀을 통해 역사하는 성령의 활동에 힘입어 나쁜 생활습관을 단호하게 끊어내면 하나님과의 원활한 교제가 회복됩니다.

26 성령의 인도하심과 하나님의 아들 (롬 8:14)

8:14 무릇 하나님의 영으로 인도함을 받는 사람은 곧 하나님의 아들이라

로마서 8장의 중심주제는 성도의 구원은 확실하기 때문에 성도에게는 "결코 정죄함이 없다"는 것을 논증하는 데 있습니다. 14-17절은 하나의 작은 주제문단을 구성하고 있는데, 이 문단에서도 중심주제는 성도의 구원의 확실성입니다. 이 문단에서는 성령의 사역과 아들 됨이라는 두 개념에 근거하여 구원의 확실성을 논증하고 있습니다.

이 문단을 분해해 보면, 14절은 일반적인 총론으로서 성도는 하나님의 아들이며, 성도가 하나님의 아들임을 보여주는 유력한 증거가 성령의 인도하심임을 말합니다. 15절은 성도가 하나님의 아들이라고 할 때 친아들이 아니라 양아들이라는 뜻임을 밝힙니다. 16절에서는 성도가 하나님의 양아들이라는 사실을 성령이 증언한다는 점을 밝히고, 17절에서는 양아들에게 주어지는 특권을 말합니다. 그 특권은 상속자가 되는 것입니다. 이 장에서는 14절의 일반적인 총론

부문을 살펴보겠습니다.

14절은 이렇게 말합니다. "무릇 하나님의 영으로 인도함을 받는 사람은 곧 하나님의 아들이라." 이 구절의 술어인 "하나님의 아들"이라는 어구부터 살펴보겠습니다. 아들이라는 단어는 낳았다는 것을 전제합니다. 하나님의 아들이라는 말은 하나님이 낳으신 자라는 뜻입니다.

성도는 하나님이 낳은 자

하나님이 낳은 자는 누구일까요? 아담의 혈통에서 탄생한 모든 인류는 다 하나님의 아들일까요? 그렇지 않습니다. 하나님은 아담을 직접 창조하셨습니다. 창조하셨다는 것은 제작하셨다는 뜻으로서 낳은 것과는 다른 개념입니다. 아담 이후에 등장한 모든 인간은 아담이 낳은 자들로서 하나님이 낳으신 자들은 아닙니다. 아담의 모든 후손은 하나님이 간접적으로 창조하셨습니다. 따라서 하나님의 아들은 모든 인류를 뜻할 수가 없습니다. 하나님의 아들이 되기 위해서는 하나님이 낳은 자라야 합니다.

하나님이 낳은 자는 성도를 뜻합니다. 우리가 예수 그리스도를 구주로 영접하는 순간 성령께서 우리의 속사람 속에 들어오셔서 우리의 속사람을 거듭 "나게" 하셨습니다. 하나님이 '진리의 말씀으로 우리를 낳으셨다'는 야고보서 1:18은 하나님이 성도들을 낳으셨음을 말하고 있고, 베드로전서 1:3도 하나님이 '우리 곧 성도들을 거듭나게 하셨다고 말하고 있음을 볼 때 하나님이 낳은 자는 성도를 가리킵니다. 구약시대에는 이스라엘 백성들을 하나님의 아들로 불렀습니다. 신명기 14:1은 "너희는 너희 하나님 여호와의 자녀이니"라고 부르고 있고, 호세아 1:10에 보면 "너희는 살아 계신 하나님의 아들들이라 할 것이라"라고 되어 있습니다. 그러면 구약의 성도들도 하나님이 낳으셨는가? 그렇습니다. 구약의 성도들도 하나님이 낳으신 자들입니다. 이사야 57:15에 "겸손한 자의 영을 소생시키시며"라는 말씀에서 "겸손한 자"는 하나님을 믿는 자들 곧, 이스라엘 백성을 가리키며, 이들의 영을 소생시키셨다는 말씀은 이들의 영을 거듭나게 하셨다는 뜻입니다. 이처럼 구약시대든, 신약시대든 하나님을 믿는 자들만이 하나님의 아들이라고 불림을 받을 수 있습니다.

성도만이 하나님을 아버지로 부름

하나님의 아들이 된다는 말은 하나님이 아버지라는 뜻인데, 실제로 하나님을 아버지로 부를 수 있는 자들은 성도들뿐입니다. 불신자들은 하나님을 아버지라고 부르지 않고, 또 부르지 못합니다. 우리는 하나님을 아버지라고 부르는 데 익숙해져 있어서 하나님을 아버지라고 부르는 것이 "뭐가 그리 대수냐"라고 생각할 때가 많습니다. 그러나 일단 성도들의 무리를 벗어나면 하나님을 아버지라고 부르는 것을 들을 수가 없습니다. 철학에서는 하나님을 절대자라든가, 제일원인이라든가, 궁극적 존재 등으로 부르는 경우는 있어도 아버지라고 부르는 일은 없습니다. 아무나 하나님을 아버지로 부를 수 없습니다.

하나님을 창조주라고 부르는 자들에 대한 하나님의 대우와 아버지라고 부르는 자들에 대한 하나님의 대우는 비교가 안 될 정도로 크게 차별화됩니다. 하나님은 "해를 악인과 선인에게 비추시며 비를 의로운 자와 불의한 자에게 내려주심이라"라는 마태복음 5:45의 말씀처럼 신자와 불신자에게 평등하게 그리고 골고루 일반적인 은혜를 베푸십니다. 그러나 일반적인 은혜를 베푼다는 말은 하나님이 낳은 아들로 대우한다는 말은 아닙니다. 하나님은 모든 사람에게 자비를 베푸시지만 자기 아들에 대해서는 모든 사람에게 베풀지 않는 특별한 은혜를 베푸십니다.

하나님을 아버지로, 성도를 아들로 비유하는 것은 신인동형동성론적인 표현법입니다. 신인동형동성론이란 하나님과 인간 사이에 성질이 같은 부분이 있다는 점을 근거로 인간관계를 비유로 사용하여 하나님을 설명하는 어법을 뜻합니다. 인간관계에서도 아버지는 모든 아이를 대할 때 친절하고 따뜻하게 대해 주지만 "자기 자녀"에 대해서는 다른 아이들에게는 베풀지 않는 엄청난 "플러스알파"를 베풉니다. 아버지는 자녀에게 필요한 것을 공급하고, 돌보고, 보호하고, 막아주고, 앞서서 자녀의 앞날을 위해 계획하고 준비하며, 악한 일을 만나지 않도록 예방해 줍니다. 이런 특혜는 자기 자녀가 아닌 아이들에게는 베풀지 않습니다. 이처럼 하나님 아버지가 불신자들에게 베풀지 않고 신자들에게만 특별히 베푸는 엄청난 혜택들이

있습니다. 가장 결정적인 혜택은 죄와 사망의 권세로부터 해방하여
영생에 들어가는 축복을 주시는 것입니다.

인간관계에서 아버지가 사회적으로 높은 신분에 있는 경우, 예를 들어서 아버지가 한 나라의 대통령 위치에 있는 경우 일반 아이들은 대통령을 볼 수 있는 기회가 거의 없고 대통령을 만나고 싶어도 만날 수 있는 길이 거의 없습니다. 그러나 대통령의 자녀는 아버지의 신분이 아무리 높아도 언제나 아버지 사무실의 문을 자유롭게 열고 들어갈 수 있으며, 언제든지 아버지께 전화할 수 있고, 자녀의 요구가 아무리 하찮은 것이라도 아버지는 먼저 들어 줍니다. 아버지에게 있어서 아들은 확실한 비선통로입니다. 이처럼 하나님의 아들인 성도들은 아버지 하나님이 우주 전체를 운영하는 무한히 중차대한 일을 하고 계시지만 언제든지 기도를 통해서 아버지 하나님의 방문을 두드리면 방문이 열리게 되어 있으며, 아버지 하나님은 아들인 성도의 기도가 아무리 하찮은 것이라 해도 귀 기울여 들어주십니다. 얼마나 놀라운 특권입니까?

그러나 아버지는 자기 아들의 요구를 들어주기만 하는 것은 아닙니다. 인간 아버지는 자기 자녀가 아닌 아이들이 잘못된 길을 가거나 항상 놀려고만 할 때는 간섭하지 않고 내버려 둘 때가 대부분입니다. 혹시 충고해도 들을 것을 강요하지 않습니다. 그러나 아버지는 자기 자녀의 경우에 때로는 잘못된 길을 갈 때 징계하는 것을 마다하지 않으며, 놀고 싶어 하는 자녀를 항상 놀게만 내버려 두지 않고 엄격하게 훈련할 때가 있습니다. 이처럼 하나님은 성도의 아버

지이시기 때문에 성도가 잘못된 길을 갈 때 징계하기를 마다하지 않으시며, 엄격한 훈련을 시키실 때도 있습니다. 따라서 히브리서 기자는 이렇게 말합니다. "내 아들아 주의 징계하심을 경히 여기지 말며 그에게 꾸지람을 받을 때에 낙심하지 말라 주께서 그 사랑하시는 자를 징계하시고 그가 받아들이시는 아들마다 채찍질하심이라 하였으니…하나님이 아들과 같이 너희를 대우하시나니 어찌 아버지가 징계하지 않는 아들이 있으리요 징계는 다 받는 것이거늘 너희에게 없으면 사생자요 친아들이 아니니라…무릇 징계가 당시에는 즐거워 보이지 않고 슬퍼 보이나 후에 그로 말미암아 연단 받은 자들은 의와 평강의 열매를 맺느니라"히 12:5-8,11.

아버지 하나님의 특별한 은혜는 목사나 장로와 같이 신앙심이 특별한 일부 성도들에게만 주어지는 것이 아니라 예수님을 구주로 영접한 모든 성도에게 주어집니다.

아버지의 돌봄의 확실한 증거는 성령의 인도하심

14절은 하나님의 아들에게 주어지는 아버지의 돌봄의 확실한 증거를 성령의 인도하심으로 요약하여 제시합니다. "무릇 하나님의 영으로 인도함을 받는 사람은 곧 하나님의 아들이라." 하나님의 아들이라는 것을 어떻게 알 수 있는가? "성령의 인도함이 나타나는 것"이 보이면 바로 하나님의 아들임을 알 수 있다는 것입니다.

본문에 "하나님의 영"이라고 말하고 있는데, 하나님의 영은 물론 성령을 가리킵니다. 우리는 항상 삼위일체적인 관점에서 생각해야 합니다. 성령이 선두에서 일하실 때 성부 하나님과 성자 하나님이 팔짱을 끼고 "우리 성령 하나님이 잘하나 한번 보자"라고 바라보면서 관망하시는 것이 아니라 성부의 영, 성자의 영으로 함께 참여하십니다.

모든 성도에게

성령의 인도하심에 대하여 우리가 유념해야 할 점은 성령의 인도하심이 특별히 기도를 많이 하는, 영적으로 탁월하다고 알려진 일부 성도들에게만 독점적으로 나타나는 현상이 아니라 믿음이 모자란 것으로 보이는 성도들이든, 아니면 믿음이 강한 것으로 보이는 성도들이든, 모든 성도에게 나타나는 현상이라는 것입니다. 물론 성령의 인도하심은 성령이 얼마나 충만한가에 따라서 강도의 차이가 있고 성도마다 양상의 차이가 있는 것은 사실이지만, 여기서 중요한 것은 이와 같은 강도의 차이가 아닙니다. 어떤 사람에게는 실낱같이 약하게 보이고, 어떤 사람에게는 뚜렷하게 드러나는 차이는 있을 수 있으나, 모두 다 성령의 인도하심의 증거들이며, 이런 의미에서 성령의 인도하심이 없는 성도들은 없습니다. 물론 우리는 기도를 더 강하게 하고 말씀에 더욱 집중함으로써 성령의 인도하심을 더 분명하게 체험하기를 사모해야 하지만 이런 사모함의 강도에 근거하여 성령의 인도하심이 있다든지 없다든지 하는 판단을 해서는 안 됩니다.

현재

"인도한다"는 단어는 현재형으로 되어 있습니다. 이 말의 의미는 성령의 인도하심은 성도들이 이 세상을 살아가는 현재의 순간에 만나는 일이라는 것입니다. 성령께서 속사람 속에 들어오셔서 속사람을 거듭나게 하시는 일은 예수님을 구주로 영접하는 과거 어느 한 순간에 한 번 일어난 후에 다시는 반복하여 일어나지 않는 단회적 사건입니다. 그러나 성령의 인도하심은 성도들이 이 세상을 살아가는 현재의 순간에 일어나는 성령의 일하심을 뜻합니다. 이 성령의 일하심은 성도들이 구원받은 후 이 세상을 떠날 때까지 이 세상에서 살아가는 모든 현재의 순간에 지속적으로 그리고 반복하여 일어나는 일입니다.

사랑의 강제

"인도하신다"는 동사는 수동태로 되어 있습니다. 본문은 성도들이 성령의 인도하심을 받는 자들이라고 말하고 있습니다. 어떤 학자들은 성령께서 능동적으로 인도하시고 성도들은 수동적으로 성령의 인도하심을 받는다는 말은 성령께서 인도하실 때 인간의 의지를 강압적으로 눌러 버리고 성령께서만 주도적으로 행하신다는 뜻으로 해석합니다. 나의 의지가 살아 있는 것이 문제이므로 나의 의지를 완전히 죽이고 다만 성령의 의지와 힘만이 100% 나타나 행하시도록 하는 것을 뜻하는 것으로 해석해야 한다는 것입니다. 물론 성령께서 속사람 속에 들어오셔서 우리의 속사람을 거듭나게 하실 때는 인간의 의지를 완전히 죽여 버리고 성령의 강력한 능력만이 100% 나타나 한순간에 일을 끝내 버리십니다. 그러나 속사람 속에 내주하시는 성령께서 겉 사람의 영역으로 올라와 성도를 인도하실 때는 인간의 의지를 강권적으로 억누르는 방식으로 일하시지 않습니다.

그러면 바른 해석은 무엇일까요? "인도한다"는 뜻을 가진 헬라어 동사 아고ἄγω는 두 가지 의미로 해석할 수 있습니다. 우선 이 단어는 상대방의 의사를 무시하고 강제로 이끌어 간다는 뜻을 지닌 것이 사실입니다. 특히 법을 강제로 집행할 때 이 동사가 사용되었습니다. 어떤 사람이 죄를 범하여 경찰이 찾아와서 체포하여 수갑을 채우고 강제로 끌고 갈 때 이 동사가 사용되었습니다. 예를 들어서 마가복음 13:11에 보면 예수님이 제자들에게 가르치시는 중에 복음을 전하다가 사람들에게 붙잡혀 제자들의 뜻과 무관하게 강제로 관가로 끌려가는 일이 있을 것을 예고하셨는데, 이때 "끌고 간다"라는 동사가 헬라어로 아고입니다. 그러나 이 단어에는 이런 뜻만 있는 것은 아닙니다. 이 단어는 "설득을 통한 강제성"이라는 뜻으로도 사용되었습니다. 예를 들어서 마태복음 7:4에 '눈 속에 있는 티를 뺀다'라는 구절에서 뺀다가 아고입니다. 눈 속에 있는 티를 뺄 때 티가 박혀있는 사람을 무시해 버리고 무지막지하게 뽑아내면 안 됩니다. 티가 박혀있는 사람을 잘 설득해서 움직이지 않도록 한 다음에 몸의 움직임이나 눈동자의 움직임 등을 주의 깊게 관찰하면서 조심스럽게 작업을 해야 합니다. 성령께서는 성도를 인도하실 때 물론 주권적이고 능동적으로 주도하시지만 성도의 의지, 생각, 환경 등을 주도면밀하게 살피시면서 상황에 맞게 성도를 이끌어 가십니다.

성령께서는 때로는 강제하시기도 하지만 이 강제는 사랑의 강제입니다. 사랑의 강제는 독재가 아닙니다. 또한 성령께서는 논리적으로도 설득력이 있고 납득할 수 있는 방법으로 성도의 의지를 변화시켜 이끌어 가십니다. 성령은 성도를 세뇌하는 방법으로 이끌어 가시지 않습니다. 성령께서는 공산주의 사회에서나 이념운동을 하는 사람들처럼 세뇌하는 방법으로 이끌어 가시지 않습니다.

성령의 이끌어가심은 운전자가 승객을 차에 태워서 이동시켜 주는 것과는 다릅니다. 승객이 일단 차에 타고 차가 움직이기 시작하면 승객이 할 수 있는 일은 아무것도 없습니다. 운전자는 100% 수동적으로 운전자가 이끌어 가는 대로 몸을 맡겨야 합니다. 물론 성령께서 이런 방법으로 성도를 인도하실 때도 있습니다. 예를 들어서 사도행전 8:39에 보면 예루살렘에서 가사로 내려가는 길에서 에디오피아 내시에게 전도하고 세례를 준 빌립을 “주의 영” 곧, 성령이 이끌어서 아소도로 옮겨 주셨는데, 이때는 성령께서 빌립의 의지와는 상관없이 빌립을 들어서 순식간에 몇십 킬로미터 떨어진 지역인 아소도로 기적적으로 공간 이동을 시켜주셨습니다. 성령께서 이런 방법을 사용하실 때도 물론 있으나 이 경우는 극히 예외적인 상황으로서 일반화시킬 수 없습니다. 성령께서는 대부분의 경우에 성도들이 스스로 의지를 세워서 행동하는 방식으로 이끌어 주십니다. 성령께서는 성도를 조명해 주시고, 설득해 주시고, 새로운 원칙과 새로운 마음을 넣어 주셔서 스스로 하나님의 일을 행하는 것을 사모하도록 이끌어 주십니다. 성령께서는 시편 32:8-9이 말하는 것처럼 말이나 노새처럼 완력으로 성도를 이끌지 않으시고 길을 보여 주시고 도덕적 훈계를 주신 다음 성도 스스로 알아서 길을 결정하도록 배려해 주십니다. "내가 네 갈 길을 가르쳐 보이고 너를 주목하여 훈계하리로다 너희는 무지한 말이나 노새 같이 되지 말지어다 그것들은 재갈과 굴레로 단속하지 아니하면 너희에게 가까이 가지 아니하리로다."

성령께서 인생길에서 성도들을 인도하시는 방법을 잘 보여 주는 좋은 사례는 이스라엘 백성들이 광야를 여행하는 여정을 하나님이 인도하신 경우입니다. 광야는 먹을 것이 없는 황량한 땅이며, 들짐승과 적들이 숨어서 언제 튀어나올지 모르는 위험한 곳입니다. 이스라엘 백성이 광야를 여행할 때 하나님은 그야말로 기적적인 방법으로 이스라엘 백성을 이끌어 주셨습니다. 낮에는 구름기둥을 보내 뜨거운 햇볕으로부터 보호해 주셨고, 밤에는 불기둥을 보내 광야의 추운 밤으로부터 지켜주셨습니다. 메마른 반석을 치게 하여 물을 얻게 하셨고, 만나와 메추라기를 보내어 일용할 양식을 주셨습니다.

그러나 하나님은 이스라엘 백성을 양탄자에 태워서 광야를 날게 하여 편안하게 광야를 이동할 수 있게 하지 않으셨습니다. 이스라엘 백성들은 끊임없이 그리고 하루종일 걸어야만 했습니다. 만나가 떨어지면 들판에 나가 안식일을 제외하고 날마다 주워 모아야 했고, 메추라기가 내리면 붙잡아야 했습니다. 하나님은 이스라엘 백성을 산해진미로 먹이시지는 않으셨으나 광야생활 전 기간 동안 여일하게 이끌어 주셨고, 생계에 지장이 없도록 공급해 주셨습니다. 이스라엘 백성은 끊임없이 걸어야 하는 정도의 수고는 했으나 낮에는 덥고 밤에는 추운 곳, 먹을 것과 입을 것을 전혀 구할 수 없는 메마른 사막에서, 농사를 짓거나 가축을 키우는 중노동을 하지 않고도 살아남을 수 있도록 지켜주셨습니다. 하나님이 이스라엘 백성들을 이 같은 척박한 환경에 두신 목적은 하나님의 백성은 이 땅 위의 삶에 궁극적인 소망을 두어서는 안 되고, 하나님만을 의지하고 하나님이 은혜로 주시는 하나님의 나라에 소망을 두어야 한다는 교훈을 주시기 위함이었습니다.

출애굽 한 이스라엘 백성이 가야 했던 광야는 성도들이 살아가야 할 인생 여정을 상징합니다. 우리가 한평생 걸어가야 할 인생의 여정은 광야와 같이 예측할 수 없는 위험한 일들이 언제 찾아올지 모르는 곳이며, 먹을 것과 입을 것을 얻기가 만만하지 않은 곳입니다. 우리 성도들이 살아온 인생 여정을 돌이켜 보면 이스라엘 백성이 걸어야 했던 광야 길처럼 예측할 수 없는 위험한 일들이 곳곳에 포진해 있었고, 먹는 것과 입는 것을 얻는 것이 쉽지 않았고, 많은 수고를 해야 했을 것입니다. 그러나 감사하게도 그 어려운 인생 여정을 잘 견디어 와서 지금 건강한 모습으로 이 자리에 앉아서 예배를 드리고 있지 않습니까? 이 인생 여정을 돌이켜 보면 하나님이 우리 성도들을 이끌어 오셨다고 고백할 수 있지 않습니까? 우리 성도들이 때로는 하나님을 잘 믿는 시간도 있었지만, 돌이켜 보면 하나님 앞에 죄송해서 고개를 들기가 민망한 시간도 많았을 것입니다. 그럼에도 불구하고 하나님은 우리 성도들을 버리거나 외면하지 않으시고 이 시간까지 변함없는 신실하심으로 이끌어 주시지 않았습니까? 그리고 우리 성도들이 살아오신 인생 여정이 결코 순탄한 여정이 아니었는데 하나님이 우리 성도들의 인생 여정을 순탄한 환경에만 두시지 않은 이유는 우리 성도들이 어떤 죄를 범하거나 잘못을 한 데 대한 벌을 내리신 것이 아니라 궁극적인 소망을 이 세상에 두어서는 안 되며, 하나님의 나라에 궁극적인 소망을 두고, 오직 하나님만을 전적으로 의지하고 살아야 한다는 진리를 깨닫게 하시기 위함이 아니겠습니까?

이스라엘 백성들 가운데는 하나님을 향한 믿음이 좋은 사람들도 있었고, 믿음이 약한 사람들도 있었으나, 하나님은 이스라엘 백성 가운데 믿음이 좋은 일부만 뽑아서 이끌어 주신 것이 아니라 이스라엘 백성 전체를 이끌어 주셨습니다. 이처럼 성령의 인도하심은 특별히 믿음이 좋은 일부 성도들에게만 나타나는 것이 아니라 믿음이 좋든 약하든 상관없이 예수님을 구주로 믿는 모든 성도가 경험할 수 있는 복입니다. 그러나 이와 같은 성령의 인도하심은 예수님을 믿지 않는 자연인에게는 전혀 나타나지 않습니다. 자연인 안에는 성령이 계시지 않으며 성령이 삶을 인도하지 않습니다.

거룩한 삶의 실행

성령의 인도하심은 거룩한 삶을 살고자 하는 의지를 가지고 실행하는 것으로도 나타납니다. 제가 이제 열 가지 정도 성령의 인도하심이 나타나고 있음을 확인할 수 있는 증거들을 말씀드리려고 합니다. 이 열 가지 정도의 항목들을 들으면서 이 항목들이 우리의 삶

속에 나타나고 있는가를 한번 점검해 보면 좋겠습니다. 그러나 이 항목들을 제시하는 것은 이 항목들이 다 나타나야 성령의 인도하심을 받고 있다는 말을 하려고 하는 것이 아닙니다. 이 항목들이 전부 다 나타나려면 성령이 항상 충만해야 합니다. 이것은 우리가 지향해야 할 목표이기도 합니다. 그러나 우리들 가운데 그런 경지에 올라와 있는 사람은 없습니다. 이 가운데 하나 이상 또는 서너 개 항목 정도는 실낱같은 정도로나마 모든 성도에게 해당될 것입니다. 그 정도만으로도 우리가 성령의 인도하심 안에 있다는 사실을 확신하기에는 충분합니다. 이렇게 하여 성령이 우리를 인도하고 계시다는 사실을 확인한 다음 하나님께 감사드리면서 우리에게 해당하는 항목들의 숫자를 하나하나 늘려가기 위해 노력하면 됩니다.

첫째로, 갈라디아서 5:17에 보면 "성령은 육체의 소욕을 거스른다"고 했는데 우리 안에 육체의 소욕을 거슬러서 싸우고자 하는 의지가 있는가?

둘째로, 빌립보서 3:20에 보면 우리의 시민권이 하늘에 있다고 했고, 고린도후서 5:1-2에 보면 하늘에 있는 영원한 집이 우리에게 있는 줄 알며 우리가 여기 곧 이 세상에 있는 것을 탄식하며 하늘로부터 오는 우리 처소로 덧입기를 간절히 사모한다고 했는데, 과연 우리에게 이생에서 사는 것보다 하늘의 시민권, 하늘의 영원한 집을 간절히 사모하는 마음이 있는가? 아니면 거꾸로 매달려 있어도 이생이 좋다는 생각을 하고 있는가?

셋째로, 웨스트민스터 신앙고백 제1문은 사람의 본분은 하나님의 영광을 위해서 사는 것이라고 했는데, 우리의 삶의 목표는 정말로 하나님의 영광인가? 아니면 마지막 순간까지 세상 재물에 대한 애착과 동경을 놓지 못하고 살아가고 있는가?

넷째로, 하나님을 아는 지식, 예수님을 더 알게 되는 것을 사모하는가? 성경을 읽고 묵상하고 공부하는 것을 정말로 사모하는가?

다섯째로, 기도하면서 많은 시간을 보내기 위해 노력하고 있는가?

여섯째로, 하나님을 향한 우리 자신의 사랑이 늘 부족하다는 것을 생각하며 안타까워하고 염려하고 있는가?

일곱째로, 자기 속에 있는 죄를 더 깊게 깨닫고 있는가? 자신의 이기성과 이웃을 위한 배려가 부족하다는 사실을 늘 깨닫고 있는가?

여덟째, 죄의 유혹에 민감하게 반응하며 의와 거룩을 사모하고 있는가?

아홉째, 로마서 8:13이 말하는 것처럼 죄악 된 본성에서 나오는 몸의 행실을 죽이는 일에 깊은 관심을 두고 있는가?

열 번째, 갈라디아서 5:22-23이 말하는 성령의 아홉 가지 열매 - 사랑, 희락, 화평, 오래 참음, 자비, 양선, 충성, 온유, 절제가 나타나고 있는가?

8:15 너희는 다시 무서워하는 종의 영을 받지 아니하고 양자의 영을 받았으므로 우리가 아빠 아버지라고 부르짖느니라
8:16 성령이 친히 우리의 영과 더불어 우리가 하나님의 자녀인 것을 증언하시나니

8:15-17은 14절에 소개된 두 개의 중심 개념 곧, 성령의 인도하심과 아들 됨의 의미를 더 구체적으로 설명하는 내용입니다. 15절은 성도가 하나님의 아들이라는 말은 친아들이 아니라 양아들이라는 뜻이라는 점을 밝히면서 하나님이 성도에게 양자의 마음을 주셔서, 하나님을 "아빠 아버지"라고 부를 수 있도록 하신다고 말합니다. 16절에서는 성도가 하나님의 양아들이라는 사실을 성령이 친히 증언해 주신다는 점을 밝힙니다. 17절에서는 양아들에게 주어지는 특권이 무엇인가를 말합니다. 그 특권은 상속자가 되는 것입니다. 이 세 절 가운데 이 장에서는 15-16절을 살펴보겠습니다.

예수님을 믿기 전의 마음은 종의 마음

15절을 보겠습니다. "너희는 다시 무서워하는 종의 영을 받지 아니하고 양자의 영을 받았으므로 우리가 아빠 아버지라고 부르짖느니라." "너희"는 일차적으로는 로마교회의 성도들을 가리키며, 이차적으로는 예수님을 믿는 성도들을 가리킵니다. "다시." 다시라는 단어가 등장하는 것으로 볼 때 바울이 과거 어느 한때 성도에게 있었던 일을 생각하고 있음을 알 수 있습니다. "다시…아니하고"라고 되어 있는 것으로 보아 성도가 된 이후에는 더 이상 이 일이 성도에게 일어나지 않고 있음을 알 수 있습니다. 그 일이 무엇일까요? 그 일을 바울은 '무서워하는 종의 영을 받은 것'이라고 말합니다. 그러나 이제 성도에게는 "무서워하는 종의 영"이 없다는 것입니다.

먼저 본문이 말하는 "영"이 무슨 뜻인가부터 살펴보겠습니다. 이 문맥에서 "영"은 성령이나 성부의 영이나 성자의 영 곧 하나님의 영을 뜻하는 것이 아닙니다. 성도는 이미 하나님의 영을 받은 자입니다. 하나님의 영을 받은 자가 성령을 다시 받는 일이 일어날 수 없습니다. 따라서 본문이 말하는 "영"은 성령을 가리키지 않는 것이 분명합니다. 본문이 말하는 영은 성도 안에 있는 생각 또는 마음이라는 뜻으로 이해하는 것이 문맥에 가장 잘 들어맞습니다.

그러면 영이 이런 뜻으로 사용된 성경의 사례들이 있을까요? 네. 있습니다. 가장 결정적인 본문은 고린도전서 4:21입니다. "너희가 무엇을 원하느냐 내가 매를 가지고 너희에게 나아가랴 사랑과 온

유한 마음으로 나아가랴?" 이 본문이 말하는 마음이 헬라어 원어로는 영입니다. 디모데후서 1:7은 또 이렇게 말합니다. "하나님이 우리에게 주신 것은 두려워하는 마음이 아니요 오직 능력과 사랑과 절제하는 마음이니." 이 본문에 마음으로 번역된 단어도 헬라어 원어로는 영입니다. 로마서 8:15에 있는 영도 문맥상 마음으로 번역하는 것이 타당합니다. "무서워하는 종의 영"은 무서워하는 종의 마음을 뜻합니다.

사람들은 예수님을 믿기 전에 무서워하는 종의 마음을 가지고 있었습니다. 이들은 사탄의 노예, 죄의 노예, 율법의 노예였습니다. 그때 사람들이 가지고 있는 마음은 "무서워하는 마음"이었습니다. 율법에 노예가 된 마음은 왜 무서워하는 마음이었을까요? 하나님이 주신 율법을 완전히 준수해야만 영생에 이를 수 있고, 율법을 조금이라도 범하면 지옥에 떨어지기 때문입니다. 이 사람 앞에는 율법이라는 험준하고 높은 산이 버티고 있고, 이 산 정상에는 영생의 세계가 펼쳐져 있습니다. 그리고 산 밑에서 산정까지는 수천 개의 계단이 이어져 있습니다. 사람들은 영생의 세계에 이르겠다는 꿈을 품고 계단을 오릅니다. 그러나 한 200개쯤 오른 후에는 너무나 힘들어 올라가지 못하고 다시 내려옵니다. 내려와서 방향을 돌리니 그곳에는 지옥이 기다리고 있습니다. 다른 선택의 여지가 없어서 할 수 없이 다시 오릅니다. 이 일을 무한 반복합니다. 오르려면 지치고 내려오면 무섭습니다.

무서운 마음이 어떤 것인가를 잘 보여 주는 그리스 로마 신화

이야기가 있습니다. 우리에게 잘 알려져 있는 시시포스의 이야기입니다. 시시포스는 도시국가 고린도시의 왕이었습니다. 고린도시는 물이 귀한 곳이었습니다. 시시포스는 제우스신이 강의 신 이소푸스의 딸 아에기나를 납치하는 것을 목격합니다. 시시포스는 아소푸스에게 딸의 소재를 알려주고 대신 고린도시에 물이 솟아나는 보상을 받습니다. 화가 난 제우스신은 죽음의 신 타나토스를 세상에 보냅니다. 그러나 시시포스는 타나토스를 지하실에 가두어 버립니다. 죽음의 신이 사라지자 지옥에 사람의 발길이 끊기고 전쟁터에서는 아무도 죽지 않아 전쟁이 끝나지 않습니다. 이 혼란을 바로잡기 위해 제우스신은 아레스를 보내 죽음의 신 타나토스를 구출하고 시시포스를 저승으로 보냅니다. 시시포스는 저승의 신 하데스 앞에 나가 자신이 장례식을 치르지 않고 왔으니 이승으로 다시 가서 정식으로 장례식을 치르고 오게 해달라고 간청합니다. 이 간청을 듣고 하데스신이 시시포스를 이승으로 보냅니다. 그러나 이승에 간 시시포스는 약속을 어기고 이승에서의 삶을 즐기다가 저승으로 돌아옵니다. 화가 난 하데스신은 큰 바위를 산 위로 밀어 올리는 형벌을 내립니다. 집채만 한 바위를 젖 먹는 힘을 다해 가까스로 정상 가까이 밀어 올리면 산 아래로 굴러떨어져 버립니다. 시시포스는 밀어 올리면 굴러떨어지는 바위를 다시 밀어 올리는 일을 무한 반복하는 형벌을 받습니다. 무서워하는 종의 마음이 바로 이런 것입니다. 영생의 꿈을 품고 율법 준수의 계단을 오르다가 실패하여 바닥으로 떨어지면 지옥의 불길을 느끼고, 지옥의 불길을 피하기 위해 다시 영생의 꿈을 품고 율법의 계단을 오르는 일을 무한 반복해야 할 때의 공포에 사로잡힌 마음 - 이것이 무서워하는 종의 마음입니다. 그런데 예수님을 믿기 전에 사람들은 바로 이 무서워하는 마음을 가지고 있었습니다. 이 마음은 성령이 주시는 마음이 아닙니다. 이 마음은 사탄이 주는 마음입니다.

예수님을 믿은 후의 마음은 양자의 마음

그러면 성도는 어떤 마음을 받았을까요? "받았다"는 단어는 그 시제가 부정과거시제로 되어 있습니다. 부정과거시제는 과거의 어느 한순간을 뜻합니다. 그 한순간이 언제일까요? 예수 그리스도를 구주로 영접한 순간입니다. 하나님이 그 순간에 주신 마음은 "양자의 영"이었습니다. 본문에서 말하는 영도 성령을 가리키는 것이 아니라 마음을 뜻합니다. 성도는 "양자의 마음," "내가 하나님의 양자라"는 생각 또는 마음을 받았습니다. 정말 이상하게도 성도의 마음 속에서 내가 하나님에게 입양된 아들이라는 마음이 생깁니다.

바울이 양자의 비유를 인용한 이유 가운데 하나는 양자를 들이는 관습이 로마제국의 관습이었기 때문입니다. 유대사회에는 입양의 관행이 없었습니다. 로마교회 성도들은 로마 사회구조를 잘 알고 있는 이방인 신자들이었습니다. 로마교회 성도들 중에는 유대인들도 있었으나 이들은 팔레스타인 지역에만 살고 있었던 토착 유대인들이 아니라 로마에서 터전을 잡고 살아온 유대인들이었기 때문에 로마의 관습에 익숙해 있던 자들이었습니다. 이처럼 로마의 관습에 익숙해 있는 청중들에게 로마의 관습을 비유로 사용하여 복음을 설명하는 것은 로마교회 성도들을 배려한 설교방식이었습니다. 로마의 입양 관습은 복음을 설명하는 데 도움이 되는 특징들을 갖추고 있었습니다. 입양 관습이 지닌 두 가지 일반적인 특징이 복음을 설명하는 데 도움이 됩니다.

첫째로, 양자를 자녀로 받아들이는 것은 전적으로 입양부모의 뜻과 의지와 행동과 조치를 통해 결정될 뿐, 입양되는 양자 자신의 뜻과 능력에 따라 결정되는 것이 아닙니다. 이처럼 사람이 하나님의 자녀로 받아들여지는 것은 전적으로 하나님 자신의 주권적인 의지와 능력과 조치에 따라서 결정될 뿐, 사람이 할 일이 없습니다.

둘째로, 입양된 자녀는 입양한 부모로부터 혈통을 물려받지 않았습니다. 혈통 상으로 보면 입양된 자녀는 입양한 부모와 질적으로 전혀 다른 존재입니다. 양자는 입양된 부모의 친자가 아닙니다. 이처럼 사람은 하나님의 친자가 될 수 없습니다. 친자는 본질이 같아야 하는데 하나님과 사람은 본질이 다르기 때문입니다. 본질이 다른데도 불구하고 자녀로 받아들이셨다면 친자가 아니라 양자가 되는 것이 맞습니다.

입양이 지닌 이와 같은 일반적인 특징 이외에도 로마의 입양 관습이 지닌 특별한 특징도 복음을 설명하는 데 도움이 됩니다.

셋째로, 로마의 입양법에 따르면 - 이것은 로마의 입양법의 관습이기도 하고 일반적인 입양의 특징이기도 합니다 - 양자는 자신을 낳은 이전의 부모로부터 나와서 입양한 부모와 새로운 법적 관계에 들어갑니다. 이처럼 사람들은 예수님을 믿기 전에는 사탄의 세력에 사로잡혀 있었다가 예수님을 믿고 난 이후에는 이 관계를 끊고 삼위일체 하나님과 새로운 영적인 관계 안에 들어갑니다.

넷째로, 로마의 입양법에 따르면 양자가 새로운 가족의 일원으로서 새로운 삶을 시작할 때, 이전의 가족관계에서 지고 있던 빚은 모두 청산됩니다. 이처럼 예수님을 믿고 하나님의 자녀로 입양되는 순간 모든 죄는 다 사함을 받고, 예수 그리스도로부터 전가된 완전한 의의 옷을 입고 새로운 삶을 시작합니다.

다섯째로, 로마의 입양법에 따르면 양자는 법적으로 친자와 조금도 다름없는 대우를 받게 되어 있습니다. 이처럼 예수님을 구주로 영접하고 하나님의 자녀가 되면 하나님 앞에서 완전한 의인인 예수 그리스도와 동등하게 완전한 의인으로 대우를 받습니다.

아빠 아버지

하나님의 양자로 입양이 되어 성도가 된 후에 성도에게는 복된 특권이 하나 주어집니다. 그것은 하나님을 향하여 "아빠 아버지"라고 부르짖을 수 있게 된다는 것입니다. '부르짖는다'는 말은 기도한다는 뜻입니다. 성도들은 기도할 때 아무런 거리낌도 없이 "아빠 아버지"라고 마음 놓고 부를 수 있게 됩니다. 불신자들은 절대로 하나님을 아버지라고 부르지 않고 또 부를 수도 없습니다. 하물며 불신자들은 아버지보다 훨씬 더 강화되고 더 친근한 명칭인 "아빠 아버지"는 절대로 부를 수 없습니다.

"아빠"로 번역된 헬라어는 헬라어 발음도 그대로 아빠입니다. 이 명칭은 아람어를 음역한 것입니다. 아람어는 고대 근동 지방 전역에서 사용되던 표준어였고, 히브리어는 이 표준어의 팔레스타인 지방 사투리였습니다. 사실상 히브리어와 아람어는 같은 어군입니다. 히브리어 또는 아람어로 아버지는 "압"입니다. 모든 언어에서 아버지를 가리키는 명칭과 어머니를 가리키는 명칭은 비슷합니다. 아버지를 가리키는 명칭에는 아라는 모음에 비읍 받침이 들어가고, 어머니를 가리키는 명칭에는 아라는 모음에 미음받침이 들어갑니다. 압אָב이라는 단어에서 비읍 받침에 아라는 모음을 달면 어리광 부리는 친근한 명칭인 "아빠"가 됩니다. 아빠 다음에 나오는 아버지라는 명칭은 헬라어로 아버지에 해당하는 파테르πατήρ를 번역한 것입니다. 그러므로 "아빠 아버지"는 아버지 이름을 두 번 부른 것인데 한 번은 아람어로 부르고 다른 한 번은 헬라어로 부른 것입니다.

바울은 왜 아버지 이름을 아람어로 한 번, 헬라어로 한 번, 두 번 불렀을까요? 바울은 로마교회 성도들이 이방인들과 유대인들이 섞여 있다는 점을 고려하여 이 두 청중을 배려하기 위해 의도적으로 아람어와 헬라어로 두 번 호명한 것일까요? 많은 사람들이 이런 관점에서 해석하는데, 사실 이 해석은 바른 해석이 아닙니다. 그럴 필요가 없는 가장 결정적인 이유는 이 호명이 기도할 때 나온 호명이라는 점에서 찾을 수 있습니다. 사람을 상대로 말을 한다면 두 개의 언어 중 하나를 잘 못 알아듣는 대화의 상대를 위해 두 언어를 동시에 말할 필요가 있을 수 있습니다. 그러나 하나님은 모든 언어를 다 알아들으시는 분이시므로 하나님을 상대로 구태여 두 개의 언어를 구사할 필요는 전혀 없는 것입니다.

이 표현은 단순하게 아버지에 대한 친근한 마음이 가득 담긴, 약간의 어리광이 포함된 호명입니다. 예를 들어서 아이들이 아버지에게 말할 때 아빠를 한 번 부르지 않고 무의식적으로 "아빠 아빠"라고 두 번 연달아 부르는 때가 있습니다. 대학교에 합격하여 깜짝 선물로 합격증을 보여 주려고 하거나, 아주 멋진 풍경을 만나서 꼭 보여 주고 싶어 할 때 아빠를 두 번 부르는 일이 있습니다. "아빠 아빠, 나 오늘 시험에 합격했다!" "아빠 아빠, 저기 좀 봐 저기, 멋있지 않아?" 이렇게 호명할 때가 있습니다. 본문에 "아빠 아버지"가 바로 그런 어법입니다. 원어로 하면 아빠 호 파테르Ἀββᾶ, ὁ πατήρ입니다. 당시 유대인들은 헬라어와 아람어를 모두 모국어처럼 사용하고 있었기 때문에 아버지를 부를 때 두 언어가 자연스럽게 동시에 튀어나온 것입니다. 그렇다고 해서 오늘날 우리가 기도할 때 아버지 이름을 반드시 두 번 불러야만 친근함을 표현할 수 있는 것은 아닙니다. 한 번을 부르더라도 간절한 마음으로 부르면 "아빠 아버지"와 같은 표현이 됩니다. 이 어구는 하나님을 부를 때 그냥 아버지라고 부르는 것보다 훨씬 더 친근하게, 느낌과 감정을 담아서 부르는 표현입니다.

바울이 이 표현에 특히 주목하는 것은 이 표현이 예수님이 성부 하나님을 호명할 때 즐겨 사용하신 표현이기 때문입니다. 마가복음 14:36에 보면 예수님은 겟세마네 동산에서 간절하게 기도하실 때 성부 하나님을 이렇게 부르셨습니다. "아빠 아버지여 아버지께는 모든 것이 가능하오니 이 잔을 내게서 옮기시옵소서 그러나 나의 원대로 마시옵고 아버지의 원대로 하옵소서 하시고." 우리가 기도할 때 간절하고 친근한 마음으로 성부 하나님을 "아빠 아버지"라고 부르는 것은 하나님의 친자이신 예수님이 성부 하나님을 "아빠 아버지"라고 부르는 것과 같은 정도의 친밀한 감정을 담아서 부르는 것입니다. 하나님의 친자이신 예수님이 기도하실 때 사용하신 호칭을 우리가 사용할 수 있는 마음을 주신 것이 얼마나 큰 영광입니까?

하나님을 친근하게 아빠 아버지로 호명하면서 기도할 수 있는 특권이 모든 성도에게 주어져 있습니다. 아버지 마음을 기쁘게 해드리는 삶을 사는 아들은 거리낌 없이 "아빠 아빠"라고 부를 것입니다. 그러나 속을 썩인 아들은 아빠라는 명칭을 부르기가 좀 민망할 것입니다. 그래도 계면쩍은 어조로 "아빠"하고 부를 수 있습니다.

성령의 맞장구

그런데 성도들에게 하나님이 주시는 더 좋은, 더 결정적인 선물이 있습니다. 바울은 16절에서 그 선물이 무엇인가를 말합니다. "성령이 친히 우리의 영과 더불어 우리가 하나님의 자녀인 것을 증언하시나니." 우리가 하나님을 친근한 아빠 아버지로 부를 때, "맞아, 맞아, 너는 하나님의 자녀야!"라고 옆에서 거들어 주는 분이 계십니다.

바로 우리 안에 내주하시는 성령입니다. 바울은 성령께서 친히 우리의 영과 더불어 우리가 하나님의 자녀인 것을 증언해 주신다고 말합니다. 15절에 양자라는 단어가 16절에서는 자녀로 바뀌었다고 해서 양자와 자녀는 다른 개념이라는 것을 강조하는 것은 잘못된 해석입니다. 양자는 법적인 신분을 강조하는 단어이고 자녀는 친밀한 가족 관계를 강조하는 표현이라는 뉘앙스의 차이는 있지만 두 단어는 동의어로 사용되었습니다.

이스라엘 사회에서 증언이 효력을 가지려면 반드시 두 사람 이상의 증인이 있어야 했다는 사실을 구약성경 신명기 19:15이 말하고 있습니다. "사람의 모든 악에 관하여 또한 모든 죄에 관하여는 한 증인으로만 정할 것이 아니요 두 증인의 입으로나 또는 세 증인의 입으로 그 사건을 확정할 것이며." 성도가 하나님의 자녀라는 사실을 성도 자신의 입으로 증언하고 동시에 성령이 친히 증언해 주시면 두 증인이 증언하는 것이므로 최소한의 합법적이고 유효한 증언의 요건이 갖추어집니다.

성도가 하나님을 향하여 "아빠 아버지"라고 친근한 사랑을 표현하는 동시에 성령 하나님이 "너는 나의 자녀야"라고 맞장구를 쳐주실 때 하나님과 성도 간의 온전한 사랑의 관계가 이루어질 수 있습니다. 온전한 사랑은 주고받는 것이라야 합니다. 연인이 사랑을 나눌 때 한쪽 파트너가 "나는 너를 뜨겁게 사랑해!"라고 속삭이는데 상대방으로부터 아무런 반응이 없으면 온전한 사랑이 될 수 없습니다. 상대방으로부터도 "나도 너를 뜨겁게 사랑해!"라는 응답이 있을 때 비로소 온전한 사랑이 이루어집니다. 아버지와 아들이 함께 길을 걷고 있습니다. 아들은 아버지가 말을 안 해도 자기를 사랑하는 것을 알고 이런저런 말들을 하면서 아버지를 향해 친근한 사랑을 표현합니다. 이때 아버지가 아들의 손을 꽉 잡아 주면서 "너는 정말로 내 기쁨이야!"라고 말해 준다면 아들의 마음이 얼마나 푸근해지겠습니까? 성도들이 하나님을 향해 "아빠 아버지, 저는 당신의 아들입니다!"라고 고백할 때 성령께서도 "맞아, 너는 나의 자녀야!"라고 맞장구를 쳐주십니다. 성령께서 이렇게 맞장구를 쳐주시면 우리는 우리가 구원받았다는 사실을 강하게 확신할 수 있습니다.

이처럼 성령님께서 맞장구를 쳐주시는 말씀을 우리는 어떻게 들을 수 있을까요? 성령님의 맞장구는 뚜렷한 음성으로 찾아오는 일은 거의 없습니다. 그러나 성령님의 맞장구는 다양한 방법으로 신비롭게 성도에게 주어집니다. 성령님의 맞장구는 때로는 강하게 찾아올 수 있고, 때로는 약하게 찾아올 수 있습니다. 성령의 맞장구를 가장 확실하게 느끼는 방법은 기도입니다. 간절한 마음으로 기도하는 시간에 성령님의 맞장구를 확실하고 명확히 감지할 수 있습니다. 말씀을 읽거나 들을 때도 성령님의 맞장구를 감지할 수 있습니다. 기도하면서 말씀을 읽는 시간에는 가장 강하고 확실하게 성령님의 맞장구를 만날 수 있습니다. 또한 우리 생활 속에서 바른 사랑의 실천을 할 때 성령님의 맞장구를 만날 수 있습니다.

성령님께서 우리가 하나님의 특별한 사랑을 받는 자녀라는 사실을 우리가 강하게 느낄 수 있도록 해주시는 때가 있습니다. 아들이 군대에 가기 전에 아버지가 애틋한 마음으로 아들에게 친근한 아버지로서의 사랑을 강하게 표현합니다. 왜 그렇습니까? 군대에 가서 아들이 많은 고생을 하게 될 것을 알기 때문입니다. 부모는 평소에는 자녀를 그냥 무덤덤하게 대하다가도 어려운 시련에 들어가기 시작하면 자녀에 대한 사랑을 한층 더 강하게 표현하게 되어 있습니다. 이처럼 성도들이 시련에 들어갈 때나 시련 속에 있을 때 성령님께서는 평소보다 훨씬 더 강하고 분명한 방법으로 "너는 내가 특별히 사랑하는 나의 자녀야!"라는 증언을 해주시고 여러 가지 방법으로 증거를 보여 주십니다. 그러므로 성도들이 시련을 만나는 순간은 성령님의 사랑의 증언과 속삭임을 강하고 분명하게 느낄 수 있는 감미롭고 꿈같은 시간입니다.

28 자녀이면 또한 상속자 (롬 8:17)

지금까지 세 번에 걸쳐서 성령의 인도하심과 양자 됨의 관점에서 신자의 구원의 확실성을 논증하고 있는 8:14-17의 말씀을 살펴보고 있습니다. 14절은 총론적 관점에서 성령의 인도하심과 하나님의 아들 됨을 구원의 확실성의 근거로 제시하였고, 15-16절은 하나님의 자녀는 양자를 뜻한다는 점을 밝히고 있습니다. 이 장에서 다룰 17절은 양자에게 상속자의 특권이 부여된다고 말합니다. "자녀이면 또한 상속자 곧 하나님의 상속자요 그리스도와 함께 한 상속자니 우리가 그와 함께 영광을 받기 위하여 고난도 함께 받아야 할 것이니라."

하나님의 양자로 입양이 될 때 주어지는 특권은 상속자의 권리를 획득하는 것입니다. 바울은 로마법을 잘 알고 있는 로마교회 청중들을 배려하여 로마의 상속법을 염두에 두고 이 특권을 말합니다. 유대의 상속법은 가계의 유업을 잇는 권리가 장자에게 주어집니다.

야곱이 에서의 장자권을 가져오기 위해 집요하게 노력한 이유도 유업을 이을 권리가 장자에게만 주어져 있는 유대인의 관습 때문이었습니다. 그러나 유대의 상속법과는 대조적으로 로마의 상속법은 모든 자녀에게 동등하게 상속권을 줬습니다. 이 점이 하나님의 자녀에게 주어지는 상속권을 설명하는 데 적합합니다. 하나님의 자녀에게 주어지는 상속권은 모든 성도에게 동등하게 주어집니다. 그러나 이 상속권은 불신자에게는 절대 주어지지 않습니다.

하나님 상속

그러면 하나님의 자녀는 무엇을 상속합니까? 본문은 하나님의 자녀는 "하나님의 상속자"라고 말하고 있는데, 이 말은 하나님을 상속한다는 뜻입니다. 하나님의 자녀가 상속할 유업이 하나님 자신이라는 사실은 시편기자와 예레미야 선지자가 잘 말하고 있습니다. 아삽은 시편 73:25-26에서 이렇게 노래합니다. "하늘에서는 주 외에 누가 내게 있으리요 땅에서는 주 밖에 내가 사모할 이 없나이다 내 육체와 마음은 쇠약하나 하나님은 내 마음의 반석이시요 영원한 분깃이시라". "하나님은…영원한 분깃"이라는 말은 "하나님을 영원히 상속한다"는 뜻입니다. 예레미야 선지자는 예레미야애가 3:24에서 이렇게 노래합니다. "내 심령에 이르기를 여호와는 나의 기업이시니 그러므로 내가 그를 바라리라 하는도다." "여호와는 나의 기업"이라는 말은 하나님을 상속한다는 뜻입니다. 우리가 예수 그리스도를 구주로 영접하는 순간 우리 안에는 성부의 영과 성자의 영과 성령이 들어오셔서 영원히 내주하십니다. 하나님의 자녀는 삼위일체 하나님을 영원한 유업으로 상속합니다.

세상 상속

로마서 4:13은 하나님의 자녀가 세상을 상속한다고 말합니다. "아브라함이나 그 후손에게 세상의 상속자가 되리라고 하신 언약은 율법으로 말미암은 것이 아니요 오직 믿음의 의로 말미암은 것이라." 바울은 하나님의 자녀가 세상을 상속한다고 말합니다. 세상을 상속한다는 말은 아담의 타락을 통하여 상실한 세계를 되찾는다는 뜻입니다. 바울의 말은 하나님이 아브라함에게 주신 약속의 핵심을 요약한 것입니다. 하나님은 아브라함에게 창세기 12:3에서 "땅의 모든 족속이 너로 말미암아 복을 얻을 것이라"고 약속하셨고, 창세기 13:16에서 "땅의 티끌같이" 많은 자손, 창세기 15:6에 "뭇별"과 같이 많은 자손, 창세기 22:17-18에서 "하늘의 별"과 같고 "바닷가의 모래" 같은 자손들을 주실 것이라고 약속하셨는데, 이 자손들은 모두 죄와 사탄의 세력 아래 장악되어 있다가 예수님을 믿고 하나님께로 돌아온 세상 사람들을 뜻합니다.

세상을 상속한다는 말은 시편 2:8이 말하는 것처럼 세상의 모든 것이 하나님의 자녀의 소유가 된다는 것을 뜻하기도 합니다. "내게 구하라 내가 이방 나라를 네 유업으로 주리니 네 소유가 땅 끝까지 이르리로다." 시편기자는 이 세상에 있는 모든 것이 다 하나님의 자녀들의 소유라는 엄청난 선언을 하고 있습니다. 이 말이 무슨 뜻일까요? 이 말은 이방나라들과 이 세상에 있는 모든 것들이 하나님의 자녀들인 성도들의 소유물이 되었으므로 성도들이 돈을 지불하지 않고 자유롭게 사용해도 된다는 뜻이 아님이 분명합니다. 그러면 우리는 이 말을 어떤 의미로 받아들여야 할까요? 이 말은 이런 의미로 이해할 수 있습니다. 하나님의 자녀가 된 우리들 안에 내주하시는 삼위일체 하나님은 성령을 통하여 우리의 삶을 인도하시는데, 이때 필요하면 언제든지 자유롭게 자신의 소유물인 이방나라와 온 세상에 있는 것들을 하나님의 자녀들의 유익을 위하여 사용하실 수 있다는 것입니다.

예를 들어서 바울 당시의 로마제국은 제국을 확장하고 군대를 신속하게 점령지로 보내기 위해 로마제국을 관통하는 아피안대로라는 도로를 건설했습니다. 아피안대로는 마차가 잘 구를 수 있도록 돌로 포장한 길로서 넓이가 몇 미터 정도밖에 되지 않아서 오늘날의 기준으로 보면 그저 신작로 정도였습니다. 그러나 고대사회에서 이 정도의 길을 닦는 것은 엄청난 토목공사였습니다. 그런데 하나님은 아피안대로를 바울을 비롯한 초대교회 전도자들이 지중해 주변의 이방나라에 복음을 전하는 통로로 적절하게 이용할 수 있도록 하셨습니다. 로마제국이 아피안대로를 이용하여 세계를 정복하려는 시도는 궁극적으로 실패했지만, 하나님께서는 복음의 세계적인 전파에 이 도로를 이용하셨습니다. 복음의 세계적인 전파는 큰 성공을 거두어 오늘날 한국에까지 복음이 이르게 된 것입니다.

　바울 당시에 최고의 국제여객선은 알렉산드리아에서 로마까지 왕복하는 곡물수송선이었습니다. 이 곡물수송선은 바울을 비롯한 죄수를 로마로 호송하는 죄수호송선이기도 했습니다. 그런데 하나님은 이 배를 로마와 스페인 선교를 위하여 바울을 로마로 보내는 방편으로 이용하셨습니다. 우리 성도들이 우리 안에 내주하시는 삼위일체 하나님과 동행할 때 하나님은 이 세상에 있는 모든 것들을 하나님의 자녀인 성도들을 위해 필요할 때는 언제든지 사용하십니다. 그런 의미에서 우리는 세상을 상속하는 것입니다.

영화 상속

　하나님의 자녀는 이 세상을 떠나는 날 영혼의 완전한 성화라는 상속물이 보장되어 있으며, 예수님이 재림하시는 날에 썩지 않는 완전한 신체를 상속물로 받을 것이 보장되어 있습니다. 요한계시록 21:1-7은 하나님의 자녀들이 상속받는 것들을 소개하고 있습니다. 21:7은 성도들이 "이것들을 상속으로 받으리라"고 말하면서 이것들의 내용을 1-6절까지 소개합니다. 하나님의 자녀들은 어마어마한 것들을 상속받습니다. 1절에 따르면 "새 하늘과 새 땅"을 새로운 영토로 상속받습니다. 2절에 따르면 "새 예루살렘"을 거주할 도성으로 상속받습니다. 3절에 따르면 하나님이 친히 함께하시는 장막을 상속받습니다. 4절에 따르면 모든 슬픔과 고통을 완전히 없애주는 축복을 상속받습니다. 6절에 따르면 값없이 주어지는 생명수 생물을 상속받습니다.

그리스도와 공동상속자

바울은 계속하여 어떤 방식으로 이 모든 것들을 상속하는가를 말합니다. 상속하는 방법은 "그리스도와 함께 한 상속자니"라는 구절에 있습니다. 이 말을 원문 그대로 직역하면 "그리스도와 공동상속자"라고 번역할 수 있습니다. 사람이 예수 그리스도를 구주로 영접하면 그리스도께서 이룩하신 완전한 의로움이 신자에게 전가되어 신자가 하나님 앞에 설 때 그리스도와 동등한 정도로 완전하게 의로운 자로 여김을 받습니다. 그리스도의 의가 신자에게 전가되면 신자는 성부 하나님이 그리스도에게 주셨던 모든 것에 참여합니다. 그런 의미에서 신자는 그리스도와 공동상속자입니다. 누가복음 22:30에서 예수님은 하나님의 자녀가 된 신자들이 예수님 자신의 나라에서 예수님 자신의 상에서 먹고 마시며 예수님 자신이 다스리시는 보좌에 앉아 열두 지파를 다스릴 수 있도록 해주시겠다고 말씀하심으로써 하나님의 자녀들이 예수님과 공동상속자임을 분명히 하셨습니다. 예수님은 요한복음 17:24에서 "내게 주신 나의 영광"을 하나님의 자녀들도 보게 하기를 원한다고 말씀하심으로써 하나님의 자녀들이 하나님의 영광을 그리스도와 공동으로 상속한다는 점을 명확히 하셨습니다.

영광과 아울러 고난도 상속

본문은 그리스도와 공동상속자가 된 하나님의 자녀에게 찾아오는 중요한 특징 하나를 말합니다. "우리가 그와 함께 영광을 받기 위하여 고난도 함께 받아야 할 것이니라." 하나님의 자녀가 그리스도와 공동상속자가 된다는 말은 하나님의 자녀가 그리스도에게 주어진 영광에 그리스도와 함께 참여한다는 것을 의미하는 동시에 그리스도에게 주어진 고난에도 함께 참여한다는 것을 의미합니다.

이 문장을 읽을 때 유의할 점이 있습니다. 이 문장은 주님과 함께 영광을 받기 위하여 고난도 함께 받아야 한다고 말하고 있는데, 이 말이 하나님의 자녀가 고난을 받는 것이 마지막 날 최종적인 구원을 결정하는 필수조건이라고 말하는 것처럼 들릴 수 있습니다. 이렇게 해석하면 우리는 다시 행위구원론으로 빠져들어 갑니다. 하나님의 자녀가 받는 고난이 최종적인 구원의 영광에 들어가는 조건이 되는 셈입니다. 하나님의 자녀라도 고난을 받지 못하면 최종적인 구원의 영광에 들어갈 수 없다는 의미가 여기 숨어 있습니다. 2차 대전 기간 중에 히틀러 암살시도에 참여했다가 처형당하여 세계적으로 유명해진 신학자인 본회퍼와 민중신학, 해방신학, 여성신학 등과 같은 급진적인 정치신학의 문을 연 독일의 신학자 몰트만은 고난받는 것이 그리스도인이 되는 조건이라고 주장했습니다. 이 신학자들은 고난에 절대적 가치를 부여하여 예수님을 믿는 신앙고백이 있든 없든 상관없이 고난을 받기만 하면 하나님의 구원받은 백성이 되는 것이라고까지 주장했습니다. 오늘날 이 두 사람은 현대 기독교계에 막강한 영향력을 행사하고 있습니다.

만일 고난 받는 것이 구원의 조건이 된다면 큰 난관에 부딪치게 되는데, 그것은 도대체 어느 정도의 수준까지 고난을 받아야만 하나님께 인정을 받을 수 있느냐 하는 것입니다. 고난받는 것이 구원의 조건이 되는 것이라면, 가볍게 고난받는 정도로는 곤란하지 않겠습니까? 적어도 예수님이 십자가의 수난을 받으신 정도로 고난을 받아야 하지 않겠습니까? 사람 중에 그 정도로 고난을 받는 사람들이 몇 명이나 되겠습니까?

이와 같은 잘못된 해석이 나올 수 있기 때문에 본문을 원문에 근거하여 정밀하게 살펴보는 것이 필요합니다. 바울은 17절 앞부분에서 이렇게 말합니다. "자녀이면 또한 상속자 곧 하나님의 상속자요 그리스도와 함께 한 상속자니." 바울은 하나님의 자녀는 그리스도와 공동상속자라고 말합니다. 그다음 구절은 원문에서는 "왜냐하면"으로 시작됩니다. 왜 그리스도와 공동상속자라고 말할 수 있느냐라는 것입니다. 이 질문에 대하여 바울은 이렇게 답변합니다. "우리가 그와 함께 영광을 받기 위하여 고난도 함께 받고 있기 때문에." "그리스도와 함께 영광과 고난을 받으니까 하나님의 자녀는 그리스도와 공동상속자다"라는 뜻입니다.

원문에서는 고난의 상속이 영광의 상속보다 먼저 나옵니다. "우리가 그리스도와 공동상속자인 이유는 우리 하나님의 자녀인 성도들가 그리스도와 함께 고난을 받고 있기 때문이다." 이 구절에서 "고난을 받는다”는 동사는 “고난을 받아야 한다”는 명령형이나 가정법으로 되어 있지 않고, 직설법 현재형으로 되어 있습니다. 여기에는 두 가지 의미가 있습니다.

첫째로, 그리스도께서 현세에 계실 때 고난의 삶을 사신 것처럼 그리스도의 상속자가 되면 현세에서 그리스도가 받으신 고난도 상속받는다는 뜻입니다. 하나님의 자녀에게 있어서 고난받는 것은 현세에서의 삶의 방식입니다. 따라서 바울은 사도행전 14:22에서 “우리가 하나님의 나라에 들어가려면 많은 환난을 겪어야 할 것이라”고 말합니다.

둘째로, 하나님의 자녀가 고난을 받는 것이 직설법으로 되어 있다는 말은 하나님의 자녀가 고난의 삶을 사는 것은 선택의 문제가 아니라는 뜻입니다. 하나님의 자녀는 하나님의 자녀로 입양이 되는 순간 고난의 길에 이미 발을 들여놓은 것이고, 한번 발을 들여놓은 순간 발을 뺄 수 없습니다. 하나님의 자녀에게 있어서 고난은 세속적인 용어로 표현하면 “운명”과 같은 것이고, 성경의 용어로 표현하면 하나님이 정해 주신 길입니다. 예수님이 구원사역을 수행하시는 과정에서 고난과 십자가를 지고 가는 것이 창세 전에 이미 예정되어 있는 것처럼, 하나님의 자녀들이 고난을 받는 것은 예정된 길입니다. “고난을 받는다면”이라는 말은 하나님의 자녀에게는 있을 수 없습니다. 이미 고난의 길에 들어서서 고난을 받고 있는 사람에게 “고난을 받는다면”이라는 가정법을 사용할 필요가 없습니다. “고난을 받아야 한다”는 명령법도 필요 없습니다. 이미 고난을 받는 사람에게 “고난을 받아야 한다"라고 명령할 필요가 없습니다.

예수님은 우리에게 "자기 십자가를 지고 나를 따르라"고 명령하셨습니다. 이 명령은 모든 성도에게 주시는 명령으로서 모든 성도에게는 현세 안에서 사는 동안 지고 가야 할 자기 십자가가 있다는 뜻입니다. 자기 십자가가 바로 고난입니다. 자기 십자가라는 말은 두 가지 의미로 이해할 수 있습니다.

첫째로, 예수님이 십자가를 지신 것처럼 우리도 십자가를 져야 하지만 예수님이 져야 할 십자가와 우리가 져야 할 십자가가 같은 것은 아니라는 뜻이 담겨 있습니다. 예수님은 인류 구원을 위한 십자가를 지셨으나 우리가 져야 할 십자가는 자기 십자가 곧 우리 자신의 십자가입니다. 우리는 인류 구원의 십자가를 지고 가는 것이 아닙니다. 우리가 지고 가야 할 십자가는 나와 하나님과의 관계에서 나의 신앙생활과 관련된 십자가입니다.

둘째로, "자기 십자가"라는 말은 모든 성도가 십자가를 지고 가야 한다는 점에서는 공통점이 있으나 각 성도에게 주어지는 십자가의 정도와 크기와 양상은 다를 수 있음이 암시되어 있습니다. 성도들은 나에게 주어진 십자가와 옆에 있는 다른 성도에게 주어진 십자가를 비교하지 않도록 유의해야 합니다. 내가 지는 십자가의 총량이 동료 성도가 지고 가야 할 십자가의 총량보다 무거울 수도 있고 가벼울 수도 있습니다. 내가 지고 가는 십자가가 동료 성도가 지고 가는 십자가보다 무겁다는 사실에 집중하면 시험에 들고, 내가 지고 가는 십자가가 동료 성도가 지고 가는 십자가보다 가벼우면 교만해질 수 있습니다. 십자가의 문제에 있어서는 철저하게 하나님과의 관계에서만 생각해야 하고, 동료들의 고난이나 십자가와 비교하지 말아야 합니다. 이때 비교하는 것은 사탄의 장난에 넘어가는 것입니다. 요한복음 21:18에 보면 예수님이 베드로에게 순교할 것을 예고하셨습니다. 이 예고를 듣고 베드로는 요한을 가리키면서 "이 사람은 어떻게 되겠사옵나이까"라고 물었습니다. 베드로는 순교하는 자기 자신과 요한을 비교한 것입니다. 이 질문을 들으신 예수님은 비교하지 말고 오직 예수님 자신을 따르는 일에만 관심을 가지라고 단호하게 명령하셨습니다. "내가 올 때까지 그를 머물게 하고자 할지라도 네게 무슨 상관이냐 너는 나를 따르라"요 21:22.

기본 고난과 특별한 고난

성도들에게 찾아오는 고난은 두 유형으로 구분하여 생각해 보는 것이 도움이 됩니다. 하나는 모든 성도에게 공통으로 찾아오는 기본 고난이고, 다른 하나는 기본 고난에 추가된 특별한 고난으로서 성도마다 정도, 크기, 양상이 다릅니다.

모든 성도에게 공통으로 주어지는 기본 고난은 다른 어떤 고난보다도 월등히 크고 어려운 고난입니다. 모든 성도가 크고 어려운 고난을 예외 없이 다 겪어야 합니다. 그것이 무엇입니까? 모든 성도는 나이가 들어가면서 노화나 질병으로 점차 몸의 기능들이 약해져 가고 망가져 갑니다. 몸의 기능이 약해져 가면 갈수록 이 몸을 가지고

현세 안에서 삶을 유지하고 하나님을 향한 믿음을 지켜내는 일이 성
도에게는 점점 더 무거운 고난으로 다가오고 더 무거운 십자가가 됩
니다. 약해지고 망가진 몸이 무거운 십자가가 됩니다. 영혼은 멀쩡
하게 살아 있는데 몸이 말을 듣지 않는 것보다 더 무거운 고난과 십
자가가 있을까요? 모든 성도는 부활의 영광에 이르기 전에 반드시
이 기본 고난의 과정을 통과해야 합니다. 에녹이나 엘리야처럼 건강
한 몸으로 살다가 하나님의 부름을 받고 하늘로 직행하지 않는 한 모
든 성도는 이 과정을 거쳐야 합니다.

하나님은 공통적인 기본 고난 이외에 추가로 모든 성도에게 고
난을 허락하십니다. 이 추가적인 고난은 사람마다 정도와 크기와 양
상이 각각 다 다릅니다. 어떤 성도는 사랑하는 가족을 일찍 떠나보내
는 슬픔을 겪습니다. 어떤 성도는 직장을 잃거나 사업이 망하는 고난
을 당합니다. 어떤 성도에게는 예기치 못했던 질병이 옵니다.

주님이 모든 성도에게 주시는 또 다른 유형의 고난이 있습니다.
이 고난은 예수님을 믿는다는 이유 때문에 찾아오는 고난입니다. 예
수님에 대한 사랑과 헌신이 크고 깊을수록 이 고난은 더 강도 높게
주어집니다.

사람들이 종교에 대하여 보여 주는 태도를 잘 살펴보면 한 가지
분명한 특징이 있습니다. 어떤 사람이 "나는 무속신앙이야, 나는 귀
신의 존재를 믿어"라고 주장할 때 사람들은 이 주장을 따르지는 않아
도 이 사람을 미워하거나 배척하지는 않습니다. 오히려 솔깃한 마음
으로 "나도 무당한테 가서 점이나 한번 쳐볼까?"라는 미혹을 받기까

지 합니다. 또 어떤 사람이 "나는 신이라는 존재가 있다고 생각해. 나는 어떤 절대자나 제일원인 같은 것이 있다고 생각해"라고 주장해도 사람들은 이 주장에 동의하지는 않아도 별로 크게 문제 삼지 않습니다. 그러나 어떤 사람이 "나는 예수님이 인간이신 동시에 하나님이심을 믿고, 예수님을 믿지 않으면 지옥에 가고 예수님을 믿으면 천국에 갈 수 있어"라고 주장하면 즉시 표정이 굳어지고 반감을 표현하는 경우가 많습니다.

왜 이런 일이 일어날까요? 무당이 믿는 귀신이나 철학적인 절대자나 신을 주장하는 사람들은 사실상 사탄의 세력권 안에 있는 자들이기 때문에 이런 주장을 하는 사람들에 대하여 사탄은 제재할 필요가 없습니다. 그러나 예수님은 사탄에 적대적인 동시에 사탄이 이길 수 없기 때문에 예수님에 관한 언명이 나오면 사탄이 예민하게 반응하면서 사람들 마음을 교란하는 일을 시작합니다. 예수님에 대하여 말하기 시작한다는 것은 사탄의 세력권 안에 사로잡혀 있는 사람들을 사탄의 세력으로부터 빼앗아 오는 작전이 시작된다는 것을 의미하기 때문에 사탄이 방어에 나서지 않을 수 없습니다. 예수님의 이름을 말하기 시작하는 순간 사탄과 무서운 영적인 전쟁이 시작되는 것입니다. 예수님께서 마태복음 10:34에서 "내가 세상에 화평을 주러 온 줄로 생각하지 말라 화평이 아니요 검을 주러 왔노라"라고 말씀하신 것도 이런 의미입니다. 예수님의 이름으로 본격적인 구령 사역을 시작하면 사탄도 발악적인 태도로 치열한 방해공작에 나섭니다. 이 방해 공작은 예수님의 이름으로 사역하는 사람들에게 특별한 잘못

이 없어도 단 한 가지 이유 곧, 예수님의 이름으로 일을 한다는 이유 하나만으로 무차별하게 진행됩니다. 사도행전 3장에 보면 베드로와 요한은 예루살렘 성전에서 예수님의 이름으로 앉은뱅이를 낫게 하는 선한 일을 했을 뿐인데 체포되어 괴롭힘을 당했습니다. 만일 베드로와 요한이 약으로 병자를 낫게 했거나 무당의 굿을 통해 병자를 낫게 했다면 아무런 문제도 되지 않았을 것입니다. 그러므로 바울은 디모데후서 3:12에서 이렇게 말합니다. "무릇 그리스도 예수 안에서 경건하게 살고자 하는 자는 박해를 받으리라." 이처럼 예수님의 이름 때문에, 또 예수님의 이름으로 하는 사역 때문에 하나님의 자녀가 고난을 받는 것을 보고 베드로는 이렇게 권고합니다. "사랑하는 자들아 너희를 연단하려고 오는 불 시험을 이상한 일 당하는 것 같이 이상히 여기지 말고 오히려 너희가 그리스도의 고난에 참여하는 것으로 즐거워하라"_{벧전 4:12-13}.

현세에서 고난의 삶을 상속받는 하나님의 자녀는 미래에는 영광도 상속받는다고 바울은 17절에서 말합니다. 원문을 충실하게 번역하면 "우리는 그리스도와 공동상속자가 된다. 왜냐하면 우리는 현세에서 그리스도와 함께 고난을 상속받는 동시에 미래에 그리스도의 영광도 함께 상속받을 것이기 때문이다."

크고 위대한 시간을 맞이하기 위해서는 준비가 필요한 법입니다. 결혼식에 참여하는 신랑과 신부가 아무런 준비 과정도 없이 아침에 일어나서 세수도 하지 않고 부스스한 얼굴과 츄리닝과 슬리퍼를 신고 결혼식에 참여할 수 있을까요? 아닙니다. 어마어마한 수고가 들어가는 준비 과정을 거쳐야 합니다. 양가 상견례도 해야 하고, 청첩장도 찍어야 하고, 예식장도 알아봐야 하고, 신혼여행지로 알아봐야 하고, 신접살림을 차릴 공간도 발품을 팔면서 알아봐야 하고, 신랑은 양복을 말끔하게 차려입어야 하고, 신부는 오랜 시간을 들여서 신부화장도 해야 합니다. 이 모든 일이 보통 일이 아닙니다. 그러나 신랑과 신부는 행복한 결혼식을 생각하면서 모든 일을 즐거운 마음으로 합니다. 이처럼 하나님의 자녀들은 재림 시에 맞이할 어린 양이신 예수님과의 영적인 혼인잔치를 위하여 현세 안에서의 고난이라는 준비 작업을 즐거운 마음으로 해내는 자들입니다.

8:18 생각하건대 현재의 고난은 장차 우리에게 나타날 영광과 비교할 수 없도다
8:19 피조물이 고대하는 바는 하나님의 아들들이 나타나는 것이니
8:20 피조물이 허무한 데 굴복하는 것은 자기 뜻이 아니요 오직 굴복하게 하시는 이로 말미암음이라
8:21 그 바라는 것은 피조물도 썩어짐의 종노릇 한 데서 해방되어 하나님의 자녀들의 영광의 자유에 이르는 것이니라
8:22 피조물이 다 이제까지 함께 탄식하며 함께 고통을 겪고 있는 것을 우리가 아느니라

"그리스도 예수 안에 있는 자에게는 결코 정죄함이 없나니"라는 바울의 선언이 명확히 보여 주는 것처럼 8장 전체를 관통하여 나타나는 주제는 구원의 확실성입니다. 바울은 8장에서 다양한 장치들을 이용하여 예수님을 구주로 영접한 성도의 구원이 영원히 확실히 보장된다는 것을 논증하고 있습니다. 바울은 바로 앞 문단인 8:12-17에서 성령의 사역을 양자 됨의 관점에서 풀어내면서 구원의 확실성을 논증했습니다. 17절에서 바울은 하나님의 양자가 된다는 것은 하나님의 상속자가 된다는 것을 의미한다고 말합니다.

그렇다면 하나님의 양자가 된 성도들은 하나님으로부터 무엇을

상속받는가? 영광과 함께 고난을 상속받습니다. 예수님이 고난을 거쳐서 영광에 이르신 것처럼, 성도들도 고난의 과정을 거쳐 영광을 상속받습니다. 바울은 성도가 상속받는 고난과 영광의 관계에 대하여 18-25절까지 상세하게 설명합니다. 바울은 이 본문에서 고난과 영광을 비교하면서 구원의 확실성을 논증하고 있습니다. 고난이라는 현실은 통상적으로 구원의 확실성을 의심하게 만드는 경우가 비일비재한데, 바울은 오히려 고난이 구원의 확실성을 더욱 강화시켜 주는 장치임을 강조합니다.

먼저 18-25절을 분석해 보겠습니다. 18절은 고난은 어느 때 받는 것이며 영광은 어느 때 받는 것인가를 말함과 동시에 고난과 영광의 크기를 비교하고 있습니다. 19-22절은 인간을 제외한 피조물에게 찾아오는 고난을 말하고 있고, 23절은 성도에게 찾아오는 고난을 말하고 있습니다. 24-25절은 결론으로서 성도는 어떤 태도로 고난을 맞이해야 하는가를 말합니다. 이 장에서는 18-22절을 살펴보고, 다음 장에서 23-25을 살펴보겠습니다.

현재의 고난과 장차의 영광

먼저 고난과 영광을 받는 시기와 고난과 영광의 크기를 비교하고 있는 18절을 살펴보겠습니다. "생각하건대 현재의 고난은 장차 우리에게 나타날 영광과 비교할 수 없도다."

바울은 "현재의 고난은"이라는 주어로부터 시작합니다. 본문이 말하는 현재는 역사적으로 말하면 창조 시부터 주님의 재림 시까지 현세 안의 시기를 뜻하며, 한 개인으로 말하면 이 세상에서 태어나서 육체적 죽음을 맞이할 때까지 현세에서의 한평생을 뜻합니다. 바울은 인류 역사의 전 기간, 그리고 한 사람의 한평생을 고난으로 요약합니다. 본문이 말하는 고난은 피조세계 전체에 찾아오는 다양한 형태의 어려움을 뜻합니다.

"현재의 고난"에 대비되는 것이 "장차 우리에게 나타날 영광"입니다. 바울은 현재와 장차를 대비시키고 있습니다. 장차는 재림의 때입니다. 재림의 때에 영광이 나타납니다. 앞에서 말한 고난이 피조세계 전체에 나타나는 넓은 의미의 고난을 뜻하는 것처럼, 영광도 성도를 포함하여 피조세계 전체에 나타나는 영광을 뜻합니다. 이 영광에는 성도가 부활하여 천국에 들어가는 것을 포함하여 피조세계 전체에 나타나는 변화가 모두 포함됩니다.

바울은 현재의 고난과 재림 때에 나타나는 영광을 비교해 보고 이렇게 결론을 내립니다. "비교할 수 없도다." 이 말을 좀 더 정확하게 번역하면 "비교할 만한 가치가 없다"라고 옮길 수 있습니다. 현재의 고난과 장차 나타날 영광은 그 가치에 있어서 비교불가라는 것입니다. 저울의 왼쪽에 현재의 고난을 올려놓고, 저울의 오른쪽에 장차 나타날 영광을 올려놓고 무게를 달아 보면, 영광을 올려놓은 저울 오른쪽이 너무 무겁고 고난을 올려놓은 저울의 왼쪽이 너무 가벼워서, 저울 오른쪽이 순식간에 "퍽"하고 내려앉는 반면 저울 왼쪽은 하늘로 솟아오르며 그 위에 올려놓은 고난은 하늘 높이 붕 날아가 버리고 맙니다. 이처럼 주님 재림 시에 성도에게 주어질 영광이 그 가치에 있어서 고난과는 비교 자체가 안 될 정도로 크기 때문에 현재의 고난이 구원의 확신을 흔들 수 없다는 것입니다.

바울은 현재의 고난을 결코 가볍게 생각하지 않고 비중 있게 다룹니다. 바울은 세 차례의 선교여행을 하면서 극한에 가까운 많은 고난의 시간을 보냈습니다. 바울은 자신의 경험을 통해 고난이 견디기 힘들다는 것과 많은 성도들의 믿음을 약화시키고 시험에 빠뜨릴 수 있다는 사실을 잘 알고 있었습니다. 바울은 고난이 이렇게 무거워도 재림 때의 영광과 비교해 보면 없는 것이나 다름없다고 말할 수 있을 정도로 가벼운 것에 불과함을 강조함으로써 고난 속에 있는 성도들을 독려합니다.

예수님을 믿으면 현세 안에서 반드시 고난으로부터 해방된다고 주장하거나 질병에도 걸리지 않고 세상에서도 모든 일이 잘 풀린다고 주장하는 것은 바른 가르침이 아닙니다. 예수님을 믿는데도 병에 쉽게 걸리고 인생사가 잘 풀리지 않고 꼬이기만 하는 것은 예수님을 잘못 믿기 때문이라고 주장하는 것도 바른 가르침이 아닙니다. 바른 복음은 장차 우리에게 나타나게 될 영광을 바라보면서 현세 안에서 주어지는 힘든 고난의 시간을 가볍게 이겨 이겨낼 수 있도록 권면하는 것입니다.

18절에서 장차 곧, 현세의 고난과 재림 때 나타날 영광을 비교하면서 현세의 특징을 고난으로 요약하여 제시한 바울은 19-23절에서 현세 안에 찾아오는 고난이 어떤 것이며, 장차 나타나게 될 영광은 또 어떤 것인가를 더 소상하게 설명합니다. 이 설명은 두 단계로 진행되는데, 19-22절까지는 피조물의 세계에 나타나는 고난을 소개하고, 23절에서는 성도들에게 나타나는 고난을 소개합니다.

피조물은 비인격적 생명체와 무기물의 세계

먼저 피조물의 세계에 나타나는 고난을 소개하는 19-22절을 살펴보겠습니다. 19절을 읽겠습니다. "피조물이 고대하는 바는 하나님의 아들들이 나타나는 것이니." 이 구절을 다룰 때 먼저 해결해야 할 문제는 본문이 말하는 피조물이 가리키는 대상이 무엇인가 하는 것입니다. 왜냐하면 본문의 문맥을 살펴보면 본문이 말하는 피조물이 모든 피조물을 다 포함하는 것은 아니라는 점이 분명해지기 때문입니다.

첫째로, 천사는 본문이 말하는 피조물의 범위에서 배제되어야 합니다. 21절에 보면 피조물이 썩어짐에 종노릇한다고 되어 있는데, 천사는 영적인 존재로서 썩는 존재가 아니기 때문입니다.

둘째로, 사탄이나 마귀들도 본문이 말하는 피조물의 범주로부터 배제되어야 합니다. 19절에 보면 피조물이 하나님의 아들들의 나타남을 고대한다고 했고, 21절에 보면 하나님의 자녀들의 영광의 자유에 이르는 것을 바란다고 했는데 사탄이나 마귀들은 하나님의 아

들들의 나타남이나 하나님의 자녀들의 영광의 자유에 이르는 것을
바라지 않습니다.

셋째로, 인류 전체가 피조물의 범위로부터 배제됩니다. 20절에
보면 피조물이 허무한 데 굴복하는 것은 자기 뜻이 아니라고 했습니
다. 그러나 인류는 자기 뜻에 따라서 행동하는 존재입니다. 예컨대
아담과 하와가 에덴동산에서 선악과를 따먹은 것은 자기 뜻에 따른
행동이었습니다. 모든 인류는 자기 뜻에 따라서 하나님을 반역하는
결정을 하고 행동으로 옮깁니다.

이 세 가지 범주를 배제하고 남는 것은 동물이나 식물과 같이
생명은 있지만 인격을 갖추지 못한 생명체들과 생명이 없는 무기물
들의 세계입니다. 이것이 바로 본문이 말하는 피조물이 뜻하는 것입
니다.

피조물은 하나님의 아들들의 나타남을 간절히 기다림

이처럼 인격적 존재들인 인간, 천사, 사탄, 마귀를 제외한 동식
물과 무기물이 무언가를 고대하고 있다고 바울은 말합니다. 우리말
로는 간단하게 피조물이 고대한다고 되어 있으나, 헬라어 원문은 아
주 강력한 표현을 사용하고 있습니다. 헬라어 원문은 같은 뜻을 가
진 명사와 동사를 이중적으로 사용하고 있습니다. 헬라어 원문은 아
포카라도키아*ἀποκαραδοκία*라는 명사가 주어가 되고 이 명사와 같은
어근을 가진 아페크데코마이*ἀπεκδέχομαι*가 동사로 붙어 있습니다.

이 문장을 문자 그대로 번역하면 "피조물의 간절한 기대가 간절하게 기다린다"가 됩니다. 이것은 매우 어색한 문장입니다. 같은 뜻을 가진 명사 하나만 써서 "피조물의 간절한 기대가 있다"라고 하든지 동사 하나만 써서 "피조물이 간절히 기다린다"라고 하면 문장이 잘 통하는데, 문장 구성에 무리수를 두면서까지 이런 표현을 쓰는 것은 간절함을 생생하게 표현하고 싶은 마음이 바울에게 있었기 때문입니다. 이 두 단어는 목을 길게 빼고 깨금발을 딛고 서서 무엇인가를 간절하게 찾는 자세를 묘사한 것입니다. 피조물은 애타는 마음으로, 목을 최대한 길게 빼고, 깨금발까지 딛고 서서, 무엇인가를 간절한 마음으로 기다립니다.

그러면 동식물들이나 무기물들이 무엇을 이토록 간절하게 기다릴까요? '하나님의 아들들의 나타남'을 간절한 마음으로 기다린다고 바울은 말합니다. 하나님의 아들들은 하나님의 양자의 신분을 얻은 성도들을 가리킵니다. 하나님의 아들들의 나타남은 주님이 재림하실 때 성도들이 완전히 변화된 모습으로 주님과 함께 등장하는 것을 뜻합니다. 하나님의 나라는 현세 안에서는 성도의 마음 안에 감추어져 있습니다. 외형상으로 보면 성도는 불신자와 구별되지 않습니다. 성도는 속사람이 거듭나고 속사람 안에 성령이 내주하시는 자들인데, 속사람의 세계는 외부에서 들여다볼 수 있는 것이 아니기 때문입니다. 일상생활을 하는 성도와 불신자가 모두 질병에 걸리고 노화되고 육체적 죽음을 겪어야 합니다. 그러나 주님이 재림하시는 때는 상황이 완전하게 달라질 것입니다. 그때는 성도들의 변화된 모습이

410

공개적으로 드러날 것이며, 불신자와 확연한 차이를 보여 줄 것입니다. 성도는 하나님이 마련하신 새 하늘과 새 땅에서 완전히 성화된 부활의 몸으로 드러나는 반면에, 불신자는 부활은 했으나 지옥의 거주민이 되어 있는 끔찍한 모습이 공개적으로 드러날 것입니다.

동식물과 무기물이 모두 이날을 목을 빼고 깨금발까지 딛고서 정말로 간절하게 기다리고 있다고 바울은 말합니다. 기다리고 있는 것은 현재형으로 표현되어 있습니다. 동식물과 무기물이 현재 하나님의 아들들이 나타날 재림의 날을 목 빠지게 기다리고 있다는 것입니다. 왜냐하면 하나님의 아들들 곧 성도들이 재림 때 부활하여 천국에 들어가는 때 동식물과 무기물의 세계도 엄청난 변화를 겪을 것이기 때문입니다.

여기서 제기되는 어려운 문제는 그렇다면 정말로 동식물이나 무기물이 목 빠지게 하나님의 아들들이 나타나는 날을 기다리는가 하는 문제입니다. 간절히 기다린다는 말은 인격을 가진 자에게만 사용할 수 있는 표현입니다. 무기물이 무엇인가를 기다린다는 것은 있을 수 없습니다. 식물의 경우에 자연의 원리에 따라서 꽃이 수분을 위하여 나비나 벌을 기다린다고 말할 수도 있는데, 식물이 뚜렷한 의식을 가지고 그렇게 하는 것이 아니라 다만 생장의 원리에 따르는 것뿐입니다. 동물은 본능에서 떠오르는 미약한 의식을 가지고 기다린다고 할 수도 있습니다. 반려견이 주인을 기다리거나 새끼가 어미를 기다리는 일이 실제로 일어납니다. 그러나 식물이든 동물이든 주님의 재림을 기다린다는 것은 불가능하고 그런 일은 없습니다.

그러면 바울은 왜 동식물이나 무기물이 하나님의 아들들이 나타나는 때를 기다린다고 말하고 있을까요? 이 표현은 무기물의 세계나 동식물의 세계에서 일어나는 현상을 바울이 그렇게 해석한 것입니다.

예를 들어서 바다에서 바닷물이 갑자기 멀리 물러갑니다. 바닷물이 어떤 의식을 가지고 그렇게 하는 것이 아닙니다. 바다에는 "어떻게 해야겠다"라는 의식이 없습니다. 그러나 해양 연구가는 바닷물이 물러나는 것을 보고 왜 물러나는지를 알고 예측합니다. "아하, 바닷물이 해일이 되어서 돌아오려고 저렇게 물러나는구나!" 동식물이나 무기물의 세계에서 많은 일들이 일어나고 있는데, 동식물이나 무기물 그 자체는 아무런 의식이나 깨달음이 없습니다. 바울이 하나님의 계시와 성령의 감동을 받고 이 현상들이 지닌 의미를 해석하고 있는 것입니다.

바울은 동식물과 무기물의 세계에서 일어나고 있는 일들을 보고 동식물과 무기물이 성도들이 부활하는 재림의 때를 목 빠지게 기다리고 있는 것으로 해석한 것입니다. 이 해석은 기독교적 세계관을 가진 사람들만이 이해하고 받아들일 수 있는 해석입니다. 재림과 내세의 존재를 믿지 않는 불신자들은 이해할 수 없고 받아들일 수 없는 독특한 해석입니다. 그러나 이 해석이 동식물과 무기물의 세계에서 일어나는 현상들에 대한 유일한 참된 해석입니다.

고난으로부터 영광에 이르는 다섯 단계

바울은 19절에 간략히 개요만 소개한 해석을 20-22절까지 보다 구체적으로 설명합니다. "피조물이 허무한 데 굴복하는 것은 자기 뜻이 아니요 오직 굴복하게 하시는 이로 말미암음이니라 그 바라는 것은 피조물도 썩어짐의 종노릇 한 데서 해방되어 하나님의 자녀들의 영광의 자유에 이르는 것이니라 피조물이 다 이제까지 함께 탄식하며 함께 고통을 겪고 있는 것을 우리가 아느니라." 본문이 말하고 있는 다섯 개의 단계를 차례대로 살펴보면서 피조물이 현재 받고 있는 고난으로부터 영광에 이르는 과정을 말씀드리겠습니다. 첫 단계는 20절이 말하는 허무함에 굴복한다는 것입니다. "피조물이 허무한 데 굴복하는 것은." 둘째 단계는 21절이 말하는 '피조물도 썩어짐의 종 노릇한다'는 것입니다. 셋째 단계는 22절이 말하는 피조물이 탄식한다는 것입니다. 이 세 가지 단계는 현재 피조물이 겪고 있는 고난의 실상을 묘사합니다. 그런데 세 번째 단계인 탄식하는 단계는 고난으로부터 영광으로 나아가는 전환점이 됩니다. 탄식 안에 소망이 이미 내포되어 있기 때문입니다. 그러면 소망의 근거가 무엇인가? 이 질문에 대하여 네 번째 단계가 답변하는데, 그것은 20절이 말하는 것처럼 이 고난이 피조물 자신의 뜻에 따라 찾아온 것이 아니라 굴복하게 하시는 이 때문에 찾아온 것이라는 데 있습니다. 다섯 번째 단계는 21절이 말하는 것처럼 피조물이 고난으로부터 해방되어 하나님의 자녀들의 영광의 자유에 이르는 것을 바라는 데 있다는 것입니다. 이 장에서는 이 다섯 개의 단계 중에서 세 번째 단계까지 살펴보게 됩니다.

단계 1: 피조물이 허무한 데 굴복함

첫째 단계는 20절에 소개되어 있는데 그것은 피조물이 허무한데 굴복하고 있다는 것입니다. "피조물이 허무한 데 굴복하는 것은." 본문이 말하는 피조물도 당연히 동식물과 무기물을 뜻합니다. '허무한 데 굴복한다'는 말은 "제 기능을 못하고 있다"는 뜻입니다. 이 말이 어떤 뜻인지를 이해하기 위해 몇 가지 예를 들어보겠습니다. 폭염이 발생한 어느 여름날 한 회사원이 힘들어하면서 겨우겨우 사무실을 향해 걷고 있습니다. "사무실에 시원한 에어컨이 장착되어 있으니까 조금만 참자." 마침내 이 회사원이 사무실에 들어와서 에어컨을 켜려고 하니까 에어컨이 제대로 작동하지 않습니다. 이때 이 회사원은 삐꺽거리는 에어컨을 바라보면서 허무함을 느낍니다.

농부가 농사를 짓고 있습니다. 농부는 밭 옆에 흐르는 개천에서 물을 퍼다가 작물에 뿌려 줍니다. 농부의 수고를 통해서 농작물이 밭에서 잘 자라고 있는데 장마철이 되어 개천의 물이 불어나 밭의 작물을 다 쓸어가 버렸습니다. 다 쓸려 내려가 버린 밭과 개천을 바라볼 때 농부의 마음은 너무 허무합니다. 농부의 입장에서 보면 개천은 작물을 잘 자라게 하는 것을 도와주어야 하는데, 오히려 작물을 파괴하는 방향으로 힘을 발휘한 것입니다.

사람들이 가장 안전하다고 생각하는 곳에 도시를 만들고 수백 년 동안 삶의 터전으로 삼고 살아왔습니다. 그런데 어느 날 지진이 발생해서 도시가 폐허가 되고 수십만 명의 인명이 살상되었습니다. 지진으로 집과 가족을 잃은 사람이 무너진 집을 보고 무엇을 느낄까요? 허무함을 느낍니다. 고대문명이 발달하여 거대한 도시를 이루었던 대부분의 도시 가운데 98%가 파괴되어 지금은 일부 돌무더기만 덩그러니 남아 있는데, 도시가 무너진 가장 크고 중요한 원인이 지진입니다. 폼페이라는 고대도시는 화산폭발로 순식간에 도시 전체가 땅속으로 들어가 버렸습니다. 지진이 아닌 다른 자연현상들도 사람이 하는 일과 조화를 이루지 못하고 사람이 하는 일을 방해하고 어깃장을 놓고 교란합니다. 고대도시들 가운데 가장 번성했던 국제도시였던 알렉산드리아는 지금 지중해 수면 10미터 아래의 바다에 수장되어 있고, 고대에 찬란한 문명을 건설했던, 대륙이라고 부를 정도로 큰 섬이었던 아틀란티스 대륙은 바닷속에 수장되어 흔적을 찾아볼 수 없습니다. 이런 모습들이 바로 피조물이 허무한 데 굴복하는 것입니다.

단계 2: 피조물이 썩어짐에 종노릇함

둘째 단계는 21절이 말하고 있는데 그것은 피조물이 썩어짐에 종노릇하고 있다는 것입니다. 바울은 동식물과 무기물이 썩어가는 운명을 피하지 못한다고 말하고 있습니다. 유기체인 동식물은 부패하여 썩어갑니다. 무기물도 썩어 가는가? 그렇습니다. 철도 시간이 지나면 녹이 습니다. 모든 무기물은 시간이 지나면서 해체되어 가는 과정을 피하지 못합니다. 과학자들은 모든 무기물이 해체되어 가는 운명을 피할 수 없다는 사실을 발견했는데 그중 가장 중요한 원리가 열역학 제2 법칙입니다. 열역학 제2 법칙은 모든 물질은 시간이 지남에 따라서 점차 질서가 무너지고 무질서한 방향으로 해체되어 간다는 원리입니다. 이 원리가 모든 무기물에서 나타나는 것으로 알려져 있습니다. 본문에 썩어짐 다음에 종노릇이라는 어구가 첨가되어 있는데, 이 어구는 어떤 피조물도 썩어짐에 완전히 운명적으로 장악되어 있어서 도저히 피해 갈 수 없다는 점을 강조하는 어구입니다.

단계 3: 피조물의 탄식

이제 고난으로부터 영광으로 전환하기 시작하는 셋째 단계를 살펴보겠습니다. 셋째 단계는 22절이 말하는 피조물의 탄식입니다. "피조물이 다 이제까지 함께 탄식하며 함께 고통을 겪고 있는 것을 우리가 아느니라." 본문이 말하는 피조물도 당연히 동식물과 무기물을 뜻합니다. 천사, 사탄, 인간을 제외한 모든 동식물과 무기물이 탄식하며 고통을 겪고 있다고 바울은 말합니다. 본문은 두 개의 동사를 사용하고 있습니다. 하나는 탄식한다는 것입니다. 탄식한다는 말은 부정적인 맥락에서도 사용될 수 있고 긍정적인 맥락에서 사용될 수도 있습니다. 어떤 사람이 금메달을 따야 한다는 간절한 목표를 가지고 경기에 출전했는데, 그만 근소한 점수 차이로 금메달을 목에 걸지 못했습니다. 이때 사람들은 "탄식합니다." 이것은 실패로 끝난 사건을 생각하면서 하는 부정적인 탄식이며, 이 탄식에는 소망이 없습니다.

그런데 본문에는 이 탄식이 절망으로 끝나는 탄식이 아니라 소망으로 연결되는 탄식임을 암시하는 표현이 등장합니다. 그 표현은 바로 다음에 등장하는 "고통을 겪고 있는"이라는 또 하나의 동사입니다. "고통을 겪다"는 수노디노συνωδίνω라는 헬라어의 번역어인데 이 단어는 출산의 고통을 의미합니다. 바로 여기에 소망이 있습니다. 출산의 고통은 힘든 것이기는 하지만 소망이 있는 고통입니다. 출산의 고통은 사람이 얻을 수 있는 선물들 가운데 가장 소중한 선물인 귀엽고 예쁜 아기를 낳기 위한 과정이기 때문입니다. 바울은 동식물과 무기물이 탄식하면서 고통을 겪는 것이 죽음과 파멸을 향하여 가는 탄식과 고통이 아니라 새로운 생명의 세계를 지향하는 진통임을 보고 있는 것입니다. 이 해석은 오직 성경적 세계관을 가진 사람만이 할 수 있는 해석 입니다.

바울이 동식물과 무기물의 세계에서 만나는 탄식과 고통은 구체적으로 어떤 내용일까요? 우리는 자연 안에서 계절의 변화를 만날 수 있습니다. 바울은 산천초목이 가을과 겨울에 잎이 다 떨어져 앙상한 가지만 남는 쇠락의 과정을 보면서 이들이 무성했던 잎들을 과감하게 말리고 떨어뜨려 에너지 방출을 크게 줄이는 고통을 겪으면서라도 추운 겨울을 이겨내고 이듬해 새 생명을 피워내기 위한 몸부림을 치고 있음을 감지합니다. 봄이 되면 겨우 내내 꽁꽁 얼어붙어 있던 자연계에 기후의 변화가 일어나면서 온 자연세계가 온화하고 따뜻한 대기로 변하고, 이 대기 안에서 산천초목이 싹을 틔우면서 자라나기 시작합니다. 온 자연계가 생명으로 충만해집니다. 산천초목은 어마어마한 기세로 자라나 여름을 맞이합니다. 그러나 안타깝게도 다시 가을이 되면 똑같은 과정을 반복해야 합니다. 식물은 생명과 죽음의 순환 고리로부터 벗어나지 못합니다. 이 과정을 바울은 피조물이 탄식하는 것으로 해석합니다. 그러나 이 탄식 안에 새로운 생명을 향한 간절한 소망이 담겨 있다고 바울은 해석하는 것입니다.

동물들의 본능에는 죽고 싶어 하는 바람은 없습니다. 동물들에게는 생명을 계속 이어가고 싶은 강렬한 본능적 욕구가 있습니다. 동물이 이 욕구를 충족시킬 수 있는 길은 종족 번식밖에 없습니다. 그러나 동물이 아무리 새끼를 낳아도 그 새끼는 또 죽어야 합니다. 동물도 죽음과 생명의 탄생이 반복되는 순환 고리로부터 벗어나지 못합니다. 이 과정을 바울은 동물의 탄식으로 해석합니다. 그러나 이 탄식 안에는 생명을 계속 이어가고 싶어 하는 강렬한 욕구가 있다고 바울은 해석합니다. 동식물의 탄식 안에 생명을 향한 진통이 들어 있는 것입니다. 이렇게 하여 동식물의 세계에 나타나는 탄식과 고통은 고난으로부터 영광으로 전환되는 고리역할을 합니다.

418

30 소망과 인내 (롬 8:20-25)

8:20 피조물이 허무한 데 굴복하는 것은 자기 뜻이 아니요 오직 굴복하게 하시는 이로 말미암음이라
8:21 그 바라는 것은 피조물도 썩어짐의 종노릇 한 데서 해방되어 하나님의 자녀들의 영광의 자유에 이르는 것이니라
8:22 피조물이 다 이제까지 함께 탄식하며 함께 고통을 겪고 있는 것을 우리가 아느니라
8:23 그뿐 아니라 또한 우리 곧 성령의 처음 익은 열매를 받은 우리까지도 속으로 탄식하여 양자 될 것 곧 우리 몸의 속량을 기다리느니라
8:24 우리가 소망으로 구원을 얻었으매 보이는 소망이 소망이 아니니 보는 것을 누가 바라리요
8:25 만일 우리가 보지 못하는 것을 바라면 참음으로 기다릴지니라

20-22절은 동식물과 무기물이 재림의 날을 고대한다는 말의 의미를 다섯 단계를 거쳐서 설명한 바 있습니다. 첫째 단계는 허무함에 굴복한다는 것이고, 둘째 단계는 썩어짐의 종노릇한다는 것이고, 셋째 단계는 탄식하며 고통한다는 것이었습니다. 세 번째 단계인 탄식과 고통은 그 자체는 고난이지만 이 고난 속에 이미 소망의 빛이 감추어져 있습니다. 네 번째 단계부터는 피조물들이 소망을 가질 수밖에 없는 확실한 근거들이 소개되면서 고난은 반드시 영광으로 귀결될 수밖에 없다는 사실을 더 명확하게 드러냅니다.

단계 4: 피조물이 인간의 일을 훼방함

네 번째 단계는 피조물이 허무한 데 굴복함으로써 사람이 추구하는 일에 대하여 어깃장을 놓고 방해하고 교란하는 일들이 일어나는 원인이 어디에 있는가를 말합니다. 이 질문에 대하여 바울은 20절에서 "자기 뜻이 아니요 오직 굴복하게 하시는 이로 말미암음이라"고 답변합니다.

먼저 "자기 뜻이 아니라"는 구절부터 생각해 보겠습니다. 이 구절은 두 가지 중요한 의미를 담고 있습니다.

첫째로, 이 말은 동식물과 무기물에게는 인간의 일을 훼방 놓으려는 악한 의도가 전혀 없다는 뜻입니다. 사실 동식물과 무기물은 영혼이 없기 때문에 어떤 의도를 가질 수가 없습니다. 동물에게 약간의 정신기능이 있긴 하지만 이 기능은 본능으로부터 일시적으로 솟아올랐다가 신체가 죽으면 소멸해 없어져 버리는 것으로서, 육체와 구별되어 영원히 실재하는 인간의 영혼이 지닌 기능과는 비교 자체가 안 됩니다. 진화론자들은 침팬지가 나뭇가지를 개미집 속에 집어넣어 나뭇가지에 붙어 딸려 나오는 개미들을 잡아먹는 것을 보고 침팬지가 인간처럼 도구를 사용할 줄 아는 지능적인 동물이라고 주장합니다. 그러나 침팬지의 도구 사용은 나뭇가지로 개미들을 훑어먹는 수준에서 한 걸음도 나아가지 못했습니다. 침팬지가 나뭇가지로 개미들을 훑어 먹는 것과 인류가 세워 놓은 문명이 비슷한 수준이라고 말할 수 있을까요? 침팬지의 도구 사용과 인류문명은 너무나 엄청난 차이가 나기 때문에 비교할 수조차 없습니다.

둘째로, 이 말은 동식물과 무기물 그 자체 안에 인간의 일을 방해하고 교란하는 어떤 원리가 들어 있는 것이 아니라는 뜻입니다. 하나님이 동식물과 무기물을 창조하실 때 인간의 일을 방해하는 원리를 그 안에 심어 두시지 않았습니다.

그렇다면 동식물과 무기물이 인간의 일을 교란하고 방해하는 방향으로 작동하게 된 원인은 어디에 있을까요? 바울은 이 질문에 대하여 "굴복하게 하시는 이로 말미암음이니라"라고 답변하고 있습니다. 굴복하게 하시는 이는 누구일까요? 하나님이십니다. 뜻밖에도 동식물과 무기물이 인간의 일을 교란하고 방해하는 방향으로 작동하게 하신 분은 하나님이십니다. 자, 이 말이 무슨 뜻일까요? 이 말의 뜻을 이해하려면 에덴동산으로 돌아가야 합니다.

하나님은 아담에게 동산 각종 나무의 열매는 먹되 선악을 알게 하는 나무의 열매는 먹지 말라고 명령하신 후에 이 명령을 어기고 먹는 날에는 반드시 죽을 것이라고 말씀하셨습니다^{창 2:16-17}. 하나님이 먹지 말라고 명령하신 나무 열매에 먹는 사람을 죽음으로 이끄는 어떤 독약과도 같은 성분이 있었던 것이 아닙니다. 이 열매는 다른 과일과 다름없이 평범한 과일이었을 뿐입니다. 선악을 알게 하는 나무의 열매를 따 먹으면 죽음이라는 벌을 주시기로 원칙을 정하신 분은 하나님이십니다.

이 명령의 의미를 이해하기 위해 이런 비유를 들어보겠습니다. 바둑을 둘 때 다양한 원칙들이 있습니다. 이 원칙들 가운데 하나는 바둑돌이 바둑판 위의 선에서 사방으로 둘러싸이면 죽었다고 보고 따낸다는 것입니다. 이때 바둑돌이 사방에서 둘러싸이면 바둑돌이나 바둑판에서 어떤 독극물이 흘러나와서 둘러싸임을 당한 돌을 죽이는 것일까요? 아닙니다. 바둑돌이나 바둑판은 그저 평범한 돌일 뿐이고 평범한 나무판일 뿐입니다. 이 원칙은 인간이 임의로 정해서 선언한 것입니다. 이와 같은 선언을 법적 선언이라고 합니다. 이 원칙을 정하고 바둑 두는 사람들이 동의하는 순간 이 원칙이 법이 되어 바둑을 둘 때 사방으로 둘러싸인 돌은 죽은 것으로 간주하기 때문입니다. 이처럼 선악을 알게 하는 나무의 열매를 따 먹으면 죽음의 형벌을 받는다는 것은 나무 열매의 성분과는 아무런 상관없이 하나님이 임의로 정하신 법적 선언입니다. 하나님이 정하신 그 순간부터 이 원칙은 법이 됩니다.

불행하게도 아담과 하와가 선악과를 따먹었습니다. 그러자 하나님은 아담과 하와와 뱀을 불러 벌을 내리십니다. 선악과를 따먹은 행위 그 자체 안에 벌을 유발하는 어떤 작동 원리나 에너지가 있었던 것이 아닙니다. 하나님이 벌의 형태를 결정하시고 그 벌을 내리시기로 선언하셨기 때문에 벌이 임한 것입니다. 하나님이 아담에게 내리신 벌 중에 자연세계에 내린 벌이 포함되어 있습니다. 그 벌은 땅이 저주를 받는 것이고, 아담이 식물을 얻기 위해 밭을 갈 때 가시덤불과 엉겅퀴를 내는 것이었습니다. 원래부터 밭에 가시덤불과 엉겅퀴의 씨앗이나 성분이 내재해 있어서 아담이 밭을 갈다가 그 부분을 건드리면 가시덤불과 엉겅퀴가 자라나게 되어 있었던 것이 아닙니다. 하나님이 그렇게 원칙을 정하시기 전에는 땅이 가시덤불과 엉경퀴를 내지 않았습니다. 하나님이 그렇게 원칙을 정하신 그때부터 땅이 가시덤불과 엉겅퀴를 내기 시작한 것입니다. 가시덤불과 엉경퀴를 내기 전의 땅과 그 후의 땅이 어떤 물리적, 화학적, 생물학적인 필연적인 인과관계가 있었던 것은 아닙니다. 그런 인과관계 같은 것은 없습니다. 하나님이 임의로 그렇게 결정하시고, 선언하시고, 그런 방향으로 피조계가 작동하도록 섭리하신 것뿐입니다.

땅이 가시덤불과 엉겅퀴를 낸다는 말은 일차적으로는 문자 그대로 이때부터 아담을 비롯한 인류가 밭을 일굴 때 가시덤불과 엉경퀴가 나온다는 것을 뜻하기도 하지만, 이 말은 제유법이라는 어법으로 기록된 것임을 유념해야 합니다. 제유법은 사물의 특정 부분이나 속성을 이용하여 전체를 나타내는 어법입니다. 예를 들어서 어떤 문장에서 빵을 말할 때는 단순히 빵만을 말하는 것이 아니라 필수 식량 전체를 말할 때가 있습니다. 또 어떤 문장에서 칼을 말할 때는 무기 전체를 의미할 때가 있습니다. 이것이 제유법입니다. "아담이 밭을 갈 때 가시덤불과 엉경퀴가 난다"라는 말은 제유법의 원리에 따라서 해석되어야 합니다. 아담은 단순히 아담 한 명만 가리키는 것이 아니라 모든 인류를 대표합니다. 밭을 가는 것은 생계유지를 포함하는 인류의 문화 활동 전체를 뜻합니다. 가시덤불과 엉경퀴를 낸다는 것은 동식물과 무기물의 세계가 인류의 활동과 조화를 이루지 못하고 인류의 활동을 어렵게 하고 인류의 활동에 어깃장을 놓고 교란하는 방향으로 작동하는 일이 빈번하게 발생한다는 뜻입니다. 이 말은 자연의 동식물과 무기물 안에 인간의 활동을 방해하는 원리가 내재해 있다는 뜻이 아닙니다. 동식물과 무기물 자체에는 그런 의도는 전혀 없습니다. 이렇게 원칙을 정하신 하나님이 개입하셔서 동식물과 무기물의 세계가 인간의 활동을 방해하는 방향으로 작동하게 하신다는 것입니다. 이와 같은 하나님의 사역은 20절이 말하는 피조물이 허무한 데 굴복하게 하는 일에만 적용되는 것이 아니라 21절에 있는 "피조물의 썩어짐"에도 적용되는 것으로 이해되어야 합니다. 유기체인 동식물이 부패하고 썩어가는 것과 무기물이 열역학 제2 법칙에 따라서 질서에서 무질서로 해체되어 가는 과정이 모두 피조물 자체 안에 내재한 어떤 원리에 따라서가 아니라 하나님의 법적 선언이 있은 후에 진행되는 하나님의 섭리에 따라서 이루어지는 일입니다.

그런데 헬라어 원문 성경에는 20절 끝에 에프 엘피디 *ἐπ' ἐλπίδι*라는 구절이 있는데, 이 구절의 의미는 "소망 안에서"라는 뜻입니다. 우리말 번역 성경은 이 구절을 21절 앞부분으로 옮겨서 번역해 놓았고 그 의미도 매우 약화시켜 놓았습니다. 그러나 이 구절은 20절 안에 들어와 있어야 합니다. 이 구절을 20절 안에 넣어 번역하면 이렇게 번역할 수 있습니다. "피조물은 자기 뜻에 따라서가 아니라 굴복하시는 자 곧, 하나님 때문에 소망 안에서 허무함에 굴복하고 있다." 피조물이 허무함에 굴복하고 있고, 썩어짐에 완전히 장악되어 신음하고 있지만 그런 가운데도 확실한 소망이 있다는 것입니다. 이 말을 풀어서 설명하면 이런 뜻이 됩니다. "피조물은 자기 뜻에 따라서가 아니라 굴복하게 하시는 이, 곧 하나님의 뜻에 따라서 허무한 데 굴복하고 있다. 피조물을 허무한 데 굴복하게 하시고 썩어짐에 종 노릇하게 하시는 분이 하나님이시기 때문에 소망이 있다.”

만일 사탄이 동식물과 무기물을 허무함과 썩어짐에 굴복하게 해 놓은 주체라면 소망이 없습니다. 왜냐하면 사탄은 이 사태를 보고 속으로 쾌재를 부를 뿐, 이 사태가 해결되는 것을 결코 원하지 않기 때문입니다. 만일 아담이 그렇게 해 놓은 주체라 해도 소망이 없습니다. 왜냐하면 아담의 머릿속에는 이 사태를 해결하고자 하는 계획이 없고 또 그럴 능력도 없기 때문입니다. 아담이나 사탄은 사고를 칠 능력은 있으나 수습할 능력은 없습니다. 천사가 그렇게 해 놓은 주체라 해도 결과는 크게 달라지지 않습니다. 천사에게는 하나님이 내리는 명령을 이해하고 수행할 능력 정도만 있을 뿐입니다.

그러면 하나님이 이렇게 해 놓으신 것이 소망을 가질 수 있는 근거가 되는 이유가 무엇입니까?

첫째로, 하나님이 임의로 벌을 내리기로 결정하셨다면, 이제 하나님이 마음을 바꾸어서 벌을 거두기로 결정하시면 문제는 산뜻하게 해결됩니다. 이처럼 문제 해결방법은 아주 간단합니다. 바둑의 예를 다시 생각해 보겠습니다. 사람들은 바둑돌이 사방에 둘러싸이면 죽은 돌로 간주한다는 원칙을 정했습니다. 바둑을 두는 사람들이 이 원칙이 마음에 안 들면 어떻게 하면 될까요? 간단합니다. 원칙을 폐기하고 새 원칙을 만들면 됩니다. 두 면만 둘러싸여도 죽은 돌로 간주한다는 새 원칙을 언제든지 만들 수 있습니다. 하나님은 아담이 범한 죄에 대한 형벌로서 피조물이 허무한 데 굴복하도록 원칙을 정하시고 이 원칙에 따라 세계를 운영하고 계십니다. 이 문제를 해결하는 길은 결자해지의 정신에 따라서 하나님이 원칙을 바꾸시면 됩니다.

둘째로, 결국 하나님의 마음이 문제입니다. 하나님이 마음을 바꾸시면 문제가 해결되고, 하나님이 마음을 바꾸지 않으시면 문제는 해결될 수 없습니다. 그러면 하나님이 마음을 바꾸실 수 있다고 믿을 수 있는 근거가 있을까요? 네, 있습니다. 하나님의 속성에 그런 확신을 가질 수 있는 근거가 있습니다. 하나님은 어떤 분이십니까? 하나님은 선하신 하나님이십니다. 하나님은 또한 사랑의 하나님이십니다. 하나님은 선하신 사랑의 하나님이시기 때문에 피조물을 고난으로부터 나올 수 있는 길을 틀림없이 마련하실 것이라는 확신을 우리는 가질 수 있습니다. 실제로 하나님은 인류에게 벌을 내리실 때부터 이미 벌로부터 벗어날 수 있는 길을 마련하셨습니다.

단계 5: 피조물이 영광의 자유에 이름

다섯 번째 단계는 21절에 있습니다. "피조물도 썩어짐의 종 노릇 한 데서 해방되어 하나님의 자녀들의 영광의 자유에 이르는 것이니라." "해방되어"는 미래시제로 되어 있습니다. 미래의 어느 시점에 동식물과 무기물이 썩어짐의 종노릇으로부터 해방되고 하나님의 자녀들이 얻게 될 영광에 참여하는 때가 온다고 바울은 말합니다. 하나님의 자녀들은 성도들을 가리킵니다. 성도들의 영광은 주님이 재림하실 때 부활한 완전한 몸을 가지고 천국생활을 시작하는 것을 뜻합니다. 주님이 재림하실 때 성도들은 썩어짐으로부터 완전하게 해방되어 하나님이 사람에게 부여하신 기능들이 하나님이 원하시는 목적에 맞게 완전하게 작동하는 영화의 상태에 이르게 됩니다. 인간이 영화의 상태에 이르게 되면 자동으로 동식물과 무기물의 세계도 성도의 활동과 완벽하고 아름다운 조화를 이루면서 하나님이 원하시는 목적과 기능을 온전하게 수행하며, 부패와 해체로부터 해방되는 영광에 참여하게 됩니다. 그러면 바울이 동식물과 무기물에게 주어지는 영광을 성도들의 영광과 연결하는 이유는 무엇일까요? 이유는 간단합니다. 아담과 하와가 선악을 알게 하는 나무의 열매를 따 먹는 죄를 범했을 때 하나님이 이 죄에 대한 벌을 인간뿐만 아니라 동식물과 무기물의 세계에도 내리셨다면 하나님이 사람으로부터 벌을 거두실 때 동식물과 무기물에게 내린 벌도 거두실 것이라고 기대하는 것이 마땅하기 때문입니다.

성도들이 몸의 속량을 탄식하면서 갈망함

19절부터 22절까지 피조물의 고난과 영광에 대하여 소상하게 서술한 바울은 23절에서는 영광의 핵심인 성도에게 찾아올 영광에 관하여 서술합니다. "그뿐 아니라 또한 우리 곧 성령의 처음 익은 열매를 받은 우리까지도 속으로 탄식하여 양자 될 것 곧 우리 몸의 속량을 기다리느니라." "그뿐 아니라." "동식물과 무기물만 탄식하고 고통을 겪고 있는 것이 아니라." "또한 우리." 우리는 성도들을 뜻합니다.

바울은 성도들을 "성령의 처음 익은 열매를 받은 자들"로 정의합니다. 예수 그리스도를 구주로 영접한 순간 성령이 속사람 속에 들어와 영적으로 죽어 있던 속사람을 거듭나게 하시고 그 안에 내주하기 시작합니다. 이것이 성령의 처음 익은 열매입니다. 그런데 속사람이 거듭나고 성령이 속사람 속에 들어와 내주하시는 것은 하나님이 성도들을 위하여 준비하신 축복의 맛을 본 것 정도에 불과합니다. 그것은 마치 최고급 레스토랑에서 코스요리 식사에 참여한 식객이 애피타이저로 나오는 가벼운 수프를 맛본 것 정도에 지나지 않습니다.

최고급 코스요리에서 다른 어떤 레스토랑에서도 맛볼 수 없는 맛있는 수프를 먹은 식객은 계속하여 나오는 본 요리가 얼마나 맛있을지 큰 기대를 하고 기다립니다. 배는 고픈데 이 요리가 기대했던 시간에 안 나오고 지연되면 답답함을 느끼고 탄식합니다. 이때 식객이 느끼는 답답함과 탄식은 먹을 것이 없어서 나오는 절망적인 탄식이 아닙니다. 곧 나올 본 요리를 먹고 싶어 하는 간절함 때문에 나오는 소망이 있는 탄식입니다. 이처럼 성령의 처음 익은 열매를 맛본 성도들도 '속으로 탄식한다'라고 바울은 말합니다. 이 탄식은 더 큰 축복을 갈망하면서 하는 탄식입니다. 무엇을 갈망하는가? "양자 될 것 곧 우리 몸의 속량"을 기다리기 때문에 하는 소망의 탄식입니다. "양자 될 것 곧 우리 몸의 속량"은 재림 때에 주어지는 것입니다.

양자가 되었으나 양자 될 것을 탄식하며 기다림

성도들은 예수님을 구주로 영접할 때 이미 영원히 지속되는 양자의 신분을 얻었습니다. 그런데 바울은 왜 "양자 될 것"을 탄식하면서 기다린다고 말하고 있는 것일까요? 성도들은 예수님을 구주로 영접할 때 양자라는 법적인 신분을 얻었습니다. 양자라는 법적 신분을 얻는 동시에 속사람이 거듭나고 성령이 속사람 속에 내주하시는 구원의 복이 주어졌습니다. 그러나 이 축복은 하나님의 양자에게 주어지는 구원의 축복의 극히 일부에 지나지 않습니다. 성도는 아직 양자에게 주어지는 모든 축복을 다 받지 못했습니다. 하나님의 양자에게는 현세 안에서 죄의 잔여세력에 의해 여전히 괴롭힘을 받는 영혼의 겉 사람까지도 완전히 성화 되어 완전히 거룩한 영혼으로 변화되어야 하는 복이 여전히 남아 있고, 몸도 썩어짐으로부터 완전히 해방되어 영원히 썩지 않을 몸으로 변화되는 일이 여전히 남아 있고, 새 하늘과 새 땅과 새 예루살렘에서 전개될 복된 삶을 누리는 축복이 기다리고 있습니다. 성도는 1% 정도는 양자의 권리를 누리기 시작했지만 99%의 놀라운 권리들은 여전히 성도를 기다리고 있습니다. 원리상, 법적으로는 양자가 되었지만, 양자에게 주어지는 실질적인 권리를 누린다는 점에서 보면 여전히 양자의 복을 누리지 못하고 있습니다. 그런 의미에서 양자가 되었지만 여전히 양자 됨을 기다리고 있는 것입니다. 성도는 영원히 구원을 받았으나 아직 온전한 구원을 기다리고 있습니다. 그리스도로 인하여 원리상으로 거룩하게 되었으나 여전히 거룩하게 되어야 합니다. 성도는 죄의 종의 신분으로부터 해방되었으나 여전히 죄의 종의 신분으로부터 해방되어야 합니다. 하나님 앞에 의롭다 여김을 받았으나 여전히 의로움을 추구해야 합니다. 이 같은 구원의 틀은 "이미 그러나 아직 아니"aleady-not-yet라는 유명한 용어로 표현됩니다.

이 본문이 말하는 탄식은 성도들만이 할 수 있는 탄식입니다. 예수님을 구주로 영접하지 않은 불신자들은 절망으로 향하는 탄식은 할 수 있지만, 본문이 말하는 소망의 탄식은 할 수 없습니다.

고난의 때 소망 안에서 참고 기다리는 성도

바울은 24-25절에서 고난과 영광에 대한 논의를 마무리 지으면서 현세 안에서 성도들은 어떤 마음가짐으로 고난의 시기를 맞이해야 하는가를 서술합니다. 24절입니다. "우리가 소망으로 구원을 얻었으매 보이는 소망이 소망이 아니니 보는 것을 누가 바라리요." 바울은 먼저 성도들이 '소망으로 구원을 받았다'고 말합니다. "구원을 받았다"는 구절의 시제는 부정과거시제로서 과거의 어느 한순간을 가리킵니다. 어느 순간인가? 예수님을 구주로 영접한 순간입니다. 소망으로 구원을 받았다는 말은 소망이 구원의 근거가 된다는 뜻은 아닙니다. 우리를 구원하는 것은 성도가 품은 소망이 아니라 예수님이 십자가 위에서 성취하신 구속사역을 바탕으로 역사하시는 성령의 능력이기 때문입니다. 이 구절은 "구원에는 소망이 따라온다"

라고 번역하는 것이 바른 번역입니다. "예수님을 믿고 구원받은 자에게는 육체적 죽음을 맞이할 때 영혼이 완전히 성화되고 재림 시에 몸까지도 완전하게 새 몸을 입는다는 소망이 반드시 뒤따른다"는 것입니다.

신자들이 소망을 가질 때 이 소망은 고난의 시기를 지낼 때 어떤 역할을 할까요? 고난의 시기는 전방위적으로 신자에게 치열한 영적 공격이 주어지는 시기입니다. 이때 성도가 가진 소망은 신자를 보호해 주는 방패 역할을 합니다. 바울은 데살로니가전서 5:8에서 "구원의 소망의 투구"를 쓸 것을 명령합니다. 투구는 옛날 창과 칼을 가지고 싸울 때 병사들의 머리를 보호하기 위해 머리에 쓴 철로 만든 헬멧을 가리킵니다. 전쟁에서 첫 번째로 보호해야 할 부위가 머리입니다. 장차 몸까지도 부활할 것이라는 소망은 성도가 사탄의 공격에 대응하여 성도의 가장 중요한 부위를 방어해 주는 방어 장치입니다. 다른 성경은 소망을 닻에 비유합니다. 히브리서 6:19은 이렇게 말합니다. "우리가 이 소망을 가지고 있는 것은 영혼의 닻 같아서 튼튼하고 견고하여." 배가 바다에 떠 있으면 파도에 흔들릴 수 있습니다. 파도가 높게 일고 바람이 강하게 불면 배가 심하게 흔들리고 잘못하면 뒤집힐 수도 있습니다. 그러나 배가 닻을 바다 밑바닥에 내려 해저에 박으면 배가 흔들리거나 표류하는 것을 막을 수 있습니다. 이처럼 재림 때 주어질 영광에 대한 소망은 성도들이 힘들고 어려운 고난의 시기를 지날 때 믿음이 흔들리거나 표류하지 않도록 지켜 줍니다.

그런데 소망이 지닌 중요한 특징이 하나 있습니다. 소망은 현재 눈에 보이는 것을 향하여 품는 것이 아니라 보이지 않지만 미래의 정해진 때 반드시 보이게 될 대상을 향하여 품는 것입니다. 코스 요리에 참여한 식객에게 본 요리가 눈앞에 주어지면 그때부터 소망은 중단됩니다. 분명히 나올 요리인데 아직 나오지 않고 있을 때 나올 요리에 대한 소망을 갖는 법입니다. 아직 본 요리가 나오지 않았다면 식객은 어떻게 해야 할까요? 인내심을 가지고 기다리면 됩니다. 100% 확실하게 주어질 영광이 현재 아직 주어지지 않고 있을 때 성도에게 필요한 것은 기다리는 것입니다. 어떤 태도로 기다려야 할까요? 인내하는 태도로 기다려야 합니다. 25절입니다. "만일 우리가 보지 못하는 것을 바라면 참음으로 기다릴지니라."

8:26 이와 같이 성령도 우리의 연약함을 도우시나니 우리는 마땅히 기도할
       바를 알지 못하나 오직 성령이 말할 수 없는 탄식으로 우리를 위하여 친
       히 간구하시느니라
8:26 마음을 살피시는 이가 성령의 생각을 아시나니 이는 성령이 하나님의
       뜻대로 성도를 위하여 간구하심이니라

로마서 5-8장은 이신칭의의 복음이 성도에게 어떻게 구원의 확신을 주는가 하는 문제를 다루고 있습니다. 그 가운데 8:18-25은 피조물 세계의 탄식과 성도의 탄식이 어떻게 구원의 확신의 근거가 되는가 하는 문제를 다루었습니다. 26-27절은 성도의 구원의 확신의 근거가 되는 또 하나의 진리를 소개하고 있습니다.

성도의 연약함을 도우심

26절은 "이와 같이"라는 부사어구로 시작됩니다. 무기물과 유기물을 허무함과 썩어짐에 굴복하게 하신 주체가 하나님이라는 사실이 성도의 구원의 확신의 근거가 되는 것과 같이, 그리고 구원의 첫

열매를 맛본 성도가 완전한 구원을 탄식하며 갈망하는 것 자체가 성도가 구원의 확신을 가질 수 있는 근거가 되는 것과 같이, 또 하나의 중요한 장치가 성도가 구원의 확신을 갖게 하는 또 하나의 근거가 되고 있다는 것입니다. 그것이 무엇입니까? "성령도 우리의 연약함을 도우시나니." 예수님을 구주로 영접할 때 성도의 속사람 속에 들어오셔서 내주하시는 성령께서 성도의 연약함을 도와주신다는 사실이 또 하나의 구원의 확신의 근거가 됩니다.

성도의 연약함은 아담과 하와가 선악과를 따먹을 때부터 시작되었습니다. 물론 아담과 하와에게는 범죄하기 전에도 피조물의 한계가 있었습니다. 그러나 범죄하기 전에 아담과 하와가 지니고 있었던 피조물의 한계는 아담과 하와가 하나님의 백성으로서 살아가는 데는 전혀 장애가 되지 않았습니다. 예를 들어서 아담과 하와에게 날개가 없어서 날 수 없었는데, 날 수 없다고 해서 하나님의 백성으로서 살아가는 데 어떤 장애가 있었던 것이 아닙니다. 아담과 하와는 하나님을 인식하고 하나님과 대화하고 하나님의 뜻에 따라서 살아가는 능력에는 조금도 부족함이 없었습니다. 그러나 아담과 하와가 범죄한 이후에 사람들은 신체적으로나 정신적으로 크게 약화되었고 각종 질병에 시달리면서 신체적인 기능들과 정신적인 기능들이 많이 망가졌습니다. 그뿐만 아니라 아담을 통하여 들어 온 원죄와 자범죄 때문에 영적인 능력도 심각하게 훼손되었습니다. 예수님을 믿고 속사람이 거듭나긴 했지만 겉 사람 속에는 여전히 죄의 잔재가 남아 있어서 영적으로 온전하지 못하고, 정신과 신체는 여전히 질병에 취약하고 시간이 지나면 노화되다가 죽음을 맞이해야 합니다.

26절은 이와 같은 성도의 물리적이고 영적인 연약함을 성령이 도우신다고 말합니다. 여기서 도우신다는 단어에 주목할 필요가 있습니다. 도우신다고 번역된 헬라어 원어는 순안티람바노마이 *συναντιλαμβάνομαι* 입니다. 이 단어는 동사에 두 개의 접두어가 붙어 있는 복잡한 단어입니다. 순은 "함께"라는 뜻이고, 안티는 "무엇을 위하여"라는 뜻이고, 람바노마이는 "취한다", "받아들인다"는 뜻입니다. 이 단어는 A가 무거운 짐을 지고 갈 때 길을 지나던 B가 A가 지고 가는 짐을 함께 지고 가는 모습을 표현한 단어입니다. 어떤 사람이 무거운 통나무를 어깨에 메고 옮기려고 합니다. 이 사람은 통나무를 어떻게 해서든지 어깨에 메어 보려고 갖은 애를 다 쓰지만 통나무 자체가 워낙 무거운 데다가 균형 잡기도 어려워 쩔쩔매고 있습니다. 이 광경을 지켜보던 다른 사람이 흔쾌하게 나서서 통나무를 앞뒤에서 함께 어깨에 멥니다. 그러면 훨씬 수월하게 무거운 통나무를 옮길 수 있습니다. 이 광경이 헬라어 순안티람바노마이를 가장 정확하게 묘사합니다. 성도가 통나무처럼 무겁고 제대로 지기 어려운 짐을 지고 가려고 쩔쩔매는 모습을 성령께서 그냥 내버려두지 않으시고 성도를 위하여 이 짐을 함께 져 주신다는 것입니다.

말할 수 없는 탄식으로 성도의 기도를 도우심

그러면 성령께서는 구체적으로 어떤 짐을 이처럼 함께 져 주실까요? "우리는 마땅히 기도할 바를 알지 못하나." 성도들이 잘 몰라서 우왕좌왕하는 일이 하나 있는데, 그것은 바로 기도입니다. "마땅히 기도할 바"라는 말은 "성도로서 마땅히 기도해야 할 내용"을 뜻합니다. "우리는 성도로서 마땅히 기도해야 할 내용이 무엇인지를 알지 못한다." 성도들은 때로는 물리적인 연약함 때문에, 때로는 죄성 때문에, 무엇을 간구해야만 하나님이 원하시는 기도가 되는가를 잘 알지 못하고 헤맨다는 것입니다.

성도님들이 교회 생활하면서 가장 마음에 부담이 되는 시간이 어떤 시간인가요? 주일 낮 예배시간에 회중을 대표하여 기도하는 순서일 것입니다. "기도 뭐 그까짓 것, 길어야 5분이면 되는데 잠깐 생각하고 하면 되는 것 아니야? 뭐 그렇게 어렵게 생각해?" 주일 낮 예배 대표기도를 맡으셨던 성도님들, 길지 않은 기도지만 이렇게 부담 없이 가볍게 기도하실 수 있나요? 아닙니다. 짧은 기도 시간이지만 기도문을 작성하려고 하면 어떤 내용을 담아야 할지 감을 잡기 힘들고 부담이 될 것입니다. 기도해야 하는 내용이 정리가 되지 않으니까 유명한 기도문을 읽어보지만, 아무리 좋은 내용의 기도라도 나의 상황에 맞추려고 하면 요리조리 피해 가서 딱 들어맞지 않습니다. 주기도문이 표준적인 기도 내용이지만 나의 상황이나 교회의 상황에 연결하려면 역시 잘 들어맞지 않습니다. 대표기도가 아니라 개인적으로 기도할 때도 어떤 내용으로, 어떤 방향으로 기도해야 바른 기도가 되는가를 알아내는 일이 매우 어렵고 판단이 잘 서지 않을 때가 있습니다. 많은 경우에 간절한 마음으로 오랫동안 기도를 했는데, 하나님이 원하시지 않는 기도임이 한참 지난 후에야 판명될 때도 있습니다.

제가 군에 입대하던 시간부터 심지어 27개월 후 제대하기 한 달쯤 전까지 하나님께 간절하게 기도했던 내용이 하나 있습니다. 그것은 군종사병이 되게 해달라는 기도였습니다. 군대 안이라 해도 군인 교회에서 일주일 내내 근무하는 것과 살벌한 중대 내무반에서 근무하는 것은 조금 과장해서 표현하면 천국과 지옥의 차이였기 때문입니다. 중간에 군종사병이 될 것 같은 조짐이 잠깐잠깐 보이기도 했지만 얄밉게도 항상 기대만 잔뜩 부풀려 놓고 살짝살짝 비껴갔습니다. 저는 김해 육군공병학교에서 가장 내무반 분위기가 험악하고 날마다 막노동 일을 하는 시설대로 배치되었다가 위병소로 근무처가 바뀌어서 부대 정문에서 위병근무를 하다가 군 생활을 끝냈습니다. 저는 제대할 때가 돼서야 27개월 동안 하나님이 원하지 않으시는 것을 구하는 잘못을 범했다는 사실을 알 수 있었습니다. 제 마음속에는 편하게 군 생활을 하고 싶어 하는 바람이 있었고 이 바람 안에는 사실 저의 욕심이 개입되어 있었습니다. 하나님은 가장 빡센 중대에 저를 배치하셔서 힘들게 내무생활을 하면서 동시에 병사 신우회장으로 선출되어 병사 성경공부와 같이 실제로 군종사병이 해야 할 일을 도맡아 담당하는 길로 저의 군 생활을 인도하셨습니다.

우리가 주목해야 할 점은 "우리는 마땅히 기도할 바를 알지 못하나"라고 말한 사람이 누구인가 하는 것입니다. 이 말은 신앙생활 초보자가 한 말이 아닙니다. 이 말은 바울이 한 말인데 "우리" 안에는 바울 자신도 포함되어 있습니다. 아마도 바울은 모든 성도 가운데 하나님의 뜻에 맞게 기도를 가장 잘할 수 있는 자라고 해도 결코 과장이 아닐 것입니다. 성령의 특별한 감동을 받아 성경을 기록했고, 말 한마디 한마디가 그대로 성경말씀이 되었던 바울이 "마땅히 기도할 바를 알지 못하나"라고 고백하고 있다는 사실은 의외가 아닙니까? 그런데 이 점이 우리에게 큰 위로가 됩니다. 바울이 무엇을 기도해야 할지 알지 못해 헤맸다면 우리가 무엇을 기도해야 할지 알지 못해 헤매는 것은 너무나 당연한 일 아니겠습니까?

바울이 하나님이 원하지 않으시는 것을 구한 사례가 고린도후서 12:7-10에 명확하게 기록되어 있습니다. 바울은 육체에 가시 곧, 사탄의 사자를 지니고 있었습니다. 이 가시는 바울이 가지고 있었던 고질병을 가리키는 것으로 추정됩니다. 바울은 이 질병이 너무 힘들어서 이 질병을 없애 달라고 세 차례나 하나님께 간구했습니다. 그러나 하나님은 "내 은혜가 네게 족하도다"라고 말씀하시는 것으로 이 기도가 잘못된 기도임을 분명히 하셨습니다. 하나님은 바울에게 천국을 의미하는 셋째 하늘에 들어가는 어마어마한 영적인 축복을 주시면서도 바울의 고질적인 질병을 치유해 주시는 것을 거부하신 것입니다. 하나님은 바울이 고질적인 질병을 그대로 안고 고통을 겪는 가운데 사역을 계속할 것을 명령하셨습니다. 하나님은 바울이 신체의 약함을 통해 자기를 자랑하지 않고 오직 그리스도의 능력만을 드러내는 삶을 살기를 원하셨던 것입니다.

구약에서 가장 위대한 인물인 모세도 가장 누리고 싶어 했던

438

복, 이 하나 때문에 40년이나 되는 긴 세월의 고생을 마다하지 않았던 그 복을 간절한 마음으로 구했으나 하나님은 끝내 이 복을 주지 않으셨습니다. 신명기 3:23-25을 읽어 보면 모세가 하나님께 간절하게 간청했던 기도의 내용이 나와 있습니다. "그 때에 내가 여호와께 간구하기를 주 여호와여 주께서 주의 크심과 주의 권능을 주의 종에게 나타내시기를 시작하셨사오니 천지간에 어떤 신이 능히 주께서 행하신 일 곧 주의 큰 능력으로 행하신 일 같이 행할 수 있으리이까 구하옵나니 나를 건너가게 하사 요단 저쪽에 있는 아름다운 땅, 아름다운 산과 레바논을 보게 하옵소서 하되." 모세가 40년 동안 오매불망 간절히 원했던 것은 요단강을 건너 가나안 땅에 들어가는 것이었습니다. 그것은 모세의 40년 사역의 열매이기도 했습니다. 그러나 하나님이 이 간절한 모세의 기도에 대하여 어떻게 반응하셨습니까? 26-27절입니다. "여호와께서 너희 때문에 내게 진노하사 내 말을 듣지 아니하시고 내게 이르시기를 그만해도 족하니 이 일로 다시 내게 말하지 말라 너는 비스가 산 꼭대기에 올라가서 눈을 들어 동서남북을 바라고 네 눈으로 그 땅을 바라보라 너는 이 요단을 건너지 못할 것임이니라." 하나님의 응답은 그야말로 마른하늘에 내려치는 날벼락과 같은 것이었습니다. 하나님은 요단강을 건너 가나안땅에 들어가게 해달라는 모세의 기도에 대하여 "다시 내게 말하지 말라"고 단호하게 못 박으시고 이어서 "너는 이 요단을 건너지 못할 것임이니라"고 재차 확인하심으로써 이 기도가 하나님의 뜻에 부합하는 기도가 아님을 분명히 하셨습니다. 40년 동안 꾸어 왔던 꿈을 하나님의 뜻이 아니라고 단호하게 거부하는 말씀을 하나님 자신으로부터 듣는 순간 모세의 마음이 어떠했을까요?

바울과 모세의 경우에서 볼 수 있는 것처럼 하나님의 뜻대로 바르게 기도하는 것은 매우 어렵고 힘든 일입니다. 바울은 성도가 하나님의 뜻대로 바르게 기도를 해보려고 애쓰지만 번번이 실패하는 모습을 혼자 무거운 통나무를 어깨에 메고 가려고 쩔쩔매는 것으로 묘사하면서 성령께서 이 모습을 그냥 방치하지 않으시고 기도의 통나무를 뒤에서 함께 메고 가주신다고 말합니다. 어떤 방법으로? "말할 수 없는 탄식으로 우리를 위하여 친히 간구"하시는 방법으로!

성령의 탄식기도는 인간의 방언이나 탄식이 아님

일부 주석가들은 본문이 말하는 "말할 수 없는 탄식"을 방언으로 해석하기도 합니다. 그러나 이 해석은 무리한 해석입니다. 첫째로, 방언은 하나님께서 특별히 주시는 하나님과 기도자 간의 소통방식으로서 특별한 점이 있는 것은 사실입니다. 그러나 방언은 사람이 하나님께 드리는 기도입니다. 그런데 본문이 말하는 "말할 수 없는 탄식"은 하나님이신 성령님이 성부 하나님께 드리는 하나님의 기도입니다. 둘째로, 방언은 일부 성도들에게 은사로서 특별히 주어지는 선물인 반면에 26절이 말하는 성령의 기도는 모든 성도에게 차별이 없이 주어지는 은혜입니다.

또한 많은 주석가가 본문이 말하는 "말할 수 없는 탄식"을 성도 자신이 마음속으로 하는 탄식과 동일시하기도 합니다. 물론 성도 자신이 답답해할 때 성령도 같은 마음으로 답답함을 느끼고 탄식할 수 있는 것은 사실입니다. 그러나 성도는 답답함을 느끼지 않고 당당하게 하나님이 원하시는 뜻과는 다른 내용을 기도할 수 있는데 그때도 성령은 탄식하시면서 기도하십니다. 이처럼 성도의 탄식과 성령의 탄식이 항상 일치하지 않습니다. 따라서 성령의 탄식을 성도의 탄식과 일치시키지 않고 구별해 두는 것이 무난한 해석입니다. 본문이 명확하게 성령께서 탄식하시면서 기도하신다고 말하고 있기 때문에 성령의 기도를 성도의 기도와 뒤섞지 않는 것이 바람직합니다.

성령의 탄식하시는 대도(代禱)

'말할 수 없다'라는 것은 "말로 표현이 안 된다"라는 뜻입니다. 성령께서 성부 하나님을 향하여 하시는 기도가 인간의 언어로 표현할 수 없는 것은 당연한 일입니다. 성령께서는 성도가 열심히 기도를 하긴 하는데 하나님의 뜻이 어디에 있는가를 찾지 못해 방황하는 모습을 보시고 탄식하십니다. 그러나 이 탄식은 책망하고 혼내는 탄식이 아니라 애정이 담긴 탄식입니다.

이 탄식의 의미가 잘 나타나는 무대가 재판과정입니다. 요한복음 14:16은 성령을 보혜사라고 부르는데, 보혜사는 현대어로 번역하면 변호사라는 뜻입니다. 재판할 때 준비서면이라는 것을 써서 재판부에 제출합니다. 준비서면은 피고나 원고의 입장을 변론하는 내용입니다. 그런데 준비서면을 피고나 원고 당사자가 직접 쓰는 일은 거의 없습니다. 그러면 재판에서 대부분 패소합니다. 준비서면은 원고나 피고의 이름으로 나가지만 내용은 변호사가 다 씁니다. 그래야 재판에 제대로 임할 수 있습니다.

우리가 하나님 앞에 기도를 드리지만 우리 안에 계신 성령께서 우리가 하는 헤매는 기도를 들으시고 "애야, 그 내용으로 성부 하나님 앞에 내어놓으면 성부 하나님이 받으실 수 있겠니?"라는 애정 어린 탄식을 하시면서 성령께서 함께 기도를 드려 주신다는 것입니다. 성도가 하나님의 뜻대로 기도를 잘하면 성령께서는 "오케이! 바로 그거야! 참 잘하고 있어!"라고 독려해 주시고, 하나님의 뜻에 어긋나는 기도를 드리면 탄식하시면서 성도의 기도를 수정하여 대신 기도해 주신다는 것입니다. 얼마나 큰 은혜입니까? 그런데 여기서 우리가 한 가지 분명히 해야 할 점이 있습니다. 이 엄청난 은혜는 성도에게만 주어지는 은혜라는 것입니다. 불신자에게는 결코 주어지지 않는 은혜입니다.

이처럼 성령이 탄식하시면서 성부 하나님께 기도를 드리실 때 성부 하나님이 어떻게 반응하시는가를 27절이 말합니다. "마음을 살피시는 이가." 마음을 살피시는 이는 성부 하나님을 뜻합니다. 성부 하나님이 성도의 마음을 살펴보시는 가운데 성도의 마음에 특이한 일이 하나 일어나고 있는 것을 발견하십니다. 무엇입니까? 성도의 마음에 계시는 성령 하나님이 성도를 위하여 기도하시는 음성이 들려오는 것입니다. 아주 익숙한 음성입니다. 알고 보니 성령의 음성입니다. "성령의 생각을 아시나니." 성부 하나님은 이 음성을 듣는 순간 성령 하나님이 어떤 마음으로 기도하고 있는가를 아십니다. "이는 성령이 하나님의 뜻대로 성도를 위하여 간구하심이니라." 성부 하나님은 성령 하나님이 성부 하나님 자신의 뜻에 딱 맞게 성도를 위하여 기도하고 계신다는 사실을 즉각 간파합니다. 성부 하나님이 성도가 드리는, 하나님의 뜻과는 맞지 않는 기도를 발견하고 "이 친구가 이런 기도를 드리다니! 지금 제정신이야?"라고 생각하시는 순간 또 하나의 기도가 올라옵니다. 이 기도는 말할 수 없는 탄식으로 드려지기 때문에 성도 자신은 알지 못합니다. 그러나 성부 하나님은 이 기도의 내용을 간파하십니다. 성령 하나님의 기도는 이런 내용을 담고 있지 않을까 추정됩니다. "이 성도의 기도가 아버지의 뜻과 어긋나고 있지요? 그래서 저도 답답합니다. 아버지께서 이 성도의 어리석음을 용납해 주시고 제가 아버지의 뜻을 잘 알고 그 뜻대로 이루어지기를 간절히 바라고 그렇게 안내할 테니 예쁘게 봐 주시지요." 성부 하나님이 이와 같은 성령의 탄식 어린 탄원을 거부하실 수 있을까요? 성부 하나님은 성령의 이 탄원을 거부하실 수가 없습니다.

이처럼 우리가 무엇이 하나님이 원하시는 기도인지 분별하지 못한 채 헤매면서 기도할 때 성부 하나님이 도저히 거부하실 수 없는 성령의 탄식 어린 탄원이 함께 성부 하나님께 올라간다는 사실은 우리가 영원히 흔들릴 수 없는 확고한 하나님의 자녀임을 뒷받침해 주며 우리의 구원의 확신을 한층 더 강화해 줍니다.

성자 하나님의 중보기도

더 놀라운 사실은 이처럼 우리가 기도할 때 중보적 입장에서 함께 일하시는 분이 성령 하나님 한 분만이 아니라는 것입니다. 우리가 기도할 때 항상 누구의 이름으로 기도를 드리나요? 네, 예수님의 이름으로 기도를 드립니다. 바로 하나님의 보좌 우편에 앉으신 성자 하나님, 예수 그리스도께서 우리를 위하여 성부 하나님께 끊임없는 중보의 기도를 드리고 계십니다. 로마서 8:34이 이 진리를 말하고 있습니다. "누가 정죄하리요 죽으실 뿐 아니라 다시 살아나신 이는 그리스도 예수시니 그는 하나님 우편에 계신 자요 우리를 위하여 간구하시는 자시니라." 성자 하나님의 중보는 보다 큰 문제에 집중이 되어 있습니다. 사탄의 세력이 우리가 과거에 범했고, 현재도 범하고 있고, 앞으로도 범하게 될 죄를 들이대면서 우리가 하나님의 구원을 받을 자격이 있느냐는 도전적인 고발을 할 때 이 고발에 대응하여 자신의 대속의 죽음을 근거로 고발을 무력화시키고 성도들을 철저하게 변호하는 중보의 사역에 집중하십니다. 이처럼 성령의 탄원과 예수 그리스도의 중보의 변론이 있기 때문에 성도의 구원은 영원히 확실한 것이며 성도는 강력한 구원의 확신을 가질 수 있습니다.

32 합력하여 선을 이루시는 하나님 (롬 8:28)

<blockquote>

8:28　우리가 알거니와 하나님을 사랑하는 자 곧 그의 뜻대로 부르심을 입은
자들에게는 모든 것이 합력하여 선을 이루느니라

</blockquote>

바울은 로마서 5-8장에서 하나님으로부터 값없이 은혜로 오직 예수 그리스도를 믿음을 통하여 의롭다 칭함을 받고, 죄와 사망이 지배하는 사탄의 나라로부터 은혜와 생명이 지배하는 그리스도의 나라로 완전히 영역 이동을 하고, 그리스도와 연합하고, 성령에 의해 속사람이 거듭나고, 속사람 안에 성령이 영원히 내주하기 시작한 성도가 구원의 확신을 가질 수 있는 근거들을 다양한 장치들을 동원하여 아주 풍부하게 서술하고 있습니다.

작은 주제 문단인 28-30절에도 성도의 구원의 확신을 강화해 주는 장치들이 등장합니다. 이 문단은 3절밖에 안 되는 짧은 단위이지만 창세 전의 영원의 세계에서부터 시작하여 역사 전체를 관통하여 재림의 때와 그 이후까지 장엄하게 전개되는 하나님의 구원 역사를 압축적인 몇 개의 보물과도 같은 장치들에 담아 서술하고 있습니다.

이 장에서는 28절 한 절을 살펴보겠습니다. "우리가 알거니와 하나님을 사랑하는 자 곧 그의 뜻대로 부르심을 입은 자들에게는 모든 것이 합력하여 선을 이루느니라".

바울은 "우리가 알거니와"라는 어구로부터 서술을 시작합니다. "우리"는 일차적으로는 바울과 로마교회의 성도들을 뜻하며, 이차적으로는 모든 신자 혹은 성도를 뜻합니다. 바울은 모든 성도가 성경을 통해서 그리고 체험적으로 잘 알고 있는 하나님의 경이로운 사역 하나를 소개합니다. 이 사역은 모든 사람을 대상으로 한 사역이 아니라 신자들만을 대상으로 하는 사역입니다. 하나님은 불신자들을 대상으로는 이 사역을 수행하지 않으십니다.

성도는 하나님을 사랑하는 자

바울은 먼저 이 사역의 수혜 대상이 되는 신자가 어떤 자인가를 말합니다. 바울은 두 관점에서 신자를 정의합니다. 하나의 관점은 신자 자신의 주관적인 마음과 행위에 나타나는 특징을 서술한 것입니다. 바울은 신자를 "하나님을 사랑하는 자"로 정의합니다. "사랑"이라는 단어가 등장하니까 부담과 긴장이 뒤따라 오지요? 왜냐하면 사랑은 아가페인데, 아가페의 의미를 살펴보면 실천하기가 매우 어려운 덕목이기 때문입니다. 아가페는 별로 호감이 없는 사람을 호감 가득한 사람으로 대해 주고, 철저하게 자기를 희생하고 다른 사람의 유익을 위하는 마음과 행동을 뜻합니다. 인간관계에서도 이런 모습을 실행에 옮기기가 쉽지 않은데, 하물며 하나님을 향해 이런 태도를 일관성 있게 보여 주는 것은 더더욱 어렵지 않겠습니까? 성도들이 이런 모습을 제대로 보여 주지 못할 때 "나는 성도가 아닌가?" 하는 불안감에 사로잡힐 수가 있습니다.

그러나 그런 염려는 할 필요가 없습니다. 본문에서 바울이 신자 혹은 성도를 "하나님을 사랑하는 자"로 정의하는 것은 신자를 나타내는 고유명사화된 통상적인 호칭입니다. 이 호칭에서 말하는 사랑한다는 말은 모든 신자가 공통으로 가지고 있는 하나님을 향한 기본적인 마음의 성향 정도를 뜻합니다. 물론 이 호칭에 나타난 사랑이라는 단어를 집중적으로 분석하여 아가페 사랑에 관하여 길게 설명할 수도 있지만 그것은 이 호칭이 요구하는 설명은 아닙니다. 신자들 가운데 아가페 사랑의 마음과 행동을 갖추기 위해 적극적으로 힘쓰는 신자들도 있지만 그렇지 못한 신자들도 있습니다. 이런 신자들에게도 때로는 꺼져가는 심지와도 같고 상한 갈대와도 같은 미약한, 하나님을 사랑하는 성향이 있습니다. 바울은 모든 신자에게 있는 이와 같은 기본적인 성향을 염두에 두고 신자를 "하나님을 사랑하는 자"라는 정형화된 표현을 사용한 것입니다.

이와 같은 바울의 어법을 이해하면 어느 정도 긴장이 풀리는 것은 사실이지만 여전히 불안한 마음을 벗어날 수 없습니다. 신자인 우리 마음이 워낙 변덕스러워서 하나님을 향한 마음의 성향조차도 들쭉날쭉하기 일쑤이기 때문입니다. 어떤 때는 하나님을 정말로 사랑하는 마음으로 충만할 때도 있지만, 어떤 때는 이 마음조차도 바짝 말라버린 것 같은 느낌일 때도 있습니다. 세상에서 일이 잘 풀리면 하나님을 사랑하는 마음이 충만하게 올라오다가 일이 잘 풀리지 않거나 인간관계에서 화를 벌컥 내거나 이기적인 마음을 품을 때는 하나님을 사랑하는 마음이 어디로 숨어 버렸는지 보이지를 않습니다. 그러니 아무리 하나님을 향한 사랑의 정도를 낮추어 주어도 신자가 하나님을 사랑하는 마음에만 근거해서는 구원의 확신을 가지기가 어렵습니다. 그것은 마치 마시멜로 위에다가 큰 산을 얹어 놓고 산이 무너지지 않기를 기대하는 것과도 같습니다.

성도는 하나님의 계획대로 부르심을 입은 자

바울은 신자를 "하나님을 사랑하는 자"로 정의할 때 뒤따르는 이 같은 어려움을 알고 있었습니다. 따라서 바울은 바로 신자에 대한 또 하나의 정의를 첨가합니다. 이 정의는 하나님의 관점에서 내린 정의입니다. "그의 뜻대로 부르심을 입은 자"가 바로 그 정의입니다. "그"는 성부 하나님을 뜻합니다. "뜻"으로 번역된 헬라어 프로테시스 πρόθεσις는 "계획"으로도 번역할 수 있습니다. 하나님이 어떤 일을 하시려고 사전에 한 가지 계획을 세우셨습니다. 이 계획은 모든 사람을 위한 계획이 아니라 특정한 일부 사람들을 위한 사전 계획입니다. 이 계획은 성부 하나님이 창세 전 영원의 때에 세우신 계획입니다. 이 계획의 내용은 특정한 사람들을 하나님의 백성으로 부르시는 것입니다. 이 특정한 사람들이 성도입니다.

신자 혹은 성도는 성부 하나님이 창세 전 마음속에 계획하시고 이 계획에 따라서 부르심을 받은 자들이라는 사실은 성도가 하나님의 백성이 된 것이 확실하고 흔들림이 있을 수 없음을 보장해 주는 탄탄한 근거가 됩니다. 사람이 세운 계획과 실행은 항상 바뀔 수 있기 때문에 완전히 신뢰하기가 어렵습니다. 그러나 하나님이 세우신 계획과 실행은 100% 신뢰할 수 있습니다. 하나님이 계획을 세우셨다가 실행을 하지 않으신다거나 계획대로 실행했다가 나중에 후회하고 취소한다는 일은 상상할 수 없습니다.

바울은 28절에서 성부 하나님이 특정한 사람들을 위하여 창세 전에 계획을 세우시고 이들을 역사와 시간 안에서 부르신 구원 사건을 29-30절에서 좀 더 정밀하게 구체화하여 설명합니다. 28절에서는 창세 전의 계획과 이 계획에 따른 부르심이라는 두 장치가 사용되었고, 이 두 장치가 29-30절에서는 다섯 개의 장치로 더 구체화되었습니다. 28절이 말한 창세 전의 계획이 29-30절에서는 창세 전의 '미리 아심'과 '미리 정하심'이라는 두 개의 장치로 세분화되었고, 28절의 역사와 시간 안에서의 부르심이 '부르심', '의롭다 하심', '영화롭게 하심'이라는 세 개의 장치로 세분화되었습니다. 부르심과 의롭다 하심은 역사 안에서 이루어지는 사건이고 영화롭게 하심은 재림 때에 이루어질 사건입니다.

하나님의 구원사역의 열차는 창세 전 영원의 '미리 아심'이라는 시발역에서 출발하여 영원 안에 있는 '미리 정하심'이라는 정차 역을 경유한 다음, 역사와 시간 안의 레일로 들어와서 '부르심'과 '의롭다 하심'이라는 정차 역을 경유한 후에, 역사가 끝나고 영원이 시작되는 재림 시의 '영화롭게 하심'이라는 종착역에서 운행을 마칩니다. 이 다섯 개의 정차역의 관점에서 인류의 역사를 해석할 때 인류 역사는 바르게 해석될 수 있습니다. 이 다섯 개의 정차 역들에 대해서는 33 장과 34장에서 살펴보려고 합니다.

모든 것이 합력하여 선을 이룸

28절은 성부 하나님이 창세 전에 세우신 계획에 따라서 부르심을 받은 성도들을 위하여 역사와 시간 안에서 행하시는 중요하고 경이로운 사역 하나를 소개하고 있습니다. 그것은 '모든 것이 합력하여 선을 이루는 것'입니다.

먼저 우리가 살펴보아야 할 주제는 "모든 것"이 무엇을 가리키는가 하는 것입니다. 칼빈과 같은 일부 학자들은 문맥을 중시하여 앞 문단인 8:17-18에 고난이 나오는 것을 고려할 때 신자들이 당하는 고난만을 가리킨다고 해석합니다. 그러나 이 해석은 근거가 약한 해석입니다. "모든 것"은 고난의 때를 포함하여 성도들이 이 세상에 사는 동안 만나는 모든 일들을 다 포함한다고 해석하는 것이 바른 해석입니다. 신자들이 형통하고 평안하게 지내는 순간이나 시련과 고난에 빠져 있는 시간이 모두 "모든 것"에 포함됩니다. 신자들이 하나님의 뜻에 따라서 바르게 사는 시간이나 하나님의 뜻을 거역하고 죄를 범하는 시간이나 모두 "모든 것"에 포함됩니다. "합력하여"는 "함께 작용한다"는 뜻입니다. '선을 이룬다'는 말은 "선을 향해 나아간다," "선으로 귀결된다"는 뜻입니다. 모든 일이 하나님이 정한 시간이 지나고 나면 결국 신자들 자신에게 가장 큰 유익을 안겨 주는 통로로 사용되었음이 드러난다는 것입니다.

바울의 서술은 "모든 것"이 주어로 되어 있습니다. 문자 그대로 해석하면 모든 것이 주체가 되어서 자동으로 작용하여 선한 것으로 변신한다는 뜻으로 읽힐 수 있습니다. 물론 본문을 이렇게 읽는 것은 잘못된 해석입니다. 이 문장을 읽을 때 이 문장의 문법적인 주어는 "모든 것"이지만 하나님이 실질적인 주어로서 배경에 숨어 있다고 읽어야 합니다. "모든 것"의 배후에 실세인 하나님이 주체로 자리 잡고 계신 것입니다. "모든 것" 안에 스스로 신자에게 선한 것으로 변신하는 어떤 힘이나 작동원리 같은 것은 없습니다. "모든 것"이 일어나도록 하신 분도 성부 하나님이시며, 이 모든 것이 신자에게 선이 되도록 조종해 주시는 분도 하나님이십니다.

모든 것이 신자에게 선으로 귀결된다고 해서 모든 것 자체가 선은 아닙니다. 하나님이 모든 일을 조종하실 때 비로소 신자에게 선으로 바뀔 뿐입니다. 예를 들어서 고난에 대해서 생각해 봅시다. 고난 그 자체가 선이 아닙니다. 옛날의 수도사들은 고난 그 자체가 선이라고 생각하고 스스로 고난을 자처하기도 했습니다. 이 태도는 자기학대적인 잘못된 태도입니다. 고난 그 자체는 피할 수만 있으면 피해야 하는 것입니다. 그러나 고난을 피할 수 없을 때는 하나님이 고난도 우리 신자들에게 선이 되도록 조종해 주신다는 소망을 품고 고난을 견뎌내야 합니다. 질병은 그 자체가 선한 것이 아닙니다. 우리는 할 수만 있으면 최선을 다해서 질병에 걸리지 않도록 예방하고 질병을 피해야 합니다. 그러나 이렇게 최선을 다해 질병을 피하려고 노력했는데도 질병이 찾아오면 그때는 하나님이 질병도 우리에게 선이 되도록 조정해 주실 것이라는 소망과 믿음을 가지고 질병을 맞이해야 합니다. 우리는 할 수 있으면 최선을 다해 죄를 범하지 않도록 해야 합니다. 그런데 우리가 최선을 다해 죄를 피하기 위해 노력했는데도 우리의 연약함 때문에 죄를 범하면 하나님께서 우리가 범한 죄도 우리에게 선이 되도록 조정해 주실 것을 소망 가운데 믿고 기대해야 합니다.

우리 성도들은 일단 우리의 삶 속에서, 나아가서는 역사 안에서 일어난 모든 일은 하나님이 허락하셨기 때문에 일어났다고 고백해야 합니다. 그런데 우리에게 문제가 있습니다. 우리의 삶에서 어떤 일이 우리가 원하는 대로 좋은 방향으로 잘 이루어질 때는 하나님이 일을 주도하셨다고 고백하는 데 별다른 어려움을 느끼지 않습니다. 그런데 우리에게 고난과 시련이 찾아올 때, 우리가 생각하기에 좋지 않은 방향으로 일이 전개될 때, 하나님이 이 일들도 주도하신다고 고백하기가 주저됩니다. 우리가 하나님이 원하시는 뜻에 순종하는 삶을 살 때 하나님이 우리의 마음과 행동을 주도하신다고 고백하는 것은 어렵지 않습니다. 그러나 우리가 명백하게 죄를 범할 때 하나님이 주도하신다고 고백하는 것은 더더욱 쉽지 않습니다. 그러나 "모든 것이 합력하여 선을 이루느니라"는 바울의 선언은 형통할 때나 고난의 때나, 하나님의 뜻에 순종하여 바른 마음과 생활을 할 때나 죄를 범할 때나 하나님이 주도하시며, 어떤 경우든지 시간이 지나고 나면 성도들에게 선을 이루는 것으로 귀결된다는 것을 명확히 선언합니다. 이와 같은 하나님의 사역은 시계를 가지고 설명해 볼 수 있습니다. 시계를 분해해 보면 많은 톱니바퀴들이 오른쪽으로 돌지만, 왼쪽으로 도는 톱니바퀴들도 있습니다. 왼쪽으로 도는 톱니바퀴들도 스프링에 의해 연결되어 시계의 바늘이 오른쪽으로 갈 수 있도록 하는 데 필수적인 역할을 합니다. 이처럼 형통한 시간이나 하나님의 뜻에 순종하는 좋은 시간이 성도들의 삶이 선으로 귀결되는데 기여하는 것처럼 고난이나 시련의 시간과 죄를 범하는 시간도 하나님의 기적적인 지혜로운 전략을 통해 시계 안에 있는 스프링처럼 성도들의 삶이 선으로 귀결되는 것을 도와주는 것입니다.

고난과 시련이 선으로 귀결된 성경의 예

먼저 고난과 시련이 성도의 삶을 선으로 귀결하도록 하는 경우를 성경에서 예를 들어 보겠습니다. 요셉, 욥, 예수님의 경우를 살펴보겠습니다.

먼저 요셉의 경우입니다. 요셉은 형들의 시기 때문에 가족과 생이별당해 애굽으로 팔려 가는 고난을 맞이했습니다. 요셉은 자신을 노예로 사들인 바로의 경호실장인 보디발의 신뢰를 얻어 보디발 가정의 재정을 총괄하는 중요한 직책을 맡게 되어 고난이 끝나는 것 같았습니다. 그러나 요셉이 보디발의 아내의 유혹을 거절한 것 때문에 보디발의 아내의 모함으로 감옥에 갇히는 또 다른 고난에 들어가게 되었습니다. 그러나 하나님은 요셉의 고난을 오히려 요셉을 애굽의 제2인자의 자리에 올려놓는 통로가 되도록 해 주셨습니다. 제2인자가 된 요셉 덕분에 요셉의 가족들이 가뭄을 피해 애굽으로 내려와 생계를 유지할 수 있게 되었고, 마침내는 예수님의 구속 사역을 예표하는 출애굽 사역의 발판이 마련되었습니다. 창세기 45:7-8에서 요셉은 애굽에서 형들과 재회했을 때 하나님이 자신을 애굽에 보내셨고, 하나님이 자신을 애굽에 보내신 목적은 야곱의 식구들을 기근으로부터 건져내시려는 선한 목적을 이루기 위한 것임을 분명하게 고백합니다. "하나님이 큰 구원으로 당신들의 생명을 보존하고 당신들의 후손을 세상에 두시려고 나를 당신들보다 먼저 보내셨나니 그런즉 나를 이리로 보낸 이는 당신들이 아니요 하나님이시라 하나님이 나를 바로에게 아버지로 삼으시고 그 온 집의 주로 삼으시며 애굽 온 땅의 통치자로 삼으셨나이다." 또한 창세기 50:20에서 요셉은 자신이 바로에게 건의한 정책이 애굽 백성들을 기근으로부터 보호했다는 사실을 떠올리면서 형들이 자신을 해하려고 했지만 하나님이 선으로 바꾸어 주셔서 많은 백성의 생명을 구하는 선을 이루게 했다고 선언합니다. "당신들은 나를 해하려 하였으나 하나님은 그것을 선으로 바꾸사 오늘과 같이 많은 백성의 생명을 구원하게 하시려 하셨나니."

　　이번에는 욥의 경우를 살펴보겠습니다. 하나님 앞에서 의로운 삶을 살아오던 욥에게 갑자기 재앙이 들이닥치자 욥과 욥의 가족들 그리고 욥의 친구들까지 크게 당황했습니다. 이들은 하나님의 뜻에 합당한 삶을 살아온 사람에게 어떻게 고난과 시련이 임할 수 있는지 이해할 수 없었습니다. 이들은 선하신 하나님이 선한 삶을 살아온 사람에게 재앙을 내리는 일은 있을 수 없으며, 만일 재앙이 찾아왔다면 하나님 앞에서 심각한 죄를 범한 데 대한 형벌을 받는 것이라고 생각한 것입니다. 욥의 친구들은 욥에게 고난과 시련이 찾아온 것을 보고 욥이 하나님 앞에 심각한 죄를 범한 것이 분명하다고 확신하고 죄를 회개하라고 다그쳤습니다. 욥의 친구들의 요구를 듣고 욥은 아무리 자기 자신을 살펴보아도 그런 재앙을 만날만한 죄를 찾을 수가 없었습니다. 그래서 욥은 친구들과 논쟁을 벌였던 것입니다.

　　재앙을 다 견디고 난 후에 욥이 깨달은 진리는 하나님은 하나님의 뜻에 부합하는 선한 삶을 살아온 자들에게도 고난과 시련을 주실 수 있는 분이라는 사실입니다. 고난당하기 전에는 형통한 삶의 시간만 하나님의 통치가 나타나는 시간이라고 생각했는데 고난당한 후에는 형통한 삶의 시간이나 고난과 시련이 찾아온 시간이나 모두 하나님의 통치 아래 있다는 사실을 깨달은 것입니다. 이 깨달음이 욥기 42:2에 잘 나타나 있습니다. "주께서는 못하실 일이 없사오며 무슨 계획이든지 못 이루실 것이 없는 줄 아오니." 나중에는 욥의 가족

들과 욥의 친구들과 욥과 관련이 있는 지인들까지 재앙까지도 하나
님이 주신 것이라는 사실을 깨달았습니다. 욥기 42:11입니다. "이에
그의 모든 형제와 자매와 이전에 알던 이들이 다 와서 그의 집에서
그와 함께 음식을 먹고 여호와께서 그에게 내리신 모든 재앙에 관하
여 그를 위하여 슬퍼하며 위로하고 각각 케쉬타 하나씩과 금고리 하
나씩을 주었더라." 욥과 욥의 가족과 친구들과 지인들은 욥이 고난
을 받기 전에는 하나님을 반쪽만 알았으나 욥이 고난을 받은 후에는
하나님을 온전히 아는 귀중한 소득을 얻을 수 있었습니다. 이 점에서
욥의 고난은 선으로 귀결되었습니다.

예수님의 경우는 또 어떻습니까? 베드로는 오순절 성령강림사
건 이후에 모여든 무리에게 한 설교에서 헤롯, 본디오 빌라도, 이방
인, 이스라엘 백성이 모두 한패거리가 되어 무죄하신 예수님을 대
적하고 수난과 죽음에 몰아넣은 행동에 대하여 이렇게 해석합니다.
"하나님의 권능과 뜻대로 이루려고 예정하신 그것을 행하려고 이 성
에 모였나이다"^{행 4:28}. 베드로의 해석은 하나님이 인류 구원을 위하
여 행하시는 구원사역을 지금 헤롯, 본디오 빌라도, 이방인, 이스라
엘 백성이 행하고 있다는 것입니다. 가룟 유다가 예수님을 팔아넘긴
행위를 비롯하여 산헤드린 공의회가 예수님에게 사형을 선고하고
본디오 빌라도가 사형을 집행하는 이 행위들이 성부 하나님이 죄와
사망의 세력으로부터 성도들을 구원하는 일이라는 것입니다. 가룟
유다, 헤롯, 본디오 빌라도 등의 악행은 비판받아야 할 악행으로 영

원히 남아 있지만 이 악행들이 하나님의 경이로운 손길을 거쳐서 성
도들을 구원하는 길을 여는 선으로 귀결된 것입니다.

이번에는 성도들이 죄를 범하는 경우에 대해서 생각해 보겠습
니다. 우리가 잘 아는 것처럼 다윗은 충신이었던 우리아의 아내 밧세
바를 빼앗아 아내로 맞아들이려는 숨은 의도를 품고 우리아를 전쟁
터 최일선에 내보내 적의 손에 죽임을 당하도록 유도하는 끔찍한 범
죄를 저질렀습니다. 그러나 이 시도가 나단 선지자에게 탐지되었고,
다윗은 나단 선지자의 책망을 받고 하나님 앞에 죄를 회개하고 하나
님의 무서운 징계를 받기에 이르렀습니다. 다윗은 이 죄를 범한 후에
아주 중요한 세 가지 진리를 생생하게 깨닫게 됩니다. 다윗이 깨달은
진리는 범죄하고 난 이후에 회개하는 내용을 담은 시편 51편에 잘 기
록되어 있습니다.

첫째로, 우선 다윗은 사람들의 눈을 피하여 사람들이 모르게 죄
를 범할 수 있어도 하나님의 눈을 피하여 하나님이 모르게 죄를 범할
수는 없다는 사실을 명료하게 깨달았습니다. "내가 주께만 범죄하여
주의 목전에 악을 행하였사오니"_{시 51:3}. 다윗이 나단 선지자의 책망
을 받기 전에 이 사실을 아예 몰랐다고 보기는 어렵습니다. 아마도
희미하게나마 어렴풋이 짐작하기는 했을 것입니다. 그러나 다윗이
우리아를 죽음에 몰아넣는 계획을 은밀하게 추진할 때는 영적인 안
목이 흐려져서 이 진리를 잠시 잊은 것이 분명합니다. 이 사실을 진
지하게 떠 올렸다면 이런 일을 할 수가 없었을 것이기 때문입니다.

그러나 나단 선지자로부터 지적을 받는 순간 사람의 눈을 피해도 편재하시는 하나님의 눈을 피할 수 없다는 중요한 진리를 너무나 생생하게, 남은 평생 절대로 잊을 수 없도록 깨닫게 되었습니다.

둘째로, 다윗이 깨달은 또 하나의 중요한 진리는 인간의 죄성이 어느 정도나 깊은가 하는 것입니다. 아마도 다윗은 밧세바 사건이 있기 전에는 인간의 죄의 뿌리가 어느 정도 깊은가에 대해서 깊이 생각하지 않았을 가능성이 있습니다. 그러나 나단 선지자의 지적을 받고 난 이후에 자기 자신이 범죄 하는 과정을 되새겨 보면서 인간의 죄의 뿌리가 얼마나 깊은가를 절감한 것입니다. 다윗은 인간은 죄의 세력에 장악된 상태에서 태어나며, 따라서 스스로 죄를 범하기 이전에 이미 죄인이라는 사실을 절감하게 됩니다. 시편 51:5에 이 깨달음이 생생하게 나타나 있습니다. "내가 죄악 중에서 출생하였음이여 어머니가 죄 중에서 나를 잉태하였나이다." 이 사실은 다윗이 죄에 관한 기독교교리의 가장 깊고 중요한 핵심인 원죄교리를 깨닫게 되었다는 뜻입니다. 이 말의 의미는 인간의 죄의 문제는 인간 자신의 힘으로는 도저히 처리할 수 없을 만큼 그 뿌리가 깊고 크다는 뜻이기도 합니다.

셋째로, 다윗은 인간이 아무리 깊고 흉악한 죄를 범했어도 하나님으로부터 용서받을 수 있고 이미 받은 구원이 취소되는 것이 아니라는 진리를 분명하게 깨닫게 되었습니다. 다윗은 시편 51편 전 장에 걸쳐서 회개하면서 용서를 구하는 기도를 거듭거듭 드리고 있는데, 우리가 주목해야 할 부분은 12절입니다. "주의 구원의 즐거움을 내게 회복시켜 주시고 자원하는 심령을 주사 나를 붙드소서." 다윗은 "구원의 즐거움"을 회복시켜 달라고 간구합니다. 다윗은 범죄하고 난 이후에 구원을 잃어버리고 구원이 취소되었으니 새롭게 구원을 달라는 기도를 드리지 않았습니다. 다윗이 범죄 하면서 잃어버린 것은 이미 받은 구원이 아니라 구원의 즐거움이었습니다. 범죄 하기 전에는 자신이 구원받은 백성이 된 것을 생각할 때마다 즐거움이 마음속에 있었습니다. 그런데 범죄하고 난 이후에는 자신이 구원받은 하나님의 백성이 분명한데도 불구하고 구원의 즐거움이 없었습니다. 그것은 우리 마음에 죄가 없고 떳떳하면 맛있는 음식을 먹을 때 즐겁지만, 마음에 죄가 있으면 똑같은 맛있는 음식을 먹으면서도 마음에 즐거움이 없는 것과도 같습니다.

다윗이 범죄 한 일은 하나님으로부터 책망과 징계를 받아야 할 일입니다. 다윗은 범죄를 행하지 않아야 했습니다. 그런데 다윗이 범죄 한 것은 하나님이 허용하셨기 때문에 가능한 일이었습니다. 다윗이 범죄 한 것도 하나님의 주권적인 통치밖에 있는 일이 아닙니다. 다윗이 범죄 한 후에 앞에 말한 세 가지 주요한 기독교의 핵심적인 진리들을 깨달았다면 다윗의 범죄는 하나님의 경이로운 섭리의 손길에 의해 선으로 귀결된 것입니다.

그러나 이처럼 모든 것이 합력하여 선을 이루는 이 놀랍고 경이로운 원리는 성도들에게만 적용됩니다. 이 원리는 결코 불신자들에게는 나타나지 않습니다. 성도들에게는 고난도, 시련도, 범죄도 결국 성도들을 유익하게 하는 선으로 귀결됩니다. 진정한 해피엔딩으로 끝나는 것입니다. 그러나 불신자들에게는 고난과 시련은 마지막까지 슬픔과 비통함으로 끝나고 불신자들의 마음속에 풀 수 없는 한으로 남습니다. 불신자들의 죄는 불신자들을 영원히 지속되는 지옥으로 끌고 갈 뿐입니다.

33 미리 아심과 미리 정하심 (롬 8:29)

 하나님이 미리 아신 자들을 또한 그 아들의 형상을 본받게 하기 위하여
미리 정하셨으니 이는 그로 많은 형제 중에서 맏아들이 되게 하려 하심
이니라

29절과 30절은 하나님의 구원사역의 열차가 출발하는 시발역은 어디이며, 중간에 경유하는 정차역은 어디이며, 마지막 종착역은 어디인가를 제시하고 있습니다. "하나님이 미리 아신 자들을 또한 그 아들의 형상을 본받게 하기 위하여 미리 정하셨으니 이는 그로 많은 형제 중에서 맏아들이 되게 하려 하심이니라 또 미리 정하신 그들을 또한 부르시고 부르신 그들을 또한 의롭다 하시고 의롭다 하신 그들을 또한 영화롭게 하셨느니라." 하나님의 구원열차가 출발하는 시발역은 '미리 아심'역입니다. '미리 아심'역은 창세전 영원의 영역에 있습니다. 하나님의 구원열차는 창세전 영원의 영역에서 경유역을 하나 거치는데 이 경유역은 '미리 정하심'역입니다.

열차 노선은 창조의 관문을 통과하여 역사와 시간의 영역 안으로 들어옵니다. 이 열차는 역사와 시간 안에서 아주 중요한 역에 정

차하는데 이 역은 '부르심'역입니다. '미리 아심'역에서 출발하여 '부르심'역에 이를 때까지 이 열차는 탑승객의 목록만을 가지고 빈 열차로 운행합니다. '부르심'역 다음 역은 '의롭다 하심'역인데, 이 두 역은 하나로 통합되어 있습니다. 역 밖에는 '부르심'역이라고 역명이 적혀 있어서 '부르심'역의 문을 열고 들어가야 합니다. 그런데 역 안에 들어가면 '의롭다 하심'역으로 역명이 바뀌어 있습니다. '의롭다 하심'역이라는 역명 밑에는 '중생'역, '회심'역, '신앙'역, '양자 됨'역과 같은 다른 이름들이 부제로 붙어 있습니다.

이 역은 세 가지 특징을 지니고 있습니다. 첫째로, 열차의 승객은 '부르심'역에서만 승차할 수 있습니다. 둘째로, 승객 하나하나가 탑승하는 시점에 그 한 명의 승객을 위한 '부르심'역이 잠깐 형성되기 때문에 승객마다 '부르심'역이 형성되는 시점은 다 다르며, 이 역은 인간이 창조된 시점부터 종착역에 이를 때까지 무수하게 형성됩니다. 셋째로, '부르심'역에서 일단 승차하면 종착역에 도달할 때까지 하차할 수 없습니다. 마지막 종착역은 '영화롭게 하심'역인데, 이 역은 역사와 시간이 끝나고 영원으로 들어가는 재림의 시점에 있습니다.

하나님의 구원역사의 열차는 길고도 긴 철로를 달립니다. 시베리아 횡단열차나 캐나다 횡단열차를 한 번 타 보면 우주적이고 장엄한 이 철로가 어떤 것인지 1% 정도 감이 올지도 모르겠습니다. 그런데 이 길고 긴 철로에 '성화'역은 따로 없습니다. '성화'역이 따로 없다는 것은 '성화'가 중요하지 않다거나 필요하지 않다는 뜻이 아니라 승객을 태운 열차가 종착역인 '영화롭게 하심'역을 향하여 가는 여행에 영향을 주는 역은 아니기 때문입니다. 다섯 개의 정차역 가운데 먼저 창세 전의 두 정차역인 '미리 아심'역과 '미리 정하심'역에 대해 알아 보고자 합니다.

미리 아심

특별한 대상에 대한 각별한 애정

하나님의 구원열차의 시발역은 '미리 아심'역입니다. 미리 아심 은 헬라어로 프로기노스코προγινώσκω의 번역어입니다. "프로"는 "앞 서서"라는 뜻이고, "기노스코"는 안다는 뜻입니다. 어려운 한자어로 번역하면 예지豫知라고 합니다. 그러나 이 본문의 프로기노스코를 미 래에 일어날 어떤 일을 미리 알고 있다는 뜻으로 이해하는 것은 본 문의 의도를 충분히 반영하지 못합니다. 그러면 본문이 말하는 '미리 아심'은 무슨 뜻일까요? 안다는 헬라어 기노스코는 지식적으로 안다 는 뜻 이외에도 "선택한다" 또는 "사랑한다"는 뜻이 있습니다. 이 본 문에서는 이 의미로 사용되었습니다.

이 문맥에서 말하는 사랑은 모든 사람에게 골고루 잘 대해 주는 태도와는 다른 것입니다. 이 문맥에서의 사랑은 일종의 편애라고 할 수 있습니다. 특별한 대상에 대하여 각별히 애정을 갖는 것을 뜻합니 다. 예를 들어서 결혼을 앞둔 어떤 남성이 자기 주위에 있는 여러 명 의 여성에 대하여 친절하고 예의 바르게 잘 대해 주지만 모든 여성 에 대하여 애정을 표현하지는 않습니다. 이 남성은 그 가운데 한 명을 특별히 마음에 두고 그 여성에게 각별히 애정을 표현합니다. 지금 성부 하나님이 미리 아신다고 말할 때는 이런 의미가 담겨 있습니다. 성부 하나님은 역사 안에 등장한 모든 사람 가운데 특별한 그룹의 사람들을 마음으로 선택하시고 이들을 사랑하셔서 이들에게 다른 사람들에게는 베풀지 않는 각별한 애정과 관심을 주시기로 마음에 결정하신 것입니다. 구체적으로 말하면 죄와 사망의 세력에 사로잡혀 있는 모든 사람 가운데 특별한 그룹의 사람들을 선택하여 이들을 죄와 사망의 세력으로부터 구원하시기로 마음으로 결심하셨다는 말입니다. 예레미야가 예레미야 31:3에서 한 말이 바로 이것입니다. "옛적에 여호와께서 나에게 나타나사 내가 영원한 사랑으로 너를 사랑하기에 인자함으로 너를 이끌었다 하노라." 하나님이 "영원한 사랑" 곧 창세 전의 영원의 세계에서 이스라엘을 사랑하시기로 마음에 정하시고 선택하셨기 때문에 이스라엘을 인자함으로 이끌어 주셨다는 것입니다. 이것이 바로 미리 아심의 뜻입니다. 미리 아심과 관련하여 몇 가지 의문점들이 제기될 수 있습니다.

우리는 알 수 없는 선택의 이유

첫째로, 우리가 살펴보아야 할 문제는 하나님이 특정한 사람들을 특별히 선택하여 애정을 주시기로 마음으로 결정하신 이유를 우리가 알 수 있는지의 여부입니다. 성부 하나님이 선택하신 자들을 다 모아서 귀납적으로 연구를 하면 하나님이 이들을 선택하신 이유를 알 수 있을까요? "이 사람들은 이런 특징이나 매력을 가지고 있었기 때문에 성부 하나님이 선택하실 수밖에 없겠구나"라고 생각할 만한 어떤 특징들이 있을까요? 유감스럽게도 그런 특징들을 발견하는 것은 불가능합니다. 예컨대 하나님은 에서와 야곱 중에서 야곱을 선택하셨는데 그 이유를 우리는 알 수 없습니다. 우리는 하나님이 특정한 그룹의 사람들을 선택하신 이유를 영원히 알 수 없습니다. 사실 인간적인 매력이라는 관점에서 본다면 신자가 불신자보다 특별히 더 낫다고 볼 수 있는 근거는 없습니다. 오히려 신자들보다는 불신자들이 훨씬 더 나을 때가 많습니다. 교회 다니는 사람들보다 교회 다니지 않는 사람들 가운데 잘난 사람들이 월등히 많습니다. 바울은 이 사실을 너무나 잘 알고 있었습니다. 바울이 고린도시에서 열심히 전도하여 사람들을 모아 고린도교회를 설립했는데, 바울이 고린도교회 성도들 면면을 보니까 인간적인 관점에서 볼 때 참 한심하기 이를 데 없었습니다. 사회적으로 유력한 사람이 별로 없었던 것입니다. 따라서 바울은 고린도전서 1:26에서 이렇게 말합니다. "형제들아 너희를 부르심을 보라 육체를 따라 지혜로운 자가 많지 아니하며 능한 자가 많지 아니하며 문벌 좋은 자가 많지 아니하도다." 고린도교회에 당대 최고의 지성인들이 많이 몰려든 것도 아니고, 사회적으로 명망 있는 인사들이 많이 몰려든 것도 아니고, 명문가문에 속한 자들이 많이 몰려든 것도 아닙니다. 고린도교회에 몰려든 사람들은 '미련하고 천하고 멸시받고 없는 자들'이었습니다. 하나님이 어떤 사람을 선택하시는가 하는 것은 전적으로 하나님 주권의 문제, 하나님 마음의 문제로서 인간이 알 수 없습니다.

공정성의 문제가 아닌 선택

둘째로, 많은 사람들이 하나님의 선택에 대하여 불편해하는 이유는 하나님의 선택이 공정하지 못하다고 생각하기 때문입니다. "하나님은 왜 특정한 그룹의 사람들에게만 구원의 혜택을 주시고, 다른 사람에게는 구원의 혜택을 주시지 않는가? 이것은 불공정한 처사가 아닌가?" 그러나 하나님이 특정한 그룹의 사람들을 죄와 사망의 권세로부터 구하기로 하신 행위를 공정성의 관점에서 다루는 것은 잘못된 접근법입니다.

하나님과 인간의 관계에서 무엇이 공정한가부터 생각해 보겠습니다. 하나님은 에덴에 동산을 창설하시고 최초의 인류인 아담과 하와와 만나 행위언약으로 알려진 언약을 체결하셨습니다. 하나님은 에덴동산에 있는 각종 나무의 열매를 임의로 먹도록 아주 너그럽게 허락하신 다음 딱 하나, 선악을 알게 하는 나무를 지정하시고 이 나무의 열매만을 따먹지 말라고 명령하셨습니다. 이 열매를 따먹으면 반드시 죽는 벌을 내리기로 하셨습니다. 그런데 이 언약의 내용을 조금만 유의하여 들여다보면 이 언약이 이미 공정성의 범위를 넘어서서 은혜의 성격을 지니고 있음을 어렵지 않게 알 수 있습니다. 만일 하나님이 공정성의 차원에서 언약을 체결하신다면 어떻게 하셔야 할까요? 에덴동산에 있는 나무의 절반은 따먹어도 되도록 허용하시고, 나머지 절반은 따먹으면 벌을 받는다고 하면 공정성은 충족됩니다. 여기까지는 하나님이 반드시 하셔야 할 의무 조항입니다. 그런데 에덴동산에 과일나무가 몇 그루 있는지는 알 수 없으나 하나의 과일나무 열매만 따먹지 못하게 하고 나머지 과일나무 열매는 다 따먹도록 허용하셨다면 저울추는 은혜 쪽으로 확실하게 기울어진 것 아니겠습니까? 이것은 하나님이 반드시 행하셔야 할 의무 조항을 넘어서서 이미 엄청난 선물을 주신 것입니다. 하나님은 이런 엄청난 혜택을 주지 않으셔도 아무런 책임이 없으십니다.

불행하게도 아담과 하와는 선악을 알게 하는 나무 열매를 따먹고 말았습니다. 그렇다면 이제 이 상황에서 하나님이 공정하게 아담과 하와를 대하신다면 어떻게 하셔야 할까요? 아담과 하와에게 바로 죽음의 벌을 내리면 됩니다. 그러면 공정성은 충족됩니다. 왜냐하면 선악을 알게 하는 나무의 열매를 따먹으면 죽는다는 것이 언약 약관에 들어 있기 때문입니다. 여기까지는 하나님의 의무 조항입니다. 그런데 하나님은 아담과 하와를 공정성의 차원을 넘어서서 은혜로 대우하셨습니다. 하나님은 아담과 하와를 바로 죽이지 않으시고 생명을 연장해 주셨습니다. 생명을 연장해 주시는 것은 하나님의 의무 조항이 아닙니다. 아담과 하와의 생명을 연장해 주신 조치부터 시작하여 그 이후의 일들은 모두 의무 조항이 아닙니다. 그 이후에 하나님이 조금이라도 더 좋은 것을 사람들에게 주신다면 그것은 하나님이 자유롭게 결정하실 문제입니다. 예를 들어서 어떤 회사의 사장이 일주일에 100만 원의 임금을 주기로 계약을 맺고 사원을 채용했습니다. 임금을 지급하는 날 사장이 계약한 대로 사원들에게 100만 원을 지급했습니다. 그러면 사장은 공정성을 지킨 것이고 의무를 완전히 이행한 것입니다. 만일 이 사장이 사원 가운데 한 명을 선정하여 1,000만원을 선물로 더 얹어 주었다고 가정해 봅시다. 이 사장이 불공정하게 사원들을 대한 것인가요? 그렇지 않습니다. 사장이 이미 공정하게 임금을 지급했다면 그 이후에 무엇인가를 더 하는 것은 전적으로 사장에게만 주어진 고유한 권한입니다.

미리 정하심

점쩍으심

'미리 아심'역에서 출발한 하나님의 구원사역의 열차는 창세 전 영원의 영역에 있는 정차역에 이르게 되는데 그 역은 '미리 정하심' 역입니다. 미리 정하심은 헬라어로 프로오리조προορίζω로서 어려운 한자어로 예정豫定이라고 번역됩니다. 프로는 이미 말씀드린 것처럼 "앞서서"라는 뜻입니다. 오리조에서 유래한 영어 동사가 호라이즌 horizon입니다. 호라이즌은 수평선을 뜻합니다. 수평선은 시야의 한계를 정해 주는 선입니다. 수평선 안쪽은 시야에 들어옵니다. 그러나 수평선 너머는 볼 수 없습니다. 수평선을 바라보는 자는 이렇게 생각합니다. "수평선 안에 있는 지역은 내가 볼 수 있구나." 이 의미로부터 "나의 구역을 정한다"는 의미가 나옵니다. 호랑이와 같은 동물들은 약 200평방 킬로미터의 영역을 자기 구역으로 설정하고 끊임없이 구역의 경계선을 순찰하면서 배설물이나 냄새를 남겨 구획표시를 합니다. "이 영역은 내 영역이니까 침범할 생각을 하지 말라"는 것입니다. 하나님이 특정한 그룹의 사람들 곧 성도들을 '미리 정하신다'

는 말은 "너는 내 거야"라고 선언하시는 것을 뜻합니다. "너는 내가 찜했으니까 딴 데 한눈팔 생각을 하지 말라"는 뜻입니다. 시장에 가서 내가 사고 싶은 좋은 물건을 발견했습니다. 이때 어떻게 합니까? 물건을 파는 상인에게 "내가 이 물건을 살 테니 다른 사람에게 팔지 마시오"라고 선언합니다. 이것이 바로 프로오리조의 뜻입니다.

구원계획을 세우심

내 것으로 찜을 했으면 그다음 단계는 무엇일까요? 내 것으로 굳히기 위한 구체적인 조치를 계획해야 합니다. 따라서 '미리 정하심' 곧 예정은 사전에 설계하다, 계획하다는 뜻을 가지게 됩니다. 이 뜻이 '미리 정하심'의 핵심적인 의미입니다. 어떤 남자 청년이 많은 여성들 가운데 한 명을 선택하여 마음에 두고 사랑하기 시작했다면, 이제는 이 여성을 만나는 계획, 만나서 함께 데이트하는 계획, 사랑을 고백하는 계획, 결혼하는 계획, 결혼한 뒤에 신혼집을 마련하고 평생 생계를 책임질 계획을 구체적으로 구상해야 합니다. 이처럼 하나님이 사람들 가운데 특정한 그룹의 사람들을 사랑하여 선택하신다음, 이 사랑을 구체적으로 실행에 옮기는 방안을 마음속으로 설계하십니다. 사랑하는 대상이 죄와 사망의 세력에 사로잡혀 죽음을 맞이할 운명에 처해 있으므로 가장 시급한 방안은 죄와 사망의 세력으로부터 해방하는 구원의 계획을 설계하는 것이 될 수밖에 없습니다. 이것이 바로 예정입니다.

이처럼 성부 하나님이 창세 전, 곧 우리가 세상에 태어나기도 전에 우리를 사랑하셔서 우리를 선택하시고 우리를 향한 사랑을 구체적으로 실행에 옮길 치밀한 계획을 세워 두셨다는 사실을 묵상할 때 우리 구원의 영원한 확실성을 다시 한번 확신할 수 있습니다. 사람이 어떤 사람을 마음에 두었다거나 어떤 일을 사전에 계획했다는 말을 들을 때 우리는 항상 반신반의할 수밖에 없습니다. 사람의 마음이 변덕이 심해서 언제 바뀔는지 알 수 없기도 하고, 또 사람은 미래를 들여다볼 수 있는 능력이 없기 때문입니다. 그러나 신실하시고 전지하신 하나님이 우리를 사랑하여 선택하시고 우리를 위한 구원의 계획을 세우셨다면 그것은 100% 확실한 것입니다.

운명론이 아님

이처럼 '미리 아심'과 '미리 정하심'은 성부 하나님이 성도들에게 주시는 보석과도 같은 선물입니다. 그런데 문제는 이 선물은 아무 때나 함부로 사용할 수 있는 선물이 아니라는 데 있습니다. 이 선물을 잘못 사용하면 위험이 뒤따를 수 있습니다. 이 선물을 잘못 사용하는 데 뒤따르는 위험은 이 선물이 미래에 일어날 일과 관련되어 있기 때문입니다. '미리 아심'과 '미리 정하심'은 잘못하면 우리를 운명론의 함정에 빠뜨릴 수가 있습니다. 예를 들어서 우리가 어떤 사람을 향하여 복음을 전할 때 이렇게 생각할 수 있습니다. "만일 하나님이 이 사람을 구원하시기로 미리 정하셨다면 구태여 내가 애쓰지 않아도 어차피 구원받을 테니까 그렇게 힘들여서 전도하지 않아도 되겠네!"

이렇게 생각하면 전도의 열심이 떨어질 수 있습니다. 정반대의 경우도 생각해 볼 수 있습니다. "하나님이 이 사람을 선택하지 않았다면 내가 아무리 전도해 봐야 소용이 없을 테니까 이런 불필요한 수고를 하지 않아도 되겠네!" 이렇게 생각해도 전도의 열심이 떨어질 수 있습니다. 이처럼 예지와 예정이 운명론으로 이해되면 전도의 열심도 떨어지고 삶에 대한 의욕도 떨어지게 됩니다. 우리는 어떻게 이 함정으로부터 헤어 나올 수가 있을까요? 이 질문에 대하여 세 가지 답변을 드리려고 합니다.

하나님의 관점

미래를 내다보면서 '미리 아심'과 '미리 정하심'을 말하는 것은 하나님의 관점에서만 가능하다는 것을 알아야 한다는 것입니다. 인간의 관점에서는 미래를 내다보면서 '미리 아심'과 '미리 정하심'을 생각하거나 말해서는 안 되고 또 그렇게 할 수도 없습니다. 왜냐하면 인간은 본질적인 구조상 미래를 들여다볼 수 없도록 만들어져 있기 때문입니다. 현재에서 미래를 들여다볼 수 있는 분은 하나님뿐입니다.

영국의 문학 비평가이자 문명 비평가인 씨 에스 루이스^{C.S. Lewis}가 예지와 예정의 문제에 대하여 설명한 것은 이 문제를 이해하는 데 도움이 됩니다. 루이스는 하나님의 관점과 인간의 관점의 차이를 소설가와 소설에 등장하는 등장인물의 차이에 비유했습니다. 소설가는 소설 속 주인공의 과거, 현재, 미래를 머릿속에 그리면서 자유롭게 과거, 현재, 미래를 오가면서 이야기를 엮어 나갑니다. 그러나 소설 속에 등장하는 주인공은 과거와 현재만을 알 수 있을 뿐, 미래의 자기 자신에게 어떤 일이 일어날는지 알지 못합니다. 하나님이 소설가라면 우리는 하나님의 소설 속에 등장하는 주인공과도 같습니다.

현재에서 미래를 들여다보는 것은 하나님에게만 허용된 지식으로서 인간에게는 금단의 열매입니다. 인간이 이 일을 시도한다면 하나님의 것을 훔치는 행위가 되고 인간이 하나님의 자리에 올라서려고 하는 교만의 죄를 범하는 것입니다. 따라서 하나님은 하나님의 백성들이 미래를 들여다보는 일을 용납하지 않으십니다. 신명기 18:10-14에서 하나님이 길흉을 점치는 자를 타락한 이방종교의 관습으로 간주하여 용납하지 않으시는 것이 바로 미래를 들여다보려는 시도를 금하신 것입니다.

그러나 하나님께서 성경 안에 '미리 아심'과 '미리 정하심'이라는 보물을 두셨다는 것은 성도들이 이 보물을 활용할 수 있도록 허용하신 것 아니겠습니까? 어떤 관점에서 '미리 아심'과 '미리 정하심'의 교리를 활용할 때 우리에게 유익이 될 수 있을까요? 복어는 맛있는 고급 요리의 재료입니다. 그런데 복어를 맛있게 먹으려면 복어에 있는 독을 제거해야 합니다. 독을 제거하지 않고 먹으면 복요리는 사람을 죽음에 이르게 할 수도 있습니다. '미리 아심'과 '미리 정하심'의 교리는 독을 제거한 뒤에 활용하면 성도들에게 매우 유익한 교리가 됩니다. '미리 아심'과 '미리 정하심'의 요리를 독이 들어 있는 채 먹는 것은 방금 말씀드린 것처럼 미래를 들여다보려고 하면서 적용하는 것입니다. '미리 아심'과 '미리 정하심'으로부터 독을 제거하는 방법은 두 가지입니다. 하나는 다른 사람에게 적용하지 않고 자기 자신에게만 적용하는 것입니다. 다른 하나는 미래를 향하지 않고 과거를 향하는 것입니다.

자신의 과거에 대한 신앙 간증

성도가 자기 자신의 과거를 회상하면서 하나님의 '미리 아심'과 '미리 정하심'을 바라본다면 이 두 교리는 성도의 믿음과 하나님을 향한 사랑을 강화하는 강력한 힘을 발휘합니다. 한마디로 말하면 '미리 아심'과 '미리 정하심'의 교리는 성도의 간증이라는 뜻입니다. 예를 들어봅시다. 성도 A는 성도 B의 전도를 듣고 스스로 결정을 내려 교회에 다니기 시작했고, 예수님을 구주로 믿으라는 초청이 들어 왔을 때 스스로 결정해서 마음 문을 열고 예수님을 구주로 영접하고 하나님의 자녀가 되었습니다. 그런데 A가 십 년 정도 지난 후에 과거를 돌이켜 보니까 예수님을 믿는 일에 대해서 완고한 반항의 마음으로 꽉 차 있던 자기 자신이 어떻게 순한 양처럼 꼬리를 내리고 얼떨결에 예수님을 믿는다고 고백했는지 도무지 이해되지 않습니다. 게다가 자신에게 전도했던 B가 자기에게 전도하기 몇 년 전부터 자신을 지목해서 집중적으로 기도해 왔다는 사실을 알게 되었고, 자신에게 밥도 사주고 일도 잘 도와주고 했던 것들이 우연이 아니라 치밀한 계산 아래에서 진행된 일이었음을 알게 되었습니다. 그리고 자신이 B를 만나게 된 과정을 들어보니 자기 옆에 올 수 없는 사람이 정말로 희한한 과정을 거쳐서 자기 옆에 오게 된 것도 알게 되었습니다. 이런 과정을 회상해 보고 또 성경말씀에 대한 지식이 늘어나면서 하나님이 자기를 구원하시려고 오래전부터 계획하셨고, 하나님이 B를 보내 주시고 B가 치밀한 작전을 세우게 하시고, 자기 마음을 갑자기 부드럽게 변화시켜 주서서 예수님을 믿지 않을 수 없도록 조정해 주셨다는 사실을 불현듯 깨닫게 되었습니다. 모든 일을 자기가 다 한 것 같았는데 알고 보니 오래전부터 치밀하게 준비된 하나님의 계획이 진행되고 있었음을 알게 된 것입니다. 마침내 A는 "하나님이 오래전부터 나를 마음에 두고 나를 하나님의 백성으로 만드실 계획을 세우셨구나"라는 사실을 확신하게 되고, 하나님의 놀랍고 깊은 사랑에 감격하면서 하나님을 찬양하고 감사하게 되었습니다. 이것이 마로 '미리 아심'과 '미리 정하심'의 교리를 바르게 적용하는 것입니다.

미래를 바라볼 때는 증언의 소명만을 생각

우리가 하나님의 복음을 전할 때 하나님이 우리에게 명령하신 것이 무엇인가를 정확하게 알고 있어야 합니다. 사도행전 1:8입니다. "오직 성령이 너희에게 임하시면 너희가 권능을 받고 예루살렘과 온 유대와 사마리아와 땅 끝까지 이르러 내 증인이 되리라." 하나님이 우리에게 명령하신 것은 어떤 사람을 예수님을 믿게 만들라는 것이 아닙니다. 어떤 사람으로 하여금 예수님을 믿게 만드는 것은 매우 어려운 일이며 성령께서 하시는 일입니다. 우리에게 주어진 명령은 복음이 진리이고 참된 구원의 길임을 "증언하라"는 것입니다. 우리는 복음을 전할 때 복음 전함을 받는 대상이 내가 전하는 복음을 받아들일 것인지 받아들이지 않을 것인지를 예상할 필요가 없습니다. 그것은 우리에게 주어진 직무가 아닙니다. 우리는 상대방이 복음을 받아들이든지 받아들이지 않든지 말과 행실을 통해 복음의 증인이 되면 됩니다. 우리가 말과 행실을 통해 복음을 충실하게 증언했는데도 상대방이 복음을 받아들이지 않아 멸망에 이르면 우리에게 책임이 없습니다. 그러나 우리가 증인의 역할을 게을리해서 어떤 사람이 멸망에 이르렀다면 우리는 하나님 앞에서 책임을 면할 수 없습니다. 이 말의 의미는 전도할 때나 이 세상에서 살아갈 때는 '미리 아심'이나 '미리 정하심'에 대해서 구태여 생각할 필요가 없다는 말입니다. 복음을 전할 때나 생활 속에서는 이런 교리들에 대해서 생각하려고 하지 말고 우리의 모든 지혜와 힘과 책임을 다해 열심히 복음을 전하고 열심히 살아가는 일에 투자해야 합니다.

'미리 아심'과 '미리 정하심'의 교리를 아는 것은 우리가 구원받는 데 관계가 없고 필요하지 않습니다. 이 두 교리를 전혀 몰라도 자신이 죄인임을 고백하고 예수님을 구주로 영접하면 그것으로 우리의 구원은 완전하게 보장됩니다. 평생 이 교리를 이해하지 못해도 구원의 문제나 신앙생활을 할 때 아무런 어려움이 없습니다. 다만 이 교리를 바르게 잘 이용하여 자기 자신의 지난날을 정리할 때 적용하면 하나님의 사랑의 크기를 더 깊이 알고 구원의 확신을 가지는 데 큰 도움이 되고 우리의 신앙생활을 한층 더 풍부하게 할 수 있습니다.

8:30 또 미리 정하신 그들을 또한 부르시고 부르신 그들을 또한 의롭다 하시고 의롭다 하신 그들을 또한 영화롭게 하셨느니라

앞 장에서는 하나님의 구원사역의 열차가 정차하는 다섯 개의 정차 역들 가운데 창세 전의 두 역인 시발역 '미리 아심'역과 중간 정차역 '미리 정하심'역에 머물면서 이 두 역이 지닌 풍부한 의미를 말하다가 이 두 역을 설정하신 하나님의 목적에 대해서 미처 살펴보지 못했습니다. 창세 전의 두 정차역의 목적은 일차적 목적과 이차적 목적으로 이원화되어 있습니다. 일차적 목적은 "그 아들의 형상을 본받게 하기" 위한 것이고, 이차적 목적은 "그로 많은 형제 중에서 맏아들이 되게 하려 하심"입니다.

창세 전 두 역의 일차적 목적: 아들의 형상을 본받게 하기 위함

일차적 목적을 더 분명하게 원문의 뜻을 살려서 번역하면 "미리 아신 자들을 그의 아들의 형상과 같은 형상을 가진 자가 되도록 미리

정하셨다"라고 표현할 수 있습니다. 그의 아들은 당연히 성부 하나님의 아들 예수 그리스도를 뜻합니다. 그의 아들의 형상 곧 예수 그리스도의 형상은 무엇을 뜻할까요?

예수 그리스도는 하나님이신 동시에 인간이십니다. 우리가 예수 그리스도의 형상과 같은 형상을 가진 자가 된다는 말은 예수 그리스도가 하나님이신 동시에 인간이신 것과 같이 우리도 하나님인 동시에 인간이 되는 걸까요? 우리 가운데 이렇게 생각하시는 성도님들은 없을 것입니다. 우리가 아무리 그리스도와 같은 형상을 가진 자가 된다 하더라도 우리가 하나님이 된다는 것은 상식적으로 받아들이기 어렵기 때문입니다. 이 점은 우리가 그리스도의 형상과 같은 형상을 가진 자가 된다는 말 안에 이미 함축되어 있습니다.

"예수 그리스도가 하나님이시다"라는 말은 예수 그리스도가 영이라는 뜻입니다. 왜냐하면 하나님은 영이시기 때문입니다. 성육신하시기 전 예수 그리스도는 영으로만 계셨고, 하나님이자 하나님의 아들로만 계셨습니다. 이 시기에 예수 그리스도는 인자 곧 사람의 아들로 계시지 않으셨습니다. 여기서 말하는 영은 하나님으로서의 영을 뜻하며 인간의 영을 뜻하지 않습니다. 영의 특징은 눈에 보이지 않는다는 것입니다. 하나님이신 영으로서의 예수 그리스도는 눈에 보이지 않습니다. 그러나 형상은 눈에 보이는 것입니다. 따라서 형상은 예수 그리스도의 신성보다는 인성에 초점이 맞추어져 있습니다. 형상은 사람의 아들인 인간 예수 그리스도를 가리키는 데 초점이 맞추어져 있습니다. 예수 그리스도는 완전한 인간이십니다. 예수 그리스도는 그 인격과 성품에 있어서 완전하십니다. 그뿐만 아니라 예수 그리스도는 그 몸에서도 완전하십니다. 예수 그리스도께서 부활시에 입으신 새 몸은 부패하지 않고 영원히 실재하는 몸입니다. 그리스도의 형상과 같은 형상을 지닌다는 말은 예수 그리스도의 인성과 같은 인성을 지니게 된다는 뜻입니다. 성부 하나님은 성도들이 예수 그리스도의 인성과 같은 인성 곧 영혼과 몸을 입도록 창세전에 정해 주신 것입니다. 이 일은 언제 이루어집니까? 예수님이 재림하시는 날에 완전히 이루어집니다.

성도가 죄와 사망의 세력으로부터 구원받는다는 것은 타락하기 이전의 아담과 하와가 지녔던 상태의 인성으로 돌아가는 것이 아닙니다. 성도는 아담과 하와의 상태를 훨씬 능가하는 예수 그리스도의 인성과 같은 인성을 입게 되는 것입니다. 새로운 발전이 이루어지고 있음을 감지할 수 있습니다. 여기에는 기독교 특유의 역사관이 반영되어 있습니다. 역사관에는 두 가지 유형이 있는데 하나는 순환사관이고 다른 하나는 직선사관 혹은 발전사관입니다. 순환사관이란 역사는 언제나 출발했던 그 지점으로 돌아간다고 주장하는 사관으로서 고대 희랍에서 시작된 역사관입니다. 자연계에서는 봄에서 시작해서 여름으로 갔다가 가을과 겨울을 거친 다음 원래 출발했던 봄으로 항상 돌아갑니다. 일정한 패턴이 무한히 반복되면서 역사가 전개된다고 해서 순환사관이라고 합니다. 직선사관 혹은 발전사관은 성경에 근거한 역사관으로서 역사는 시작이 있고 끝이 있다고 주장하는 역사관입니다. 직선사관은 역사는 과거의 출발 지점으로 돌아가는 것이 아니라 이전에 없었던 새로운 단계로 나아간다고 주장합니다.

그러면 구원받은 성도는 어떤 점에서 아담과 하와보다 월등히 나은 다른 단계로 나아가는 것일까요? 아담과 하와의 영혼에는 자유롭게 선택할 수 있는 능력이 주어졌는데, 이 자유를 가지고 하나님께 순종하여 영생을 선택할 수도 있었고 하나님께 불순종하여 멸망을 선택할 수도 있었습니다. 아담과 하와는 무죄상태였으나 선으로도 악으로도 기울어질 가능성을 지니고 있었습니다. 그러나 성도는 이런 상태로 돌아가는 것이 아닙니다. 성도는 육체적인 죽음을 맞이하는 순간에 하나님의 주권적인 은혜로 영혼이 완전히 성화되는 영화의 선물을 받습니다. 이때 성도의 영혼은 진정한 자유의 능력을 얻습니다. 이 말의 의미는 성도는 완전하게 자유로운 선택을 통해 항상 하나님께 순종하는 편만을 선택하게 된다는 것입니다. 영화된 성도는 완전한 자유를 행사하되 악의 편, 곧 하나님께 불순종하는 편은 절대로 선택하지 않는 상태에 들어갑니다.

아담과 하와의 몸은 영생할 수 있는 몸이었으나 공간의 제약을 받는 몸이었습니다. 그러나 재림의 때 성도가 입게 될 몸은 공간의 제약을 받지 않는 몸입니다.

아담과 하와가 살던 에덴동산은 전원田園만 있는 곳이었으나 재림의 때에 성도들이 들어가게 될 새 하늘과 새 땅은 전원뿐만 아니라 새 예루살렘이라는 도시가 있는 곳입니다.

‘미리 아심’과 ‘미리 정하심’의 이차적 목적은 “이는 그로 많은 형제 중에서 맏아들이 되게 하려 하심이니라”는 말씀에 있습니다. “그”는 하나님의 아들 예수 그리스도를 뜻합니다. “많은 형제”라는 구절에서 형제는 성도들을 뜻합니다. “많은 형제들”이라는 말은 주의 깊게 이해되어야 합니다. “많은 형제들”이라는 표현이 “적은 수의 형제들을 제외한 나머지 다수의 형제들”이라는 뜻으로 쉽게 오해될 수 있습니다. 이 구절을 이렇게 이해하면 예수 그리스도는 대다수의 성도에게 있어서는 맏아들이 되시지만 소수의 성도에 대해서는 맏아들이 되지 않는다는 의미로 해석될 수 있습니다. 그러나 본문이 말하는 “많은”이라는 형용사는 그런 뜻이 아닙니다. “많은 형제들”이라는 말은 형제들의 숫자가 아주 많다 곧, 성도들의 숫자가 헤아릴 수 없이 많다는 뜻입니다. 예수 그리스도는 성도들 가운데 일부만을 대상으로 하여 맏아들이 되시는 것이 아니라 모든 성도들 - 믿음이 강한 성도들이던, 믿음이 약한 성도들이던 - 의 맏아들이 되십니다.

그렇다면 예수 그리스도께서 성도들의 맏아들이 된다는 말이 무슨 뜻일까요? 맏아들의 의미를 정확하게 설명해 주는 본문이 골로새서 1:18입니다. “그는 교회의 머리시라 그가 근본이시요 죽은 자들 가운데서 먼저 나신 이시니 이는 친히 만물의 으뜸이 되려 하심이요.” 이 본문에 보면 “죽은 자들 가운데서 먼저 나신 이시니”라는 말이 바로 예수 그리스도께서 성도들의 맏아들이 되신다는 말과 정확히 같은 뜻입니다. 맏아들이 되신다는 말은 두 가지 의미를 지닙니다.

첫째로, 맏이는 동생들을 지도하는 역할을 담당합니다. 부모가 부재중일 때는 부모 역할을 대신합니다. 골로새서의 본문은 예수 그리스도께서 성도들의 맏아들이 되셨다는 말의 의미를 '만물의 으뜸이 되는 것'으로 설명합니다. 만물의 으뜸이 된다는 말은 만물의 주 곧 만물의 왕, 우주의 왕이 되신다는 뜻입니다.

둘째로, 맏아들은 다른 가정의 아이들에게까지 부모 역할을 대신해 주지 않습니다. 맏아들의 부모 역할 대행은 맏아들이 속한 가정의 동생들에게 한정됩니다. 이 점이 중요합니다. 본문은 예수 그리스도께서 모든 세상 사람의 맏아들이라고 말하지 않습니다. 예수 그리스도께서는 "많은 형제들" 곧, 성도들만의 맏아들이십니다. 골로새서의 본문도 예수 그리스도께서 만물의 으뜸이라고 말하기에 앞서서 "교회의 머리시라"라고 말합니다.

이를 통해 알 수 있는 사실은 예수 그리스도의 왕 되심은 매우 특별한 왕 되심이라는 것입니다. 성부 하나님이 직접 모든 만물을 통치하시는 온 우주의 섭리자이자 왕이신 것과는 달리 예수 그리스도께서는 교회의 머리로서 교회를 통하여 그리고 교회를 위하여 간접적으로 만물을 통치하시는 왕이십니다. 이 왕 되심을 신학에서는 "중보적 왕권"이라고 합니다. 예수 그리스도께서는 교회 곧 구원받은 성도들을 통하여 만물을 다스리십니다. 또한 예수 그리스도께서는 교회 곧 구원받은 성도들에게 유익이 되도록 만물을 독특한 방법으로 이용하십니다. 예수 그리스도께서는 이 세상에서 일어나는 모든 일이 성도들에게 영적으로 유익이 될 수 있도록 통치해 나가십니다. 28절이 말한 것처럼 '모든 것이 합력하여 선을 이룰 수 있도록' 만물을 이용하십니다. 그런 점에서 예수 그리스도의 중보적 왕권은 성부 하나님의 왕권과 성격이 다릅니다. 이 왕권의 행사는 재림 때까지 성도들에게만 열려 있고 불신자들에게는 가려져 있습니다.

이 왕권의 행사가 어떤 것인지 몇 가지 예를 들어보겠습니다. 이 예들은 그리스도께서 구원계획의 성취를 위하여 우주의 사건들을 활용하시는 것을 보여 줍니다. 당대 최고 법체계를 자랑했던 로마 법정에서 진행된 빌라도의 재판이 인류 구속사역을 성취하는 도구로 이용되었습니다. 로마군 출정을 위하여 건설한 아피안 대로는 복음의 세계적 전파의 도구로 사용되었습니다.

예수 그리스도의 중보적 왕권은 그리스도께서 만물을 발아래 복종시키시는 최종 승리 후_{엡 1:22}, 그리스도께서 세상 나라를 성부 하나님께 넘겨 드릴 때_{고전 15:24} 종결됩니다. 예수 그리스도의 중보적 왕권은 아담과 하와가 죄를 범한 시점에 시작되었다가 사탄과 죄의 세력을 최종적으로 제압하는 재림 때까지만 지속됩니다. 재림 시에 중보적 왕권을 성부 하나님께 넘겨드린 예수 그리스도는 하나님 우편에서 성부와 성령과 함께 다스리십니다.

부르심: 역사 안의 첫 정차역

어떤 대상을 마음속으로 깊이 사랑하고 그 사랑의 실행을 위한 계획을 치밀하게 설계해 놓는다고 하더라도 실행에 옮기지 않으면 아무런 의미가 없습니다. 짝사랑이나 플라토닉 러브는 흥미 있는 소설이나 드라마 주제는 될 수 있을지 몰라도 현실 속에서는 불행한 일입니다. 하나님이 인류 가운데 일부를 마음속으로 사랑하셔서 미리 선택하시고 사랑을 구체적으로 실행에 옮기는 치밀한 계획을 구상해 놓으셨다 하더라도 역사와 시간 안에서 구체적으로 실행에 옮기지 않으시면 아무런 의미가 없습니다.

하나님은 창세 전에, 마음속에 품으셨던 '미리 아심'과 '미리 정하심'을 역사와 시간 속에서 구체적으로 실행하기 시작하시는데, 그 첫 단계가 부르심입니다. 하나님의 구원사역의 열차는 역사와 시간 안에서 '부르심'역에서 처음 정차하여 창세 전에 결정해 두신 목록에 적혀 있는 승객을 탑승시킵니다.

하나님의 부르심은 세 단계를 거칩니다. 본문에서 말하는 부르심은 세 번째 단계의 부르심을 가리키며 이전의 두 단계는 세 번째 단계의 부르심의 길을 닦는 예비적 부르심입니다.

첫 번째 단계는 일반적인 부르심이라고 부르는 단계입니다. 이 단계는 이 세상에 사는 모든 사람에게 창조주 하나님이 실재하시며 이 세계는 창조주 하나님이 만드신 세계임을 알도록 부르시는 부르심입니다. 로마서 1:19-20에 보면 하나님은 모든 사람의 마음속에 창조주 하나님을 알 수 있는 능력을 두셨고, 만물에는 창조주 하나님이 살아계셔서 만물을 창조하셨음을 보여 주는 증거들을 두셔서 모든 세상 사람이 창조주 하나님이 살아 계심을 인정하도록 부르십니다.

그러나 절대다수의 세상 사람들이 이 부르심에 응하지 않거나 잘못된 방식으로 응답합니다. 이 세상을 창조하신 창조주 하나님을 인정하지 않고 오히려 피조물 가운데 하나를 하나님으로 오해하는 우상숭배에 빠집니다.

두 번째 단계는 말씀을 통한 외적인 부르심입니다. 이 부르심은 모든 세상 사람에게 복음을 전하여 구원받도록 초청하는 것을 뜻합니다. 이 부르심은 단지 창조주 하나님을 인정하도록 초청하는 것이 아니라 모든 사람은 하나님 앞에서 죄인이며, 죄에 대한 형벌로서 사망의 형벌을 받아야 하며, 죄와 사망으로부터 자유함을 얻도록 하기 위해 예수 그리스도를 구주로 영접하도록 초청하는 것입니다. 이 초청은 사람들을 강제하지 않습니다. 사람들은 이 초청을 받아들일 수도 있고 거부할 수도 있습니다. 마태복음 22장과 누가복음 14장에 있는 혼인잔치의 비유가 외적 부르심을 다루고 있습니다. 어떤 임금이 혼인 잔치를 마련하고 사람들을 초청합니다. 그러나 사람들은 이 초청을 받아들일 수도 있고 거부할 수도 있습니다.

마지막 세 번째 부르심은 말씀의 유효한 내적인 부르심으로서 오늘의 본문이 말하는 부르심입니다. 이 부르심은 성령께서 예수님이 십자가 위에서 이룩하신 구속사역이 담긴 말씀을 들고 어떤 사람의 마음 문 앞에 서서 문을 두드리면서 예수님을 구주로 받아들이도록 구원의 초청을 하는 것을 뜻합니다. 이 구원의 초청은 초청받은 자가 도저히 거부할 수 없는 부르심입니다. 이 부르심은 "소환"이라고 말하는 것이 더 정확합니다. 대통령이 외국에 나가 있는 대사에게 본국으로 귀국하라는 소환장을 보내면 대사는 이 소환을 거부할 수 없습니다.

국가와 국가 사이에서 어떤 조약을 체결할 때 대통령이 조약을 체결하는 현장에 등장한다는 것은 조약 체결을 위한 사전 실무적인 준비는 이미 끝나 이제 문서에 서명하는 일만 남았다는 뜻입니다. 대통령이 실무적인 준비를 부실하게 해 놓아 현장에서 조약이 깨지는 일은 없습니다. 이처럼 성령께서 직접 나서서 어떤 사람을 부르신다는 것은 이 사람이 부르심에 응하기 위한 사전공작이 다 끝났다는 뜻입니다. 성부 하나님으로부터 구원열차에 탑승할 승객 명단을 넘겨받으신 성령께서는 치밀한 전략을 수립하여 명단에 있는 승객을 기필코 탑승시키고야 맙니다.

'부르심'역에 들어 온 승객들은 들어오자마자 이 역에 다른 이름이 붙어 있는 것을 발견합니다. 그 역의 이름은 '의롭다 하심'역입니다. '의롭다 하심'역 밑에는 또 다른 역의 이름들이 보입니다. 하나는 '중생'역이고 다른 하나는 '양자 됨'역입니다. 성부 하나님은 미리 아시고 미리 정하신 자들을 유효하게 부르시는 바로 그 순간에 그리스도께서 이루신 의에 근거하여 이들이 완전히 불의한 자들임에도 불구하고 완전히 의로운 자로 여겨 주시고, 또한 바로 그 순간에 거듭나게 하시고, 또한 바로 그 순간에 양자로 삼아 주십니다. 유효한 부르심, 의롭다 하심, 거듭나게 하심, 양자로 삼으심은 동시에 그리고 단번에 일어나며, 이로써 성도의 구원은 실효적으로 영원히 확정됩니다.

영화: 종착역

하나님의 구원사역 열차는 '영화롭게 하심'역에 이르러서 운행을 종료합니다. 영화롭게 하심은 완전히 거룩한 인간이 되는 것을 뜻합니다. 성도의 영화롭게 하심은 두 단계로 진행됩니다. 첫 번째 단계는 영혼이 완전하게 거룩해지는 단계입니다. 육체적 죽음을 맞이하는 순간 하나님은 죄로 얼룩져 있는 성도의 영혼을 영원한 천국에서의 생활에 적합한 거룩하고 깨끗한 영혼으로 변화시켜 주십니다. 두 번째 단계는 하나님이 예비하신 새 몸을 입는 단계로서 재림 때 일어납니다. 재림 때 성도들의 몸은 썩지 않고 공간적으로 제한받지 않는 완전한 새 몸을 입게 될 것입니다. 영혼의 영화는 전적으로 하나님의 은혜를 통하여 값없이 이루어지며, 우리의 몸이 완전한 몸으로 변화되는 것도 전적으로 하나님의 은혜를 통하여 값없이 이루어집니다.

단회적 사건

그런데 본문을 주의 깊게 살펴보면 한 가지 흥미로운 사실을 발견하게 됩니다. '미리 아심', '미리 정하심', '부르심', '의롭다 하심', '영화롭게 하심'이 모두 부정과거 형태로 되어 있다는 것입니다. 이 사실은 몇 가지 매우 중요한 의미들을 지니고 있습니다.

첫째로, 이 단계들이 모두 부정과거 형태로 되어 있다는 말은 이 단계들이 모두 단회적으로 이루어진다는 뜻입니다. 이 다섯 단계의 하나님의 사역들은 모두 전광석화와 같이 "단번에," 번개가 번쩍이는 것과 같은 찰나적인 순간에 일어납니다. 그리고 그것으로 바로 마무리됩니다.

둘째로, 이 다섯 단계의 일들이 "단번에" 이루어진다는 말은 이 일들이 전적으로 하나님만이 하시는 일들임을 뜻합니다. 사람이 하는 일들의 특징 가운데 하나는 오랜 시간 질질 끌면서 일을 진행한다는 것입니다. 인간에게는 번개가 번쩍이는 찰나의 순간에 어떤 매우 중요한 일을 해낼 수 있는 능력이 없습니다. 하나님이 찰나의 순간에 어떤 일을 진행하실 때 인간이 끼어들 여지가 없습니다. 따라서 다섯 단계의 일들이 단번에 이루어진다는 것은 이 사역들이 인간이 끼어들 여지가 없이 100% 하나님이 주도하여 행하시는 사역임을 뜻합니다.

'미리 아심'과 '미리 정하심'은 아예 인간이 세상에 존재하기도 전에 단번에 완성된 사건들이므로 인간이 끼어들 여지 자체가 없습니다. 역사와 시간 안에서 일어나는 부르심은 인간이 하나님과 약속 시간을 정해 놓고 만나서 서로 조건을 확인하고 서로 의사를 확인하고 계약서를 쓰는 시간이 아닙니다. 하나님이 미리 치밀하게 계획하셔서 마음으로나 환경으로나 도저히 빠져나갈 수 없게 그물을 쳐두시고 하나님이 이미 전략적으로 정해 두신 때에 딱 찾아오셔서 우리를 소환하면 우리는 꼼짝 못 하고 불림을 받고 나가 죄를 회개하고 예수 그리스도를 구주로 믿고 영접하게 되는 것입니다. 바로 그 순간에 하나님은 우리를 의로운 자로 선언해 주시고, 하나님의 양자로 선언해 주시고, 우리의 속사람을 거듭나게 해주십니다.

셋째로, 바울은 육체적 죽음의 때에 값없이 은혜로 주어질 완전한 영혼의 성화, 그리고 재림의 때에 역시 값없이 은혜로 주어질, 썩을 몸의 썩지 않는 몸으로의 변화도 부정과거형으로 표현하여 단번에, 찰나의 순간에 이루어진다는 점을 분명히 합니다. 그런데 여기서 과거시제를 사용하는 것이 맞는가 하는 의문이 제기될 수 있습니다.

미리 아심과 미리 정하심을 과거시제로 표현한 것은 이해가 됩니다. 하나님이 창세전에 행하신 일이기 때문입니다. 그러나 부르심과 의롭다 하심과 영화롭게 하심을 과거시제로 표현한 것은 절반은 이해가 되고 절반은 이해가 안 됩니다. 바울이 이 말을 한 시점을 기준으로 하여 그 이전에 부르심을 받고 의롭다 하심을 받은 성도에 대해서 과거시제를 사용하는 것은 이해가 됩니다. 영화롭게 하심을 영혼의 영화의 관점에서 보면 바울이 이 말을 한 시점 이전에 육체적 죽음을 맞이한 성도에 대해서는 당연히 과거시제를 사용할 수 있습니다. 그러나 바울이 이 말을 한 시점 이후에 부르심과 의롭다 하심을 받을 사람들을 대상으로 해서도 과거시제를 쓰는 것은 이해가 안 됩니다. 살아 있는 성도의 영혼의 영화는 미래에 이루어지게 되고, 또한 모든 성도의 몸의 영화는 재림 시에 이루어질 예정이기 때문입니다.

그러면 바울이 먼 과거, 현재, 미래를 불문하고 다섯 단계를 모

두 과거시제로 표현하는 이유는 무엇일까요? 헬라어에서 과거시제
는 시간의 흐름에 있어서 과거에 일어난 사건을 표현할 때도 있으나,
예언적 과거라는 다른 어법이 있습니다. 예언적 과거는 말하는 자가
미래에 확실하고 분명하게 일어날 일을 머릿속에 그리면서 말하는
어법입니다. 말하는 자 곧 예언자의 머릿속에서는 미래에 일어날 일
이 이미 눈앞에 선명하게 일어난 일이므로 과거시제로 표현하는 것
입니다. 예언자가 미래에 일어날 일을 과거시제로 표현하는 것은 그
일이 확실하게 일어난다는 예언자 자신의 확신을 표현하는 어법입
니다.

성화가 빠진 이유

넷째로, 다섯 단계의 정차역에는 성도의 삶에서 중요한 비중을
차지하고 있는 성화가 빠져 있습니다. 그 이유는 성화는 최종적인
전인의 구원이 주어질 때 하는 역할이 없기 때문입니다. 성화는 성
도가 이 세상을 사는 동안 거룩하고 도덕적으로 바른 삶을 살아내기
위해 노력하는 과정을 뜻합니다. 성화의 과정은 하나님께서 은혜 아
래 인간이 행하는 노력으로 진행됩니다. 성화는 단번에 일어나는 과
정이 아니라 점진적으로, 그리고 평생에 걸쳐서 일어나는 일입니다.
이 점에서 성화는 인간의 노력이 전혀 관여할 수 없는 단회적이고
찰나적인 사건인 부르심, 의롭다 하심, 중생, 양자 됨, 영화와는 성
격이 다릅니다. 일단 인간의 노력이 관여하면 아무리 하나님의 은혜

를 받아도 망가지게 되어 있습니다. 성도의 겉 사람 안에는 여전히 죄의 잔재가 강하게 남아 있고 마지막 영화의 날에 하나님이 값없이 은혜로 변화시켜 주시기 전에는 이 죄의 잔재로부터 누구도 자유로울 수 없기 때문에 인간의 노력이 관여하는 한 절대로 완전한 거룩에 이를 수가 없습니다. 손이 닿기만 하면 모든 것을 황금으로 변화시키고 마는 마이더스의 손처럼 인간의 노력이 개입되는 한 더럽혀지는 것을 피할 수 없습니다. 따라서 성화의 결과가 구원을 결정하는 데 조건으로 개입되면 인간은 결코 최종적인 구원을 받을 수 없습니다. 따라서 바울은 다섯 단계의 구원사역의 정차역 혹은 황금사슬에 성화를 포함시키지 않습니다.

성화의 과정은 두 가지 목적을 위하여 하나님이 준비하신 것입니다. 하나는 성화의 과정을 겪으면서 우리는 인간의 죄가 얼마나 뿌리 깊은 것인가를 절감하게 되고 그 과정을 통하여 타락한 인간의 실체를 정확하게 인식할 수 있습니다. 거룩한 삶을 영위하고자 하는 우리의 시도는 번번이 실패로 끝나는 것을 우리는 경험할 수 있습니다. 이 경험을 통하여 인간의 죄의 뿌리가 얼마나 깊은가를 알게 됩니다. 다른 하나는 성화는 장차 새 하늘과 새 땅에서의 영원한 삶을 시뮬레이션해 보는 훈련 과정입니다. 이 과정은 마지막 날의 영화에 어떤 영향도 끼칠 수 없으나 성도가 현세 안에서 장차 들어가게 될 새 하늘과 새 땅에서의 생활이 어떤 것인가를 미리 연습하는 과정으로서 의미가 있습니다.

은혜의 정차역

다섯째로, 성도들은 자신의 삶이 하나님의 은혜로 이루어지는 삶임을 고백합니다. 다섯 단계의 정차역 혹은 황금사슬은 하나님의 은혜를 구체적이고 체계적으로 보여 주는 것입니다. 다섯 단계의 하나님의 구원역사가 전적으로 하나님의 주도하에 은혜의 선물로 이루어진다는 사실은 성도들이 구원의 확신을 가질 수 있는 탄탄한 근거가 됩니다.

8:31 그런즉 이 일에 대하여 우리가 무슨 말 하리요 만일 하나님이 우리를 위하시면 누가 우리를 대적하리요

8:32 자기 아들을 아끼지 아니하시고 우리 모든 사람을 위하여 내주신 이가 어찌 그 아들과 함께 모든 것을 우리에게 주시지 아니하겠느냐

8:33 누가 능히 하나님께서 택하신 자들을 고발하리요 의롭다 하신 이는 하나님이시니

8:34 누가 정죄하리요 죽으실 뿐 아니라 다시 살아나신 이는 그리스도 예수시니 그는 하나님 우편에 계신 자요 우리를 위하여 간구하시는 자시니라

5장부터 시작된 성도의 구원의 확신에 관한 바울의 서술은 8:31-39에 이르러서 마무리됩니다. 바울은 31절에서 성도의 구원의 확신에 관한 서술의 결론을 내리고, 32절에서 성도의 구원의 확신의 근거가 되는 하나님의 사역의 핵심을 요약합니다. 33-39절에서는 하나님의 두 가지 속성 곧, 공의의 속성과 사랑의 속성을 근거로 성도의 절대적인 구원의 확신을 말합니다. 성도가 두 가지 상황에 부닥칠 때 구원의 확신을 흔드는 강력한 공격이 찾아옵니다. 하나는 성도가 구원받은 백성에 합당한 삶을 영위하는 데 실패하고 불의한 생활에 빠져드는 때입니다. 이때 사탄이 성도의 마음에 잠입하여 성도의 구원의 확신을 무너뜨리기 위한 집요한 공격을 시도합니다. "네

가 이렇게 불의한 모습을 가지고도 하나님의 구원받은 백성이라고 말할 수 있는가?" 이 사탄의 공격에 대한 하나님의 대응이 33-34절에 서술되어 있습니다. 바울은 불의한 백성을 의롭다 여겨 주시는 것이 하나님의 법적인 공의에 부합하는 일임을 강조함으로써 사탄의 공격을 정면으로 받아칩니다. 다른 하나는 성도가 극심한 고난 속에 빠져 있을 때입니다. 이때도 사탄이 성도의 마음에 잠입하여 성도를 향한 하나님의 사랑에 의문을 품게 하는 방법으로 성도를 공격합니다. "너를 사랑하는 하나님이 살아 계시는 분이라면 어떻게 너를 이런 극심한 고난 속에 방치할 수가 있는가?" 이 공격에 대한 하나님의 대응이 35-39절에 서술되어 있습니다. 바울은 이 공격에 대해서도 성도가 고난을 받는 것이 오히려 하나님의 사랑의 증표가 됨을 강조함으로써 사탄의 공격을 맞받아칩니다. 이 장에서는 34절까지 다루고, 35-39절은 다음 장에서 다루기로 하겠습니다.

흔들 수 없는 성도의 구원

바울은 31절에서 성도의 구원의 확신에 관하여 5:1-8:30에 서술한 내용의 결론을 말합니다. "그런즉 이 일에 대하여 우리가 무슨 말 하리요 만일 하나님이 우리를 위하시면 누가 우리를 대적하리요." "그런즉." 이 접속부사는 "이제 지금까지 내가 말한 내용의 결론을 내리겠다"는 뜻입니다. "이 일에 대하여 우리가 무슨 말 하리요." "이 일"은 가장 가깝게는 8:28-30을 가리키고, 조금 넓게 본다면 5:1-8:30

에 서술한 내용을 가리키며, 좀 더 넓게 본다면 1:16-8:30에 서술한 내용 전체를 가리킵니다. "지금까지 말한 모든 내용으로부터 어떤 결론을 도출해 낼 수 있습니까?" 바울은 이렇게 질문을 한 다음에 한 구절로 요약하여 답변합니다. "만일 하나님이 우리를 위하시면." 바울이 1:16부터 서술해 온 복잡하고 풍부한 내용들의 핵심은 '하나님이 우리 곧 성도들을 위하신다'는 것입니다.

개역개정판은 이 조건절을 "만일…하면"이라는 가정법으로 표현했는데, 이 조건절이 순전히 가정적 상황만을 말하고 있다고 보아서는 안 됩니다. 왜냐하면 '하나님이 우리를 위하신다'는 것은 가정적 상황을 묘사하는 것이 아니라 사실을 전제하는 것이기 때문입니다. 그러므로 이 조건절은 "때문에"로 번역하는 것이 더 나은 번역입니다. "하나님이 우리를 위하시기 때문에." 불의한 자를 완전히 의로운 자로 여겨 주시는 것, 죄와 사망의 통치 안에 있던 우리를 은혜와 생명이 통치하는 영역 안으로 이동시켜 주시는 것, 하나님의 양자로 선언해 주시는 것, 우리 안에 들어오신 성령께서 우리의 속사람을 거듭나게 하시고 성령께서 말할 수 없는 탄식으로 성도를 위하여 기도하시는 것, 모든 것이 합력하여 성도에게 선이 되도록 해주시는 것, 미리 아시고 정하시고 부르시고 의롭다 하시고 마침내 영화롭게 해주시는 것 등이 모두 하나님이 '우리를 위하시는' 다양한 방법들입니다. 하나님이 우리를 위하여 취하신 이 모든 조치들은 가정적 상황이 아니라 사실입니다.

"누가 우리를 대적하리요." 이 질문은 수사학적 질문이라는 어법으로서 질문자의 확신을 강조하는 어법입니다. 하나님이 우리를 위하시기 때문에 우리를 대적할 자가 없다는 것입니다. 이 본문은 "우리를 대적할 자가 등장하지 않는다"는 말을 하는 것이 아닙니다. 이 본문은 성도들을 대적할 자들이 많이 등장할 것을 예상하면서, 이들이 성도들을 넘어뜨리려는 집요한 시도를 하겠지만 이들의 시도는 결코 성공하지 못한다고 말하는 것입니다.

성도가 신앙생활을 시작하면 많은 세력이 집요하게 성도의 구원의 확신을 흔들기 위한 강력한 공격을 가해 옵니다. 바울은 이 공격에 대응하면서 성도의 구원의 확신의 근거가 되는 하나님의 사역의 핵심을 32절에서 제시합니다. "자기 아들을 아끼지 아니하시고 우리 모든 사람을 위하여 내주신 이가 어찌 그 아들과 함께 모든 것을 우리에게 주시지 아니하겠느냐." 이 본문은 하나님이 우리를 위하여 행하신 일들 가운데 가장 결정적이고 중요한 한 가지를 말하고, 그 일에 근거하여 미래에 해주실 일을 말합니다.

하나님이 우리를 위해 행하신 한 가지 일은 "자기 아들을 아끼지 아니하시고 우리 모든 사람을 위하여 내주신" 일입니다. "자기 아들을." "자기"는 정확히 번역하면 "자기 자신의"를 뜻하는데, 이 표현은 신학적으로 매우 의미 있는 표현입니다. "자기 자신"이라는 말은 "하나님 자신"이라는 뜻입니다. 하나님 자신의 아들은 성부 하나님과 본질이 동일한 하나님입니다. 예수 그리스도는 하나님이 아닌 인간일 뿐인데, 다만 도덕성이나 어떤 능력이 월등히 탁월하여 하나님과 같은 수준으로 대우받게 된 그런 분이 아니며, 또한 하나님이라는 가면을 쓰고 등장한 그런 분이 아닙니다. 예수 그리스도는 본질 그 자체가 하나님이신 하나님의 진정한 친자이십니다. 따라서 예수 그리스도가 하나님이라는 말은 성도가 하나님의 자녀라는 말과는 의미가 다릅니다. 성도를 하나님의 자녀라고 부를 때는 성도가 본질상 하나님이라는 뜻이 아니라 하나님의 아들이신 예수 그리스도를 구주로 영접한 것에 근거하여 하나님의 자녀로 여김을 받는 것을 뜻합니다. 성도는 하나님의 친자가 아니라 양자입니다^{롬 8:15}. 예수 그리스도는 하나님의 유일한 친자로서 하나님이 가장 소중하게 여기는 존재이십니다. 성부 하나님에게 있어서 하나님의 아들 예수 그리스도는 우주 전체를 합한 것보다 월등히 더 값진 존재이십니다.

바울은 성부 하나님이 가장 소중한 존재인 유일한 아들을 '아끼지 않고 내어주셨다'고 말합니다. 본문은 소극적인 의미를 지닌 동사 '아끼지 않다'와 적극적인 의미를 지닌 동사 '내어주신다'는 동사를 연속적으로 사용하여 성부 하나님의 행동의 적극성을 강조하고 있습니다. 모든 인간에게는 소중하게 여기는 어떤 대상을 내돌리지 않고 아껴 두려는 본능이 있습니다. 그런데 성부 하나님은 가장 소중하게 여기는 대상인 아들을 아끼지 않겠다는 중대한 결심을 하셨습니다. 성부 하나님은 가장 사랑하는 대상인 예수 그리스도를 아끼지 않고 성도를 위해 어떤 곳에 내주시기로 결심하셨습니다. 이 어떤 곳은 아주 끔찍한 곳입니다. 그곳이 어디인가를 성경본문을 근거로 확인해 보겠습니다.

첫째, 성부 하나님은 성자 하나님을 내버리셨습니다. 이 사실은 십자가 위에 달리신 예수 그리스도의 부르짖음에 잘 나타나 있습니다. "나의 하나님, 나의 하나님, 어찌하여 나를 버리셨나이까"마 27:46. 성부 하나님은 성자 하나님을 사람들로부터 버림받는 자리에 내주셨을 뿐만 아니라 성부 하나님 자신으로부터도 버림받는 자리에까지 내주셨습니다. 성부 하나님으로부터 단 일 초도 사랑의 관계에 있어서 단절되어 본 일이 없는 하나님의 아들이 최소한 3일 동안 사랑의 관계가 완전히 단절되고 완전히 버림받는 관계에 들어가셨습니다. 하나님께는 하루가 천년 같고 천년이 하루 같이 인식될 수 있습니다. 성부 하나님과 성자 하나님 사이에 사랑이 깨어져 금이 간 3일간의 시간은 체감의 정도에 있어서 삼천 년을 능가하는 길고 긴 암흑의 기간이었습니다.

둘째, 성부 하나님은 하나님의 아들을 죄인의 자리에 내주셨습니다. "하나님이 죄를 알지도 못하신 이를 우리를 대신하여 죄로 삼으신 것은 우리로 하여금 그 안에서 하나님의 의가 되게 하려 하심이라"고후 2:21. 이 본문은 하나님으로부터 버림받으신 하나님의 아들이 '죄를 알지도 못하는 분'이었으나 죄인인 인간들이 범한 죄를 모두 어깨에 짊어지시고 죄인으로 서시는 자리에 내던져지셨음을 말하고 있습니다.

셋째, 성부 하나님은 인류를 대신하여 죄인의 자리에 서신 하나님의 아들을 죄인에게 내리는 형벌을 대신 받으시는 자리에 내주셨습니다. 갈라디아서는 이 일을 그리스도께서 우리를 위하여 저주를 받으셨다고 표현하고 있습니다. "그리스도께서 우리를 위하여 저주를 받은 바 되사 율법의 저주에서 우리를 속량하셨으니 기록된바 나무에 달린 자마다 저주 아래에 있는 자라 하였음이라"갈 3:13. 하나님의 아들이 받으신 저주의 내용은 십자가에서 죽으시는 것이었습니다. "사람의 모양으로 나타나사 자기를 낮추시고 죽기까지 복종하셨으니 곧 십자가에 죽으심이라"빌 2:8.

그렇다면 하나님은 하나님의 아들을 누구를 위하여 아끼지 않으시고 내주셨을까요? 본문은 "우리 모든 사람을 위하여"라고 말합니다. 이 구절은 그 의미가 모호하게 번역되어 있습니다. "우리 모든 사람"은 마치 모든 인류를 가리키는 것처럼 들릴 수 있습니다. 그러나 헬라어 원문은 "우리 모두"라고만 되어 있습니다. "사람"이라는 단어는 없습니다. 번역자는 이 표현이 "사람"을 말한다고 추정하여 번역했는데, 이 추정이 오히려 본문의 뜻을 모호하게 만들어 버렸습니다. "우리"는 성도들만을 뜻합니다. 따라서 "우리 모두"는 성도들 전체를 가리키는 표현이라고 보는 것이 정확한 판단입니다. "우리 모두"는 제한성과 포용성을 동시에 가지고 있습니다. 제한성은 이 표현이 불신자를 배제한다는 것입니다. 포용성은 이 표현이 신자들 가운데 특정한 신자만을 가리키는 표현이 아니라 예수 그리스도를 구주로 영접한 모든 신자를 포함한다는 것입니다. "우리 모두"를 믿음 생활이 모범적이고 탁월한 특정 신자만을 선별하여 가리키는 표현이라고 보면 안 됩니다.

　바울은 성부 하나님이 가장 소중하게 여기시는 것을 성도들을 위하여 주셨을 때 당연하게 뒤따르는 결과를 하나 제시하고 있습니다. "어찌 그 아들과 함께 모든 것을 우리에게 주시지 아니하겠느냐." 성부 하나님이 가장 소중한 것을 성도에게 내주신 이상, 그 후속 조치로서 약속한 것들을 무상으로 주시리라는 것은 의심의 여지 없이 확신할 수 있습니다. "모든 것"은 그리스도를 구주로 영접하여 성도가 된 신자들이 그 이후의 신앙생활에 필요한 것들을 총망라한 것입니다. 신자들이 이 세상을 살아갈 때 겪는 모든 일들이 신자의 신앙생활의 유익을 증진하는 일에 도움이 되도록 해주시겠다는 하나님의 약속이 "모든 일" 안에 들어 있습니다. 성도가 육체적 죽음을 맞이하는 날에 영혼을 완전하게 성화시켜 주시고, 재림의 때에 신령한 새 몸을 주실 것이라는 약속도 이 모든 일 안에 들어 있습니다. 성부 하나님이 가장 소중한 존재인 자기의 아들을 희생시키시면서까지 시작한 구원사역을 도중에 신자가 보여 준 어떤 실패 때문에 중단하거나 흐지부지하게 만드신다는 것은 있을 수 없는 일입니다. 성부 하나님에게는 용의 머리로 시작했다가 작은 새끼 뱀의 꼬리로 끝나는 일은 있을 수 없습니다. 성부 하나님에게는 용의 머리로 시작하면 끝도 용의 꼬리입니다.

하나님의 공의는 구원의 확신의 근거

바울은 33-34절에서 하나님의 법적인 공의를 근거로 하여 어떤 대적도 성도의 구원을 흔들 수 없음을 논증합니다. 성도가 신앙생활을 할 때 만나는 가장 취약한 순간은 하나님이 원하시는 바른 삶을 살지 못하는 순간입니다. 이 순간은 사탄이 호시탐탐 노리는 순간이며, 사탄이 가장 좋아하는 순간입니다. 사탄은 은밀하게 숨어서 먹이를 노리다가 기회가 오면 강력한 힘과 날카로운 발톱과 이빨을 드러내면서 위협하여 성도를 겁먹게 만든 다음 바들바들 떨고 있는 성도를 향해 이렇게 음흉하게 속삭입니다. "너의 모습을 솔직하게 들여다보아라. 이런 삶의 모습을 가지고도 네가 거룩한 하나님의 자녀라고 할 수 있는가? 네가 과연 하나님 나라의 백성인가?" 이 속삭임을 듣고 겁이 덜컥 난 성도는 불안해하면서 이렇게 생각합니다. "내가 과연 구원받은 백성이 맞는가? 나는 아예 처음부터 구원받은 백성이 아닌데 내가 구원받았다고 오해한 것은 아닌가? 아니면 처음에는 구원을 받았는데 중간에 구원이 취소되었는가?"

기각되는 사탄의 고발

사탄의 전략은 여기서 끝나지 않습니다. 사탄은 불안에 떨고 있는 성도를 성부 하나님이 재판장으로 계시는 하늘 법정에 고발합니다. 고발의 제목은 "성도 누구누구가 이런 끔찍한 범죄를 범했으므로 구원을 취소시켜 주시기를 청원함"입니다. 사탄의 고발장이 접수

되어 마침내 하늘 법정이 개정됩니다.

이 법정 풍경을 그리면서 바울은 33절에서 이렇게 외칩니다. "누가 능히 하나님께서 택하신 자들을 고발하리요 의롭다 하신 이는 하나님이시니." 바울이 보았을 때 사탄의 고발은 고발 자체가 성립될 수 없는 어이없는 고발입니다. "누가 능히 하나님께서 택하신 자들을 고발하리요"라는 수사학적 질문은 강한 부정적인 답변을 예상하고 하는 질문으로서 질문이라기보다는 강력한 확신을 표현하는 강조어법입니다. 이 질문에 대한 답변은 너무나 자명하기 때문에 답변할 필요조차 없습니다. "성도에 대한 고발 자체가 성립될 수 없다"는 것입니다. 판사이신 하나님이 고발장을 보시는 순간 바로 기각시켜 버리신다는 것입니다. 바울은 성부 하나님이 이 고발을 바로 기각시켜 버리실 수밖에 없는 이유를 하나하나 열거해 갑니다.

첫째, 성도는 하나님 자신이 택하신 자입니다. 이 이유 하나만으로도 성부 하나님이 고발 사건에 대하여 극히 불쾌하게 느끼실 수밖에 없습니다. 하늘 법정의 재판장이신 성부 하나님이 피고의 인적 사항을 보니 창세전에 하나님의 자녀로 미리 아시고 미리 정하신 사람입니다. "내가 창세전에 마음으로 깊이 사랑하여 선택하고 나의 자녀로 이미 받아들인 성도를 감히 나의 법정에서 고발해?"

둘째, 성도는 하나님이 의롭다 하신 자입니다. 하나님이 성도를 고발한 소장을 보니 고발한 죄목이 "피고 성도는 불의한 자다"라고 명시하고 그 증거들을 길게 나열해 놓았습니다. 판사이신 성부 하나님이 이 증거들을 읽어 보니 성도가 예수님을 구주로 영접한 순간에 이미 제시되어 세밀하게 검토한 것들이고, 이미 용서해 주시고, 이 증거들이 있음에도 불구하고 "의롭다"고 판결을 내린 사건입니다. 세상 법정의 판결은 3심제도가 기본 원칙이지만 하늘 법정에서는 단 한 번으로 판결이 영원히 확정되며 번복되지 않습니다. 그 이후에 많은 고발이 들어와도 기존의 판결문을 확인하는 것일 뿐, 새로운 판결은 없습니다. 성부 하나님은 바로 사탄의 고발을 기각시켜 버립니다.

형벌의 요구를 완전히 충족시키신 예수님

바울은 사탄의 고발이 이미 확실하게 기각되었음을 확인한 후에 고발된 죄목에 대한 통상적인 형벌이 어떤 것이고 이 형벌이 어떻게 처리되었는가를 살펴봅니다. "누가 정죄하리요 죽으실 뿐 아니라 다시 살아나신 이는 그리스도 예수시니 그는 하나님의 우편에 계신 자요 우리를 위하여 간구하시는 자시니라"34절. 33절이 고발의 문제를 다루고 있다면, 34절은 고발에 뒤따르는 형벌의 문제를 다룹니다. "누가 정죄하리요." 정죄는 "형벌을 확정한다"는 뜻입니다. 고발이 성립되지 않으면 형벌은 언급할 필요조차 없습니다. 그런데도 불구하고 형벌에 대하여 살펴보아야 하는 이유는 하늘의 법정에서의 판결이 지닌 특수성 때문입니다. 하늘의 법정은 한 치의 오차도 없이 엄격하고도 공정하게 심리와 판결이 진행되는 신적인 공의의 법정입니다. 이 법정에서는 극히 작은 불의조차도 이에 상응하는 형벌이 면제되는 일이 없습니다. 그런데 어떻게 끝없이 나열된 불의의 목록을 가진 성도가 "완전한 의로움"이라는 판결을 받아낼 수 있었을까요? 그 비결은 "죽으실 뿐 아니라"는 구절에 있습니다. 헬라어 원어는 "그, 곧 예수 그리스도께서 죽으셨다"고 되어 있습니다. 성도가 예수님을 구주로 영접하는 순간에 완전히 의롭다는 판결을 받은 것은 하늘 법정의 재판장이신 성부 하나님이 판결을 허술하게 하셨기 때문이 아니라 아들 하나님이 성도가 받아야 할 형벌을 십자가상의 죽음을 통하여 완전히 그리고 남김없이 대신 받으심으로써 하나님 자신의 공의의 요구를 충족시켜 주셨기 때문입니다.

십자가 위에서 죽으신 하나님의 아들께서는 '다시 살아나셨다'고 바울은 계속하여 말합니다. 원문에는 "일으킴을 받으셨다"고 되어 있습니다. 십자가 위에서 죽으신 하나님의 아들께서는 죽음으로부터 일으킴을 받으셨습니다. 누가 하나님의 아들을 일으키셨습니까? 성부 하나님이 일으키셨습니다. 성부 하나님이 하나님의 아들을 죽음으로부터 다시 살리셨다는 것은 성부 하나님의 공의가 완전히 충족되었다는 것과 모든 성도도 하나님의 아들과 같은 방법으로 죽음으로부터 일으킴을 받으리라는 것을 공적으로 선언하신 것을 뜻합니다.

심판주에서 변호인으로

부활하신 예수님은 승천하신 후에 바로 하나님의 우편에 앉으셨다고 바울은 말합니다. "그는 하나님 우편에 계신 자요." 우편은 왕 또는 심판자의 권능을 가진 자리를 뜻합니다. 하나님의 아들이 하나님의 우편에 계신다는 것은 세상의 왕이자 심판자로 서신다는 것을 의미합니다. 요한복음 5:27에 "또 인자됨으로 말미암아 심판하는 권한을 주셨느니라"는 말씀이나 고린도후서 5:10에 "우리가 다 반드시 그리스도의 심판대 앞에 나타나게 되어 각각 선악 간에 그 몸으로 행한 것을 따라 받으려 함이라"는 구절들은 심판자 그리스도를 말하고 있습니다.

그런데 놀라운 반전이 있습니다. 모든 인류에 대한 심판자이신 하나님의 아들께서 신자에 대해서만은 전혀 다른 모습으로 나타나시는 것입니다. 그 모습이 34절 하반절에 서술되어 있습니다. "우리를 위하여 간구하시는 자시니라." 심판자이신 하나님의 아들께서 신자가 하늘 법정에 고발될 때는 즉각 변호인으로 입장을 바꾸어 피고 성도를 적극적으로 변호하는 임무를 수행하십니다.

성도에 대한 심리는 성도가 예수님을 구주로 영접하는 순간 단 한 번 열리는 하늘 법정에서 성부 하나님이 성도를 감싸고 있는 예수 그리스도의 의의 옷을 성도의 옷으로 간주하여 "그리스도처럼 완전하게 의로운 자"로 여겨 주시는 것으로 단번에 종결되었고, 이 판결은 영구적으로 효력이 유지됩니다. 그러나 사탄은 신자들의 불의를 계속하여 물고 늘어지면서 한편으로는 성도들을 미혹하고 다른 한편으로는 성부 하나님 앞에 고발장을 들이대는 무모한 일을 반복합니다.

사탄이 하와에게 나타나 하와가 알아차리기 힘든 방법으로 하나님의 말씀을 살짝 변조하여 말한 것처럼, 사탄은 성도에게 속삭일 때 하나님이 제시한 구원의 길을 살짝 변조하여 말합니다. 성경은 구원의 길을 이렇게 명확히 제시합니다. "사람이 의롭게 되는 것은 율법을 행함으로써가 아니라 오직 예수 그리스도를 믿음으로써 값없이 은혜로 이루어진다." 사탄은 일단 이 말을 옳다고 인정해 줍니다. 그러고 나서 "그러나"를 덧붙입니다. "맞아. 당연히 사람이 예수님을 믿음으로써 값없이 은혜로 의롭다 함을 받지. 그러나 예수님에 대한 믿음이 행함을 완전히 배제하는 것은 아니야. 또 은혜가 행함을 완전히 배제하는 것도 아니야. 행함을 배제한 믿음과 은혜는 하나님을 모독하는 거야. 행함이 포함된 믿음과 은혜로 구원받는다고 포괄적으로 생각하는 것이 훨씬 더 합리적이야." 이 말이 바로 사탄의 교활한 계략입니다. 이 교활한 사탄의 말을 들을 때 우리는 "무슨 소리야! 우리는 예수님을 구주로 영접하는 순간, 과거, 현재, 미래의 모든 죄를 100% 완전히 용서받고 의롭다 함을 받았어"라고 단호하게 부르짖으면서 사탄의 교활한 말장난에 말려 들어가지 않아야 합니다.

사탄은 성도가 범한 불의한 생각과 삶의 목록들을 자세히 적은 고발장을 하늘 법정에서 성부 하나님 앞에 들이댑니다. 성도의 변호인으로 서신 하나님의 아들께서는 성부 하나님께 절박하고 간절한 마음으로 "제발 한 번만 사정을 봐주십시오"라고 읍소하시는 것이 아닙니다. 하나님의 아들께서는 당당하게 변론을 전개하십니다. 하나의 변론은 이것입니다. "성부 하나님, 이 성도의 모든 불의를 제가 십자가 위에서 100% 완전히 짊어지고 상응하는 형벌을 받았습니다." 다른 하나의 변론은 이것입니다. "성부 하나님, 이 사안은 판결이 끝나 영구적으로 종결되어 버린 사안입니다." 하나님의 아들이 당당하게 이 두 변론을 전개하면 사탄의 고발은 즉각 기각되어 버립니다.

하나님의 아들이 변호인, 곧 영원한 대제사장의 입장에서 전개하는 변론적 간구는 하늘 법정에서 새로운 심리를 전개하는 것이 아닙니다. 이미 확정된 판결을 재확인하는 것뿐입니다. 신약 신학자 제임스 던James Dunn은 하나님의 칭의가 단번에 끝난다는 것은 잘못된 말이라고 주장하는데, 이 견해는 잘못된 것입니다. 성부 하나님이 한 번 영구히 의롭다고 판결한 성도를 다시 법정을 열어서 판결을 번복하신다면 그 순간 하나님의 공의는 붕괴되고 맙니다. 이전의 판결이 실수였다는 뜻이 되기 때문입니다. 그렇게 되면 모든 하나님의 판결을 믿을 수 없게 됩니다. 그뿐만 아니라 우리 죄를 대신 짊어지시고 십자가 위에서 죽으신 예수님의 죽으심은 그 효력이 심각하게 손상되고 아무것도 아닌 시시한 죽음이 되어 버립니다.

8:35 누가 우리를 그리스도의 사랑에서 끊으리요 환난이나 곤고나 박해나 기
　　　근이나 적신이나 위험이나 칼이랴
8:36 기록된 바 우리가 종일 주를 위하여 죽임을 당하게 되며 도살 당할 양 같
　　　이 여김을 받았나이다 함과 같으니라
8:37 그러나 이 모든 일에 우리를 사랑하시는 이로 말미암아 우리가 넉넉히
　　　이기느니라
8:38 내가 확신하노니 사망이나 생명이나 천사들이나 권세자들이나 현재 일
　　　이나 장래 일이나 능력이나
8:39 높음이나 깊음이나 다른 어떤 피조물이라도 우리를 우리 주 그리스도 예
　　　수 안에 있는 하나님의 사랑에서 끊을 수 없으리라

33-34절에서 하나님의 공의의 속성에 근거하여 성도의 구원의 확신을 서술한 바울은 35-39절에서는 하나님의 사랑의 속성에 근거하여 성도의 구원의 확신을 서술합니다. 미운 사람은 무엇을 해도 밉게 보입니다. 웃어도 밉고 울어도 밉습니다. 그러나 우리 마음에 예쁜 사람은 무엇을 해도 예쁩니다. 웃어도 예쁘고 울어도 예쁩니다. 하나님이 성도를 보실 때 한번 예쁘게 보시니까 공의의 속성에 근거해서 논증을 전개해도 성도의 구원이 확실하게 보장되고 사랑의 속성에 근거해서 논증을 전개해도 구원이 확실하게 보장됩니다. 이것은 정말로 놀라운 일입니다.

하나님의 공의의 속성에 근거하여 성도의 구원이 확실하게 보장된다는 말은 성도가 하나님의 공의에 부합하는 의롭고 바른 생활을 하는 것을 보시고 하나님이 자신의 공의의 속성에 부합하다고 판단하시고 성도의 구원을 확실하게 보장해 주신다는 뜻은 아닙니다. 이 말의 의미는 성도가 때로는 불의한 생활을 했음에도 불구하고 한번 의롭다 하신 성도의 구원을 확실하게 보장해 주신다는 뜻입니다. 무엇에 근거해서? 그리스도께서 지상 생애와 죽음을 통하여 하나님의 공의의 요구를 완전히 충족시켜 드리신 대속의 공로에 근거해서!

성도는 구원받은 후 신앙생활을 하는 동안 고난을 만나면 하나님의 사랑을 의심할 수 있습니다. "하나님은 살아 계시고, 공의로우시고, 우리를 사랑하시는데 왜 나의 생활에는 이렇게 힘들고 어려운 일들이 찾아오지? 하나님이 살아 계시는 것이 정말 사실일까? 하나님이 공의로우신 분이라는 말이 맞는 말일까? 하나님이 나를 사랑한다는 말이 맞는 말인가?" 이런 의문들이 꼬리를 물고 성도의 마음속에서 일어나며, 이 의문들에 대한 답을 얻지 못하면 성도가 시험에 들 수 있습니다. 35-39절은 이 문제를 다루고 있습니다.

35절에서 바울은 이렇게 질문하면서 시작합니다. "누가 우리를 그리스도의 사랑에서 끊으리요?" 이 질문은 "끊을 수 없다"는 답변을 확실하게 기대하면서 묻는 수사학적 질문입니다. 바울은 이렇게 질문하고 난 후 8장을 마무리하는 39절 마지막 절에서 "우리를 우리 주 예수 그리스도 안에 있는 하나님의 사랑에서 끊을 수 없으리라"고 답변합니다. 이 답변은 1장에서 8장까지 바울 자신이 서술한 내용에 대한 총 결론이자 마무리이기도 합니다.

고난이 성도를 그리스도 예수 안에 나타난 하나님의 사랑으로부터 끊을 수 없다는 점에서 그리스도께서 겪으신 고난과 성도의 고난은 성격이 다릅니다. 그리스도께서 십자가 위에서 받으신 수난은 성부 하나님의 사랑으로부터 확실하게 끊어지는 순간이었습니다. 그러나 성도가 받는 고난은 결코 그리스도 안에 나타난 하나님의 사랑으로부터 끊어지는 순간이 아닙니다. 예컨대 스데반은 돌에 맞아 죽어가는 순간에 하나님의 영광이 나타나고 예수님이 하나님 우편에 서신 광경이 나타나 하나님이 스데반 편에 계심을 분명하게 보여 주었습니다 행 8:55-56.

바울은 어떤 세력도 성도를 그리스도의 사랑으로부터 끊을 수 없음을 수사학적인 질문 형식으로 물은 다음 35절 하반절에서 성도가 이 세상에서 만날 수 있는 고난의 유형들을 나열하면서 이 다양한 유형의 고난들이 성도를 그리스도의 사랑으로부터 끊을 수 없음을 강조합니다. "환난이나 곤고나 박해나 기근이나 적신이나 위험이나 칼이랴." 이 고난의 유형들은 바울 자신이 선교사역을 하면서 경험한 것들 가운데 일부를 생각나는 대로 열거한 것입니다. 이 항목들은 점층법의 형식으로 기록된 것으로서 비교적 가벼운 것으로부터 시작하여 뒤로 갈수록 점점 더 강도가 강해지는 것으로 나열되어 있습니다. 어떤 점에서 강도가 점차 강해지는가? 목숨에 대한 위협이 뒤로 갈수록 강해지고 죽음에 더 가까워지는 항목들입니다.

환난은 세상을 살아가는 동안 만나는 외형적인 어려움을 모두 포함합니다. 곤고는 주로 마음속에 찾아오는 스트레스와 고통 등과 같은 내적인 어려움을 뜻합니다. 환난과 곤고가 일반적인 어려움을 묘사하는 표현이라면 박해는 보다 특정된 어려움을 가리킵니다. 박해는 특정한 사람이 의도적으로 가하는 구체적인 괴롭힘으로서 일반적인 환난과 곤고보다 더 강한 개념이라고 볼 수 있습니다. 기근과 적신은 먹을 것과 입을 것이 부족한 궁핍한 상황을 가리키며, 목숨의 위협에 좀 더 가까이 다가간 어려움입니다. 수천 킬로미터가 넘는 장거리를 걸어서 이동해야 했고, 어느 한 지역에 정착했을 때 장막을 만드는 기술을 이용하여 생계비를 충당하는 것 이외에는 별다른 재정지원도 마땅치 않았던 바울의 선교 여정은 먹을 것과 입을 것이 항상 궁핍한 여정이었습니다. 마지막에 등장하는 위험과 칼은 목숨을 직접 위협하는 어려움입니다. 바다를 이동하는 여정은 목선을 타고 이동하는 것이었는데, 목선은 파선의 위험이 컸습니다. 파선되면 대부분 목숨을 잃었습니다. 육로로 이동할 때는 산적이나 강도를 만날 위험이 있었고, 이들은 칼이나 창으로 무장하고 있었습니다. 바울은 선교 여정 내내 이런 어려움들을 견뎌내야 했습니다.

바울이 견뎌내야 했던 어려움들은 고린도전서 4:11-13과 고린도후서 11:23-29에 더 생생하게 묘사되어 있습니다. 고린도전서 4:11-13에 보면 주림, 목마름, 헐벗음, 매 맞음, 정처 없음, 모욕당함, 박해, 비방과 같은 항목들이 열거되어 있습니다. 바울은 이런 어려움에 처한 자신의 처지를 "세상의 더러운 것과 만물의 찌꺼기"에 비유했습니다. 더러운 것은 그릇을 닦을 때 나오는 때를 뜻하고 찌꺼기는 신발에 묻은 오물을 뜻합니다. 바울은 자신의 처지가 설거지할 때 나오는 음식 찌꺼기와 온갖 더러운 것들이 다 묻어 있는 더러운 신발에 묻은 오물과 같은 것이었다고 씁쓸하게 회고합니다. 고린도후서 11:23-29에 보면, 넘치는 수고, 여러 번 옥에 갇힘, 사십에서 하나 감한 매를 다섯 번 맞음, 세 번 태장으로 맞음, 한 번 돌로 맞음, 세 번 파선하여 일 주야를 깊은 바다에서 지냄, 강의 위험, 강도의 위험, 동족 유대인의 핍박, 이방인의 핍박, 시내의 위험, 광야의 위험, 바다의 위험, 거짓 형제의 위험, 자지 못함, 주림, 목마름, 굶음, 추위, 헐벗음, 모든 교회를 위한 염려 등이 열거되어 있습니다.

바울은 바울 자신이 처해 있었고 또 성도들에게 찾아올 수 있는 최악의 고난의 현실을 36절에서 구약성경을 인용함으로써 이렇게 묘사합니다. "기록된 바 우리가 종일 주를 위하여 죽임을 당하게 되며 도살당할 양 같이 여김을 받았느니라 함과 같으니라." 이 본문은 의인에게 찾아오는 고난을 제물로 바쳐지기 직전 상태에 있는 양의 모습에 비유합니다. 동물들도 도살당하기 직전에는 자신들의 운명을 본능적으로 예감하고 공포에 사로잡히는 것으로 알려져 있습니다. 본문에 등장한 양은 붙잡힌 상태에서 곧 다가올 죽음을 기다리고 있습니다. 양은 본능적으로 죽음을 직감하고 있습니다. 이 양에게는 피할 수 없는 죽음의 그림자가 짙게 드리워져 있습니다. 바울은 사방팔방에 세력을 뻗치고 있는 죽음의 검은 손길이 언제 내려 덮칠지 모르는 위기 상황 속에서 선교사역을 이어가야 했습니다.

　　성도를 사랑하시는 하나님은 성도가 재림 이후 새 하늘과 새 땅, 그리고 새 예루살렘에 들어간 이후에는 어떤 고난이나 슬픔이나 질병도 허락하지 않으십니다. 요한계시록 21:4입니다. "모든 눈물을 그 눈에서 닦아 주시니 다시는 사망이 없고 애통하는 것이나 곡하는 것이나 아픈 것이 다시 있지 아니하리니." 그러나 성도가 재림 이전의 역사와 시간의 세계 속에서 신앙생활을 할 때는 고난을 거두지 않으시며, 오히려 사랑하는 성도들을 의도적으로 고난 속에 밀어 넣으실 때도 있습니다. 시편 44편은 이스라엘 백성이 나라를 잃고 고향에서 쫓겨나 유랑민이 되어 이방나라들을 떠도는 신산스러운 세월이 하나님이 주신 고난임을 여러 구절에서 반복하여 말하고 있습니다. 9절, "그러나 이제는 주께서 우리를 버려 욕을 당하게 하시고", 11절, "주께서 우리를 잡아먹힐 양처럼 그들에게 넘겨주시고 여러 민족 중에 우리를 흩으셨나이다", 12절, "주께서 주의 백성을 헐값으로 파심이여", 13절, "주께서 우리로 하여금 이웃에게 욕을 당하게 하시니 그들이 우리를 둘러싸고 조소하고 조롱하나이다", 14절, "주께서 우리를 뭇 백성 중에 이야기거리가 되게 하시며 민족 중에서 머리 흔듦을 당하게 하셨나이다", 19절, "주께서 우리를 승냥이의 처소에 밀어 넣으시고 우리를 사망의 그늘로 덮으셨나이다." 요셉은 형들을 만난 자리에서 자신이 애굽으로 팔려 오고, 보디발의 아내에게 억울한 모함을 당하여 감옥에 갇히는 고난을 하나님이 하신 일임을 명확히 고백합니다. 창세기 45:5, 7-8입니다. "당신들이 나를 이 곳에 팔았다고 해서 근심하지 마소서 한탄하지 마소서 하나님이 생명을 구원하시려고 나를 당신들보다 먼저 보내셨나이다…하나님이 큰 구원으로 당신들의 생명을 보존하고 당신들의 후손을 세상에 두시려고 나를 당신들보다 먼저 보내셨나니 그런즉 나를 이리로 보낸 이는 당신들이 아니요 하나님이시라 하나님이 나를 바로에게 아버지로 삼으시고 그 온 집의 주로 삼으시며 애굽 온 땅의 통치자로 삼으셨나이다."

욥기는 욥에게 찾아온 고난이 하나님이 사탄에게 허락하셨기 때문에 찾아온 것임을 욥기 1:12에서 이렇게 말합니다. "여호와께서 사탄에게 이르시되 내가 그의 소유물을 다 네 손에 맡기노라 다만 그의 몸에는 네 손을 대지 말지니라." "우리가 하나님께 복을 받았은 즉 화도 받지 아니하겠느냐"_{욥 2:10}.

우리는 고난의 시간이 임할 때 먼저 당황하고, 고난의 시간이 찾아온 원인이 어디에 있는가를 따지면서 지난날에 우리 자신이 선택하고 결정한 일이나 고난을 초래한 사람들에 대하여 원망하고, 고난이 가져올 어려움에 마음을 온통 빼앗겨 버리는 일이 많습니다. 이런 태도는 지혜로운 태도가 아닙니다. 우리는 고난의 시간이 임하면 가능한 한 빠른 시간 안에 생각을 전환하여 "나에게 찾아온 고난은 하나님이 주신 것이다"라고 분명히 믿고 이 믿음에서부터 새롭게 고난을 보는 관점을 재조정해야 합니다. 우리는 개인의 생애에서든 역사 안에서든, 일단 일어난 일에 대해서는 - 그 일이 부정적인 일이든, 긍정적인 일이든 - 하나님이 허락하셨기 때문에 일어난 일이라고 해석하고 그 일이 일어나게 하신 하나님의 뜻이 무엇인가를 생각해 보는 훈련을 해야 합니다.

　　그러면 하나님께서 성도에게 직접 고난을 주시기도 하고 고난이 임하는 것을 허락하시기도 하는 이유는 무엇일까요? 그 이유는 37절에 암시되어 있습니다. "그러나 이 모든 일에 우리를 사랑하시는 이로 말미암아 우리가 넉넉히 이기느니라." 하나님이 성도에게 고난을 직접 주시거나 허락하시는 이유는 성도가 고난의 시간을 통해 고난의 시간을 넉넉히 이기게 하시는 살아계신 하나님의 손길을 체험하도록 하시려는 데 있습니다. 하나님은 성도가 그냥 평범하게 이기는 정도가 아니라 넉넉하게 이기는 체험을 하게 하십니다. '넉넉하게 이긴다'로 번역된 헬라어 휘페르니카오ὑπερνικάω는 휘페르와 니카오가 합쳐진 복합동사입니다. 휘페르는 영어로 슈퍼로 번역될 수 있는 단어로서 "완전히", 또는 "압도적으로"라는 뜻입니다. 이기되 그냥 평범하게 이기는 것이 아니라 완전히, 압도적으로 눌러 버린다는 뜻입니다. 예컨대, 프로바둑기사들이 바둑을 둘 때 반집이나 한 집 정도를 이기는 것이 아니라 큰 대마를 잡고 만방으로 이길 때가 휘페르니카오입니다. 하나님은 성도가 고난과 끝까지 맞붙어 힘겹게 싸우다가 천신만고 끝에 만신창이가 된 채 겨우 반집을 이기는 방법으로 이기게 하시는 것이 아니라 고난을 가지고 놀면서 압도적으로, 만방으로 이기도록 하십니다. 그 점이 잘 나타난 사건이 요셉의 고난입니다.

요셉은 연속하여 이중의 고난을 겪어야 했습니다. 요셉은 아무런 경계심도 갖지 않고 형들을 만나러 갔다가 형들에게 붙잡혀 졸지에 정든 집을 뒤로 하고 애굽으로 팔려가는 위기를 맞이했습니다. 애굽에 팔려간 요셉은 오늘날의 경호실장에 해당하는 친위대장 보디발의 노예로 들어가게 되었습니다. 이것이 요셉이 만난 첫 번째 고난입니다. 애굽에서의 노예 생활이라는 고난이 시작된 것입니다. 요셉의 노예 생활이 시작되는 것과 더불어 창세기 39:2은 이렇게 말합니다. "여호와께서 요셉과 함께 하시므로." 이 본문에서 여호와께서 요셉과 함께하셨다는 것은 특별한 의미가 있는 표현입니다. 본문의 의미를 이해하기 위해 아이를 돌보는 부모의 비유를 생각해 볼 수 있습니다. 아이가 놀이터에서 놀 때 부모는 한시도 아이에게서 눈을 떼지 않고 살핍니다. 아이가 위험한 기구가 없는 안전한 장소에서 놀 때는 멀찍이 떨어진 곳에서 지켜보기만 합니다. 부모가 간섭을 하지 않으니까 아이는 노는 동안 마치 부모가 없는 것처럼 느낍니다. 그러나 아이가 위험한 기구에서 놀거나 위험한 장소에 진입하면 부모는 아이가 확실하게 느끼고 알아차릴 수 있는 방법으로 구체적으로 간섭하여 아이의 놀이를 지도합니다. 이처럼 하나님은 성도가 크게 위험하지 않은 일상적인 삶을 살 때는 멀찍이 떨어진 상태에서 지켜보시면서 성도가 하나님을 의식하지 않고 스스로 모든 일을 알아서 처리하도록 하십니다. 그러나 성도가 위험한 위기 상황에 돌입하면 직접 개입하셔서 성도가 하나님의 함께하심을 피부로 느끼고 실제로 그 증거가 확실하게 나타나게 하십니다.

　요셉의 경우도 마찬가지입니다. 하나님은 항상 요셉과 함께 하십니다. 요셉이 집안에서 형들과 토닥거리면서 생활할 때는 형들이 미워하고 질투를 해도 그렇게 위험하지는 않으므로 하나님의 존재를 감지하지 못할 만큼 멀찍이 떨어져 계시는 방법으로 요셉과 함께 하셨습니다. 그러나 요셉이 위험한 순간에 들어가기 시작하자 하나님이 계시는 것을 피부로 느낄 수 있고 그 증거를 선명하게 확인할 수 있는 방법으로 함께 하십니다. 본문에 하나님이 요셉과 '함께 하신다'는 말은 바로 이런 뜻입니다. 그 증거들이 본문에 명확하게 제시되어 있습니다. 본문은 요셉이 형통한 자가 되었다고 말합니다. "형통한"이라는 형용사는 히브리어 짤라흐צלח의 히필형으로서 "번창하게 하는"이라는 뜻입니다. 따라서 정확하게 번역하면 요셉은 자신과 관련된 사람을 번창하게 하는 사람이라는 뜻입니다. 하나님이 특별히 요셉과 함께하시는 증거가 요셉과 관련이 있는 사람을 번창하게 하는 것으로 나타난 것입니다. 뿐만 아니라 요셉의 주인인 보디발의 눈에 여호와 하나님이 요셉과 함께하시는 것이 선명하게 보였습니다. 좀 더 구체적으로 말해서 요셉이 하는 모든 일들이 잘되는 모습이 보디발의 눈에 선명하게 보인 것입니다. 이 모습을 보고 보디발이 자기 집 재산관리를 요셉에게 전적으로 맡겼는데, 요셉이 관리를 시작하자 보디발의 재산이 번창하는 것이 뚜렷하게 드러난 것입니다. "그가 요셉에게 자기의 집과 그의 모든 소유물을 주관하게 한 때부터 여호와께서 요셉을 위하여 그 애굽 사람의 집에 복을 내리시므로 여호와의 복이 그의 집과 밭에 있는 모든 소유에 미친지라"창 39:5.

하나님은 요셉에게 더 큰 은혜를 베푸시기 위하여 보디발의 집에서 두 번째 고난을 겪게 하셨습니다. 친위대장으로 번역된 히브리어 싸리쓰סָרִיס는 내시라는 뜻입니다. 고대 왕실에서는 사고를 예방하기 위해 왕을 측근에서 보위하는 직책을 맡은 자를 내시로 만드는 경우가 많았습니다. 내시가 된 상태에서 아내를 데리고 생활하다 보니 아내의 성적 욕구가 제대로 충족될 리 없었을 것입니다. 보디발의 아내는 용모가 준수했던 요셉과 잠자리를 같이 하려고 여러 번 시도했으나 뜻대로 안 되자 역으로 요셉이 자신을 겁탈하려고 했다는 누명을 씌워 남편 보디발에게 일러바쳤고, 보디발은 요셉을 즉각 감옥에 가두어 버렸습니다.

요셉이 감옥에 갇힌 직후의 상황을 기록한 창세기 39:21에 보면 역시 "여호와께서 요셉과 함께 하시고"라는 표현이 등장합니다. 하나님이 다시 한번 특별한 방법으로 개입하여 일하기 시작하신 것입니다. 다음 구절은 그에게 인자를 더하셨다고 되어 있습니다. 하나님은 평소에도 요셉을 인자하게 대하셨지만 위기를 만난 요셉에게 평소의 인자에 더 풍성한 인자를 더해 주신 것입니다. "인자를 더하사"라는 구절에서 "인자"는 선호함으로도 번역할 수 있습니다. "더하사"로 번역된 히브리어 나따흐נָטָה는 "펼치다"를 뜻합니다. 요셉이 위기에 처하자 멀찍이 떨어져서 바라보시던 하나님이 즉각 개입하셔서 하나님이 요셉을 특별히 선호하시는 마음을 넓게 쫙 펼쳐 주신 것입니다. "잘 봐라. 요셉은 내가 특별히 애정을 갖고 아끼는 청년이야!" 그뿐만이 아닙니다. 다음 구절은 계속해서 이렇게 말합니다. "간수장에게 은혜를 받게 하시매." 이 번역은 정확한 번역이 아닙니다. 정확한 번역은 "하나님이 간수장이 보는 가운데서 (요셉에게) 그의 은혜를 베푸셨다"라고 해야 합니다. 하나님이 요셉을 특별히 선호하시는 구체적인 증거들이 간수장의 눈에 선명하게 포착되었다는 것입니다. 23절 하반절이 말하는 것처럼 여호와께서 요셉과 함께하시고 하나님이 요셉이 하는 일마다 번창하게 해주시는 것이 간수장의 눈에 선명하게 포착된 것입니다. 그 결과 간수장은 요셉을 100% 신뢰하고 감옥 안의 모든 사무를 요셉이 처리하도록 맡긴 것입니다. 이 일을 계기로 하여 결국 요셉은 애굽 왕실의 제2인자의 자리에까지 올라가게 됩니다. 자, 어떻습니까? 요셉은 자신에게 찾아온 고난의 시간을 힘들게 견뎌내면서 천신만고 끝에 간신히 고난의 터널을 빠져나온 것이 아니라 고난을 압도적으로 제압하면서 넉넉하게 고난의 때를 이겨내지 않았습니까? 평범한 일상생활 동안에는 크게 울타리를 치시고 그 안에서 하나님의 존재를 의식하지조차 못할 정도로 우리가 자유롭게 행동할 수 있도록 하신 하나님이 우리가 고난에 들어가는 순간 즉각, 우리의 삶 속에 개입하셔서 살아계신 하나님을 피부로 느끼고, 주위 사람들도 하나님이 우리를 특별하게 지키고 계신다는 사실을 선명하게 보게 하시고, 우리에게 예상치 못한 특별한 일을 맡도록 하셔서 고난에 휘둘리지 않고 고난을 압도적으로 제압하도록 해주시는 것입니다. 우리를 구원하시는 하나님이 특별한 방법으로 개입하시는 것을 체험하게 하시려고 하나님은 성도에게 때로 고난을 주시는 것입니다.

　마침내 바울은 35-37절, 거슬러 올라가면 31-37절, 더 거슬러 올라가면 8:1-37, 한참 더 거슬러 올라가면 구원의 확신을 서술하기 시작하는 5:1-8:37, 그리고 마침내 1:1-8:37까지의 모든 서술의 결론을 38-39절에서 내립니다. "내가 확신하노니 사망이나 생명이나 천사들이나 권세자들이나 현재 일이나 장래 일이나 능력이나 높음이나 깊음이나 다른 어떤 피조물이라도 우리를 우리 주 그리스도 예수 안에 있는 하나님의 사랑에서 끊을 수 없으리라." 이 두 절에 등장하는 다양한 표현들은 피조세계에 있는 어떤 것도 구원받은 성도를 그리스도의 사랑에서 끊을 수 없음을 강조하는 데 초점을 맞추는 표현들입니다.

　첫째 그룹의 표현은 '사망과 생명'입니다. 인간의 일생을 두 단어로 요약하면 삶과 죽음입니다. 둘째 그룹의 표현은 '천사들과 권세자들'입니다. 이 두 표현은 영적 세계에서 활약하는 영적인 인격적 존재들을 모두 포괄합니다. 천사는 선한 영적인 인격적 존재를 뜻하고 권세자는 사탄이나 귀신들과 같은 악한 영적인 인격적 존재를 뜻합니다. 셋째 그룹의 표현은 '현재 일이나 장래일'입니다. 성도의 믿음을 흔들어댈 수 있는 일들은 현재 일들과 장래 일에 집중되어 있습니다. 과거에 일어났던 일들은 성도의 기억 속에서는 영향을 끼칠 수 있으나 성도를 흔들 수 있는 실질적인 세력들은 아닙니다. 넷째 그룹의 표현은 "능력"입니다. 능력은 우주 안에 있는 다양한 형태의 비인격적인 힘을 통칭한다고 볼 수 있습니다. 강력한 태풍, 지진, 화산폭발, 산사태나 눈사태, 홍수, 쓰나미 등이 성도의 믿음을 흔들어 놓을 수 있는 능력의 예입니다. 다섯째 그룹의 표현은 '높음과 깊음'입니다. 높음과 깊음은 물리적 우주 전체를 포괄하는 표현입니다. 높음이라는 말은 위를 향하여 끝없이 올라가 우주의 천정 끝까지 닿아 있는 길이라는 뜻이 있고, 깊음은 아래로 끝없이 내려가 우주의 저 밑바닥까지 닿아 있는 길이라는 뜻이 있습니다. 이 모든 표현들을 요약하면 모든 피조물입니다. 피조세계 안에 있는 어떤 것도 성도를 그리스도의 사랑에서 끊을 수 없습니다.